《中国家庭基本藏书》

荣获

新闻出版署优秀畅销书奖
全国优秀古籍图书普及读物奖
第十七届晋版优秀图书一等奖

中国家庭基本藏书（修订版）

诸子百家卷

《诗经》《尚书》《礼记》《楚辞》《论语·大学·中庸》《孟子》
《老子》《庄子》《荀子》《韩非子》《孙子兵法·尉缭子·鬼谷子》
《墨子》《周易》《山海经》《吕氏春秋》《三十六计》

名家选集卷

《三曹诗集》《陶渊明集》《王勃集》《王维集》《孟浩然集》
《高适集》《岑参集》《李白集》《杜甫集》《白居易集》
《刘禹锡集》《元稹集》《李商隐集》《李贺集》《杜牧集》
《韩愈集》《柳宗元集》《李煜集》《欧阳修集》《王安石集》
《苏轼集》《黄庭坚集》《柳永集》《秦观集》《周邦彦集》
《李清照集》《辛弃疾集》《陆游集》《范成大集》《杨万里集》
《姜夔集》《文天祥集》《元好问集》《唐寅集》《张岱集》
《三袁集》《李贽集》《傅山集》《纳兰性德集》《袁枚集》
《郑板桥集》《龚自珍集》

史著选集卷

《左传》《国语》《战国策》《史记》《汉书》《后汉书》《三国志》
《资治通鉴》

综合选集卷

《唐诗三百首》《宋词三百首》《元曲三百首》《千家诗》《古文观止》
《汉魏六朝小赋骈文选》《唐宋八大家文选》《明清小品文选》

笔记杂著卷

《蒙学六种——三字经·百家姓·千字文·增广贤文·幼学琼林·格言联璧》
《颜氏家训·朱子家训》《世说新语》《金刚经·坛经·心经·地藏经》
《曾国藩家书》《菜根谭·小窗幽记·幽梦影》《浮生六记》《闲情偶寄》
《近思录》《徐霞客游记》《古代书信精选》

戏曲小说卷

《元杂剧精选》《西厢记》《牡丹亭》《长生殿》《桃花扇》《今古奇观》
《三国演义》《水浒传》《西游记》《红楼梦》《聊斋志异》《儒林外史》
《封神演义》《话本小说选》《文言小说选》

中国家庭基本藏书 笔记杂著卷

闲情偶寄（足本）

〔清〕李渔 著
张明芳 校注

山西出版集团
三晋出版社

博学工作室

修身齊家
讀書是福

来新夏題

·南开大学教授来新夏先生为《中国家庭基本藏书》题词

前言

明清之际，社会动荡而人才辈出，王夫之、顾炎武、傅山、谢肇淛、杭世骏、全祖望、阎若璩、孔尚任、吴伟业、八大山人，难以尽数，他们在思想界、学术界、文学界，乃至艺术界，创造了傲视古今的伟大业绩；甚至沦落风尘的柳如是、李香君，说书艺人柳敬亭，也闪耀出人格的光辉；而身被污渍的阮大铖、钱谦益、龚鼎孳、王铎之流，也在文学艺术方面创造出不凡的成就。

在中国文学艺术史乃至思想史上，明清之际确属耐人寻味的一个特殊时代。

就在这个特殊的时代，诞生了一位至今广为人知的平民艺术家，他叫李渔(1611—1680)。李渔在他生活的那个时代主要以戏剧知名。他不仅创作了《笠翁十种曲》，而且亲自组织戏班，走遍大江南北，接受百官庶民的狂热欢迎。可以说，李渔把文人与戏班班主的双重身份，完美地结合于一身。仅从这一点看，李渔就和前面所述的任何一类名人都不一样。李渔在入清后放弃了文人热衷的科举生涯，然后以创作并搬演戏曲谋生，过着亦文亦商的生涯，称之为平民艺术家，恰如其分。

李渔广为后人所知，恐怕更多的是因为《芥子园画谱》和《闲情偶寄》。

《芥子园画谱》是李渔在他南京的别业芥子园刊刻的。这部画谱自问世以来，恐怕就没有停止过销售。因此，只要是多少接触过古代绘画的人，都知道这部书的存在。由此可知，李渔又是三百年来最为成功的书商，并以此画谱滋养了无数绘画艺术人才。每一位成名或不成名的绘画艺术家，都应该感怀李渔。

《闲情偶寄》是一部以平淡的心情描写极平淡的生活琐事的书。此书写成于康熙十年(1671年)，应属作者晚年的创作。虽在述平常琐事，却倾注了作者平生生活经验和人生感悟，他本人最为满意。李渔在与朋友的信中不无自负地谈道：

弟以前拙刻，车载斗量，近以购纸无钱，每束高阁而未印。独《闲情偶寄》一书，其新人耳目，较他刻为尤甚。

《闲情偶寄》分八大部分，即词曲、演习、声容、居室、器玩、饮馔、种植、颐养。这八部分也可以分作两大类：第一类，是李渔创作并指导戏曲演出的经验总结；第二类，其实就是身边生活的经验总结。演艺的总结随着戏曲的衰落而变成受人尊崇的戏剧理论，而他对生活经验的总结却随着社会的发展，愈见出其超越时代的实用价值和审美价值。

李渔的审美，讲究会心，讲究自得天趣。他说："昔人云：'会心处正不在远。'若能实具一段闲情、一双慧眼，则过目之物，近是图画；入耳之声，无非诗料。"(《居室部·取景在借》)又在《器玩部》述床帐之乐云："……若是，则身非身也，蝶也，飞眠宿食，尽在花间；人非人也，仙也，行起坐卧，无非乐境。"

李渔追求简雅。他说："天下万物，以少为贵。步幛非不佳，所贵在偶尔一见。若王恺之四十里，石崇之五十里，则是一日中哄市，锦绣罗列之肆廛而已矣。看到繁缛处，有不生厌倦者哉？"(《居室部·书房壁》)又云："宜简不宜繁，宜自然不宜雕斫。凡事物之理，简斯可继，繁则难久。"(《居室部·制体宜坚》)

李渔更热爱自然。他常说"眼前景，手头物"(《居室部·手卷额》)，稍事修饰，即成一“天然图卷，绝无穿凿之痕”（《居室部·手卷额》）。又自述云：“予又尝取枯木数茎，置作天然之牖，名曰‘梅窗’。生平制作之佳，当以此为第一。”甚至说：“予之心思，讫于此矣。后有所作，当亦不过是矣。”（《居室部·取景在借》）自负之情溢于言表。

李渔于生活讲求适度，“丰俭得宜，有利无害”（《居室部·女墙》）。比如言厅壁之饰云：“厅壁不宜太素，亦忌太华。”甚至申明主见：“予编是辑，事事皆崇俭朴，不敢侈谈珍玩，以为末俗扬波。”正体现其“凡例”中期于“规正风俗”、“警惕人心”的初衷，是颇具社会责任心的。假若李渔有生，俯视当今一味追求豪侈的“末俗”，岂能不慨叹风雅之不存而黯然伤神？

李渔是深悟了生活之禅的，曾说：“俗云‘一家筑墙，两家好看’。居室器物之有公道者，惟墙壁一种，其馀一切皆为我之学也。然国之宜固者城池，城池固而国始固；家之宜坚者墙壁，墙壁坚而家始坚。其实，为人即是为已，人能以治墙壁之一念治其身心，则无往而不利矣。人笑予止务闲情，不喜谈讲学，故偶为是记以嘲。”

在晚明至清初的历史动荡中，李渔以自已特有的方式生活着，保持了人格的独立，这是很不容易的。李渔亲近生活，崇尚自然，故而将一生“闲情”，“偶寄”于其生花妙笔之下，竟成为不朽之作。李渔的友人余怀对此书作了恰到好处的评价：“今李子《偶寄》之书，事在耳目之内，思出风云之表。前人所欲发而未竟发者，李子尽发之；今人所欲言而不能言者，李子尽言之。其言近，其旨远……非李子《偶寄》之书，而天下雅人韵士家弦户诵之书也。”

李渔的闲情之中，亦有一些早已过时的观念，明眼人一看即知，在此无须赘述。

这次整理出版，以芥子园本为底本，参校他本，作了通俗浅近的注释，以期初等文化程度以上的读者，都能读懂。末附“李渔年谱简编”“《闲情偶寄》主要版本”、“《闲情偶寄》主要论著及论文”，以及“《闲情偶寄》名言警句”（正文中用着重号标出），以方便读者使用。限于水平，错讹之处在所难免，敬请读者指教。

张明芳

2008年4月

谋有道之生的李渔（代序）

姜光斗　闻之

李渔(1611—1680)，祖籍兰溪(今浙江兰溪市)，生于如皋(今江苏南通)，字笠鸿，号笠翁。初名仙侣，字谪凡，号天徒。别号有伊园主人、湖上笠翁、随庵主人、笠道人、觉道人、觉世稗官、新亭客樵、回道人、情隐道人等。文坛也有称他为李十郎的(《李渔全集》第19卷单锦珩撰《李渔年谱》，以下简称《年谱》，浙江古籍出版社，1992年版)，是清初杰出的戏剧家与戏剧理论家，亦擅长小说与诗文。

据《年谱》，李渔二十四岁前在如皋度过，自称"襁褓识字"，"乳发未燥"就随在如皋行医的伯父李如椿"登大人之门"。七八岁时即能写诗。曾在梧桐树上刻诗纪年：

> 树有树之年，人即纪人之年。树小而人与之小，树大而人随之大，观树即所以观身。《易》曰："观我生进退。"欲观我生，此其资也。予垂髫种此，即于树

上刻诗以纪年，每岁一节，即刻一诗，惜为兵燹所坏，不克有终。犹记十五岁刻桐诗云："小时种梧桐，桐叶小于艾。簪头刻小诗，字瘦皮不坏。刹那三五年，桐大字亦大。桐字已如许，人大复何怪。还将感叹词，刻向前诗外。新字日相催，旧字不相待。顾此新旧痕，而为悠忽戒。"（《闲情偶寄·种植部·竹木第五·梧桐》）

倪阁公在这段文字上眉批云："奇辟至此，视开凿混沌为家常事矣。"又云："与汤之《盘铭》同一警惕，皆人所当三复者。"（《李渔全集》第3卷）《盘铭》指刻在盘上用来自戒的铭文。《礼记正义》卷六十："汤之《盘铭》曰：'苟日新，日日新，又日新。'"钱谦益评为："龆龀时便惜分阴，宜其以文章名世也。"（《李渔全集》第2卷《笠翁诗集》卷一眉批）李渔家世平常，往上数几代都没有做官之人。因为他自幼聪明好学，被长辈寄予厚望。从桐树刻诗可见李渔确能惜时读书，刻苦自砺。

李渔在二十四五岁时回到兰溪，二十七岁进金华府庠读书，二十九岁去杭州应乡试，可惜名落孙山。落榜后作《榜后柬同时下第者》诗，中有"愤多姑缓读《离骚》"和"姓名千古刘蕡在"之句，借《离骚》以抒愤，以晚唐才高落魄的刘蕡自比。事实上，李渔的功名路之坎坷与刘蕡相比，有过之而无不及。刘蕡的失意是因为对策时秉笔直书宦官罪恶，而李渔三十三岁准备再度应乡试时，纯是中途闻警折回，作有《应试中途闻警归》五律。此后江山易姓，李渔仍有故国情怀，不再以功名为念。

顺治三年(1646)，清兵入浙东，李渔归兰溪故里。

1650年移家杭州，几年之间，他的传奇、小说如《风筝误》、《意中缘》、《十二楼》等不胫而走，受到读者热烈追捧，甚至有书商为了牟利而私自翻刻。人到中年的李渔可谓时来运转。他认为"传奇无冷热，只怕不合人情"，因此，通俗好看、贴近生活、寓教于乐是其作品的卖点(参见单锦珩《李渔传》，四川文艺出版社，1986年版，第24页—26页)。

四十七岁至五十一岁时，李渔往来于杭州、江宁之间，这期间与吴伟业、钱谦益相识。吴、钱二人对李渔非常赏识。吴伟业为李渔所编《尺牍初徵》作序。序曰："斯事虽细，而有关于风会者不浅，而因以见李子之功不可泯没也。"而在七律《赠武林李笠翁》中，更对李渔的才华作了高度赞扬：

家近西陵住薜萝，十郎才调岁蹉跎。江湖笑傲夸齐赘，云雨荒唐忆楚娥。海外九州书志怪，坐中三叠舞回波。前身合是玄真子，一笠沧浪自放歌。

“李十郎”之名从此传响。钱谦益时已八十高龄，特地为他作《李笠翁传奇序》，称赞其戏剧作品“横见侧出，征材于《水浒》，按节于《雍熙》，《金瓶》无所斗其淫哇，而《玉茗》不能穷其缪功”。钱谦益还为李渔的诗文写了眉批，称其诗“清超迈俗，秀雅天然”（同上），称其文“大有远见，不独以文辞见好”，“可以砭愚，可以善俗”（《李渔全集》第1卷《笠翁一家言文集》眉批）。

李渔的戏剧作品有《笠翁十种曲》。这十种剧本大多是写婚姻恋爱故事，由阴错阳差的巧合情节构成，构思巧妙，细针密线，往往误会丛生，但又引人入胜，具有喜剧风格，能使观众发笑。

李渔的成功之处，不仅在于文本创作，还在于他躬身实践，五十六岁时组建了自己的“家班女戏”，演出昆曲折子戏，可谓自编自导。在实践中总结、完善理论，又以理论指导下一步的创作。因为曲词、宾白通俗流畅，酷肖人物口吻，个性化极强，并且滑稽风趣，再加上他所组成的家剧班子中成员的素养都很高，因而演出极为成功。

“玩戏”是明清时代豪门大户风雅人士的重要消遣方式。屠隆、阮大铖、张岱、冒辟疆等等莫不如此。李渔虽非豪门却足够风雅，跻身玩戏行列，成为个中翘楚。

五十二岁至六十六岁，是李渔移家江宁时。这期间他结识了文坛名人王士禛、尤侗、余怀等，并带着家剧班子远游燕、秦、粤、闽、楚、晋、赣、鲁，近游扬州、苏州、芜湖、绍兴、杭州等地，饱览各地名胜，进行戏剧创作与演出。不少官员是李渔作品的爱好者，常邀请他谈诗说赋、演戏度曲。李渔也为他们设计园林、应酬文字，甚至遴选美妾，并得到许多财物馈赠，借以维持用度。

六十七岁时他再度移家杭州，直至七十岁去世。

李渔一生创作极其丰富，最突出的是戏剧、小说和美学理论著作，以后者影响最大。

李渔的美学思想主要体现在《闲情偶寄》中。该书定稿于康熙十一年，共分八部，即：词曲、演习、声容、居室、器玩、饮馔、种植、颐养。李渔本人很看重此书，给友人龚鼎孳的信中说：

庙堂智虑，百无一能。泉石经纶，则绰有馀裕。惜乎不得自展，而人又不能用之，他年赍志以没，俾造物虚生此人，亦古今一大恨事。故不得已而著为《闲情偶寄》一书，托之空言，稍舒蓄积。

《闲情偶寄》既是戏剧理论的总结，又是养生行乐宝典。

李渔对戏曲理论的贡献具有里程碑意义。《词曲部》、《演习部》从宏观的导演到细部的服装，都详加论述，完整系统，非常实用，是对戏曲艺术规律的准确而深刻的把握，对后世影响深远。

其馀六部，则充分体现出李渔是个生活的有心人。他主张因地制宜，因财制宜，一草一木的安排都能别出心裁，所以随时随地有美的享受。

譬如李渔对置造亭园颇为自负，“开窗借景”即是一种手法：

> 开窗莫妙于借景，而借景之法，予能得其三昧……向居西子湖滨，欲购湖舫一只，事事犹人，不求稍异，止以窗格异之。人询其法，予曰：四面皆实，独虚其中，而为“便面”之形。实者用板，蒙以灰布，勿露一隙之光；虚者用木作框，上下皆曲而直其两旁，所谓便面是也。纯露空明，勿使有纤毫障翳。是船之左右，止有二便面；便面之外，无他物矣。坐于其中，则两岸之湖光山色、寺观浮屠、云烟竹树，以及往来之樵人牧竖、醉翁游女，连人带马尽入便面之中，作我天然图画。且又时时变幻，不为一定之形。非特舟行之际，摇一橹，变一像，撑一篙，换一景；即系缆时，风摇水动，亦刻刻异形。是一日之内，现出百千万幅佳山佳水，总以便面收之。而便面之制，又绝无多费，不过曲木两条、直木两条而已。

这种开窗手法，所费甚少，所得甚多，真是一种绝妙的园林艺术！

借鉴李渔的美学思想，当然也要去粗取精，比如《闲情偶寄》卷三《声容部》中，对女子的品评多有亵玩成分，与玩物相同，今天的读者应该摈弃这种思想。

李渔毫无疑问是个才子，他还有大量诗文，其史论一百三十多篇，“有翻案，有定案，不执己见，不依人墙宇……而究归于理之所然，心之所安而止”(王仕云序)，可谓新见迭出，痛快有力。

这样的才子未能走上光宗耀祖的仕途，幸耶？不幸耶？李渔有才具，有抱负，作品畅销一时，相交遍天下，且不乏名士达人，但他地位低下，真正为人所看重的仍然是技艺，摆脱不了优伶事人的阴影；而且毕生为稻粱谋，奔波于权贵之门，成为打抽丰的常客，老来仍不免贫病交加，只得遍乞诸故旧(参见《上都门故人述旧状书》)，真是大大的不幸。

“十日有三闻叹息，一生多半在车船。同人不恤饥驱苦，误作游仙乐事传。”这就是一生出入“大人之门”的李渔的自我写照，几多苦涩，几多无奈，谁人能解？

既然如此，不如干脆隐居，学学五柳先生，贫贱归贫贱，还不失内心那份恬淡从容。但是，仅仅从《闲情偶寄》中，我们就可以看出，李渔是个生活情趣浓郁的人，心思巧妙，善于营构，处处讲究细节，不尚贵而尚巧。他的乐趣正是来自这些凡俗的享受，来自对日常生活的经营，女色、声乐、园林、花草、美食……一样也不少。凡此种种，注定他所追求的只能是“谋有道之生，即是人间大隐”。

从这个角度来说，他又是幸运的，因为他所从事的正是自己热爱的，蓄伎写曲，造园刻书……作为一个旧时代无功名的文人，这也是上天给予的一种补偿，正是因为独特的才艺，才使得他有资格在权势面前保持人格的自尊和微妙的心理平衡，不至于因“朝扣富儿门，暮随肥马尘”而时时刻刻愤懑无比。

因此，李渔度过了其多彩多味的人生，从戏曲、园林到萝卜葱蒜；我们在其著述里读出的更多是津津乐道，而非咬牙切齿地不平之鸣。正如今天提倡的一种观念，人固有多种选择，但能够以情趣之心享受生活，也算难得了。

姜光斗，1935年生，江苏海门人。南通大学文学院教授。主要从事古典文学研究，代表作有《佛理唐音古典美学》，另有论文一百馀篇。

闻之，《文史知识》编辑。

以上“代序”原载《文史知识》2003年第8期。

目录

前言 /001
谋有道之生的李渔(代序)
(姜光斗　闻之) /001
余怀序 /001
尤侗序 /005
凡例七则 /009

◎词曲部

结构第一 /001
戒讽刺 /005
立主脑 /007
脱窠臼 /008
密针线 /009
减头绪 /011
戒荒唐 /011
审虚实 /013
词采第二 /014
贵显浅 /015
重机趣 /016
戒浮泛 /017
忌填塞 /019
音律第三 /020
恪守词韵 /025

凛遵曲谱 /026
鱼模当分 /027
廉监宜避 /028
拗句难好 /029
合韵易重 /030
慎用上声 /031
少填入韵 /032
别解务头 /033
宾白第四 /034
声务铿锵 /034
语求肖似 /036
词别繁减 /036
字分南北 /038
文贵洁净 /039
意取尖新 /040
少用方言 /040
时防漏孔 /042
科诨第五 /042
戒淫亵 /043
忌俗恶 /043
重关系 /044
贵自然 /044
格局第六 /045
家门 /046
冲场 /047
出脚色 /048
小收煞 /048
大收煞 /049
填词馀论 /049

◎演习部

选剧第一 /051
别古今 /052
剂冷热 /053
变调第二 /054
缩长为短 /054
变旧成新 /056
附:《琵琶记·寻夫》改本 /059
附:《明珠记·煎茶》改本 /062
授曲第三 /066
解明曲意 /067
调熟字音 /067
字忌模糊 /069
曲严分合 /069
锣鼓忌杂 /070
吹合宜低 /070
教白第四 /072
高低抑扬 /072
缓急顿挫 /074
脱套第五 /075
衣冠恶习 /075
声音恶习 /076
语言恶习 /077
科诨恶习 /078

◎声容部

选姿第一 /079

肌肤 /080
眉眼 /081
手足 /083
态度 /084
修容第二 /086
盥栉 /087
熏陶 /090
点染 /091
治服第三 /093
首饰 /095
衣衫 /097
鞋袜 /101
附:妇人鞋袜辨 /103
习技第四 /105
文艺 /106
丝竹 /109
歌舞 /111

◎居室部

房舍第一 /115
向背 /117
途径 /117
高下 /117
出檐深浅 /118
置顶格 /118
甃地 /119
洒扫 /120
藏垢纳污 /121
窗栏第二 /122
制体宜坚 /122
取景在借 /124
墙壁第三 /129
界墙 /129
女墙 /130
厅壁 /131
书房壁 /132
联匾第四 /134
蕉叶联 /135
此君联 /135
碑文额 /136
手卷额 /137
册页匾 /137
虚白匾 /138
石光匾 /138
秋叶匾 /139
山石第五 /139
大山 /140
小山 /141
石壁 /142
石洞 /142
零星小石 /143

◎器玩部

制度第一 /144
几案 /145
椅杌 /146
附:暖椅式 /147
床帐 /148
橱柜 /151
箱笼箧笥 /152

骨董 /154
炉瓶 /155
屏轴 /157
茶具 /158
酒具 /159
碗碟 /159
灯烛 /161
笺简 /162
位置第二 /164
忌排偶 /165
贵活变 /165

◎饮馔部

蔬食第一 /167
笋 /168
蕈 /169
莼 /170
菜 /170
瓜 茄 瓠 芋 山药 /171
葱 蒜 韭 /171
萝卜 /172
芥辣汁 /172
谷食第二 /173
饭粥 /173
汤 /174
糕饼 /175
面 /175
粉 /176
肉食第三 /176
猪 /177
羊 /178
牛犬 /178
鸡 /178
鹅 /179
鸭 /180
野禽 野兽 /180
鱼 /180
虾 /182
鳖 /182
蟹 /183
零星水族 /184
附:不载果食茶酒说 /185

◎种植部

木本第一 /186
牡丹 /186
梅 /188
桃 /189
李 /189
杏 /190
梨 /190
海棠 /191
玉兰 /192
辛夷 /193
山茶 /193
紫薇 /193
绣球 /194
紫荆 /194
栀子 /194
杜鹃 樱桃 /194

石榴 /195
木槿 /195
桂 /196
合欢 /196
木芙蓉 /197
夹竹桃 /197
瑞香 /197
茉莉 /198
藤本第二 /199
蔷薇 /199
木香 /200
酴醾 /200
月月红 /200
姊妹花 /201
玫瑰 /201
素馨 /201
凌霄 /202
真珠兰 /202
草本第三 /202
芍药 /203
兰 /203
蕙 /204
水仙 /205
芙蕖 /205
罂粟 /206
葵 /207
萱 /207
鸡冠 /207
玉簪 /208
凤仙 /208
金钱 /208
蝴蝶花 /209
菊 /209
菜 /211
众卉第四 /211
芭蕉 /212
翠云 /212
虞美人 /212
书带草 /213
老少年 /213
天竹 /214
虎刺 /214
苔 /214
萍 /214
竹木第五 /215
竹 /215
松柏 /216
梧桐 /216
槐榆 /217
柳 /217
黄杨 /218
棕榈 /219
枫柏 /219
冬青 /219

◎颐养部

行乐第一 /220
贵人行乐之法 /221
富人行乐之法 /222
贫贱行乐之法 /223

家庭行乐之法 /225
道途行乐之法 /226
春季行乐之法 /227
夏季行乐之法 /228
秋季行乐之法 /229
冬季行乐之法 /229
随时即景就事行乐之法 /230
睡 /231
坐 /233
行 /233
立 /234
饮 /234
谈 /235
沐浴 /235
听琴观棋 /236
看花听鸟 /237
蓄养禽鱼 /237
浇灌竹木 /238
止忧第二 /239
止眼前可备之忧 /240
止身外不测之忧 /240
调饮啜第三 /241
爱食者多食 /241
怕食者少食 /241
太饥勿饱 /242
太饱勿饥 /242
怒时哀时勿食 /242
倦时闷时勿食 /243
节色欲第四 /243
节快乐过情之欲 /244
节忧患伤情之欲 /244
节饥饱方殷之欲 /244
节劳苦初停之欲 /245
节新婚乍御之欲 /245
节隆冬盛暑之欲 /246
却病第五 /246
病未至而防之 /247
病将至而止之 /247
病已至而退之 /247
疗病第六 /248
本性酷好之药 /250
其人急需之药 /251
一心钟爱之药 /252
一生未见之药 /252
平时契慕之药 /253
素常乐为之药 /254
生平痛恶之药 /254
◎附录
李渔年谱简编 /256
《闲情偶寄》主要版本 /259
《闲情偶寄》主要论著及论文 /260
《闲情偶寄》名言警句 /261

◎余怀序[1]

《周礼》一书[2]，本言王道[3]，乃上自井田军国之大，下至酒浆屝屦之细，无不纤悉具备，位置得宜，故曰：“王道本乎人情。”然王莽一用之于汉而败[4]，王安石再用之于宋而又败者[5]，其故何哉？盖以莽与安石皆不近人情之人，用《周礼》固败，不用《周礼》亦败。《周礼》不幸为两人所用，用《周礼》之过，而非《周礼》之过也。苏明允曰[6]：“凡事之不近人情者，鲜不为大奸慝[7]。”古今来大勋业、真文章，总不出人情之外，其在人情之外者，非鬼神荒忽虚诞之事，则诪张为幻狯獝之辞[8]，其切于男女饮食日用平常者，盖已希矣。

余读李子笠翁《闲情偶寄》而深有感也。昔陶元亮作《闲情赋》[9]，其间为领、为带、为席、为履、为黛、为泽、为影、为烛、为扇、为桐，缠绵婉娈，聊一寄其闲情，而万虑之存。八表之憩[10]，即于此可类推焉。今李子《偶寄》之书，事在耳目之内，思出风云之表，前人所欲发而未竟发者，李子尽发之；今人所欲言而不能言者，李子尽言之。其言近，其旨远，其取情多而用物闳，漻漻乎[11]，缅缅乎[12]，汶者读之旷[13]，僿者读之通[14]，悲者读之愉，拙者读之巧，愁者读之忭且舞[15]，病者读之霍然兴[16]。此非李子《偶寄》之书，而天下雅人韵士家弦户诵之书也[17]。吾知此书出，将不胫而走[18]。百济之使维舟而求[19]，鸡林之贾辇金而购矣[20]。而世之腐儒，犹谓李子不为经国之大业，而为破道之小言者。余应之曰：唯唯否否。

昔谢文靖高卧东山，系天下苍生之望，而游必携妓，墅则围棋[21]。谢玄破贼[22]，桓冲初忧之[23]，郗超曰[24]：“玄必能破贼。吾尝共事桓公府[25]，履屐间皆得其用[26]，是以知之。”白香山道风雅量[27]，为世所钦，而谢好、陈结、紫绡、菱角[28]，惊破《霓裳羽衣》之曲[29]，罢刑部侍郎时，得臧获之习管磬弦歌者[30]，指百以归。苏文忠秉心刚正[31]，不立异，不诡随[32]，而琴操、朝云，螭头、鹊尾[33]，有每闻清歌，辄唤奈何之致。韩昌黎开云驱鳄[34]，师表朝廷，而每当宾客之会，辄出二侍女合弹琵琶、筝。故古今来能建大勋业、作真文章者，必有超世绝俗之情，磊落嵚崎之韵[35]，如文靖诸公是也。今李子以雅淡之才，巧妙之思，经营惨淡，缔造周详，即经国之大业，何遽不在？是而岂破道之小言也哉？

往余年少驰骋，自命江左风流[36]，选妓填词，吹箫跕屐[37]，曾以一曲之狂歌，回两行之红粉。而今老矣，不复为矣！独是冥心高寄，千载相关，深恶王莽、王安石之不近人情，而独爱陶元亮之闲情作赋。读李子之书，又未免见猎心喜也[38]。王右军云曰[39]："年在桑榆[40]，正赖丝竹陶写[41]。"余虽颓然自放[42]，倘遇洞房绮疏，交鼓絙瑟[43]，宫商迭奏[44]，竹肉竞陈[45]，犹当支颐障袖[46]，倾耳而听之。

时康熙辛亥立秋日建邺弟余怀无怀氏撰[47]。

注释

[1]余怀(1616—？)：清初文学家。字澹心，别号鬘持老人，莆田(今属福建)人，寓居南京。有《味外轩文稿》、《研山堂集》、《秋雪词》及笔记著作《板桥杂记》等。

[2]《周礼》：又名《周官》、《周官经》，儒家经典之一，记载了周王室官制和战国时各国制度。作者当为战国时人。

[3]王道：以仁义治天下，以德服人的统治方法。

[4]王莽一用之于汉而败：指西汉末王莽以外戚掌权，在公元8年称帝，改国号新，实行复古改制，反而引发动乱，身死国亡。

[5]王安石再用之于宋而又败：指宋神宗时，参知政事王安石推行青苗、均输、市易、免役、农田水利等新法，史称"王安石变法"。由于保守派反对等原因，新法推行了一段时间后失败。王安石(1021—1086)，字介甫，号半山，北宋抚州临川(今属江西)人。

[6]苏明允：苏轼之父苏洵(1009—1066)，字明允，号老泉，眉山(今属四川)人。

[7]奸慝(tè)：奸邪之人。在此指王莽、王安石等人。

[8]诪(zhōu)张为幻狯獝(kuàixù)之辞：虚狂放肆及狡诈惊人的语言。

[9]陶元亮作《闲情赋》：东晋诗人陶渊明(约376—427)，字元亮，浔阳(今江西九江)人，作《闲情赋》，其中述愿为其所爱女子的领、带、席，甚至履，以伴其生活，竭力表达对她无以复加的爱慕之情。

[10]八表：八方。

[11]漻漻(liáo)：水清澈的样子。

[12]缅缅(sǎ)：长而下垂貌，在此形容文章有气势，连续不断。

[13]汶者读之旷：蒙昧的人读了豁然开朗。汶(mén)，蒙蔽。

[14]僿(sài)：不诚实。《史记·高祖本纪》："文之敝人以僿，故救僿莫若以忠。"

[15]忭(biàn)：喜乐。

[16]霍然兴：忽然坐起来。比喻病愈迅速。

[17]家弦户诵：家家诵读。《礼记·文王世子》："春诵，夏弦。"

[18]不胫而走：没有腿却能跑，形容传播迅速。胫，小腿。

[19]百济：古国名，在今朝鲜半岛西南部。　维舟：系舟于岸边。

[20]鸡林：古国名，即新罗国，在今朝鲜半岛。

[21]"昔谢文靖"四句：东晋名相谢安(320—385)，曾辞官隐居在会稽(今浙江绍兴)之东山，虽然当时朝野都希望他出山，匡济天下，但谢安却安然隐居，出游则携妓，居处则与友下围棋，过着优游自在的生活。后人称作"东山高卧"，又称其复官为"东山再起"。文靖，谢安的谥号。

[22]谢玄破贼：指谢安侄谢玄(343—388)在公元383年率东晋军大破前秦苻坚之军，取得淝水之战的胜利。

[23]桓冲(328—384)：东晋谯国龙亢(今安徽蒙城东南)人，征西大将军桓温从弟，曾任荆州刺史，拥重兵而无所作为。后闻谢玄大破前秦苻坚，竟惭病而死。

[24]郗(xī)超(336—377)：字景兴，高平金乡(今属山东)人，曾为桓温参军，共谋不臣之心。

[25]桓公：即桓温(312—373)，字元子，晋明帝女婿，曾为荆州刺史，后以大司马专朝政。曾说："既不能流芳后世，不足复遗臭万载邪！"后与郗超等谋废晋自建王朝，事未成而死。

[26]履屐间皆得其用：指言行沉稳，犹如步履稳当，中规中矩。在此意在说明谢玄为人稳当，可办大事。履，单底的鞋。屐，木屐，底有二齿，便于行泥途。

[27]白香山：即唐代诗人白居易(772—846)，唐太原人，字乐天。晚年居洛阳香山，号香山居士。

[28]谢好、陈结、紫绡、菱角：皆为歌妓名。

[29]惊破《霓裳羽衣》之曲：似指白居易的《长恨歌》，其中有二句："渔阳鼙鼓动地来，惊破《霓裳羽衣曲》。"霓裳羽衣之曲，唐代舞曲名，西凉杨敬述等作，唐玄宗李隆基参与润色。相传杨贵妃善舞此曲。

[30]臧获：古代对奴婢的贱称。

[31]苏文忠：即苏轼(1037—1101)，字子瞻，号东坡居士，谥文忠。眉山(今属四川)人。

[32]诡随：放肆狡诈。

[33]琴操、朝云，螭(chī)头、鹊尾：指苏东坡无论出入，总有侍妾琴操、朝云相随，或歌于船头，或歌于香烟缭绕的雅室。螭头，螭头舫，即船头作蛟螭形的大型游艇。鹊尾，有鹊尾形柄的香炉。苏轼有〔瑞鹧鸪〕词："映山黄帽螭头舫，夹岸青烟鹊尾炉。"

[34]韩昌黎：即韩愈(768—824)，唐代文学家，郡望昌黎(今属河北)，世称韩昌黎。开云驱鳄：据《新唐书·韩愈传》，韩愈被贬为潮州刺史时，境内恶溪中有鳄鱼为害，故作《祭鳄鱼文》，希望驱鳄远走。

[35]磊落嵚(qīn)崎：形容胸怀坦荡，品格特异。嵚崎，山高峻貌。《儒林外史》第一回："元朝末年，也曾出了一个嵚崎磊落的人，这人姓王名冕。"

[36]江左：古代指长江下游的南岸地区。

[37]跕(tiē)屐：拖着鞋走路。屐，木头鞋，这里泛指鞋。

[38]见猎心喜：比喻旧习难忘。语出《二程全书》"遗书"七："明道(程颢)先生年十六七时，好田猎。十二年，暮归，在田野见田猎者，不觉有喜心。"

[39]王右军：东晋书法家王羲之(321—379)，字逸少，琅琊临沂(今属山东)人。因官至右军将军，故人称王右军。

[40]年在桑榆；指人到晚年。桑榆，指日落馀光所在处，代指晚暮，又借指晚年。

[41]陶写：娱情养性，排除忧闷。这两句出自《晋书·王羲之传》："年在桑榆，自然至此，须正赖丝竹陶写。"

[42]颓然自放：指年老而不作进取之心。

[43]交鼓絙(gēng)瑟：指鼓乐繁杂。絙，紧，急。《淮南子·缪称训》："治国譬若张瑟，大弦絙，则小弦绝矣。"

[44]宫商迭奏：指各种音调杂陈而且变幻不已。宫商，古代七音(宫、商、角、变、徵、羽、变宫)的前二音，

在此代指七音。

[45]竹肉：丝竹之音和歌唱之音。

[46]支颐障袖：以手托住下巴，以袖遮脸。此指倾听乐曲的专注姿态。颐，下巴。《庄子·渔父》："左手据膝，右手持颐以听。"

[47]康熙辛亥：清圣祖玄烨康熙十年，即公元1671年。建邺：即建康，南京的古称。　无怀氏：当是余怀的号。

◎尤侗序[1]

声色者，才人之寄旅；文章者，造物之工师。我思古人，如子胥吹箫[2]，正平挝鼓[3]，叔夜弹琴[4]，季长弄笛[5]，王维为"琵琶弟子"[6]，和凝称"曲子相公"[7]，以至京兆画眉[8]，幼舆折齿[9]，子建傅粉[10]，相如挂冠[11]，子京之半臂忍寒[12]，熙载之衲衣乞食[13]：此皆绝世才人，落魄无聊，有所托而逃焉[14]。犹之行百里者，车殆马烦，寄宿旅舍已尔，其视宜春院里画鼓三千[15]，梓泽园中金钗十二[16]，雅俗之别，奚翅径庭哉[17]！然是物也，虽自然之妙丽，借文章而始传。前人如《琴》、《笛》、《洞箫》诸赋，固已分刌节度，穷极幼眇[18]；乃至"巫山"陈兰若之芳[19]，"洛浦"写碧瑶之饰[20]，东家之子比其赤白[21]，上宫之女状其艳光[22]。数行之内，若拂馨香；尺幅之中，如亲巧笑[23]。岂非笔精墨妙，为选声之金管[24]，练色之宝镜乎？抑有进焉[25]，江淹有云[26]："蓝朱成彩，错杂之变无穷；宫商为音，靡曼之态不极。"蛾眉岂同貌而俱动于魄？芳草宁共气而皆悦于魂？故相其体裁，既家妍而户媚；考其程式，亦日异而月新。假使飞燕、太真生在今时[27]，则必不奏《归风》之歌[28]，播《羽衣》之舞[29]；文君、孙寿来于此地[30]，则必不扫远山之黛，施堕马之妆。何也？数见不鲜也。客有歌于郢中者[31]，《阳春》、《白雪》[32]，和者不过数人。非曲高而和寡也，和者日多，则歌者日卑，《阳春》、《白雪》，何异于《巴人》、《下里》乎？西子捧心而颦，丑妇效之，见者却走[33]。其妇未必丑也，使西子效颦，亦同嫫姆矣[34]。由此观之，声色之道千变万化。造物者有时而穷，物不可以终穷也。故受之以才，天地炉锤，铸之不尽；吾心橐籥，动而愈出[35]。三寸不律[36]，能凿混沌之窍[37]；五色赫蹄[38]，可炼女娲之石[39]。则斯人者，诚宫闺之刀尺而帷薄之班输[40]。天下文章，莫大乎是矣。

读笠翁先生之书，吾惊焉。所著《闲情偶寄》若干卷，用狡狯伎俩，作游戏神通。入公子行以当场[41]，现美人身而说法。洎乎平章土木[42]，勾当烟花[43]，哺啜之事亦复可观[44]，屐履之间皆得其任。虽才人三昧[45]，笔补天工[46]，而镂空绘影，索隐钓奇，窃恐犯造物之忌矣。乃笠翁不徒托诸空言，遂已演为本事[47]。家居长干[48]，山楼水阁，药栏花砌，辄引人著胜地。薄游吴市[49]，集名优数辈，度其梨园法曲[50]，红弦翠袖，烛影参差，望者疑为神仙中人。若是乎笠翁之才，造物不惟不忌，而且惜其劳、美其报焉。人生百年，为乐苦不足也，笠翁何以得此于天哉！仆本恨人[51]，幸逢良宴，正如秦穆睹钧天之乐[52]，赵武听孟姚之歌[53]，非不醉心，仿佛梦中而已矣。

吴门同学弟尤侗拜撰[54]

注释

[1]尤侗(1618—1704)：清代长洲(今江苏苏州)人，字同人、展成，号西堂老人。顺治年间拔贡，康熙时举博学鸿词科，授翰林院检讨。诗、词、文俱佳，尤长于戏剧创作，有传奇《钧天乐》、杂剧《读离骚》等，合称《西堂曲腋》。

[2]子胥吹箫：春秋时楚国大夫伍奢次子，名员，字子胥。奢被楚王杀，伍子胥出逃，相传曾吹箫乞食。元杂剧有《伍员吹箫》。

[3]正平挝鼓：汉代末年祢(mí)衡(173—198)，字正平，平原般(今山东临邑东)人。才高性傲，曹操忌之，及召为鼓吏，一日大会宾客，欲借以辱之，不料祢衡击鼓而骂，反辱曹操。后被江夏太守黄祖所杀。

[4]叔夜弹琴：三国时魏文学家嵇康(223—262)，字叔夜，谯郡铚(今安徽宿州西南)人。因声言“非汤武而薄周孔”，被锺会陷害，遭司马昭所杀。嵇康善琴，曾作《琴赋》，临刑前，索琴弹一曲，名《广陵散》，称《广陵散》从此绝矣。

[5]季长弄笛：汉代大儒马融(79—166)，字季长，扶风茂陵(今属陕西)人。喜吹笛，常坐高堂，前授生徒，后列女乐，以此为娱。曾作《长笛赋》。

[6]王维为“琵琶弟子”：唐代大诗人王维，河东(今山西永济)人。据《集异记》，王维善弹琵琶，亦因此被太平公主赏识，一举登第。明清戏曲有《郁轮袍》，即演此事。

[7]和凝(898—955)：字成绩，五代时期词人，擅长短歌艳曲，自号“曲子相公”。

[8]京兆画眉：汉代宣帝时京兆尹张敞，常为其妻画眉，后世以为风流韵事。

[9]幼舆折齿：晋代谢鲲，字幼舆，少知名，有高识，为人任达不拘。据其本传：邻女有美色，谢鲲挑逗之，女投梭，折其二齿。时人传语曰：“任达不已，幼舆折齿。”鲲闻之，傲然长啸曰：“犹不废我啸歌。”

[10]子建傅粉：三国时曹魏文学家曹植(192—232)，字子建。据《三国志·魏书·王粲传》注引《魏略》载，曹植与邯郸淳相见，因天热，乃不先与谈，呼侍从取水洗澡，浴毕傅粉，始与谈。傅粉，搽粉。

[11]相如挂冠：汉武帝时辞赋家司马相如(？—前118)，字长卿，不慕官爵，常称病闲居。挂冠，辞官。

[12]子京之半臂忍寒：北宋文学家宋祁(998—1061)，字子京。据《东轩笔记》载，宋祁多内宠，一日宴于锦江(在今四川成都市)，偶感微寒，诸婢送半臂(即背心)达十馀件。宋祁恐有厚此薄彼之嫌，竟忍寒不服。

[13]熙载之衲衣乞食：五代时后唐韩熙载(902—970)，喜声伎之乐，曾于诸姬院乞食，以为笑乐。见郑文宝《南唐近事》。衲衣，百衲衣，代指乞丐之衣。

[14]有所托而逃焉：指以上诸人的怪异举动，都是有所假托，用以逃避世事。

[15]宜春院：唐代歌妓入宫时所居之院。

[16]梓泽园：又名金谷园，晋代富豪石崇在河阳金谷的别墅，故址位于今河南省洛阳市西北。金钗

十二：南朝梁武帝《河中之水歌》："头上金钗十二行。"此喻姬妾众多。

[17]奚翅径庭：何止像庭与庭之间的距离呢？意谓相差甚远。奚翅，又作"奚啻"，何止，岂止。

[18]分刌(cǔn)节度，穷极幼(yào)眇：语出《汉书·元帝纪赞》，原指度曲精微，达于幽妙之境，在此借指文章精美。刌，割，截断。幼眇，微妙。汉代司马相如《长门赋》："声幼眇而复扬。"

[19]"巫山"陈兰若之芳：比喻男女幽会之处陈设芳草杜若。杜若在此似指面中芳草，又似暗喻美人。巫山，巫女峰，出于战国楚宋玉《神女赋》，代指男女幽会处。

[20]"洛浦"写碧瑶之饰：语意似同前一句。洛浦，洛水岸边，相传为洛神出没处，此处亦指男女幽会处。写，描摹，在此似为陈设意。碧瑶，美玉。在此似暗喻美女。

[21]东家之子比其赤白：典出宋玉《登徒子好色赋》："玉曰：天下之佳人，莫若楚国；楚国之丽者，莫若臣里；臣里之美者，莫若东家之子……著粉则太白，施朱则太赤。"东家之子，东邻的女子。

[22]上宫之女状其艳光：如若上宫的美女展示其艳丽的光彩。上宫，周代陈国的地名。在今河南东部与安徽接壤处。此句出自《诗经·鄘风·桑中》："云谁之思，美孟姜兮；期我乎桑中，要我乎上宫。"

[23]如亲巧笑：犹如亲见美女的容颜。巧笑，美好的笑容。语出《诗经·卫风·硕人》："巧笑倩兮，美目盼兮。"

[24]金管：对笛一类管乐器的美称。

[25]抑有进焉：或者还有比前述之美更进一步的。抑，转折词。

[26]江淹：南朝时文学家，著有《恨赋》、《别赋》。

[27]飞燕：赵飞燕，西汉成帝皇后，善歌舞，因体轻而称"飞燕"。　太真：杨玉环。她在成为唐玄宗贵妃前，曾出家为道姑，号曰太真。

[28]《归风》：乐曲名。《飞燕外传》："后(指赵飞燕)歌《归风送远》之曲，帝(成帝)以文犀簪击玉瓯，令冯无方吹笙。"

[29]《羽衣》：唐代乐曲《霓裳羽衣曲》，详见余怀序注[29]。

[30]文君：卓文君，汉代辞赋家司马相如之妻。《西京杂记》称其"眉色如望远山"。即眉色淡远。　孙寿：东汉权臣梁冀之妻，貌美而善化妆，创愁眉、啼妆、堕马髻、折腰步等妆饰，妇人纷纷仿效，风行一时。

[31]郢(yíng)：春秋时楚国的国都，在今湖北江陵西北。

[32]《阳春》、《白雪》：乐曲名，比喻高雅的乐曲，相对于粗俗的乐曲《下里》、《巴人》而言。详见宋玉《对楚王问》。

[33]"西子捧心而颦"三句：典出《庄子·天运》，述西施因心痛而皱眉，其邻里丑女见之，以为美，也仿而皱眉，反而更丑，结果富人见而闭门，穷人见而却走。此处反其意而用之，言西子如果仿邻里之女而皱眉，也会丑如嫫姆了。

[34]嫫姆：古代丑妇。

[35]吾心橐籥(tuóyuè)，动而愈出：言人心如风箱，只有运动才能出生气，才能造就天下至好的文章。橐，鼓风的风囊；籥，送风的管子。

[36]不律：毛笔的代称。《尔雅·释器》："不律谓之笔。"

[37]凿混沌之窍：据《庄子·应帝王》载，南海之帝为倏，北海之帝为忽，中央之帝为混沌。倏与忽为报混沌之德，乃为其凿七窍，凿至第七日，混沌已死。这两句引用此典，意谓文笔超妙，能给人以启蒙，与原典之意相反。

[38]赫蹄：西汉末流行的一种小幅薄纸。

[39]炼女娲之石：据《淮南子·览冥训》载，上古之时，四极废，九州裂，天不兼覆，地不周载，于是女娲炼五色石，用以补天。此二句意谓文人在五彩纸上可以作五彩文章。

[40]帷薄：帷帘。古代用以代指闺门。　班输：鲁班和公输般，古代巧匠，一说为一人，即公输般。此二句意谓这样善作文的人，一定像公输般那样巧，善于描摹闺中情态。

[41]当场：现场。在此意谓使人如身在现场。

[42]洎(jì)：及，到。　平章土木：指营造亭园。平章，处理，引申为建造。

[43]勾当烟花：在园林中莳花种草。勾当，办理、处置之意，在此如前句“平章”意。烟花，春天的美景，在此指园中花草。

[44]哺啜(chuò)：吃饭与饮水。

[45]才人三昧：指像李渔这样记述吃喝玩乐等琐事，而达于精微之妙的境界者。才人，在此指文人。三昧，事物的精要之义。

[46]笔补天工：形容用笔之妙，如女娲补天之巧。

[47]本事：实事。此二句意谓李渔不光说了要写此书，而且已经做成此事。

[48]长干：长干巷，又名长干里，故址在南京。

[49]薄游：前往游览。　吴市：指江苏省苏州市，清代名吴县。

[50]度其梨园法曲：为梨园作曲。度，作曲。梨园，古代对剧场的通称。法曲，唐代佛教音乐，在此指戏曲音乐。

[51]恨人：失意抱恨之人。南朝江淹《恨赋》：“于是仆本恨人，心惊不已。”

[52]秦穆睹钧天之乐：汉代张衡《西京赋》：“昔者，大帝说秦缪(同穆)公而觐之，飨以钧天之乐。”钧天之乐，神话传说中的天上音乐。钧天，上帝居所。

[53]赵武听孟姚之歌：据《史记·赵世家》载，赵武灵王梦见处女鼓琴而歌，醒后想见其状。吴广知此事，将其女孟姚献于王。赵武灵王以其像梦中之女，甚宠之，立为后，史名惠后。

[54]吴门：今苏州市。　同学：清代严禁文人结社，禁用社兄、盟弟称呼，于是文人之间改称同学。

◎凡例七则 四期三戒

一期点缀太平

圣主当阳[1]，力崇文教。庙堂既陈诗赋[2]，草野合奏风谣，所谓上行而下效也。武士之戈矛，文人之笔墨，乃治乱均需之物：乱则以之削平反侧，治则以之点缀太平。方今海甸澄清，太平有象，正文人点缀之秋也，故于暇日抽毫，以代康衢鼓腹[3]。所言八事，无一事不新；所著万言，无一言稍故者。以鼎新之盛世[4]，应有一二未睹之事、未闻之言以扩耳目，犹之美厦告成，非残朱剩碧所能涂饰榱楹者也[5]。草莽微臣，敢辞粉藻之力[6]！

一期崇尚俭朴

创立新制，最忌导人以奢。奢则贫者难行，而使富贵之家日流于侈，是败坏风俗之书，非扶持名教之书也。是集惟《演习》、《声容》二种，为显者陶情之事，欲俭不能，然亦节去靡费之半；其馀如《居室》、《器玩》、《饮馔》、《种植》、《颐养》诸部，皆寓节俭于制度之中，黜奢靡于绳墨之外。富有天下者可行，贫无卓锥者亦可行[7]。盖缘身处极贫之地，知物力之最艰，谬谓天下之贫皆同于我，我所不欲，勿施于人[8]，故不觉其言之似吝也。然靡荡世风，或反因之有裨。

一期规正风俗

风俗之靡，日甚一日。究其日甚之故，则以喜新而尚异也。新异不诡于法，但须新之有道，异之有方。有道有方，总期不失情理之正。以索隐行怪之俗，而责其全返中庸，必不得之数也。不若以有道之新，易无道之新，以有方之异，变无方之异，庶彼乐于从事，而吾点缀太平之念为不虚矣。是集所载，皆极新极异之谈，然无一不轨于正道，其可告无罪于世者此耳。

一期警惕人心

风俗之靡，犹于人心之坏，正俗必先正心。然近日人情喜读闲书，畏听庄论。有心劝世者，正告则不足，旁引曲譬则有馀。是集也，纯以劝惩为心，而又不标劝惩之目。名曰《闲情偶寄》者，虑人目为庄论而避之也。劝惩之语，下半居多，前数帙俱谈风雅[9]。正论不载于始而丽于终者[10]，冀人由雅及庄，渐入渐深，而不觉其可畏也。劝惩之意，绝不明言，或假草木昆虫之微，或借活命养生之大以寓之者，即所谓正告不足，旁引曲譬则有馀也。实具婆心，非同客语；正人奇士，当共谅之。

一戒剽窃陈言

不佞半世操觚[11]，不攘他人一字[12]。空疏自愧者有之，诞妄贻讥者有之，至于剿窠袭臼，嚼前人唾馀，而谬谓舌花新发者，则不特自信其无，而海内名贤亦尽知其不屑有也。然从前杂刻[13]，新则新矣，犹是一岁一生之草，非百年一伐之木。草之青也可爱，枯则可焚；木即不堪为栋为梁，然欲刈而薪之，则人有不忍于心者矣。故知是集也者，其初出则为乍生之草，即其既陈既腐，犹可比于不忍为薪之木，以其可斫可雕而适于用也。以较邺架名编则不足[14]，以角奚囊旧著则有馀[15]。阅是编者，请由始迄终，验其是新是旧。如觅得一语为他书所现载，人口所既言者，则作者非他，即武库之穿窬[16]，词场之大盗也。

一戒网罗旧集

数十年来，述作名家皆有著书捷径，以只字片言之少，可酿为连篇累牍之繁；如有连篇累牍之繁，即可变为汗牛充栋之富。何也？以其制作新言，缀于简首，随集古今名论，附而益之。如说天文，即纂天文所有诸往事及前人所作诸词赋以实之。地理亦然，人物、鸟兽、草木诸类尽然。作而兼之以述，有事半功倍之能，真良法也。鄙见则谓著则成著，述则成述，不应首鼠二端[17]。宁捉襟肘以露贫[18]，不借丧马以彰富。有则还吾故有，无则安其本无。不载旧本之一言，以补新书之偶缺；不借前人之只字，以证后事之不经[19]。观者于诸项之中，幸勿事事求全，言言责备。此新耳目之书，非备考核之书也。

一戒支离补凑

有怪此书立法未备者，谓既有心作古，当使物物尽有成规，胡一类之中，止言数事？予应之曰：医贵专门，忌其杂也，杂则有验有不验矣。史贵能缺，"夏五"、"郭公"之不增一字[20]，不正其讹者，以示能缺；缺斯可信，备则开天下后世之疑矣。使如子言而求诸事皆备，一物不遗，则支离补凑之病见，人将疑其可疑，而并疑其可信。是故良法不行于世，皆求全一念误之也。予以一人而僭陈八事，由词曲、演习以及种植、颐养，虽曰多能鄙事，贱者之常，然犹自病其太杂，终不得比于专门之医，奈何欲举星相、医卜、堪舆、日者之事[21]，而并责之一人乎？其人否否而退。八事之中，事事立法者止有六种，至《饮馔》、《种植》二部之所言者，不尽是法，多以评论间之，宁以支离二字立论，不敢以之立法者，恐误天下之人也。然自谓立论之长，犹胜于立法。请质之海内名公，果能免于支离之诮否？

湖上笠翁李渔识

注释

[1]当阳：指天子面南向明而坐。借指治理国家。

[2]庙堂：指帝王家的宗庙明堂。在此代指朝廷。

[3]康衢鼓腹：吃饱了饭在大街上悠闲地溜达着唱歌。在此指歌功颂德。康衢，四通八达的大道。据《列子·汤问》载，尧微服游行于康衢，闻儿童唱着歌谣以颂盛世。

[4]鼎新：革新。

[5]榱楹(cuīyíng)：椽和柱子。

[6]敢：岂敢。　粉藻：粉饰，藻饰。此指以辞藻粉饰太平。

[7]贫无卓锥：形容极端贫困。《吕氏春秋·为欲》："无立锥之地，至贫也。"卓锥，犹言立锥。

[8]我所不欲，勿施于人：化自《论语·卫灵公》："己所不欲，勿施于人。"

[9]帙(zhì)：书函，书套。

[10]丽：附着。

[11]不佞(nìng)：自我的谦称。《左传·成公十三年》载："寡人不佞。"佞，才能。　操觚(gū)：指写作。晋·陆机《文赋》："或操觚以率尔，或含毫而邈然。"觚，用以书写的木简。

[12]攘(ráng)：偷窃。

[13]杂刻：所刻的杂书。

[14]邺(yè)架：富有者的藏书。据《邺侯家传》，唐代李泌之父李承休，聚书两万馀卷，诫子孙不许出门，

有来求读者，别院供馔。

［15］角：比试。　奚囊：诗囊。据《李贺小传》载，李贺每外出，总有一位小奚奴相从，背一破锦囊。李贺有诗作，即书写好投入囊中。

［16］穿窬(yú)：穿壁越墙，指翻墙盗窃。

［17］首鼠二端：指犹豫不决。旧说老鼠性多疑，出穴时不果断，两端而望，谓之首鼠。

［18］捉襟肘以露贫：指衣不蔽体，形容穷困之极。

［19］不经：无根据、荒诞。

［20］“夏五”、“郭公”之不增一字：指《春秋》桓公十四年书“夏五”而不加“月”字，庄公二十四年于“郭公”之下漏记事。后即以此喻文字有残缺。

［21］星相、医卜、堪舆、日者之事：用日月五星、巫术、风水等占卜算命的方法。

◎词曲部

题解

词曲部分结构、词采、音律、宾白、科诨、格局六部分，共三十八个小节，是李渔戏曲论的精华部分。作者认为，文章乃天下之公器，遂持此心，将生平之学“和盘托出”，这种思想是十分可贵的。作者在其中提出许多著名的论点，如谈结构主张“立主脑”、“减头绪”、“密针线”；论词采则“贵浅显”、“重机趣”、“戒浮泛”，都是作者实践经验的总结，受到后世戏曲理论家的高度重视。

结构第一

填词一道，文人之末技也。然能抑而为此，犹觉愈于驰马试剑，纵酒呼卢[1]。孔子有言：“不有博弈者乎？为之犹贤乎已[2]。”博弈虽戏具，犹贤于“饱食终日，无所用心”；填词虽小道，不又贤于博弈乎？吾谓技无大小，贵在能精；才乏纤洪，利于善用。能精善用，虽寸长尺短，亦可成名。否则才夸八斗[3]，胸号五车[4]，为文仅称点鬼之谈[5]，著书惟供覆瓿之用[6]，虽多亦奚以为？填词一道，非特文人工此者足以成名，即前代帝王，亦有以本朝词曲擅长，遂能不泯其国事者。请历言之：高则诚、王实甫诸人[7]，元之名士也，舍填词一无表见。使两人不撰《琵琶》、《西厢》，则沿至今日，谁复知其姓字？是则诚、实甫之传，《琵琶》、《西厢》传之也。汤若士[8]，明之才人也，诗文尺牍，尽有可观，而其脍炙人口者，不在尺牍诗文，而在《还魂》一剧。使若士不草《还魂》，则当日之若士已虽有而若无，况后代乎？是若士之传，《还魂》传之也。此人以填词而得名者也。历朝文字之盛，其名各有所归，“汉史”、“唐诗”、“宋文”、“元曲”，此世人口头语也。《汉书》、《史记》，千古不磨，尚矣；唐则诗人济济，宋有文士跄跄，宜其鼎足文坛，为三代后之三代也。元有天下，非特政刑礼乐一无可宗，即语言文学之末，图书翰墨之微，亦少概见。使非崇尚词曲，得《琵琶》、《西厢》以及《元人百种》诸书传于后代[9]，则当日之元亦与五代、金、辽同其泯灭，焉能附三朝骥尾，而挂学士文人之齿颊哉？此帝王国事，以填词而得名者也。由是观之,填词非末技,乃与史传诗文同源而异派者也。

近日雅慕此道,刻欲追踪元人、配飨若士者尽多,而究竟作者寥寥,未闻绝唱。其故维何?止因词曲一道,但有前书堪读,并无成法可宗。暗室无灯,有眼皆同瞽目。无怪乎觅途不得,问津无人,半途而废者居多,差毫厘而谬千里者,亦复不少也。

尝怪天地之间有一种文字,即有一种文字之法脉准绳,载之于书者,不异耳提面命。独于填词制曲之事,非但略而未详,亦且置之不道。揣摩其故,殆有三焉:

一则为此理甚难,非可言传,止堪意会。想入云霄之际,作者神魂飞越,如在梦中,不至终篇,不能返魂收魄。谈真则易,说梦为难,非不欲传,不能传也。若是,则诚异诚难,诚为不可道矣。吾谓此等至理,皆言最上一乘,非填词之学节节皆如是也,岂可为精者难言,而粗者亦置弗道乎?

一则为填词之理变幻不常,言当如是,又有不当如是者。如填生旦之词,贵于庄雅;制净丑之曲,务带诙谐:此理之常也。乃忽遇风流放佚之生旦,反觉庄雅为非;作迂腐不情之净丑,转以诙谐为忌。诸如此类者,悉难胶柱[10]。恐以一定之陈言,误泥古拘方之作者,是以宁为阙疑,不生蛇足。若是,则此种变幻之理,不独词曲为然,帖括时文皆若是也[11]。岂有执死法为文,而能见赏于人,相传于后者乎?

一则为从来名士以诗赋见重者十之九,以词曲相传者犹不及什一,盖千百人一见者也。凡有能此者,悉皆剖腹藏珠,务求自秘,谓此法无人授我,我岂独肯传人。使家家制曲,户户填词,则无论《白雪》盈车,《阳春》遍世[12],淘金选玉者未必不使后来居上,而觉糠秕在前[13];且使周郎渐出[14],顾曲者多,攻出瑕疵,令前人无可藏拙,是自为后羿而教出无数逢蒙,环执干戈而害我也[15],不如仍仿前人,缄口不提之为是。吾揣摩不传之故,虽三者并列,窃恐此意居多。

以我论之:文章者,天下之公器,非我之所能私;是非者,千古之定评,岂人之所能倒?不若出我所有,公之于人,收天下后世之名贤悉为同调;胜我者我师之,仍不失为起予之高足[16];类我者我友之,亦不愧为攻玉之他山[17]。持此为心,遂不觉以生平底里,和盘托出。并前人已传之书,亦为取长弃短,别出瑕瑜,使人知所从违,而不为诵读所误。知我,罪我,怜我,杀我,悉听世人,不复能顾其后矣。但恐我所言者,自以为是而未必果是；人所趋者，我以为非而未必尽非。但矢一字之公，可谢千秋之罚[18]。噫，元人可作，当必贳予[19]。

填词首重音律，而予独先结构者，以音律有书可考，其理彰明较著。自《中原音韵》一出[20]，则阴阳平仄画有塍区[21]，如舟行水中，车推岸上，稍知率由者，虽欲故犯而不能矣。《啸馀》、《九宫》二谱一出[22]，则葫芦有样，粉本昭然。前人呼制曲为填词，填者，布也，犹棋枰之中画有定格，见一格，布一子，止有黑白之分，从无出入之弊，彼用韵而我叶之，彼不用韵而我纵横流荡之。至于引商刻羽[23]，戛玉敲金[24]，虽曰神而明之，匪可言喻，亦由勉强而臻自然，盖遵守成法之化境也。至于结构二字，则在引商刻羽之先，拈韵抽毫之始[25]。如造物之赋形[26]，当其精血初凝，胞胎未就，先为制定全形，使点血而具五官百骸之势。倘先无成局，而由顶及踵，逐段滋生，则人之一身，当有无数断续之痕，而血气为之中阻矣。工师之建宅亦然，基址初平，间架未立，先筹何处建厅，何方开户，栋需何木，梁用何材，必俟成局了然，始可挥斤运斧[27]。倘造成一架而后再筹一架，则便于前者不便于后，势必改而就之，未成先毁，犹之筑舍道旁[28]，兼数宅之匠资，不足供一厅一堂之用矣。故作传奇者[29]，不宜卒急拈毫；袖手于前，始能疾书于后。有奇事，方有奇文，未有命题不佳，而能出其锦心，扬为绣口者也。尝读时髦所撰，惜其惨淡经营，用心良苦，而不得被管弦、副优孟者[30]，非审音协律之难，而结构全部规模之未善也。

词采似属可缓，而亦置音律之前者，以有才技之分也。文词稍胜者，即号才人；音律极精者，终为艺士。师旷止能审乐[31]，不能作乐；龟年但能度词[32]，不能制词。使与作乐制词者同堂，吾知必居末席矣。事有极细而亦不可不严者，此类是也。

注释

[1]呼卢："呼卢喝雉"的简称。古代的一种赌博。又叫樗蒲、五水。李白《少年行》："呼卢百万终不惜，报仇千里如咫尺。"

[2]"孔子有言"三句：语出《论语·阳货》："子曰：'饱食终日，无所用心，难矣哉！不有博弈者乎？为之犹贤乎已。'"

[3]才夸八斗：形容才气甚高。语出宋无名氏《释常谈·八斗之才》："文章多谓之八斗之才。谢灵运尝曰：'天下才有一石，曹子建独占八斗，我得一斗，天下共分一斗。'"

[4]胸号五车：形容知识渊博。典出《庄子·天下》："惠施多方，其书五车。"号，号称。

[5]"为文"句：唐初四杰之一杨炯，作文时喜堆砌古人姓名，时人戏称"点鬼簿"。

[6]“著书”句:《汉书·扬雄传》载刘歆闻扬雄作《太玄》、《法言》等,感叹道:“吾恐后人用覆酱瓿也。”此处反其意而用之。

[7]高则诚:高明,字则诚,元末温州瑞安人。创作有南戏《琵琶记》。　王实甫:本名德信,元大都(今北京市)人,创作杂剧《西厢记》。

[8]汤若士:即汤显祖(1550—1616),字义仍,号若士,江西临川(今属江西)人。创作传奇《牡丹亭》(一名《还魂记》)。

[9]《元人百种》:即《元曲选》,明代臧懋循所编元代杂剧集。

[10]胶柱:即“胶柱鼓瑟”。意谓拘泥于成规而不知变通。典出《史记·赵奢传》。

[11]帖括时文:在科举考试时所作的诗文。

[12]《白雪》、《阳春》:古乐曲名。见战国楚宋玉《对楚王问》。后比喻高雅的艺术。

[13]糠秕在前:《世说新语·排调》言王坦之与范启同行,王坦之走在前面,对范启说:“簸之扬之,糠秕在前。”范启答道:“洮之汰之,沙砾在后。”

[14]周郎:三国时周瑜精于音乐,宴乐有误,必予纠正。时人有谣曰:“曲有误,周郎顾。”见《三国志·吴书·周瑜传》。

[15]“是自为后羿”二句:传说夏代的后羿善射,其学生逢蒙学成射术后,以为天下只有后羿能超过自己,就把老师杀了。

[16]起予:对自己有所启发。典出《论语·八佾》:“子曰:‘起予者商也,始可与言诗已矣。’”

[17]“类我者我友之”二句:意为与我相类的,就加以借鉴。攻玉之他山,即“他山之石,可以攻玉”,最初出自《诗经·小雅·鹤鸣》:“它山之石,可以为错。”

[18]“但矢一字之公”二句:意为作文持以公心,可避免后人唾弃。矢,箭头。在此指专意于。

[19]贳(shì):宽纵;赦免。

[20]《中原音韵》:元代周德清所编戏曲韵书。不仅首创“入派三声”,而且将传统的二百个左右的韵部简化为十九部。后为明清文人创作戏曲所本。

[21]塍(chéng)区:以田埂区分的地块。在此比喻艺术规范。

[22]《啸馀》:即《啸馀谱》,明代程明善所编的音律丛书,收录著作十二种。《九宫》:《九宫正始》和南北《九宫谱》之类的曲谱。

[23]引商刻羽:语出宋玉《对楚王问》。在此指仔细推敲音律。

[24]戛(jiá)玉敲金:敲击金玉之类乐器,发出清脆动听的声音。戛,敲击。

[25]拈韵抽毫:指选择韵脚,抽出毛笔,准备写作戏曲。

[26]造物之赋形:造物主造物时赋予其基本形态。

[27]挥斤运斧:用斧头砍削,指开始创建房屋。比喻开始编撰戏曲。斤,古代砍伐树木的工具。

[28]筑舍道旁:语出《诗经·小雅·小旻》。意谓在道旁筑室,因己无主见,路人意见又不一而筑之不成。此喻结构不当,作曲不成。

[29]传奇:明代戏剧的别称。源于宋元南戏,分出演出,一般在三四十出左右。

[30]优孟:春秋时楚国艺人。在此指戏曲演员。

[31]师旷:春秋时晋国乐师。目盲,而精于辨音。晋平公铸大钟,师旷以为不合音律,验之果然。

[32]龟年:唐代宫廷乐师李龟年。玄宗时在梨园供职,曾作《渭城曲》。

戒讽刺

武人之刀，文士之笔，皆杀人之具也。刀能杀人，人尽知之；笔能杀人，人则未尽知也。然笔能杀人，犹有或知之者；至笔之杀人较刀之杀人，其快其凶更加百倍，则未有能知之而明言以戒世者。予请深言其故。何以知之？知之于刑人之际。杀之与剐，同是一死，而轻重别焉者，以杀止一刀，为时不久，头落而事毕矣；剐必数十百刀，为时必经数刻，死而不死，痛而复痛，求为头落事毕而不可得者，只在久与暂之分耳。然则笔之杀人，其为痛也，岂止数刻而已哉！

窃怪传奇一书，昔人以代木铎[1]，因愚夫愚妇识字知书者少，劝使为善，诫使勿恶，其道无由，故设此种文词，借优人说法与大众齐听，谓善者如此收场，不善者如此结果，使人知所趋避。是药人寿世之方，救苦弭灾之具也。后世刻薄之流，以此意倒行逆施，借此文报仇泄怨。心之所喜者，处以生旦之位[2]；意之所怒者，变以净丑之形[3]。且举千百年未闻之丑行，幻设而加于一人之身，使梨园习而传之[4]，几为定案，虽有孝子慈孙，不能改也。噫，岂千古文章，止为杀人而设？一生诵读，徒备行凶造孽之需乎？苍颉造字而鬼夜哭[5]，造物之心，未必非逆料至此也。

凡作传奇者，先要涤去此种肺肠，务存忠厚之心，勿为残毒之事。以之报恩则可，以之报怨则不可；以之劝善惩恶则可，以之欺善作恶则不可。人谓《琵琶》一书，为讥王四而设。因其不孝于亲，故加以入赘豪门，致亲饿死之事。何以知之？因“琵琶”二字，有四“王”字冒于其上，则其寓意可知也。噫，此非君子之言，齐东野人之语也[6]。

凡作传世之文者，必先有可以传世之心，而后鬼神效灵，予以生花之笔[7]，撰为倒峡之词[8]，使人人赞美，百世流芬。传非文字之传，一念之正气使传也。五经、四书、《左》、《国》、《史》、《汉》诸书[9]，与大地山河同其不朽，试问当年作者有一不肖之人、轻薄之子厕于其间乎？但观《琵琶》得传至今，则高则诚之为人，必有善行可予，是以天寿其名，使不与身俱没，岂残忍刻薄之徒哉！即使当日与王四有隙，故以不孝加之，然则彼与蔡邕未必有隙[10]，何以有隙之人，止暗寓其姓，不明叱其名，而以未必有隙之人，反蒙李代桃僵之实乎[11]？此显而易见之事，从无一人辩之。创为是说者，其不学无术可知矣。

予向梓传奇，尝埒誓词于首[12]，其略云：加生旦以美名，原非市恩于有托；抹净丑以花面，亦属调笑于无心；凡以点缀词场，使不岑寂而已。但虑七情以内[13]，无境不生，六合之中[14]，何所不有。幻设一事，即有一事之偶同；乔命一名，即有一名之巧合。焉知不以无基之楼阁，认为有样之葫芦？是用沥血鸣神[15]，剖心告世，倘有一毫所指，甘为三世之喑[16]，即漏显诛[17]，难逋阴罚[18]。此种血忱[19]，业已沁入梨枣，印政寰中久矣[20]。而好事之家，犹有不尽相谅者，每观一剧，必问所指何人。噫，如其尽有所指，则誓词之设，已经二十馀年，上帝有赫，实式临之[21]，胡不降之以罚？

兹以身后之事，且置勿论，论其现在者：年将六十，即旦夕就木[22]，不为夭矣。向忧伯道之忧[23]，今且五其男，二其女，孕而未诞、诞而待孕者，尚不一其人，虽尽属景升豚犬[24]，然得此以慰桑榆[25]，不忧穷民之无告矣[26]。年虽迈而筋力未衰，涉水登山，少年场往往追予弗及；貌虽癯而精血未耗，寻花觅柳，儿女事犹然自觉情长。所患在贫，贫也，非病也[27]；所少在贵，贵岂人人可幸致乎？是造物之悯予，亦云至矣。非悯其才，非悯其德，悯其方寸之无他也。

生平所著之书，虽无裨于人心世道，若止论等身，几与曹交食粟之躯等其高下[28]。使其间稍伏机心，略藏匕首，造物且诛之夺之不暇，肯容自作孽者老而不死，犹得徉狂自肆于笔墨之林哉？吾于发端之始，即以讽刺戒人，且若嚣嚣自鸣得意者，非敢故作夜郎，窃恐词人不究立言初意，谬信"琵琶王四"之说，因谬成真。谁无恩怨？谁乏牢骚？悉以填词泄愤，是此一书者，非阐明词学之书，乃教人行险播恶之书也。上帝讨无礼，予其首诛乎？现身说法，盖为此耳。

注释

[1]木铎(duó)：木舌铃铛。古代用于朝廷传布政令，后来用作宣传教化的代称。

[2]生旦：戏剧脚色名，分别为剧中男女主脚。

[3]净丑：戏剧脚色名。分别扮演滑稽人物或反面人物。

[4]梨园：唐玄宗时在长安(陕西西安)设置的教练宫廷艺人的地方，其艺人时称"梨园弟子"。后称戏班或剧院为梨园。

[5]苍颉(jié)造字而鬼夜哭：语本《淮南子·本经训》："苍颉作书而天雨粟，鬼夜哭。"苍颉，传说为黄帝的臣子，汉字由他创造。

[6]"此非君子之言"二句：语出《孟子·万章上》："此非君子之言，齐东野人之语也。"齐东野人，齐国

国都之东的乡野之人。后人以此二句比喻道听途说、荒唐无稽之语。

[7]生花之笔：语出五代后周王仁裕《开元天宝遗事·梦笔头生花》："李太白少时，梦所用之笔头上生花，后天才赡逸，名闻天下。"

[8]倒峡之词：语出杜甫《醉歌行》："词源倒倾三峡水，笔阵横扫千人军。"后比喻文思富赡。

[9]五经、四书、《左》、《国》、《史》、《汉》诸书：泛指儒家经典和史书经典。五经，指《诗》、《书》、《礼》、《易》、《春秋》；四书，指《大学》、《中庸》、《论语》、《孟子》。《左》为《左传》，《国》为《国语》，《史》为《史记》，《汉》为《汉书》。

[10]蔡邕(yōng)(132—192)：东汉末文学家，书法家。字伯喈，陈留圉(今河南杞县南)人。高明的《琵琶记》以蔡邕为主要人物，其情节纯属虚构。

[11]李代桃僵：语出《宋书·乐志》："桃生露井上，李树生桃旁。虫来啮桃根，李树代桃僵。树木身相代，兄弟还相忘。"后人以此语指以彼代此或代人受过。

[12]埒(liè)：同等，并列。在此为"列置"之意。

[13]七情：七种情感。儒家以喜、怒、哀、惧、爱、恶、欲为七情(见《礼记·礼运》)，佛家以喜、怒、忧、惧、爱、憎、欲为七情。

[14]六合：古代以天、地、四方为六合，在此借指天下。

[15]是用：因此。沥血鸣神：以血祭告于神灵。在此似指对神发誓。

[16]喑(yīn)：哑。

[17]显诛：遭受公开的刑罚。

[18]难逋(bū)阴罚：死了也难逃惩罚。逋，逃亡。

[19]血忱：同"血诚"，赤诚。

[20]印政：同"印证"。　寰中：人间。

[21]"上帝有赫"二句：语本《诗经·大雅·皇矣》："皇矣上帝，临下有赫。"赫，威严貌。

[22]旦夕就木：不知早晨还是晚上就要死亡。就木，进入棺材，代指死亡。

[23]伯道之忧：据《晋书·邓攸传》载，邓攸(字伯道)逃难时为保全侄儿，舍弃儿子，后终无子。后以"伯道之忧"称无子息。

[24]景升豚犬：东汉末人刘表，字景升，为荆州牧。死后其子刘琦、刘琮皆碌碌无为。曹操评论说："生子当如孙仲谋，刘景升儿子若豚犬耳！"

[25]桑榆：晚年。

[26]穷民之无告：语出《孟子·梁惠王》："老而无妻曰鳏，老而无夫曰寡，老而无子曰独，幼而无父曰孤。此四者，天下之穷民而无告者。"

[27]贫也，非病也：据《孔子家语》载，子贡过原宪家，宪穿着破衣服见他。子贡说："子病乎？"原宪回答："宪贫困至此，不是病。"

[28]"几与"句：与"著作等身"同义。曹交，战国时曹(今山东定陶、曹县一带)人。《孟子·告子下》："今交九尺四寸以长，食粟而已。"

立主脑

古人作文一篇，定有一篇之主脑。主脑非他，即作者立言之本意也。传奇亦然。一本戏中，有无数人名，究竟俱属陪宾，原其初心，止为一人而设；即此一人之身，自始至终，离合悲欢，中具无限情由，无穷关目，究竟俱属衍文，原其初心，又止为一事而设。此一人一事，即作传奇之主脑也。然必此一人一事果然奇特，实在可传而后传之，则不愧传奇之目，而其人其事与作者姓名皆千古矣。

如一部《琵琶》，止为蔡伯喈一人，而蔡伯喈一人，又止为“重婚牛府”一事[1]，其馀枝节皆从此一事而生。二亲之遭凶，五娘之尽孝，拐儿之骗财匿书，张大公之疏财仗义，皆由于此。是“重婚牛府”四字，即作《琵琶记》之主脑也。

一部《西厢》，止为张君瑞一人，而张君瑞一人，又止为“白马解围”一事[2]，其馀枝节皆从此一事而生。夫人之许婚，张生之望配，红娘之勇于作合，莺莺之敢于失身，与郑恒之力争原配而不得，皆由于此。是“白马解围”四字，即作《西厢记》之主脑也。馀剧皆然，不能悉指。

后人作传奇，但知为一人而作，不知为一事而作。尽此一人所行之事，逐节铺陈，有如散金碎玉，以作零出则可，谓之全本，则为断线之珠，无梁之屋。作者茫然无绪，观者寂然无声，无怪乎有识梨园，望之而却走也。此语未经提破，故犯者孔多，而今而后，吾知鲜矣。

注释

[1]重婚牛府：指蔡伯喈弃亲背妇，与牛相府之女再婚之事。《琵琶记》，南戏剧本。剧中描写蔡伯喈赴京应试，妻赵五娘在家侍奉翁姑；蔡在京中状元，招赘于牛相府；家中闹饥荒，二老饿死，妻五娘求乞进京寻夫，最后得牛女之助，始得团聚。

[2]白马解围：指张生搬救兵杜确(号为白马将军)解孙飞虎抢亲之围。

脱窠臼

“人惟求旧，物惟求新[1]。”新也者，天下事物之美称也。而文章一道，较之他物，尤加倍焉。戛戛乎陈言务去[2]，求新之谓也。至于填词一道，较之诗赋古文，又加倍焉。非特前人所作，于今为旧，即出我一人之手，今之视昨，亦有间焉。昨已见而今未见也，知未见之为新，即知已见之为旧矣。古人呼剧本为“传奇”者，因其事甚奇特，未经人见而传之，是以得名，可见非奇不传。新即奇之别名也。若此等情节业已见之戏场，则千人共见，万人共见，绝无奇矣，焉用传之？是以填词之家，务解“传奇”二字。

欲为此剧，先问古今院本中[3]，曾有此等情节与否，如其未有，则急急传之，否则枉费辛勤，徒作效颦之妇[4]。东施之貌未必丑于西施，止为效颦于人，遂蒙千古之诮。使当日逆料至此，即劝之捧心，知不屑矣。

吾谓填词之难，莫难于洗涤窠臼[5]；而填词之陋，亦莫陋于盗袭窠臼。吾观近日之新剧，非新剧也，皆老僧碎补之衲衣[6]，医士合成之汤药。取众剧之所有，彼割一段，此割一段，合而成之，即是一种“传奇”。但有耳所未闻之姓名，从无目不经见之事实。

语云：“千金之裘，非一狐之腋。”[7] 以此赞时人新剧，可谓定评。但不知前人所作，又从何处集来？岂《西厢》以前，别有跳墙之张珙？《琵琶》以上，另有剪发之赵五娘乎？若是，则何以原本不传，而传其抄本也？窠臼不脱，难语填词，凡我同心，急宜参酌。

注释

[1]人惟求旧，物惟求新：语出《尚书·盘庚上》：“人惟求旧，器非求旧，惟新。”

[2]戛戛乎陈言务去：语出唐代韩愈《答李翱书》：“惟陈言之务去，戛戛乎其难哉！”

[3]院本：金元时期行院演剧的脚本。据元代陶宗仪《南村辍耕录》载，金元时古院本剧甚多，题材广泛，元杂剧、明清传奇多取材于此。

[4]效颦之妇：仿效西施皱眉的妇人。详见《尤侗序》注[34]。

[5]窠臼：鸟兽之窝及舂米的器具(以木石制成，中部凹下)。用以比喻现成格式或老套子。

[6]衲衣：多处补缀的僧衣。亦称百衲衣。

[7]“千金之裘”二句：意谓价值千金的皮袍，不是一只狐狸腋下的皮毛所能制成的。语出《史记·刘敬叔孙通列传赞》。

密针线

编戏有如缝衣，其初则以完全者剪碎，其后又以剪碎者凑成。剪碎易，凑成难。凑成之工，全在针线紧密。一节偶疏，全篇之破绽出矣。每编一折，必须前顾数折，后顾数折。顾前者欲其照映，顾后者便于埋伏。照映埋伏，不止照映一人，埋伏一事，凡是此剧中有名之人，关涉之事，与前此后此所说之话，节节俱要想到。宁使想到而不用，勿使有用而忽之。吾观今日之传奇，事事皆逊元人，独于埋伏照映处，胜彼一筹。非今人之太工，以元人所长全不在此也。

若以针线论，元曲之最疏者，莫过于《琵琶》。无论大关节目背谬甚多，如子中状元三载，而家人不知；身赘相府，享尽荣华，不能自遣一仆，而附家报于路人；赵五娘千里寻夫，只身无伴，未审果能全节与否，其谁证之？诸如此类，皆背理妨伦之甚者。再取小节论之，如五娘之剪发，乃作者自为之，当日必无其事。以有疏财仗义之张大公在，受人之托，必能终人之事，未有坐视不顾，而致其剪发者也。然不剪发不足以见五娘之孝，以我作《琵琶》，《剪发》一折亦必不能少，但须回护张大公，使之自留地步。吾读《剪发》之曲，并无一字照管大公，且若有心讥刺者。据五娘云："前日婆婆没了，亏大公周济。如今公公又死，无钱资送，不好再去求他，只得剪发"云云[1]。若是，则剪发一事乃自愿为之，非时势迫之使然也，奈何曲中云："非奴苦要孝名传，只为上山擒虎易，开口告人难。"此二语虽属恒言，人人可道，独不宜出五娘之口。彼自不肯告人，何以言其难也？观此二语，不似怼怨大公之词乎[2]？然此犹属背后私言，或可免于照顾。迨其哭倒在地，大公见之，许送钱米相资，以备衣衾棺椁，则感之颂之，当有不啻口出者矣。奈何曲中又云："只恐奴身死也，兀自没人埋[3]，谁还你恩债？"试问公死而埋者何人？姑死而埋者何人？对埋殓公姑之人而自言暴露，将置大公于何地乎？且大公之相资，尚义也，非图利也，"谁还恩债"一语，不几抹倒大公，将一片热肠付之冷水乎？此等词曲，幸而出自元人，若出我辈，则群口讪之，不识置身何地矣！

予非敢于仇古，既为词曲立言，必使人知取法。若扭于世俗之见[4]，谓事事当法元人，吾恐未得其瑜，先有其瑕。人或非之，即举元人借口。乌知圣人千虑，必有一失；圣人之事，犹有不可尽法者，况其他乎？《琵琶》之可法者原多，请举所长以盖短：如《中秋赏月》一折[5]，同一月也，出于牛氏之口者，言言欢悦；出于伯喈之口者，字字凄凉。一座两情，两情一事，此其针线之最密者。瑕不掩瑜，何妨并举其略。然传奇一事也，其中义理分为三项：曲也，白也，穿插联络之关目也[6]。元人所长者止居其一，曲是也，白与关目皆其所短。吾于元人，但守其词中绳墨而已矣。

注释

[1]"据五娘"七句：此处引文与《琵琶记》相应曲词有出入，疑为作者记忆有误。

[2]怼(duì)怨：怨恨。

[3]兀自：尚且。

[4]扭：违拗。

[5]中秋赏月：描写蔡邕和牛丞相之女成亲后，在中秋夜赏月。面对娇月，牛氏赞叹"人生几见此佳景"，而蔡邕却觉得"月中都是断肠声"。

[6]关目：古代戏曲术语。指剧本关键情节的安排和构思。

减头绪

头绪繁多，传奇之大病也。《荆》、《刘》、《拜》、《杀》之得传于后[1]，止为一线到底，并无旁见侧出之情。三尺童子观演此剧，皆能了了于心，便便于口[2]，以其始终无二事，贯串只一人也。后来作者不讲根源，单筹枝节，谓多一人可增一人之事。事多则关目亦多，令观场者如入山阴道中，人人应接不暇[3]。殊不知戏场脚色，止此数人，便换千百个姓名，也只此数人装扮，止在上场之勤不勤，不在姓名之换不换。与其忽张忽李，令人莫识从来，何如只扮数人，使之频上频下，易其事而不易其人，使观者各畅怀来[4]，如逢故物之为愈乎？作传奇者，能以"头绪忌繁"四字刻刻关心，则思路不分，文情专一，其为词也，如孤桐劲竹，直上无枝，虽难保其必传，然已有《荆》、《刘》、《拜》、《杀》之势矣。

注释

[1]《荆》、《刘》、《拜》、《杀》：元末四大南戏。即《荆钗记》，相传为宋元时学究柯丹丘作；《刘知远白兔记》，作者不明；《拜月亭》，相传为元代施惠作；《杀狗记》，相传为元末明初徐畛作。

[2]便便：熟悉，便捷。

[3]"山阴道"二句：今浙江绍兴市古名山阴，其城西南郊外一带，古时风景优美。《世说新语·言语》载王献之语："从山阴道上行，山川自相映发，使人应接不暇。"在此比喻戏剧创作时，枝节太多，显得杂乱，使人难以把握中心情节。

[4]各畅怀来：语出《史记·司马相如列传》："于是诸大夫茫然丧其所怀来，而失厥所以进。"在此指使观众各自满足所怀的来意。

戒荒唐

昔人云："画鬼魅易，画狗马难。"[1]以鬼魅无形，画之不似，难于稽考；狗马为人所习见，一笔稍乖，是人得以指摘。可见事涉荒唐，即文人藏拙之具也。而近日传奇，独工于为此。噫！活人见鬼，其兆不祥，矧有吉事之家[2]，动出魑魅魍魉为寿乎[3]？移风易俗，当自此始。吾谓剧本非他，即三代以后之《韶》、《濩》也[4]。殷俗尚鬼[5]，犹不闻以怪诞不经之事被诸声乐，奏于庙堂，矧辟谬崇真之盛世乎？

王道本乎人情，凡作传奇，只当求于耳目之前，不当索诸闻见之外。无论词曲，古今文字皆然。凡说人情物理者，千古相传；凡涉荒唐怪异者，当日即朽。五经、四书、《左》、《国》、《史》、《汉》，以及唐宋诸大家，何一不说人情？何一不关物理？及今家传户颂，有怪其平易而废之者乎？《齐谐》，志怪之书也[6]，当日仅存其名，后世未见其实。此非平易可久、怪诞不传之明验欤？

人谓家常日用之事，已被前人做尽，穷微极隐，纤芥无遗，非好奇也，求为平而不可得也。予曰：不然。世间奇事无多，常事为多；物理易尽，人情难尽。有一日之君臣父子，即有一日之忠孝节义。性之所发，愈出愈奇，尽有前人未作之事，留之以待后人，后人猛发之心，较之胜于先辈者。

即就妇人女子言之，女德莫过于贞，妇愆无甚于妒[7]。古来贞女守节之事，自剪发、断臂、刺面、毁身，以至刎颈而止矣；近日矢贞之妇，竟有刲肠剖腹，自涂肝脑于贵人之庭以鸣不屈者；又有不持利器，谈笑而终其身，若老衲高僧之坐化者。岂非五伦以内[8]，自有变化不穷之事乎？古来妒妇制夫之条，自罚跪、戒眠、捧灯、戴水，以至扑臀而止矣；近日妒悍之流，竟有锁门绝食，迁怒于人，使族党避祸难前，坐视其死而莫之救者；又有鞭扑不加，囹圄不设，宽仁大度，若有刑措之风，而其夫慑于不怒之威，自遣其妾而归化者。岂非闺阃以内，便有日异月新之事乎？此类繁多，不能枚举。此言前人未见之事，后人见之，可备填词制曲之用者也。即前人已见之事，尽有摹写未尽之情，描画不全之态，若能设身处地，伐隐攻微，彼泉下之人，自能效灵于我。授以生花之笔，假以蕴绣之肠，制为杂剧[9]，使人但赏极新极艳之词，而竟忘其为极腐极陈之事者。此为最上一乘。予有志焉，而未之逮也[10]。

注释

[1]“画鬼魅易”二句：语出《韩非子·外储说·左上》。意谓描述熟悉的事物最为不易。

[2]矧(shěn)：况且。

[3]动出：动不动即做某事。

[4]三代：指上古尧、舜、禹三帝执政时，古人认为是天下至治之时。《韶》、《濩》，相传分别为虞舜、商汤时的乐舞，古人将其尊为礼乐经典。

[5]殷俗尚鬼：指商代人崇尚鬼神，祭祀占卜名目繁多。

[6]《齐谐》，志怪之书也：语出《庄子·逍遥游》：“齐谐者，志怪者也。”志怪，记载怪异之事。

[7]愆(qiān)：罪过。

[8]五伦：亦名“五常”，指君臣、父子、夫妇、兄弟、朋友之间的伦常关系。

[9]杂剧：古代戏剧形式。元代以前，指杂演之剧；元代则指一本四折之剧。在此泛指戏剧。

[10]逮：及，达到。

审虚实

传奇所用之事，或古或今，有虚有实，随人拈取。古者，书籍所载，古人现成之事也；今者，耳目传闻，当时仅见之事也；实者，就事敷陈，不假造作，有根有据之谓也；虚者，空中楼阁，随意构成，无影无形之谓也。人谓古事多实，近事多虚。予曰：不然。传奇无实，大半皆寓言耳。欲劝人为孝，则举一孝子出名，但有一行可纪，则不必尽有其事，凡属孝亲所应有者，悉取而加之。亦犹纣之不善，不如是之甚也，一居下流，天下之恶皆归焉[1]。其馀表忠表节，与种种劝人为善之剧，率同于此。

若谓古事皆实，则《西厢》、《琵琶》推为曲中之祖，莺莺果嫁君瑞乎？蔡邕之饿莩其亲，五娘之干蛊其夫[2]，见于何书？果有实据乎？孟子云：“尽信书，不如无书。”[3]盖指《武成》而言也[4]。经史且然，矧杂剧乎？

凡阅传奇而必考其事从何来、人居何地者，皆说梦之痴人，可以不答者也。然作者秉笔，又不宜尽作是观。若纪目前之事，无所考究，则非特事迹可以幻生，并其人之姓名亦可以凭空捏造，是谓虚则虚到底也。若用往事为题，以一古人出名，则满场脚色皆用古人，捏一姓名不得；其人所行之事，又必本于载籍，班班可考[5]，创一事实不得。非用古人姓字为难，使与满场脚色同时共事之为难也；非查古人事实为难，使与本等情由贯串合一之为难也。

予既谓传奇无实，大半寓言，何以又云姓名事实必须有本？要知古人填古事易，今人填古事难。古人填古事，犹之今人填今事，非其不虑人考，无可考也。传至于今，则其人其事，观者烂熟于胸中，欺之不得，罔之不能，所以必求可据，是谓实则实到底也。若用一二古人作主，因无陪客，幻设姓名以代之，则虚不似虚，实不成实，词家之丑态也，切忌犯之。

注释

[1]“亦犹”四句：语出《论语·子张》：“子贡曰：纣之不善，不如是之甚也，是以君子恶居下流，天下之恶皆归焉。”

[2]干蛊(gǔ)：《易·蛊》：“干父之蛊。”晋代王弼注：“干父之事，能承先轨，堪其任者也。”蛊，事。后

指子承父业。此处借指赵五娘代夫承担赡养父母的责任。

[3]尽信书，不如无书：语出《孟子·尽心》："孟子曰：尽信书，则不如无书。吾于《武成》，取二三策而已矣。"

[4]《武成》：《尚书》中一篇，载周武王伐纣，流血漂杵。孟子以为不实。

[5]班班：明显貌。

词采第二

曲与诗馀[1]，同是一种文字。古今刻本中，诗馀能佳而曲不能尽佳者，诗馀可选而曲不可选也。诗馀最短，每篇不过数十字，作者虽多，入选者不多，弃短取长，是以但见其美。曲文最长，每折必须数曲，每部必须数十折，非八斗长才，不能始终如一。微疵偶见者有之，瑕瑜并陈者有之，尚有踊跃于前，懈弛于后，不得已而为狗尾貂续者亦有之[2]。演者观者既存此曲，只得取其所长，恕其所短，首尾并录，无一部而删去数折，止存数折，一出而抹去数曲，止存数曲之理。此戏曲不能尽佳，有为数折可取而挈带全篇，一曲可取而挈带全折，使瓦缶与金石齐鸣者[3]，职是故也。予谓既工此道，当如画士之传真，闺女之刺绣，一笔稍差，便虑神情不似；一针偶缺，即防花鸟变形。使全部传奇之曲，得似诗馀选本如《花间》、《草堂》诸集[4]，首首有可珍之句，句句有可宝之字，则不愧填词之名，无论必传，即传之千万年，亦非侥幸而得者矣。吾于古曲之中，取其全本不懈、多瑜鲜瑕者，惟《西厢》能之。《琵琶》则如汉高用兵，胜败不一，其得一胜而王者，命也，非战之力也[5]。《荆》、《刘》、《拜》、《杀》之传，则全赖音律。文章一道，置之不论可矣。

注释

[1]诗馀：词的别名。

[2]狗尾貂续：典出《晋书·赵王伦传》："张林等诸党皆登卿将，并列大封，其馀同谋者咸超阶越次，不可胜纪，至于奴卒厮役亦加以爵位。每朝会，貂蝉盈坐，时人谓之谚曰：'貂不足，狗尾续。'"在此比喻作者才尽，在文尾胡乱补凑。

[3]瓦缶(fǒu)：瓦质乐器。《诗经·陈风·宛丘》："坎其击缶，宛丘之道。"孔颖达疏："此云击缶，则缶是乐器。"瓦缶之声粗糙烦人。　金石：钟磬之类的乐器。《礼记·乐记》："金石丝竹，乐之器也。"金石之声优美悦耳。

[4]《花间》：即《花间集》，五代后蜀赵崇祚所编的词集，共录晚唐及五代十八家词五百馀首。　《草堂》：即《草堂诗馀》，南宋何士信所编词集。明清词人将以上二书奉为倚声规范。

[5]"《琵琶》"五句：项羽与刘邦争夺天下，至垓下战败时，哀叹说："此天之亡我也，非战之力也。"此处

借指《琵琶记》作者不具长才，偶然取得成功。

贵显浅

曲文之词采，与诗文之词采非但不同，且要判然相反。何也？诗文之词采，贵典雅而贱粗俗，宜蕴藉而忌分明。词曲不然，话则本之街谈巷议，事则取其直说明言。凡读传奇而有令人费解，或初阅不见其佳，深思而后得其意之所在者，便非绝妙好词；不问而知为今曲，非元曲也。元人非不读书，而所制之曲绝无一毫书本气，以其有书而不用，非当用而无书也，后人之曲则满纸皆书矣。元人非不深心，而所填之词皆觉过于浅近，以其深而出之以浅，非借浅以文其不深也，后人之词则心口皆深矣。

无论其他，即汤若士《还魂》一剧，世以配飨元人，宜也。问其精华所在，则以《惊梦》、《寻梦》二折对。予谓二折虽佳，犹是今曲，非元曲也。《惊梦》首句云："袅晴丝，吹来闲庭院，摇漾春如线。"以游丝一缕，逗起情丝，发端一语，即费如许深心，可谓惨淡经营矣。然听歌《牡丹亭》者，百人之中有一二人解出此意否？若谓制曲初心并不在此，不过因所见以起兴，则瞥见游丝，不妨直说，何须曲而又曲，由晴丝而说及春，由春与晴丝而悟其如线也？若云作此原有深心，则恐索解人不易得矣。索解人既不易得，又何必奏之歌筵，俾雅人俗子同闻而共见乎？其馀"停半晌，整花钿，没揣菱花，偷人半面[1]"及"良辰美景奈何天，赏心乐事谁家院"，"遍青山，啼红了杜鹃"等语，字字俱费经营，字字皆欠明爽。此等妙语，止可作文字观，不得作传奇观。至如末幅"似虫儿般蠢动，把风情扇"，与"恨不得肉儿般团成片也，逗的个日下胭脂雨上鲜"，《寻梦》曲云："明放着白日青天，猛教人抓不到梦魂前"，"是这答儿压黄金钏匾"，此等曲，则去元人不远矣。而予最赏心者，不专在《惊梦》、《寻梦》二折，谓其心花笔蕊，散见于前后各折之中。《诊祟》曲云："看你春归何处归，春睡何曾睡，气丝儿怎度的长天日？""梦去知他实实谁，病来只送得个虚虚的你。做行云先渴倒在巫阳会[2]。""又不是困人天气，中酒心期[3]，魆魆的常如醉[4]。""承尊觑，何时何日来看这女颜回[5]？"《忆女》曲云："地老天昏，没处把老娘安顿。""你怎撇得下万里无儿白发亲。""赏春香还是你旧罗裙。"《玩真》曲云："如愁欲语，只少口气儿呵！""叫的你喷嚏似天花唾。动凌波[6]，盈盈欲下，不见影儿那。"此等曲，则纯乎元人，置之"百种"前后[7]，几不能辨，以其意深词浅，全无一毫书本气也。

若论填词家宜用之书，则无论经传子史以及诗赋古文，无一不当熟读，即道家佛氏、九流百工之书，下至孩童所习《千字文》、《百家姓》，无一不在所用之中。至于形之笔端，落于纸上，则宜洗濯殆尽。亦偶有用着成语之处，点出旧事之时，妙在信手拈来，无心巧合，竟似古人寻我，并非我觅古人。此等造诣，非可言传，只宜多购元曲，寝食其中，自能为其所化。而元曲之最佳者，不单在《西厢》、《琵琶》二剧，而在《元人百种》之中。"百种"亦不能尽佳，十有一二可列高、王之上。其不致家弦户诵，出与二剧争雄者，以其是杂剧而非全本[8]，多北曲而少南音，又止可被诸管弦，不便奏之场上。今时所重，皆在彼而不在此，即欲不为纨扇之捐[9]，其可得乎？

注释

[1]"没揣菱花"二句：突然间菱花镜里，照出人一半面容。没揣，不料到，突然间。菱花，背部刻有菱花的铜镜。

[2]做行云先渴倒在巫阳会：谓意欲欢会而不成。行云、巫阳会，指男女欢会。见战国楚宋玉《高唐赋》，其中记楚怀王昼梦巫山神女自称："妾在巫山之阳，高丘之阻，旦为朝云，暮为行雨，朝朝暮暮，阳台之下。"

[3]中(zhòng)酒心期：意谓饮酒过度而心中有所期待。中酒，即醉酒。唐杜牧《睦州四韵》："残春杜陵客，中酒落花前。"

[4]魆魆(xū)：精神恍惚貌。

[5]女颜回：《牡丹亭》中主角杜丽娘，因相思病深，自觉不久于人世，联想到颜回早逝而自称为"女颜回"。颜回，字子渊，春秋时鲁国人，孔子最看重的学生，不幸早逝。

[6]凌波：形容女子走路轻盈。在此指脚步。

[7]百种：指明代臧懋循的《元人百种曲》。

[8]是杂剧而非全本：指元人杂剧是一剧四折，即演出时只有四场。而宋元南戏，以至明清传奇动辄数十出，容易展开情节，描写人物。

[9]纨扇之捐：一般比喻女子被男人抛弃，犹如夏日一过，纨扇不用而弃置一旁。在此比喻北曲不如南曲流行的诸多原因，故不得不像纨扇一样被弃置了。捐，弃也。

重机趣

"机趣"二字，填词家必不可少。机者，传奇之精神；趣者，传奇之风致。少此二物，则如泥人土马，有生形而无生气。因作者逐句凑成，遂使观场者逐段记忆，稍不留心，则看到第二曲，不记头一曲是何等情形，看到第二折，不知第三折要作何勾当。是心口徒劳，耳目俱涩，何必以此自苦，而复苦百千万亿之人哉？故填词之中，勿使有断续痕，勿使有道学气。

所谓无断续痕者，非止一出接一出，一人顶一人，务使承上接下，血脉相连。即于情事截然绝不相关之处，亦有连环细笋伏于其中，看到后来方知其妙。如藕于未切之时，先长暗丝以待，丝于络成之后，才知作茧之精，此言机之不可少也。所谓无道学气者，非但风流跌宕之曲，花前月下之情，当以板腐为戒；即谈忠孝节义与说悲苦哀怨之情，亦当抑圣为狂[1]，寓哭于笑，如王阳明之讲道学[2]，则得词中三昧矣[3]。阳明登坛讲学，反复辨说"良知"二字，一愚人讯之曰："请问'良知'这件东西，还是白的？还是黑的？"阳明曰："也不白，也不黑，只是一点带赤的，便是良知了。"照此法填词，则离合悲欢，嘻笑怒骂，无一语一字不带机趣而行矣。

予又谓填词种子，要在性中带来，性中无此，做杀不佳。人问：性之有无，何从辨识？予曰：不难，观其说话行文，即知之矣。说话不迂腐，十句之中，定有一二句超脱；行文不板实，一篇之内，但有一二段空灵，此即可以填词之人也。不则另寻别计，不当以有用精神，费之无益之地。噫，"性中带来"一语，事事皆然，不独填词一节。凡作诗文书画、饮酒斗棋与百工技艺之事，无一不具夙根[4]，无一不本天授。强而后能者，毕竟是半路出家，止可冒斋饭吃[5]，不能成佛作祖也。

注释

[1]抑圣为狂：抑制庄重、佯为狂放之情。

[2]王阳明(1472—1528)：原名王守仁，字伯安，浙江余姚人。明代著名哲学家。因其筑室于故乡阳明洞，故世称阳明先生。

[3]三昧：奥妙，诀窍。

[4]夙根：与生俱来的秉性。

[5]冒斋饭吃：指不是真心修行的僧侣，只是白吃斋饭。

戒浮泛

词贵显浅之说，前已道之详矣。然一味显浅而不知分别，则将日流粗俗，求为文人之笔而不可得矣。元曲多犯此病，乃矫艰深隐晦之弊而过焉者也。极粗极俗之语，未尝不入填词，但宜从脚色起见。如在花面口中，则惟恐不粗不俗，一涉生旦之曲，便宜斟酌其词。无论生为衣冠仕宦，旦为小姐夫人，出言吐词当有隽雅舂容之度[1]；即使生为仆从，旦作梅香[2]，亦须择言而发，不与净丑同声。以生旦有生旦之体，净丑有净丑之腔故也。元人不察，多混用之。观《幽闺记》之陀满兴福，乃小生脚色，初屈后伸之人也。其《避兵》曲云："遥观巡捕卒，都是棒和枪。"此花面口吻，非小生曲也。均是常谈俗语，有当用于此者，有当用于彼者。又有极粗极俗之语，止更一二字，或增减一二字，便成绝新绝雅之文者。神而明之，只在一熟。当存其说，以俟其人[3]。

填词义理无穷，说何人肖何人，议某事切某事，文章头绪之最繁者，莫填词若矣。予谓总其大纲，则不出"情景"二字。景书所睹，情发欲言，情自中生，景由外得，二者难易之分，判如霄壤。以情乃一人之情，说张三要像张三，难通融于李四；景乃众人之景，写春夏尽是春夏，止分别于秋冬。善填词者，当为所难，勿趋其易。批点传奇者，每遇游山玩水、赏月观花等曲，见其止书所见，不及中情者，有十分佳处，只好算得五分，以风云月露之词，工者尽多，不从此剧始也。

善咏物者，妙在即景生情。如前所云《琵琶·赏月》四曲，同一月也，牛氏有牛氏之月，伯喈有伯喈之月。所言者月，所寓者心。牛氏所说之月，可移一句于伯喈？伯喈所说之月，可挪一字于牛氏乎？夫妻二人之语，犹不可挪移混用，况他人乎？

人谓此等妙曲，工者有几，强人以所不能，是塞填词之路也。予曰：不然。作文之事，贵于专一。专则生巧，散乃入愚；专则易于奏工，散者难于责效。百工居肆[4]，欲其专也；众楚群咻[5]，喻其散也。舍情言景，不过图其省力，殊不知眼前景物繁多，当从何处说起。咏花既愁遗鸟，赋月又想兼风。若使逐件铺张，则虑事多曲少；欲以数言包括，又防事短情长。展转推敲，已费心思几许。何如只就本人生发，自有欲为之事，自有待说之情，念不旁分，妙理自出。如发科发甲之人[6]，窗下作文，每日止能一篇二篇，场中遂至七篇。窗下之一篇二篇未必尽好，而场中之七篇，反能尽发所长，而夺千人之帜者，以其念不旁分，舍本题之外，并无别题可做，只得走此一条路也。吾欲填词家舍景言情，非责人以难，正欲其舍难就易耳。

注释

[1]春容：语出《礼记·学记》，本指钟声回荡，后指雍容畅达的风度。

[2]梅香：古代戏曲中对丫鬟的习称。

[3]以俟其人：等待作曲如通神明的人产生。

[4]百工居肆：语出《论语·子张》："百工居肆以成其事，君子学以成其道。"肆，古代制造物品的场所，如作坊。陈列商品的店铺也叫肆。

[5]众楚群咻：出自《孟子·滕文公下》，记楚大夫请齐人教其子学齐语，然而，"一齐人傅之，众楚人咻之，虽日挞而求其齐也，不可得矣。"咻，喧闹干扰。

[6]发科发甲之人：参加科举考试，作文优长，一举中榜首之人。发科，指科场作文；发甲，指公布考中榜首者。

忌填塞

填塞之病有三：多引古事，迭用人名，直书成句。其所以致病之由亦有三：借典核以明博雅，假脂粉以见风姿，取现成以免思索。而总此三病与致病之由之故，则在一语。一语维何[1]？曰：从未经人道破。一经道破，则俗语云"说破不值半文钱"，再犯此病者鲜矣。

古来填词之家，未尝不引古事，未尝不用人名，未尝不书现成之句，而所引所用与所书者，则有别焉：其事不取幽深，其人不搜隐僻，其句则采街谈巷议；即有时偶涉诗书，亦系耳根听熟之语，舌端调惯之文，虽出诗书，实与街谈巷议无别者。

总而言之，传奇不比文章，文章做与读书人看，故不怪其深；戏文做与读书人与不读书人同看，又与不读书之妇人小儿同看，故贵浅不贵深。使文章之设，亦为与读书人、不读书人及妇人小儿同看，则古来圣贤所作之经传[2]，亦只浅而不深，如今世之为小说矣。

人曰：文人之作传奇与著书无别，假此以见其才也，浅则才于何见？予曰：能于浅处见才，方是文章高手。施耐庵之《水浒》，王实甫之《西厢》，世人尽作戏文小说看，金圣叹特标其名曰"五才子书"、"六才子书"者[3]，其意何居？盖愤天下之小视其道，不知为古今来绝大文章，故作此等惊人语以标其目。噫，知言哉！

注释

[1]维：通"为"，是也。

[2]经传：儒家经典以及阐明这些经典的传文。如《春秋》为经，《春秋左传》即《春秋经》之传。在此经传似泛指古代圣贤所作之文。

[3]金圣叹（1608—1661）：明末清初文学批评家，名人瑞，号圣叹。自负其才，言天下才子之书有六：一为《庄子》，二为《离骚》，三为《史记》，四为杜甫诗，五为《水浒传》，六为《西厢记》。后与当地儒生坐附逆之罪被斩。

音律第三

作文之最乐者，莫如填词，其最苦者，亦莫如填词。填词之乐，详后《宾白》之第二幅。上天入地，作佛成仙，无一不随意到，较之南面百城[1]，洵有过焉者矣。至说其苦，亦有千态万状，拟之悲伤疾痛、桎梏幽囚诸逆境，殆有甚焉者。请详言之。

他种文字，随人长短，听我张弛，总无限定之资格。今置散体弗论，而论其分股、限字与调声叶律者。

分股则帖括时文是已[2]。先破后承，始开终结，内分八股，股股相对，绳墨不为不严矣；然其股法、句法、长短由人，未尝限之以数，虽严而不谓之严也。

限字则四六排偶之文是已[3]。语有一定之字，字有一定之声，对必同心，意难合掌[4]，矩度不为不肃矣；然止限以数，未定以位，止限以声，未拘以格，上四下六可，上六下四亦未尝不可，仄平平仄可，平仄仄平亦未尝不可，虽肃而实未尝肃也。

调声叶律，又兼分股限字之文，则诗中之近体是已[5]。起句五言，则句句五言，起句七言，则句句七言，起句用某韵，则以下俱用某韵；起句第二字用平声，则下句第二字定用仄声，第三、第四又复颠倒用之，前人立法亦云苛且密矣。然起句五言，句句五言，起句七言，句句七言，便有成法可守。想入五言一路，则七言之句不来矣；起句用某韵，以下俱用某韵，起句第二字用平声，下句第二字定用仄声，则拈得平声之韵，上去入三声之韵，皆可置之不问矣；守定平仄、仄平二语，再无变更，自一首以至千百首皆出一辙，保无朝更夕改之令，阻人适从矣。是其苛犹未甚，密犹未至也。

至于填词一道，则句之长短，字之多寡，声之平上去入，韵之清浊阴阳[6]，皆有一定不移之格。长者短一线不能，少者增一字不得，又复忽长忽短，时少时多，令人把握不定。当平者平，用一仄字不得；当阴者阴，换一阳字不能。调得平仄成文，又虑阴阳反复；分得阴阳清楚，又与声韵乖张。令人搅断肺肠，烦苦欲绝。此等苛法，尽勾磨人。作者处此，但能布置得宜，安顿极妥，便是千幸万幸之事，尚能计其词品之低昂，文情之工拙乎？

予襁褓识字，总角成篇，于诗书六艺之文[7]，虽未精穷其义，然皆浅涉一过。总诸体百家而论之，觉文字之难，未有过于填词者。予童而习之，于今老矣，尚未窥见一斑。只以管窥蛙见之识，谬语同心；虚赤帜于词坛[8]，以待将来。作者能于此种艰难文字显出奇能，字字在声音律法之中，言言无资格拘挛之苦，如莲花生在火上[9]，仙叟弈于橘中[10]，始为盘根错节之才，八面玲珑之笔，寿名千古，衾影何惭[11]！而千古上下之题品文艺者，看到传奇一种，当易心换眼，别置典刑[12]。要知此种文字作之可怜，出之不易，其楮墨笔砚非同己物[13]，有如假自他人，耳目心思效用不能，到处为人掣肘，非若诗赋古文，容其得意疾书，不受神牵鬼制者。七分佳处，便可许作十分；若到十分，即可敌他种文字之二十分矣。予非左袒词家，实欲主持公道。如其不信，但请作者同拈一题，先作文一篇或诗一首，再作填词一曲，试其孰难孰易，谁拙谁工，即知予言之不谬矣。然难易自知，工拙必须人辨。

词曲中音律之坏，坏于《南西厢》[14]，凡有作者，当以之为戒，不当取之为法。非止音律，文艺亦然。请详言之。

填词除杂剧不论，止论全本，其文字之佳，音律之妙，未有过于《北西厢》者。自南本一出，遂变极佳者为极不佳，极妙者为极不妙。推其初意，亦有可原，不过因北本为词曲之豪，人人赞羡，但可被之管弦，不便奏诸场上，但宜于弋阳、四平等俗优[15]，不便强施于昆调[16]，以系北曲而非南曲也。兹请先言其故。

北曲一折，止隶一人，虽有数人在场，其曲止出一口，从无互歌迭咏之事。弋阳、四平等腔，字多音少，一泄而尽，又有一人启口，数人接腔者，名为一人，实出众口，故演《北西厢》甚易。昆调悠长，一字可抵数字，每唱一曲，又必一人始之，一人终之，无可助一臂者，以长江大河之全曲而专责一人，即有铜喉铁齿，其能胜此重任乎？此北本虽佳，吴音不能奏也。作《南西厢》者，意在补此缺陷，遂割裂其词，增添其白，易北为南，撰成此剧，亦可谓善用古人，喜传佳事者矣。

然自予论之，此人之于作者，可谓功之首而罪之魁矣。所谓功之首者，非得此人，则俗优竞演，雅调无闻，作者苦心，虽传实没；所谓罪之魁者，千金狐腋，剪作鸿毛，一片精金，点成顽铁。若是者何？以其有用古之心而无其具也。

今之观演此剧者，但知关目动人，词曲悦耳，亦曾细尝其味、深绎其词乎？使读书作古之人，取《西厢》南本一阅，句栉字比，未有不废卷掩鼻，而怪秽气熏人者也。

若曰：词曲情文不浃[17]，以其就北本增删，割彼凑此，自难贴合，虽有才力无所施也。然则宾白之文，皆由己作，并未依傍原本，何以有才不用，有力不施，而为俗口鄙恶之谈，以秽听者之耳乎？且曲文之中，尽有不就原本增删，或自填一折以补原本之缺略，自撰一曲以作诸曲之过文者，此则束缚无人，操纵由我，何以有才不用，有力不施，亦作勉强支吾之句，以混观者之目乎？使王实甫复生，看演此剧，非狂叫怒骂，索改本而付之祝融[18]，即痛哭流涕，对原本而悲其不幸矣。

嘻！续《西厢》者之才[19]，去作《西厢》者，止争一间；观者群加非议，谓《惊梦》以后诸曲，有如狗尾续貂。以彼之才，较之作《南西厢》者，岂特奴婢之于郎主，直帝王之视乞丐！乃今之观者，彼施责备，而此独包容，已不可解；且令家尸户祝，居然配飨《琵琶》，非特实甫呼冤，且使则诚号屈矣！

予生平最恶弋阳、四平等剧，见则趋而避之，但闻其搬演《西厢》，则乐观恐后。何也？以其腔调虽恶而曲文未改，仍是完全不破之《西厢》，非改头换面、折手跛足之《西厢》也。南本则聋瞽、喑哑、驮背、折腰诸恶状，无一不备于身矣。此但责其文词，未究音律。

从来词曲之旨，首严宫调，次及声音，次及字格。九宫十三调[20]，南曲之门户也。小出可以不拘，其成套大曲，则分门别户，各有依归，非但彼此不可通融，次第亦难紊乱。此剧只因改北成南，遂变尽词场格局。或因前曲与前曲字句相同，后曲与后曲体段不合，遂向别宫别调随取一曲以联络之，此宫调之不能尽合也；或彼曲与此曲牌名巧凑，其中但有一二句字数不符，如其可增可减，即增减就之，否则任其多寡，以解补凑不来之厄，此字格之不能尽符也；至于平仄阴阳与逐句所叶之韵，较此二者其难十倍，诛之将不胜诛，此声音之不能尽叶也。词家所重在此三者，而三者之弊，未尝缺一，能使天下相传，久而不废，岂非咄咄怪事乎？

更可异者，近日词人因其熟于梨园之口，习于观者之目，谓此曲第一当行，可以取法，用作曲谱；所填之词，凡有不合成律者，他人执而讯之，则曰："我用《南西厢》某折作对子，如何得错！"噫，玷《西厢》名目者此人，坏词场矩度者此人，误天下后世之苍生者，亦此人也。此等情弊，予不急为拈出，则《南西厢》之流毒，当至何年何代而已乎！

向在都门[21]，魏贞庵相国取崔郑合葬墓志铭示予[22]，命予作《北西厢》翻本，以正从前之谬。予谢不敏[23]，谓天下已传之书，无论是非可否，悉宜听之，不当奋其死力与较短长。较之而非，举世起而非我；即较之而是，举世亦起而非我。何也？贵远贱近，慕古薄今，天下之通情也。谁肯以千古不朽之名人，抑之使出时流下？彼文足以传世，业有明征；我力足以降人，尚无实据。以无据敌有征，其败可立见也。时龚芝麓先生亦在座[24]，与贞庵相国均以予言为然。向有一人欲改《北西厢》[25]，又有一人欲续《水浒传》，同商于予。予曰："《西厢》非不可改，《水浒》非不可续，然无奈二书已传，万口交赞，其高踞词坛之座位，业如泰山之稳，磐石之固，欲遽叱之使起而让席于予，此万不可得之数也。无论所改之《西厢》，所续之《水浒》，未必可继后尘，即使高出前人数倍，吾知举世之人不约而同，皆以'续貂蛇足'四字，为新作之定评矣。"二人唯唯而去。此予由衷之言，向以诫人，而今不以之绳己，动数前人之过者，其意何居？曰：存其是也。放郑声者[26]，非仇郑声，存雅乐也；辟异端者，非仇异端，存正道也；予之力斥《南西厢》，非仇《南西厢》，欲存《北西厢》之本来面目也。

若谓前人尽不可议，前书尽不可毁，则杨朱、墨翟亦是前人[27]，郑声未必无底本，有之亦是前书，何以古圣贤放之辟之，不遗馀力哉？予又谓《北西厢》不可改，《南西厢》则不可不翻。何也？世人喜观此剧，非故嗜痂[28]，因此剧之外别无善本，欲睹崔张旧事，舍此无由。地乏朱砂，赤土为佳，《南西厢》之得以浪传[29]，职是故也[30]。使得一人焉，起而痛反其失，别出新裁，创为南本，师实甫之意而不必更袭其词，祖汉卿之心而不独仅续其后，若与《北西厢》角胜争雄，则可谓难之又难。若止与《南西厢》赌长较短，则犹恐屑而不屑。予虽乏才，请当斯任，救饥有暇，当即拈毫。

《南西厢》翻本既不可无，予又因此及彼，而有志于《北琵琶》一剧。蔡中郎夫妇之传，既以《琵琶》得名，则"琵琶"二字乃一篇之主，而当年作者何以仅标其名，不见拈弄其实？使赵五娘描容之后，果然身背琵琶，往别张大公，弹出北曲哀声一大套，使观者听者涕泗横流，岂非《琵琶记》中一大畅事？而当年见不及此者，岂元人各有所长，工南词者不善制北曲耶？使王实甫作《琵琶》，吾知与千载后之李笠翁必有同心矣。予虽乏才，亦不敢不当斯任。向填一折付优人[31]，补则诚原本之不逮，兹已附入四卷之末[32]，尚思扩为全本，以备词人采择，如其可用，谱为弦索新声[33]。若是，则《南西厢》、《北琵琶》二书可以并行。虽不敢望追踪前哲，并辔时贤[34]，但能保与自手所填诸曲(如已经行世之前后八种，及已填未刻之内外八种)合而较之，必有浅深疏密之分矣。然著此二书，必须杜门累月，窃恐饥来驱人，势不由我。安得雨珠雨粟之天，为数十口家人筹生计乎？伤哉！贫也。

注释

［1］南面百城：语出《魏书·逸士传·李谧》："每曰：'丈夫拥书万卷，何假南面百城？'"南面，面南而坐，喻地位崇高。百城，喻拥有广大土地。

［2］"分股"句：言八股文是科举应试的文体。分股，明清八股文每篇由破题、承题、起讲、入手、起股、中股、后股、束股八部分组成，合称八股。帖括时文，见《词曲部·结构第一》注［11］。

［3］"限字"句：言限字作文的文体是四六文，即骈文。因以四字、六字句为对偶，故名。

［4］"对必同心"二句：指四六之文，属对、对偶必须音义勾连，然而一旦写出来，意义上未必前后吻合。合掌，指声律、联意重合如掌。

［5］诗中之近体：指隋唐以来形成的格律诗，对偶、音律的要求比四六文更为严格。

［6］清浊阴阳：音韵学名词，即清音、浊音和阴调、阳调。

［7］六艺：古代以《诗》、《书》、《礼》、《易》、《乐》、《春秋》为六艺，或以"礼"、"乐"、"射"、"御"、"书"、"数"为六艺。

［8］赤帜：楚汉相争时，刘邦的汉军所用的旗帜。据《史记·淮阴侯列传》，韩信率汉军在井陉口(在今河北井陉县)与赵军战，先背水设阵，待赵军来攻时，派人驰入赵军壁垒，拔赵帜，立汉帜。赵军回首见状，大乱而败。

［9］莲花生在火上：佛教典故。如《佛说随即求得大自在陀罗尼神咒经》："罗睺罗在母胎中忆念此咒，其大火坑寻即变为莲花之池。"

［10］仙叟弈于橘中：据唐代牛僧孺《幽怪录》载："巴邛橘园中，霜后见橘如缶，剖开，中有二叟象戏。"

［11］衾影何惭：语出《宋史·蔡元定传》："独行不愧影，独寝不愧衾。"意谓生命之中没有惭愧之处。

［12］典刑：同"典型"。

［13］楮(chǔ)墨：纸和墨。楮，树名，皮可制纸。在此为纸的代称。

［14］《南西厢》：明代李日华改编的传奇《西厢记》。用南曲曲牌，故而对元代王实甫《西厢记》"增损字句以就腔"，后人多有讥评。

［15］弋阳、四平：明清时江浙一带地方戏声腔，不为当时文人所重。

［16］昆调：即昆山腔。元末昆山一带流行的南戏腔调，经文人整理，于明初即有昆曲之名。后吸收海盐、弋阳诸声腔，成为明清演唱南戏的主要腔调。

［17］浃(jiā)：透。在此指精深、到位。

［18］祝融：传说中的火神。

［19］续《西厢》者：有人认为元杂剧《西厢记》的第五本为关汉卿所续。

［20］九宫十三调：戏曲音乐名词。九宫指南北曲曲牌所属之仙吕宫、南吕宫、中吕宫、黄钟宫、正宫、

大石调、双调、商调、越调。十三调分别为仙吕宫、羽调、黄钟宫、商调、正宫、大石调、中吕宫、般涉调、道宫、南吕宫、越调、小石调、双调。

[21]都门：指清代国都北京。

[22]魏贞庵相国：指魏裔介(1616—1686)，字石生，号贞庵。清代直隶柏乡(今属河北)人。官至保和殿大学士。　崔郑合葬墓志铭：明代以后，有人谎称发现郑恒与崔莺莺合葬的墓志铭，借以指责《西厢记》所述与事实不符。

[23]予谢不敏：古代对他人请求予以回绝的客气说法。敏，奋勉。《论语·公冶长》："敏而好学，不耻下问。"

[24]龚芝麓(1615—1673)：龚鼎孳，字孝升，号芝麓，清代合肥人。历任刑、兵、礼三部尚书，以诗文著称于时。

[25]向：从前。

[26]放郑声：语出《论语·卫灵公》："乐则韶舞，放郑声，远佞人；郑声淫，佞人殆。"郑声，指周代郑国的民间音乐，孔子认为郑声与雅乐相背，应予以"放"(即"排斥")。

[27]杨朱、墨翟：战国时期思想家。杨朱主张"贵生"、"重己"，墨翟主张"兼爱"、"非攻"。二人的思想相对立，又与儒家思想有明显区别，孟子则力主"拒杨墨"。

[28]嗜痂：《南史·刘穆之传》载南朝宋臣刘邕喜食疮痂，以为味似鳆鱼。后人以"嗜痂"比喻怪异的嗜好。

[29]浪传：轻率地予以传播。杜甫《泛江送魏十八仓曹还京》："见酒须相忆，将诗莫浪传。"

[30]职是故也：主要是这个原因。职，主要。唐代刘知幾《史通·叙事》："史之烦芜，职由于此。"

[31]优人：此处指戏剧演员。

[32]四卷之末：此指十二卷本《闲情偶寄》而言。六卷本在卷二《演习部》"变旧成新"之后。

[33]弦索：各种丝弦乐器的总称。金元时，北曲以弦索伴奏，故以之代称北曲。如《北西厢》人称《弦索西厢》。

[34]并辔(pèi)：并驾齐驱。辔，马的缰绳。

恪守词韵

一出用一韵到底，半字不容出入，此为定格。旧曲韵杂出入无常者，因其法制未备，原无成格可守，不足怪也。既有《中原音韵》一书，则犹畛域画定，寸步不容越矣。常见文人制曲，一折之中，定有一二出韵之字，非曰明知故犯，以偶得好句不在韵中，而又不肯割爱，故勉强入之，以快一时之目者也。

杭有才人沈孚中者[1]，所制《绾春园》、《息宰河》二剧[2]，不施浮采，纯用白描，大是元人后劲。予初阅时，不忍释卷，及考其声韵，则一无定轨，不惟偶犯数字，竟以寒山、桓欢二韵[3]，合为一处用之，又有以支思、齐微、鱼模三韵并用者，甚至以真文、庚青、侵寻三韵，不论开口闭口，同作一韵用者。长于用才而短于择术，致使佳调不传，殊可痛惜！夫作诗填词同一理也。未有沈休文诗韵以前[4]，大同小异之韵，或可叶入诗中；既有此书，即《三百篇》之风人复作[5]，亦当俯就范围。李白诗仙，杜甫诗圣，其才岂出沈约下，未闻以才思纵横而跃出韵外，况其他乎？设有一诗于此，言言中的，字字惊人，而以一东、二冬并叶，或三江、七阳互施，吾知司选政者必加摈黜，岂有以才高句美而破格收之者乎？词家绳墨，只在《谱》、《韵》二书，合谱合韵，方可言才，不则八斗难克升合，五车不敌片纸[6]，虽多虽富，亦奚以为？

注释

[1]沈孚中：即沈嵊（？—1645），字孚中，浙江钱塘（今杭州）人，所作传奇三种，除《绾春园》、《息宰河》外，尚有《宰戍记》（已佚）。

[2]《绾春园》：沈孚中所作传奇，共四十四出。演元末嘉兴杨钰与崔倩云爱情。今有《古本戏曲丛刊》刻本。《息宰河》：沈孚中所作传奇，共三十出。演明末扶风人苌公孟宦官历程。今存明万历年间且居刊本。《旷园杂志》称其“直逼元人，为明曲第一”。

[3]寒山、桓欢二韵：与下文“支思”等皆属元代周德清著《中原音韵》中的韵部。

[4]沈休文：即沈约（441—513），字休文，南朝文学家、史学家，刘宋武康（今浙江德清武康镇）人，官至尚书令。他与周颙创诗歌的“四声八病”之说。又著有《宋书》、《四声韵谱》。

[5]《三百篇》：指《诗经》，共三百零五篇，约数为三百篇。人称“诗三百”。 风人：诗人。《诗经》有“风”、“雅”、“颂”三部分。“风”是周代各诸侯国的诗歌，多采自民间。后人以“风人”代指诗人。

[6]“八斗”二句：言即使有八斗之才，学富五车，也不能臻于精微之处，更比不上片纸只字的精美诗文。八斗、五车，见《词曲部·结构第一》注[3]、注[4]。升合，比喻极微小的量，在此指作诗用韵的精微之处。

凛遵曲谱[1]

曲谱者，填词之粉本，犹妇人刺绣之花样也。描一朵，刺一朵，画一叶，绣一叶，拙者不可稍减，巧者亦不能略增。然花样无定式，尽可日异月新，曲谱则愈旧愈佳，稍稍趋新，则以毫厘之差而成千里之谬。情事新奇百出，文章变化无穷，总不出谱内刊成之定格。是束缚文人而使有才不得自展者，曲谱是也；私厚词人而使有才得以独展者，亦曲谱是也。使曲无定谱，亦可日异月新，则凡属淹通文艺者皆可填词，何元人、我辈之足重哉？“依样画葫芦”一语，竟似为填词而发。妙在依样之中，别出好歹，稍有一线之出入，则葫芦体样不圆，非近于方，则类乎扁矣。葫芦岂易画者哉！明朝三百年，善画葫芦者止有汤临川一人，而犹有病其声韵偶乖，字句多寡之不合者。甚矣，画葫芦之难，而一定之成样不可擅改也。

曲谱无新，曲牌名有新。盖词人好奇嗜巧，而又不得展其伎俩，无可奈何，故以二曲三曲合为一曲，熔铸成名，如〔金索挂梧桐〕、〔倾杯赏芙蓉〕、〔倚马待风云〕之类是也。此皆老于词学、文人善歌者能之，不则上调不接下调，徒受歌者揶揄。然音调虽协，亦须文理贯通，始可串离使合。如〔金络索〕、〔梧桐树〕是两曲，串为一曲，而名曰〔金索挂梧桐〕，以金索挂树，是情理所有之事也。〔倾杯序〕、〔玉芙蓉〕是两曲，串为一曲，而名曰〔倾杯赏芙蓉〕，倾杯酒而赏芙蓉，虽系捏成，犹口头语也。〔驻马听〕、〔一江风〕、〔驻云飞〕是三曲，串为一曲，而名曰〔倚马待风云〕，倚马而待风云之会，此语即入诗文中，亦自成句。凡此皆系有伦有脊之言[2]，虽巧而不厌其巧。竟有只顾串合，不询文义之通塞，事理之有无，生扭数字作曲名者，殊失顾名思义之体，反不若前人不列名目，只以“犯”字加之。如本曲〔江儿水〕而串入二别曲，则曰〔二犯江儿水〕；本曲〔集贤宾〕而串入三别曲，则曰〔三犯集贤宾〕。又有以“摊破”二字概之者，如本曲〔簇御林〕、本曲〔地锦花〕而串入别曲，则曰〔摊破簇御林〕、〔摊破地锦花〕之类，何等浑然，何等藏拙。更有以十数曲串为一曲而标以总名，如〔六犯清音〕、〔七贤过关〕、〔九回肠〕、〔十二峰〕之类，更觉浑雅。予谓串旧作新，终是填词末着。只求文字好，音律正，即牌名旧杀，终觉新奇可喜。如以极新极美之名，而填以庸腐乖张之曲，谁其好之？善恶在实，不在名也。

注释

[1]凛遵：谨慎地遵守。

[2]有伦有脊之言：指言语有条理，不走样。语出《诗经·小雅·正月》：“维号斯言，有伦有脊。”

鱼模当分

词曲韵书，止靠《中原音韵》一种，此系北韵，非南韵也。十年之前，武林陈次升先生欲补此缺陷[1]，作《南词音韵》一书，工垂成而复辍，殊为可惜。予谓南韵深渺，卒难成书。填词之家即将《中原音韵》一书，就平上去三音之中，抽出入声字，另为一声，私置案头，亦可暂备南词之用。然此犹可缓。更有急于此者，则鱼模一韵，断宜分别为二。鱼之与模，相去甚远，不知周德清当日何故比而同之，岂仿沈休文诗韵之例，以元、繁、孙三韵，合为十三元之一韵，必欲于纯中示杂，以存“大音希声”之一线耶[2]？无论一曲数音，听到歇脚处，觉其散漫无归。即我辈置之案头，自作文字读，亦觉字句聱牙[3]，声韵逆耳。倘有词学专家，欲其文字与声音媲美者，当令鱼自鱼而模自模，两不相混，斯为极妥。即不能全出皆分，或每曲各为一韵，如前曲用鱼，则用鱼韵到底，后曲用模，则用模韵到底。犹之一诗一韵，后不同前，亦简便可行之法也。自愚见推之，作诗用韵，亦当仿此。另钞元字一韵，区别为三。拈得十三元者，首句用元，则用元韵到底，凡涉繁、孙二韵者勿用。拈得繁、孙者亦然。出韵则犯诗家之忌，未有以用韵太严而反来指谪者也。

注释

[1]武林：地名，今浙江杭州。　陈次升：李渔友人。

[2]大音希声：语出《老子》。意谓宏大之音很少或不能听到其声。

[3]字句聱(áo)牙：指语句读起来不顺口。

廉监宜避

侵寻、监咸、廉纤三韵，同属闭口之音[1]，而侵寻一韵，较之监咸、廉纤，独觉稍异。每至收音处，侵寻闭口，而其音犹带清亮，至监咸、廉纤二韵，则微有不同。此二韵者，以作急板小曲则可，若填悠扬大套之词，则宜避之。《西厢》“不念《法华经》，不理《梁王忏》”一折用之者[2]，以出惠明口中，声口恰相合耳。此二韵宜避者，不止单为声音，以其一韵之中，可用者不过数字，馀皆险僻艰生，备而不用者也。若惠明曲中之“揝”字、“搀”字、“燂”字、“臜”字、“馅”字、“蘸”字、“飐”字，惟惠明可用，亦惟才大如天之王实甫能用，以第二人作《西厢》，既不敢用此险韵矣。初学填词者不知，每于一则开手处误用此韵，致累全篇无好句；又有作不终篇，弃去此韵而另作者，失计妨时，故用韵不可不择。

注释

[1]闭口之音：曲韵中一部分字的读音，其收音部分为m音，发音时闭口，气由鼻出，称闭口字音。《中原音韵》将这一类字归入“侵寻”、“监咸”、“廉纤”三韵，称闭口韵。

[2]“不念”二句：《西厢记》中普救寺惠明和尚的一段唱词。法华经，全称《妙法莲华经》，因用莲花比喻佛所说教法的清静微妙，故名。梁王忏，全称《慈悲道场忏法传》。佛教礼祷经名。相传南朝梁武帝为忏悔郗后以往的罪业而作。

拗句难好[1]

音律之难，不难于铿锵顺口之文，而难于倔强聱牙之句。铿锵顺口者，如此字声韵不合，随取一字换之，纵横顺逆，皆可成文，何难一时数曲。至于倔强聱牙之句，即不拘音律，任意挥写，尚难见才，况有清浊阴阳，及明用韵，暗用韵[2]，又断断不宜用韵之成格，死死限在其中乎？

词名之最易填者，如〔皂罗袍〕、〔醉扶归〕、〔解三酲〕、〔步步娇〕、〔园林好〕、〔江儿水〕等曲，韵脚虽多，字句虽有长短，然读者顺口，作者自能随笔。即有一二句宜作拗体，亦如诗内之古风，无才者处此，亦能勉力见才。至如〔小桃红〕、〔下山虎〕等曲，则有最难下笔之句矣。《幽闺记》〔小桃红〕之中段云[3]："轻轻将袖儿掀，露春纤[4]，盏儿拈[5]，低娇面也。"每句只三字，末字叶韵。而每句之第二字，又断该用平，不可犯仄。此等处，似难而尚未尽难。其〔下山虎〕云："大人家体面，委实多般，有眼何曾见！懒能向前，弄盏传杯，恁般腼腆[6]。这里新人忒杀虔[7]，待推怎地展？主婚人，不见怜，配合夫妻，事事非偶然。好恶姻缘总在天。"只须"懒能向前"、"待推怎地展"、"事非偶然"之三句，便能搅断词肠。"懒能向前"、"事非偶然"二句，每句四字，两平两仄，末字叶韵。"待推怎地展"一句五字，末字叶韵，五字之中，平居其一，仄居其四。此等拗句，如何措手？

南曲中此类极多，其难有十倍于此者，若逐个牌名援引，则不胜其繁，而观者厌矣；不引一二处定其难易，人又未必尽晓，兹只随拈旧诗一句，颠倒声韵以喻之。如"云淡风轻近午天"[8]，此等句法，自然容易见好，若变为"风轻云淡近午天"，则虽有好句，不夺目矣。况"风轻云淡近午天"七字之中，未必言言合律，或是阴阳相左，或是平仄尚乖，必须再易数字，始能合拍。或改为"风轻云淡午近天"，或又改为"风轻午近云淡天"，此等句法，揆之音律则或谐矣[9]，若以文理绳之，尚得名为词曲乎？海内观者，肯曰此句为音律所限，自难求工，姑为体贴人情之善念而恕之乎？曰：不能也。既曰不能，则作者将删去此句而不作乎？抑自创一格而畅我所欲言乎？曰：亦不能也。然则攻此道者，亦甚难矣！

变难成易，其道何居？曰：有一方便法门，词人或有行之者，未必尽有知之者。行之者偶然合拍，如路逢故人，出之不意，非我知其在路而往投之也。凡作倔强聱牙之句，不合自造新言，只当引用成语。成语在人口头，即稍更数字，略变声音，念来亦觉顺口。新造之句，一字聱牙，非止念不顺口，且令人不解其意。今亦随拈一二句试之。如“柴米油盐酱醋茶”，口头语也，试变为“油盐柴米酱醋茶”，或再变为“酱醋油盐柴米茶”，未有不明其义，不辨其声者。“东边日出西边雨，道是无情却有情”[10]，口头语也，试将上句变为“日出东边西边雨”，下句变为“道是有情却无情”，亦未有不明其义，不辨其声者。若使新造之言而作此等拗句，则几与海外方言无别，必经重译而后知之矣。即取前引《幽闺》之二句，定其工拙：“懒能向前”、“事非偶然”二句，皆拗体也。“懒能向前”一句，系作者新构，此句便觉生涩，读不顺口；“事非偶然”一句，系家常俗语，此句便觉自然，读之溜亮，岂非用成语易工，作新句难好之验乎？予作传奇数十种，所谓“三折肱为良医”[11]，此折肱语也。因觅知音，尽倾肝膈。孔子云：“益者三友：友直，友谅，友多闻”[12]。多闻，吾不敢居，谨自呼为直谅。

注释

[1]拗句：又称“拗体”，即不合平仄格律的句子。具体指曲中偶有不谐平仄的字格，称拗句格。

[2]暗用韵：指曲中某句可押可不押韵的字。亦指藏于句中的押韵字。

[3]《幽闺记》〔小桃红〕：今汲古阁本《幽闺记》无此曲。

[4]春纤：指女子纤纤手指，犹如春葱。

[5]盏儿：酒盅。

[6]恁(nèn)般：这样。

[7]忒(tèi)：特别，太。　杀虔：有失于虔敬的意思。杀，在这里有消灭、减除、败坏的意思。

[8]云淡风轻近午天：此为北宋程颢《春日偶成》诗句。

[9]揆(kuí)：测度，度量。

[10]“东边日出西边雨”二句：出自唐代刘禹锡《竹枝词》。

[11]三折肱(gōng)为良医：语本《左传·定公十三年》：“三折肱，知为良医。”犹如当今俗语“久病成医”，比喻阅历既多，就有丰富的办事经验。肱，手臂。

[12]“益者”四句：语出《论语·季氏》。直，正直。谅，诚实。

合韵易重

句末一字之当叶者，名为韵脚。一曲之中，有几韵脚，前后各别，不可犯重。此理谁不知之？谁其犯之？所不尽知而易犯者，惟有“合前”数句。兹请先言“合前”之故。

同一牌名而为数曲者，止于首只列名其后，在南曲则曰“前腔”，在北曲则曰“么篇”[1]，犹诗题之有其二、其三、其四也。末后数语，有前后各别者，有前后相同，不复另作，名为“合前”者。此虽词人躲懒法，然付之优人，实有二便：初学之时，少读数句新词，省费几番记忆，一便也；登场之际，前曲各人分唱，“合前”之曲必通场合唱，既省精神，又不寂寞，二便也。然“合前”之韵脚最易犯重。何也？大凡作首曲，则知查韵，用过之字不肯复用，迨做到第二、三曲，则止图省力，但做前词，不顾后语，置“合前”数句于度外，谓前曲已有，不必费心，而乌知此数句之韵脚在前曲则语语各别，凑入此曲，焉知不有偶合者乎？故作“前腔”之曲，而有“合前”之句者，必将末后数句之韵脚紧记在心，不可复用；作完之后，又必再查，始能不犯此病。此就韵脚而言也。

韵脚犯重，犹是小病，更有大于此者，则在词意与人不相合。何也？“合前”之曲既使同唱，则此数句之词意必有同情。如生、旦、净、丑四人在场，生旦之意如是，净丑之意亦如是，即可谓之同情，即可使之同唱；若生旦如是，净丑未尽如是，则两情不一，已无同唱之理；况有生旦如是，净丑必不如是，则岂有相反之曲而同唱者乎？此等关窍，若不经人道破，则填词之家既顾阴阳平仄，又调角徵宫商[2]，心绪万端，岂能复筹及此？

予作是编，其于词学之精微，则万不得一，如此等粗浅之论，则可谓知无不言，言无不尽者矣。后来作者，当锡予一字[3]，命曰“词奴”，以其为千古词人，尝效纪纲奔走之力也[4]。

注释

[1]么(yāo)篇：北曲中连续使用同一曲牌时，其后各曲不再标出曲牌名，而写作“么篇”或“么”。么，同“幺”，意为“后面的”。

[2]角徵(zhǐ)宫商：古代五音(宫商角徵羽)中的四音。在此指调式音阶，又指发音部位。

[3]锡：同“赐”。

[4]纪纲：仆人。本指统领仆人之人。详见《辞海》“纪纲”条。

慎用上声

平上去入四声，惟上声一音最别。用之词曲，较他音独低，用之宾白，又较他音独高。填词者每用此声，最宜斟酌。此声利于幽静之词，不利于发扬之曲；即幽静之词，亦宜偶用、间用，切忌一句之中连用二三四字。盖曲到上声字，不求低而自低，不低则此字唱不出口。如十数字高而忽有一字之低，亦觉抑扬有致：若重复数字皆低，则不特无音，且无曲矣。至于发扬之曲，每到吃紧关头，即当用阴字[1]，而易以阳字尚不发调[2]，况为上声之极细者乎？

予尝谓物有雌雄，字亦有雌雄。平去入三声以及阴字，乃字与声之雄飞者也；上声及阳字，乃字与声之雌伏者也。此理不明，难于制曲。初学填词者，每犯抑扬倒置之病，其故何居？正为上声之字入曲低，而入白反高耳。词人之能度曲者，世间颇少。其握管捻髭之际，大约口内吟哦，皆同说话，每逢此字，即作高声；且上声之字出口最亮，入耳极清，因其高而且清，清而且亮，自然得意疾书。孰知唱曲之道与此相反，念来高者，唱出反低，此文人妙曲利于案头，而不利于场上之通病也。非笠翁为千古痴人，不分一毫人我，不留一点渣滓者，孰肯尽出家私底蕴，以博慷慨好义之虚名乎？

注释

[1]阴字：阴声字。即韵尾为元音或无韵尾的字。
[2]阳字：阳声字。即韵尾为鼻音m、n、ŋ的字。

少填入韵

入声韵脚，宜于北而不宜于南。以韵脚一字之音，较他字更须明亮，北曲止有三声，有平上去而无入，用入声字作韵脚，与用他声无异也。南曲四声俱备，遇入声之字，定宜唱作入声。稍类三音，即同北调矣。以北音唱南曲可乎？予每以入韵作南词，随口念来，皆似北调，是以知之。若填北曲，则莫妙于此。一用入声，即是天然北调。然入声韵脚，最易见才，而又最难藏拙。工于入韵，即是词坛祭酒[1]。以入韵之字，雅驯自然者少，粗俗倔强者多。填词老手，用惯此等字样，始能点铁成金。浅乎此者，运用不来，熔铸不出，非失之太生，则失之太鄙。但以《西厢》、《琵琶》二剧较其短长：作《西厢》者，工于北调，用入韵是其所长。如《闹会》曲中"二月春雷响殿角"[2]，"早成就了幽期密约"，"内性儿聪明，冠世才学。扭捏着身子，百般做作。""角"字，"约"字，"学"字，"作"字，何等雅驯！何等自然！《琵琶》工于南曲，用入韵是其所短。如《描容》曲中"两处堪悲，万愁怎摸？”愁是何物，而可摸乎？入声韵脚宜北不宜南之论，盖为初学者设，久于此道而得三昧者，则左之右之，无不宜之矣。

注释

[1]祭酒：原指祭祀或宴席上举酒祭神者。后转为官名。在此指填词作曲的高手。

[2]《闹会》：《西厢记》第四折，通称《闹斋》，又称《斋坛闹会》。

别解务头[1]

填词者必讲“务头”，然“务头”二字，千古难明。《啸馀谱》中载《务头》一卷，前后胪列，岂止万言。究竟“务头”二字，未经说明，不知何物。止于卷尾开列诸旧曲，以为体样，言某曲中第几句是务头，其间阴阳不可混用，去上、上去等字不可混施。若迹此求之，则除却此句之外，其平仄阴阳，皆可混用混施而不论矣。又云某句是务头，可施俊语于其上。若是，则一曲之中，止该用一俊语，其馀字句皆可潦草涂鸦，而不必计其工拙矣。予谓立言之人，与当权秉轴者无异。政令之出，关乎从违，断断可从，而后使民从之。稍背于此者，即在当违之列，凿凿能信，始可发令，措词又须言之极明，论之极畅，使人一目了然。今单提某句为务头，谓阴阳平仄，断宜加严，俊语可施于上。此言未尝不是，其如举一废百，当从者寡，当违者众，是我欲加严，而天下之法律反从此而宽矣。况又嗫嚅其词，吞多吐少，何所取义而称为务头，绝无一字之诠释。然则“葫芦提”三字[2]，何以服天下？吾恐狐疑者读之，愈重其狐疑，明了者观之，顿丧其明了，非立言之善策也。

予谓“务头”二字，既然不得其解，只当以不解解之。曲中有务头，犹棋中有眼，有此则活，无此则死。进不可战，退不可守者，无眼之棋，死棋也；看不动情，唱不发调者，无务头之曲，死曲也。一曲有一曲之务头，一句有一句之务头。字不聱牙，音不泛调，一曲中得此一句，即使全曲皆灵，一句中得此一二字，即使全句皆健者，务头也。由此推之，则不特曲有务头，诗词歌赋以及举子业，无一不有务头矣。人亦照谱按格，发舒性灵，求为一代之传书而已矣，岂得为谜语欺人者所惑，而阻塞词源，使不得顺流而下乎？

注释

[1]务头：戏曲术语。指音调、文辞兼美之词。

[2]葫芦提：元明戏曲小说中常用俗语，意谓糊涂。

宾白第四[1]

自来作传奇者，止重填词，视宾白为末着，常有“白雪阳春”其调，而“巴人下里”其言者，予窃怪之。原其所以轻此之故，殆有说焉。

元以填词擅长，名人所作，北曲多而南曲少。北曲之介白者[2]，每折不过数言，即抹去宾白而止阅填词，亦皆一气呵成，无有断续，似并此数言亦可略而不备者。由是观之，则初时止有填词，其介白之文，未必不系后来添设[3]。在元人，则以当时所重不在于此，是以轻之。后来之人，又谓元人尚在不重，我辈工此何为？遂不觉日轻一日，而竟置此道于不讲也。予则不然。尝谓曲之有白，就文字论之，则犹经文之于传注[4]；就物理论之，则如栋梁之于榱桷[5]；就人身论之，则如肢体之于血脉，非但不可相轻，且觉稍有不称，即因此贱彼，竟作无用观者。故知宾白一道，当与曲文等视，有最得意之曲文，即当有最得意之宾白，但使笔酣墨饱，其势自能相生。常有因得一句好白，而引起无限曲情，又有因填一首好词，而生出无穷话柄者。是文与文自相触发，我止乐观厥成，无所容其思议。此系作文恒情，不得幽渺其说，而作化境观也。

注释

[1]宾白：戏曲术语，犹如现代戏曲之“说白”、“道白”。明代徐渭《南词叙录》：“唱为主，白为宾，故曰宾白。”

[2]介白：指说白之时相伴动作。介，即“科介”，戏曲演出时对动作提示的术语。

[3]“由是观之”四句：据明代臧晋叔《元曲选序》称，元人曲中宾白，可能是“演剧时伶人自为之”。而王国维则不以为然。

[4]传注：阐述经义的文字。

[5]榱桷(cuījué)：椽子。

声务铿锵

宾白之学，首务铿锵。一句聱牙，俾听者耳中生棘；数言清亮，使观者倦处生神。世人但以音韵二字用之曲中，不知宾白之文，更宜调声协律。世人但知四六之句平间仄，仄间平，非可混施迭用，不知散体之文亦复如是。“平仄仄平平仄仄，仄平平仄仄平平”二语，乃千古作文之通诀，无一语一字可废声音者也。如上句末一字用平，则下句末一字定宜用仄，连用二平则声带喑哑，不能耸听；下句末一字用仄，则接此一句之上句，其末一字定宜用平，连用二仄则音类咆哮，不能悦耳。此言通篇之大较[1]，非逐句逐字皆然也。能以作四六平仄之法，用于宾白之中，则字字铿锵，人人乐听，有“金声掷地”之评矣[2]。

声务铿锵之法，不出平仄、仄平二语是已。然有时连用数平，或连用数仄，明知声欠铿锵，而限于情事，欲改平为仄，改仄为平，而决无平声仄声之字可代者。此则千古词人未穷其秘，予以探骊觅珠之苦[3]，入万丈深潭者既久而后得之，以告同心。虽示无私，然未免可惜。字有四声，平上去入是也。平居其一，仄居其三，是上去入三声皆丽于仄。而不知上之为声，虽与去入无异，而实可介于平仄之间，以其别有一种声音，较之于平则略高，比之去入则又略低。古人造字审音，使居平仄之介，明明是一过文，由平至仄，从此始也。譬如四方声音，到处各别，吴有吴音，越有越语，相去不啻天渊，而一至接壤之处，则吴越之音相半，吴人听之觉其同，越人听之亦不觉其异。晋、楚、燕、秦以至黔、蜀，在在皆然。此即声音之过文，犹上声介于平去入之间也。作宾白者，欲求声韵铿锵，而限于情事，求一可代之字而不得者，即当用此法以济其穷。如两句三句皆平，或两句三句皆仄，求一可代之字而不得，即用一上声之字介乎其间，以之代平可，以之代去入亦可。如两句三句皆平，间一上声之字，则其声是仄，不必言矣；即两句三句皆去声入声，而间一上声之字，则其字明明是仄而却似平，令人听之不知其为连用数仄者。此理可解而不可解，此法可传而实不当传，一传之后，则遍地金声，求一瓦缶之鸣而不可得矣[4]。

注释

[1]大较：大概。

[2]金声掷地：《晋书·孙绰传》：“尝作《天台山赋》，辞致甚工。初成，以示友人范荣期，云：‘卿试掷地，当作金石声也。’”

[3]探骊觅珠：比喻作文能抓住精要的题义。典出《庄子·列御寇》。

[4]瓦缶之鸣：指平庸的乐调。

语求肖似

文字之最豪宕，最风雅，作之最健人脾胃者，莫过填词一种。若无此种，几于闷杀才人，困死豪杰。予生忧患之中，处落魄之境，自幼至长，自长至老，总无一刻舒眉，惟于制曲填词之顷，非但郁藉以舒，愠为之解，且尝僭作两间最乐之人，觉富贵荣华，其受用不过如此，未有真境之为所欲为，能出幻境纵横之上者。我欲做官，则顷刻之间便臻荣贵；我欲致仕，则转盼之际又入山林；我欲作人间才子，即为杜甫、李白之后身；我欲娶绝代佳人，即作王嫱、西施之元配[1]；我欲成仙作佛，则西天蓬岛即在砚池笔架之前[2]；我欲尽孝输忠，则君治亲年，可跻尧、舜、彭籛之上[3]。非若他种文字，欲作寓言，必须远引曲譬，蕴藉包含。十分牢骚，还须留住六七分。八斗才学，止可使出二三升。稍欠和平，略施纵送，即谓失风人之旨，犯佻达之嫌，求为家弦户诵者难矣。填词一家，则惟恐其蓄而不言，言之不尽。是则是矣，须知畅所欲言亦非易事。言者，心之声也[4]，欲代此一人立言，先宜代此一人立心。若非梦往神游，何谓设身处地？无论立心端正者，我当设身处地，代生端正之想；即遇立心邪辟者，我亦当舍经从权，暂为邪辟之思。务使心曲隐微，随口唾出。说一人，肖一人，勿使雷同，弗使浮泛。若《水浒传》之叙事，吴道子之写生[5]，斯称此道中之绝技。果能若此，即欲不传，其可得乎？

注释

[1]王嫱(qiáng)：即王昭君，西汉元帝时美女。被选入宫，后自愿嫁匈奴单于，以成和亲。　西施：春秋时越国美女。越王勾践以她进献吴王夫差，致使吴王不理朝政，终致亡国。

[2]西天蓬岛：佛家西天极乐世界和道家所言蓬莱仙岛。

[3]彭籛(jiān)：传说活了八百岁的长寿之人，即彭祖。事见《列仙传》等书。

[4]言者，心之声也：汉代扬雄《法言·问神》："故言，心声也。"

[5]吴道子：唐代画家，名道玄。阳翟(今河南禹县)人。唐玄宗时任内教博士。擅画佛道人物，亦工山水，人称"画圣"。

词别繁减

传奇中宾白之繁，实自予始。海内知我者与罪我者半。

知我者曰：从来宾白作说话观，随口出之即是，笠翁宾白当文章做，字字俱费推敲。从来宾白只要纸上分明，不顾口中顺逆，常有观刻本极其透彻，奏之场上便觉糊涂者，岂一人之耳目，有聪明聋聩之分乎？因作者只顾挥毫，并未设身处地，既以口代优人，复以耳当听者，心口相维，询其好说不好说，中听不中听，此其所以判然之故也。笠翁手则握笔，口却登场，全以身代梨园，复以神魂四绕，考其关目，试其声音，好则直书，否则搁笔，此其所以观听咸宜也。

罪我者曰：填词既曰“填词”，即当以词为主；宾白既名“宾白”，明言白乃其宾。奈何反主作客，而犯树大于根之弊乎？笠翁曰：始作俑者[1]，实实为予，责之诚是也。但其敢于若是，与其不得不若是者，则均有说焉。

请先白其不得不若是者。前人宾白之少，非有一定当少之成格。盖彼只以填词自任，留馀地以待优人，谓引商刻羽我为政，饰听美观彼为政[2]，我以约略数言，示之以意，彼自能增益成文。如今世之演《琵琶》、《西厢》、《荆》、《刘》、《拜》、《杀》等曲，曲则仍之，其间宾白、科诨等事，有几处合于原本，以寥寥数言塞责者乎？且作新与演旧有别。《琵琶》、《西厢》、《荆》、《刘》、《拜》、《杀》等曲，家弦户诵已久，童叟男妇皆能备悉情由，即使一句宾白不道，止唱曲文，观者亦能默会，是其宾白繁减可不问也。至于新演一剧，其间情事，观者茫然；词曲一道，止能传声，不能传情。欲观者悉其颠末，洞其幽微，单靠宾白一着。予非不图省力，亦留馀地以待优人。但优人之中，智愚不等，能保其增益成文者悉如作者之意，毫无赘疣蛇足于其间乎？与其留馀地以待增，不若留馀地以待减。减之不当，犹存作者深心之半，犹病不服药之得中医也[3]。此予不得不若是之故也。至其敢于若是者，则谓千古文章，总无定格，有创始之人，即有守成不变之人；有守成不变之人，即有大仍其意，小变其形，自成一家而不顾天下非笑之人。

古来文字之正变为奇，奇翻为正者，不知凡几，吾不具论，止以多寡增益之数论之。《左传》、《国语》，纪事之书也，每一事不过数行，每一语不过数字，初时未病其少；迨班固之作《汉书》，司马迁之为《史记》，亦纪事之书也，遂益数行为数十百行，数字为数十百字，岂有病其过多，而废《史记》、《汉书》于不读者乎？此言少之可变为多也。

诗之为道，当日但有古风[4]，古风之体，多则数十百句，少亦十数句，初时亦未病其多；迨近体一出，则约数十百句为八句；绝句一出，又敛八句为四句，岂有病其渐少，而选诗之家止载古风，删近体绝句于不录者乎？此言多之可变为少也。总之，文字短长，视其人之笔性。笔性遒劲者，不能强之使长；笔性纵肆者，不能缩之使短。文患不能长，又患其可以不长而必欲使之长。如其能长而又使人不可删逸，则虽为宾白中之古风《史》《汉》，亦何患哉？予则乌能当此，但为糠秕之导，以俟后来居上之人。

予之宾白，虽有微长，然初作之时，竿头未进[5]，常有当俭不俭，因留馀幅以俟剪裁，遂不觉流为散漫者。自今观之，皆吴下阿蒙手笔也[6]。如其天假以年，得于所传十种之外[7]，别有新词，则能保为犬夜鸡晨，鸣乎其所当鸣，默乎其所不得不默者矣。

注释

[1]始作俑者：意谓最早用木制或陶制俑做随葬品的人。语出《孟子·梁惠王上》引孔子语："始作俑者，其无后乎！"在此代指李渔极重作传奇宾白，前无古人。

[2]"引商刻羽"二句：意为讲究曲词音律，是作者的责任；至于上场表演，使服饰美观声音动听，则是演员的责任。引商刻羽，指曲调高古、声律讲究的演奏。见战国楚宋玉《对楚王问》。为政，主持政务。在此指负责填词作曲。

[3]中医：医术中等的医生。《汉书·艺文志》："有病不治，常得中医。"意谓有病而不求医问药，等于找到中等的医生。此处三句借用此意。

[4]古风：指上古民间歌曲。比如《诗经》中的"风"那一部分。

[5]竿头未进：指作曲及作宾白未达到很高的境界。《景德传灯录》载招贤大师偈语："百尺竿头须进步，十方世界是全身。"

[6]吴下阿蒙：喻学养不足的人。本指三国时吴人吕蒙，少年时不爱读书，经孙权规劝，乃用心学习。鲁肃后来见他，惊叹道："吾谓大弟但有武略耳，至于今者，学识英博，非复吴下阿蒙。"

[7]所传十种：指李渔传世的十种戏曲。见《前言》。

字分南北

北曲有北音之字，南曲有南音之字。如南音自呼为"我"，呼人为"你"，北音呼人为"您"，自呼为"俺"为"咱"之类是也。世人但知曲内宜分，乌知白随曲转，不应两截。此一折之曲为南，则此一折之白悉用南音之字；此一折之曲为北，则此一折之白悉用北音之字。时人传奇多有混用者，即能间施于净丑，不知加严于生旦；止能分用于男子，不知区别于妇人。

以北字近于粗豪，易入刚劲之口；南音悉多娇媚，便施窈窕之人。殊不知声音驳杂，俗语呼为“两头蛮”[1]，说话且然，况登场演剧乎？此论为全套南曲、全套北曲者言之。南北相间，如〔新水令〕、〔步步娇〕之类，则在所不拘。

注释

［1］两头蛮：指中原以外的南北方语音，即相对于中原音韵的“驳杂”之语。蛮，古代对南方少数民族的泛称，含有轻视之意。

文贵洁净

白不厌多之说，前论极详，而此复言洁净。洁净者，简省之别名也。洁则忌多，减始能净，二说不无相悖乎？曰：不然。多而不觉其多者，多即是洁；少而尚病其多者，少亦近芜。予所谓多，谓不可删逸之多，非唱沙作米[1]、强凫变鹤之多也[2]。作宾白者，意则期多，字惟求少，爱虽难割，嗜亦宜专。每作一段，即自删一段，万不可删者始存，稍有可削者即去。此言逐齣初填之际[3]，全稿未脱之先，所谓慎之于始也。然我辈作文，常有人以为非，而自认作是者；又有初信为是，而后悔其非者。文章出自己手，无一非佳。诗赋论其初成，无语不妙。迨易日经时之后，取而观之，则妍媸好丑之间，非特人能辨别，我亦自解雌黄矣[4]。

此论虽说填词，实各种诗文之通病，古今才士之恒情也。凡作传奇，当于开笔之初，以至脱稿之后，隔日一删，逾月一改，始能淘沙得金，无瑕瑜互见之失矣。此说予能言之不能行之者，则人与我中分其咎。予终岁饥驱，杜门日少[5]，每有所作，率多草草成篇，章名急就[6]。非不欲删，非不欲改，无可删可改之时也。每成一剧，才落毫端，即为坊人攫去[7]。下半犹未脱稿，上半业已灾梨[8]；非止灾梨，彼伶工之捷足者，又复灾其肺肠，灾其唇舌，遂使一成不改，终为痼疾难医。予非不务洁净，天实使之，谓之何哉！

注释

［1］唱沙作米：南朝宋檀道济与北魏作战时，军粮不足，道济乃以沙充粮，称量时高呼数字，以示存粮尚足，稳定军心。后比喻制造假象，迷惑别人。在此指行文啰唆，言词无用。

［2］强凫变鹤：使短腿的野鸭变成长腿之鹤。典出《庄子·骈拇》：“长者不为有馀，短者不为不足。是

故凫胫虽短，续之则忧，鹤胫虽长，断之则悲。’”在此指故作长文，反而淡而无味。

[3]逐龆(tiáo)初填：指儿童旧牙与新牙交换之际。龆，被换掉的旧牙。

[4]雌黄：矿物名。古代校书，以雌黄抹涂错误之处。后引申为纠正错误。

[5]“终岁饥驱”二句：终日被贫困驱使，外出谋生，在家闭门作曲的机会日渐减少。

[6]章名急就：汉元帝时黄门令史游所作启蒙课本，首句有“急就”二字，因而名《急就篇》或《急就章》。全书三十二章，后增至三十四章。在此指草草成篇。

[7]坊人：刻书坊的人。即当时的书商。

[8]灾梨：谓刻无用之书，祸及刻版的梨木。多用作自谦之词。

意取尖新

“纤巧”二字，行文之大忌也，处处皆然，而独不戒于传奇一种。传奇之为道也，愈纤愈密，愈巧愈精。词人忌在老实，“老实”二字，即纤巧之仇家敌国也。然“纤巧”二字，为文人鄙贱已久，言之似不中听，易以“尖新”二字，则似变瑕成瑜。其实尖新即是纤巧，犹之暮四朝三[1]，未尝稍异。同一话也，以尖新出之，则令人眉扬目展，有如闻所未闻；以老实出之，则令人意懒心灰，有如听所不必听。白有尖新之文，文有尖新之句，句有尖新之字，则列之案头，不观则已，观则欲罢不能；奏之场上，不听则已，听则求归不得。尤物足以移人[2]，“尖新”二字，即文中之尤物也。

注释

[1]暮四朝三：语本《庄子·齐物论》：“狙公赋芧，曰：‘朝三而暮四。’众狙皆怒。”谓以诈术欺人。后指反复无常。

[2]尤物足以移人：语本《左传·昭公二十八年》：“夫有尤物，足以移人。”尤物，特指人物，多指美女。移人，移人之性，即打动人心。

少用方言

填词中方言之多，莫过于《西厢》一种，其馀今词古曲，在在有之。非止词曲，即《四书》之中，《孟子》一书亦有方言，天下不知而予独知之。予读《孟子》五十馀年不知，而今知之，请先毕其说。

儿时读“自反而缩，虽褐宽博，吾不惴焉”[1]，观朱注云[2]：“褐，贱者之服；宽博，宽大之衣。”心甚惑之。因生南方，南方衣褐者寡，间有服者，强半富贵之家，名虽褐而实则绒也。因讯蒙师，谓：褐乃贵人之衣，胡云贱者之服？既云贱矣，则当从约，短一尺，省一尺购办之资，少一寸，免一寸缝纫之力，胡不窄小其制而反宽大其形，是何以故？师默然不答。再询，则顾左右而言他[3]。具此狐疑，数十年未解。

及近游秦塞，见其土著之民，人人衣褐，无论丝罗罕覯，即见一二衣布者，亦类空谷足音。因地寒不毛，止以牧养自活，织牛羊之毛以为衣，又皆粗而不密，其形似毯。诚哉其为贱者之服，非若南方贵人之衣也！又见其宽则倍身，长复扫地。即而讯之，则曰："此衣之外，不复有他。衫裳襦裤，总以一物代之。日则披之当服，夜则拥以为衾，非宽不能周遭其身，非长不能尽覆其足。《鲁论》'必有寝衣，长一身有半'[4]，即是类也。"予始幡然大悟曰："太史公著书，必游名山大川，其斯之谓欤！"盖古来圣贤多生西北，所见皆然，故方言随口而出。朱文公南人也，彼乌知之？故但释字义，不求甚解，使千古疑团，至今未破。非予远游绝塞，亲覯其人，乌知斯言之不谬哉？

由是观之，《四书》之文犹不可尽法，况《西厢》之为词曲乎？凡作传奇，不宜频用方言，令人不解。近日填词家，见花面登场，悉作姑苏口吻[5]，遂以此为成律。每作净丑之白，即用方言。不知此等声音，止能通于吴越，过此以往，则听者茫然。传奇天下之书，岂仅为吴越而设？至于他处方言，虽云入曲者少，亦视填词者所生之地。如汤若士生于江右[6]，即当规避江右之方言；粲花主人吴石渠生于阳羡[7]，即当规避阳羡之方言。盖生此一方，未免为一方所囿。有明是方言，而我不知其为方言，及入他境，对人言之而人不解，始知其为方言者。诸如此类，易地皆然。欲作传奇，不可不存桑弧蓬矢之志[8]。

注释

[1]"自反而缩"三句：语出《孟子·公孙丑》。原文为："自反而不缩，虽褐宽博，吾不惴焉。"意为自省而发现无道理，对方虽为卑贱者，也不去欺负他。缩，有道理。

[2]朱注：南宋朱熹对《孟子》的注文。

[3]顾左右而言他：语出《孟子·梁惠王下》，指闪烁其词，不做正面回答。

[4]鲁论：即《论语》。汉代传授《论语》的经师有齐鲁二派，故有《齐论》、《鲁论》之称。此处引文见《论语·乡党》。　寝衣：睡觉盖的被子。

[5]姑苏：今江苏苏州。

[6]汤若士：汤显祖。

[7]吴石渠：即吴炳(1595—1645)，字石渠，号粲花主人，江苏宜兴人。明万历四十七年进士，后任南明朝兵部侍郎，后为清军所获，被缢死。有传奇《画中人》、《西园记》、《情邮记》、《绿牡丹》、《疗妒羹》，合称《粲花五种》。阳羡，今江苏宜兴。

[8]桑弧蓬矢之志：古代诸侯生子之后，举行仪式，用桑木做弓，蓬杆当箭，射天地四方，象征儿子长大后可抵御四方灾难。后引申为有四方之志。

时防漏孔

一部传奇之宾白，自始至终，奚啻千言万语。多言多失，保无前是后非，有呼不应，自相矛盾之病乎？如《玉簪记》之陈妙常，道姑也，非尼僧也，其白云“姑娘在禅堂打坐”，其曲云“从今孽债染缁衣”，“禅堂”、“缁衣”皆尼僧字面，而用入道家，有是理乎[1]？诸如此类者，不能枚举。总之，文字短少者易为检点，长大者难于照顾。吾于古今文字中，取其最长最大，而寻不出纤毫渗漏者，惟《水浒传》一书。设以他人为此，几同笊篱贮水，珠箔遮风[2]，出者多而进者少，岂止三十六个漏孔而已哉！

注释

[1]“如《玉簪记》”八句：《玉簪记》故事本于《古今女史》，陈妙常本为尼姑。清代焦循针对李渔所言，作辩曰：“陈为尼，而《玉簪》作道姑，盖以尼为剪发，于当场为不雅，本元人郑采作道姑耳。乃其曲‘从今孽债染缁衣’，又云‘姑娘在禅堂打坐’，则隐喻其为尼也。笠翁视之，非是。”见《剧说》卷二。

[2]珠箔：珠帘。

科诨第五

插科打诨，填词之末技也，然欲雅俗同欢，智愚共赏，则当全在此处留神。文字佳，情节佳，而科诨不佳，非特俗人怕看，即雅人韵士，亦有瞌睡之时。作传奇者，全要善驱睡魔。睡魔一至，则后乎此者虽有“钧天”之乐[1]，《霓裳羽衣》之舞[2]，皆付之不见不闻，如对泥人作揖、土佛谈经矣。予尝以此告优人，谓戏文好处，全在下半本。只消三两个瞌睡，便隔断一部神情。瞌睡醒时，上文下文已不接续，即使抖起精神再看，只好断章取义，作零出观。若是，则科诨非科诨，乃看戏之人参汤也。养精益神，使人不倦，全在于此，可作小道观乎？

注释

[1]钧天之乐：神话中天宫的音乐。《列子·周穆王》：“王实以为清都紫微，钧天广乐，帝之居所。”详见《尤侗序》注[52]。

[2]《霓裳羽衣》之舞：详见《余怀序》注[29]。

戒淫亵

戏文中花面插科，动及淫邪之事，有房中道不出口之话，公然道之戏场者。无论雅人塞耳，正士低头，惟恐恶声之污听，且防男女同观，共闻亵语，未必不开窥窃之门。郑声宜放[1]，正为此也。不知科诨之设，止为发笑，人间戏语尽多，何必专谈欲事？即谈欲事，亦有"善戏谑兮，不为虐兮"之法[2]，何必以口代笔，画出一幅春意图，始为善谈欲事者哉？人问：善谈欲事，当用何法，请言一二以概之。予曰：如说口头俗语，人尽知之者，则说半句，留半句，或说一句，留一句，令人自思。则欲事不挂齿颊，而与说出相同，此一法也。如讲最亵之话虑人触耳者，则借他事喻之，言虽在此，意实在彼，人尽了然，则欲事未入耳中，实与听见无异，此又一法也。得此二法，则无处不可类推矣。

注释

[1]郑声宜放：淫邪之曲应予排除。郑声，原指春秋战国时郑国的音乐。因与孔子等提倡的雅乐不同，故受儒家排斥。此后，凡与雅乐相悖的音乐，均被儒家斥为"郑声"。

[2]"善戏谑兮"二句：语出《诗经·卫风·淇奥》。虐，过分。

忌俗恶

科诨之妙，在于近俗，而所忌者，又在于太俗。不俗则类腐儒之谈，太俗即非文人之笔。吾于近剧中，取其俗而不俗者，《还魂》而外，则有《粲花五种》[1]，皆文人最妙之笔也。《粲花五种》之长，不仅在此，才锋笔藻，可继《还魂》，其稍逊一筹者，则在气与力之间耳。《还魂》气长，《粲花》稍促；《还魂》力足，《粲花》略亏。虽然，汤若士之《四梦》[2]，求其气长力足者，惟《还魂》一种，其馀三剧则与《粲花》比肩。使粲花主人及今犹在，备其全力，另制一种新词，则词坛赤帜，岂仅为若士一人所攫哉？所恨予生也晚，不及与二老同时。他日追及泉台[3]，定有一番倾倒，必不作妒而欲杀之状，向阎罗天子掉舌[4]，排挤后来人也。

注释

[1]《粲花五种》：也叫《石渠五种曲》。明代戏曲家吴炳所作传奇的总称。详见《词曲部·宾白第四·少用方言》注[7]。

[2]《四梦》：汤显祖所作《牡丹亭》(即《还魂记》)、《邯郸记》、《南柯梦》、《紫钗记》，合称《临川四梦》或《玉茗堂四梦》。

[3]泉台：阴间。

[4]掉舌：谈论。在此指搬弄是非，进谗言。

重关系

"科诨"二字，不止为花面而设[1]，通场脚色皆不可少。生旦有生旦之科诨，外末有外末之科诨，净丑之科诨则其分内事也。然为净丑之科诨易，为生旦外末之科诨难。雅中带俗，又于俗中见雅；活处寓板，即于板处证活。此等虽难，犹是词客优为之事。所难者，要有关系。关系维何？曰：于嘻笑诙谐之处，包含绝大文章；使忠孝节义之心，得此愈显。如老莱子之舞斑衣[2]，简雍之说淫具[3]，东方朔之笑彭祖面长[4]，此皆古人中之善于插科打诨者也。作传奇者，苟能取法于此，则科诨非科诨，乃引人入道之方便法门耳。

注释

[1]花面：花脸，即净这种脚色。古代戏曲中扮演滑稽调笑的脚色。

[2]老莱子之舞斑衣：据《列女传》："老莱子孝养二亲，行年七十，婴儿自娱，著五色彩衣；尝取浆上堂，跌仆，因卧地为小儿啼。"舞斑衣，指老莱子穿着五色彩衣在双亲面前舞蹈。

[3]简雍之说淫具：简雍，字宪和，三国时蜀涿郡人。初为从事中郎，后拜昭德将军。滑稽善讽。其说淫具事见《三国志·简雍传》："时天旱禁酒，酿者有刑。吏于人家索得酿具，论者欲令与作酒者同罚。雍与先主(刘备)游观，见一男女行道，谓先主曰：'彼人欲行淫，何以不缚？'先主曰：'卿何以知之？'雍对曰：'彼有其具，与欲酿者同。'先主大笑，而原欲酿者。"

[4]东方朔之笑彭祖面长：见下节详述。东方朔，汉武帝时人，字曼倩，官至太中大夫，以善诙谐滑稽著称。

贵自然

科诨虽不可少，然非有意为之。如必欲于某折之中，插入某科诨一段，或预设某科诨一段，插入某折之中，则是觅妓追欢，寻人卖笑，其为笑也不真，其为乐也亦甚苦矣。妙在水到渠成，天机自露。“我本无心说笑话，谁知笑话逼人来”，斯为科诨之妙境耳。如前所云简雍说淫具，东方朔笑彭祖。即取二事论之：蜀先主时，天旱禁酒，有吏向一人家索出酿酒之具，论者欲置之法。雍与先主游，见男女各行道上，雍谓先主曰：“彼欲行淫，请缚之。”先主曰：“何以知其欲行淫？”雍曰：“各有其具，与欲酿未酿者同，是以知之。”先主大笑，而释蓄酿具者。汉武帝时，有善相者，谓人中长一寸[1]，寿当百岁。东方朔大笑，有司奏以不敬。帝责之，朔曰：“臣非笑陛下，乃笑彭祖耳。人中一寸则百岁，彭祖岁八百，其人中不几八寸乎[2]？人中八寸，则面几长一丈矣，是以笑之。”

此二事，可谓绝妙之诙谐，戏场有此，岂非绝妙之科诨？然当时必亲见男女同行，因而说及淫具；必亲听人中一寸寿当百岁之说，始及彭祖面长，是以可笑，是以能悟人主。如其未见未闻，突然引此为喻，则怒之不暇，笑从何来？笑既不得，悟从何有？此即贵自然、不贵勉强之明证也。吾看演《南西厢》，见法聪口中所说科诨，迂奇诞妄，不知何处生来，真令人欲逃欲呕，而观者听者绝无厌倦之色，岂文章一道，俗则争取，雅则共弃乎？

注释

[1]人中：人体部位名。上唇正中的纵向凹沟。

[2]几：几乎，接近。

格局第六

传奇格局，有一定而不可移者，有可仍可改，听人自为政者。开场用末[1]，冲场用生[2]。开场数语，包括通篇；冲场一出，蕴酿全部，此一定不可移者。开手宜静不宜喧，终场忌冷不忌热。生旦合为夫妇，外与老旦非充父母即作翁姑[3]，此常格也。然遇情事变更，势难仍旧，不得不通融兑换而用之。诸如此类，皆其可仍可改，听人为政者也。

近日传奇，一味趋新，无论可变者变，即断断当仍者，亦加改窜，以示新奇。予谓文字之新奇，在中藏，不在外貌，在精液，不在渣滓；犹之诗赋古文以及时艺[4]，其中人才辈出，一人胜似一人，一作奇于一作，然止别其词华，未闻异其资格。有以古风之局而为近律者乎[5]？有以时艺之体而作古文者乎？绳墨不改，斧斤自若，而工师之奇巧出焉。行文之道，亦若是焉。

注释

[1]开场用末：宋元南戏及明清传奇，其开场戏一般由副末充任。副末，次于末的男性脚色。

[2]冲场用生：传奇的第二出，一般由生上场，表明全部关目，例有引子、诗词、骈语，并说明人物身份、环境等。生，传奇脚色名，男性主脚，主要扮演年轻男子。

[3]外与老旦：扮演老年男子与女子的脚色。　翁姑：公公与婆婆。

[4]时艺：指明代科举考试所作的八股文，也作诗文、制艺。

[5]古风：相对于近体格律诗的诗歌体裁。没有严格的对仗、平仄规定。主要指唐以前的古诗。　近律：指唐代形成的近体格律诗。有五律五绝、七律七绝等。

家　门[1]

开场数语，谓之“家门”。虽云为字不多，然非结构已完、胸有成竹者，不能措手。即使规模已定，犹虑做到其间，势有阻挠，不得顺流而下，未免小有更张，是以此折最难下笔。如机锋锐利，一往而前，所谓信手拈来，头头是道，则从此折做起，不则姑缺首篇，以俟终场补入。犹塑佛者不即开光[2]，画龙者点睛有待[3]，非故迟之，欲俟全像告成，其身向左则目宜左视，其身向右则目宜右观，俯仰低徊，皆从身转，非可预为计也。此是词家讨便宜法，开手即以告人，使后来作者未经捉笔，先省一番无益之劳，知笠翁为此道功臣，凡其所言，皆真切可行之事，非大言欺世者比也。

未说家门，先有一上场小曲，如［西江月］、［蝶恋花］之类，总无成格，听人拈取。此曲向来不切本题，止是劝人对酒忘忧、逢场作戏诸套语。予谓词曲中开场一折，即古文之冒头[4]，时文之破题[5]，务使开门见山，不当借帽覆顶。即将本传中立言大意，包括成文，与后所说家门一词相为表里。前是暗说，后是明说，暗说似破题，明说似承题[6]，如此立格，始为有根有据之文。场中阅卷，看至第二三行而始觉其好者，即是可取可弃之文；开卷之初，能将试官眼睛一把拿住，不放转移，始为必售之技。吾愿才人举笔，尽作是观，不止填词而已也

元词开场，止有冒头数语，谓之“正名”[7]，又曰“楔子”[8]，多则四句，少则二句，似为简捷。然不登场则已，既作副末上场，脚才点地，遂尔抽身，

亦觉张皇失次。增出家门一段，甚为有理。然家门之前，另有一词，今之梨园皆略去前词，只就家门说起，止图省力，埋没作者一段深心。大凡说话作文，同是一理，入手之初，不宜太远，亦正不宜太近。文章所忌者，开口骂题。便说几句闲文，才归正传，亦未尝不可。胡遽惜字如金，而作此卤莽灭裂之状也？作者万勿因其不读而作省文。至于末后四句[9]，非止全该，又宜别俗。元人楔子，太近老实，不足法也。

注释

[1]家门：明清传奇第一出，由副末登场，念诵诗词，说明创作缘起及剧情梗概，称家门。

[2]开光：指佛像塑成时，僧人择吉日礼祭，画眼珠以开佛眼之光明，叫作开光，又称开眼。

[3]画龙者点睛：据唐代张彦远《历代名画记》载，南朝梁武帝时张僧繇在金陵安乐寺内画有四条龙，其中两条被点睛后飞去，未点睛者仍留在壁上。后以画龙点睛喻诗文精彩之处，使全篇皆活。

[4]冒头：文章的开端。

[5]破题：清代科举考试文体八股文的第一部分，以两句话说破题目要义，称为破题。

[6]承题：八股文的第部分，承接破题所述题义而予以阐明。

[7]正名：元明杂剧术语。也称"题目正名"。即以一联或二联总括全剧情节。其末句则为剧名的全称，其最末三字或四字则为该剧简称。

[8]楔子：元明杂剧在四折之前或之中所插入的情节，一般一剧只有一个楔子。对全剧情节起说明或补充过渡的作用。

[9]末后四句：指明清传奇第一出末尾的下场诗，首二句系第一出前的题目。

冲场

开场第二折，谓之"冲场"。冲场者，人未上而我先上也，必用一悠长引子[1]。引子唱完，继以诗词及四六排语，谓之"定场白"。言其未说之先，人不知所演何剧，耳目摇摇，得此数语，方知下落，始未定而今方定也。此折之一引一词，较之前折家门一曲，犹难措手。务以寥寥数言，道尽本人一腔心事，又且蕴酿全部精神，犹家门之括尽无遗也。同属包括之词，而分难易于其间者，以家门可以明说，而冲场引子及定场诗词全用暗射[2]，无一字可以明言故也。非特一本戏文之节目全于此处埋根，而作此一本戏文之好歹，亦即于此时定价。何也？开手笔机飞舞，墨势淋漓，有自由自得之妙，则把握在手，破竹之势已成，不忧此后不成完璧。如此时此际文情艰涩，勉强支吾，则朝气昏昏，到晚终无晴色，不如不作之为愈也。然则开手锐利者宁有几人？不几阻抑后辈，而塞填词之路乎？曰：不然。

有养机使动之法在：如入手艰涩，姑置勿填，以避烦苦之势；自寻乐境，养动生机，俟襟怀略展之后，仍复拈毫，有兴即填。否则又置，如是者数四，未有不忽撞天机者。若因好句不来，遂以俚词塞责，则走入荒芜一路，求辟草昧而致文明[3]，不可得矣。

注释

[1]引子：南曲中人物上场所唱之曲。此言"悠长"，应指曲调悠长，而非文辞悠长。

[2]暗射：谓暗中点出剧意，不能跳出剧外，另做概括。

[3]草昧：荒草掩映之处。喻主题不明，行文杂乱。

出脚色

本传中有名脚色，不宜出之太迟。如生为一家，旦为一家，生之父母随生而出，旦之父母随旦而出，以其为一部之主，馀皆客也。虽不定在一出二出，然不得出四、五折之后[1]。太迟则先有他脚色上场，观者反认为主，及见后来人，势必反认为客矣。即净丑脚色之关乎全部者[2]，亦不宜出之太迟。善观场者，止于前数出所见，记其人之姓名；十出以后，皆是枝外生枝，节中长节，如遇行路之人，非止不问姓字，并形体面目皆可不必认矣。

注释

[1]折：元杂剧术语。元杂剧其唱词写于纸上，折成四折，一折即代表一个故事情节，演出时则为一场。南戏则称出，不叫折；此处所言"折"则指"出"的概念。

[2]净丑：传统戏曲脚色名。净在元杂剧里主要扮滑稽脚色，在南戏里则主要扮演刚烈、粗鲁或奸险的人物。南戏里的丑脚，则如元杂剧的净，专事插科打诨，调节剧场气氛。

小收煞[1]

上半部之末出，暂摄情形，略收锣鼓，名为"小收煞"。宜紧忌宽，宜热忌冷，宜作郑五歇后[2]，令人揣摩下文，不知此事如何结果。如做把戏者，暗藏一物于盆盎衣袖之中，做定而令人射覆[3]，此正做定之际，众人射覆之时也。戏法无真假，戏文无工拙。只是使人想不到，猜不着，便是好戏法，好戏文。猜破而后出之，则观者索然，作者赧然[4]，不如藏拙之为妙矣[5]。

[1]小收煞：南曲术语。指传奇分上下二部，上半部之末出，暂告一段落，称小收煞。全剧结束，称大收煞。

[2]郑五歇后：唐昭宗时人郑綮，字蕴武，荥阳(今属河南)人。其诗多涉诙谐，时称"郑五歇后体"。在此指小收煞概括情节，应留有悬念，不能一览无馀。

[3]射覆：古代的一种猜物游戏。《汉书·东方朔传》颜师古注："于覆器之下而置诸物，令暗射之，故云射覆。"

[4]赧(nǎn)然：羞怯。

[5]藏拙：掩其拙劣，不以示人。

大收煞

全本收场，名为"大收煞"。此折之难，在无包括之痕，而有团圆之趣。如一部之内，要紧脚色共有五人，其先东西南北各自分开，到此必须会合。此理谁不知之？但其会合之故，须要自然而然，水到渠成，非由车戽[1]。最忌无因而至，突如其来，与勉强生情，拉成一处，令观者识其有心如此，与恕其无可奈何者，皆非此道中绝技，因有包括之痕也。骨肉团聚，不过欢笑一场，以此收锣罢鼓，有何趣味？水穷山尽之处，偏宜突起波澜，或先惊而后喜，或始疑而终信，或喜极信极而反致惊疑。务使一折之中，七情俱备，始为到底不懈之笔，愈远愈大之才，所谓有团圆之趣者也。予训儿辈，尝云："场中作文，有倒骗主司入彀之法[2]：开卷之初，当以奇句夺目，使之一见而惊，不敢弃去，此一法也；终篇之际，当以媚语摄魂，使之执卷留连，若难遽别，此一法也。"收场一出，即勾魂摄魄之具，使人看过数日，而犹觉声音在耳，情形在目者，全亏此出撒娇，作"临去秋波那一转"也[3]。

[1]车戽(hù)：汲水的水车和戽斗。

[2]入彀(gòu)：进入弓箭射程之内，比喻受笼络，就范。彀，张满弓。

[3]临去秋波那一转：此为《西厢记》第一本第一折中张生所唱曲文，言崔莺莺游殿后回眸张生。在此形容终篇时令人回味无穷。

填词馀论

读金圣叹所评《西厢记》，能令千古才人心死。夫人作文传世，欲天下后代知之也，且欲天下后代称许而赞叹之也。殆其文成矣，其书传矣，天下后代既群然知之，复群然称许而赞叹之矣，作者之苦心，不几大慰乎哉？予曰：未甚慰也。誉人而不得其实，其去毁也几希。但云千古传奇当推《西厢》第一，而不明言其所以为第一之故，是西施之美，不特有目者赞之，盲人亦能赞之矣。自有《西厢》以迄于今，四百馀载，推《西厢》为填词第一者，不知几千万人，而能历指其所以为第一之故者，独出一金圣叹。是作《西厢》者之心，四百馀年未死，而今死矣。不特作《西厢》者心死，凡千古上下操觚立言者之心[1]，无不死矣。人患不为王实甫耳，焉知数百年后，不复有金圣叹其人哉！

圣叹之评《西厢》，可谓晰毛辨发，穷幽极微，无复有遗议于其间矣。然以予论之，圣叹所评，乃文人把玩之《西厢》，非优人搬弄之《西厢》也。文字之三昧，圣叹已得之；优人搬弄之三昧，圣叹犹有待焉。如其至今不死，自撰新词几部，由浅及深，自生而熟，则又当自火其书，而别出一番诠解。甚矣，此道之难言也。

圣叹之评《西厢》，其长在密，其短在拘，拘即密之已甚者也。无一句一字，不逆溯其源，而求命意之所在，是则密矣。然亦知作者于此，有出于有心，有不必尽出于有心者乎？心之所至，笔亦至焉，是人之所能为也；若夫笔之所至，心亦至焉，则人不能尽主之矣。且有心不欲然，而笔使之然，若有鬼物主持其间者，此等文字，尚可谓之有意乎哉？文章一道，实实通神，非欺人语。千古奇文，非人为之，神为之、鬼为之也，人则鬼神所附者耳。

注释

[1]操觚(gū)：执简作文。觚，竹简木札，古代用以写字。

◎演习部

题解

演习部重在讲戏曲搬演方面的问题，分选剧、变调、授曲、教白、脱套五个大的方面。“选剧”主旨，在于强调剧本对演出的重要性，关乎演员的施才、观众的兴致，为此应“别古今”，“剂冷热”；至于“变调”，应在“短”，在“新”，皆是出于使观众易于接受；“授曲”一节，最为明细，不仅讲到演员如何明了曲意、熟悉字音，而且讲到吹奏如何配合，显示出场前场后严密配合的重要；“教白”专讲念白，在平常谈论中得出真知灼见，比如“主高而扬，客低而抑”，并认为精详之理，在于体会，不可言传；“脱套”分四则，专讲声音、衣冠等外部特征对观众的作用，故要求避免俗套，扫除恶习，以新奇取胜。这五部分是李渔对中国古代戏曲演出理论的集中概括，备极细微，正是内行人说法。作者原注：“选脚色，正音韵等事，载在《歌舞》项下。男优女乐，事理相同，欲习声乐者，两类互观，始无缺略。”

选剧第一

填词之设，专为登场；登场之道，盖亦难言之矣。词曲佳而搬演不得其人，歌童好而教率不得其法，皆是暴殄天物[1]。此等罪过，与裂缯毁璧等也[2]。方今贵戚通侯[3]，恶谈杂技[4]，单重声音，可谓雅人深致，崇尚得宜者矣。所可惜者，演剧之人美，而所演之剧难称尽美；崇雅之念真，而所崇之雅未必果真。尤可怪者：最有识见之客，亦作矮人观场[5]，人言此本最佳，而辄随声附和，见单即点[6]，不问情理之有无，以致牛鬼蛇神塞满氍毹之上[7]；极长辞赋之人，偏与文章为难，明知此剧最好，但恐偶违时好，呼名即避，不顾才士之屈伸，遂使锦篇绣帙沉埋瓿瓮之间。汤若士之《牡丹亭》、《邯郸梦》得以盛传于世，吴石渠之《绿牡丹》[8]、《画中人》得以偶登于场者[9]，皆才人侥幸之事，非文至必传之常理也。若据时优本念[10]，则愿秦皇复出，尽火文人已刻之书，止存优伶所撰诸抄本，以备家弦户诵而后已。伤哉，文字声音之厄，遂至此乎！吾谓《春秋》之法，责备贤者[11]，当今瓦缶雷鸣，金石绝响，非歌者投胎之误，优师指路之迷，皆顾曲周郎之过也。使要津之上，得一二主持风雅之人，凡见此等无情之剧，或弃而不点，或演不终篇而斥之使罢，上有憎者，下必有甚焉者矣。观者求精，则演者不敢浪习，黄绢色丝之曲，外孙齑臼之词[12]，不求而自至矣。吾论演习之工而首重选剧者，诚恐剧本不佳，则主人之心血，歌者之精神，皆施于无用之地。使观者口虽赞叹，心实咨嗟，何如择术务精，使人心口皆羡之为得也。

注释

[1]殄(tiǎn)：灭绝。

[2]裂缯(zēng)毁璧：指毁弃美好的东西。缯，丝织物的总称。

[3]通侯：爵位名。秦代十二等爵的最高一级。在此代指高官。

[4]杂技：杂艺。指不属高雅艺术的技艺。

[5]矮人观场：喻人云亦云。语出《朱子语类》："如矮子看戏相似，见人道好，他亦道好。"

[6]单：戏单。

[7]氍毹(qúshū)：毛织地毯。古代皇宫贵戚家演出，多在地毯上进行，故以氍毹代指场地、舞台。

[8]《绿牡丹》：传奇剧本，明吴炳作。演文士顾粲娶翰林女沈婉娥事。

[9]《画中人》：明吴炳所作传奇。演庾启与画中美人郑琼枝人鬼相恋之事。

[10]时优本：当今艺人所演出的传奇剧本。

[11]"吾谓"二句：语本《新唐书·太宗本纪赞》："《春秋》之法，常责备于贤者。"指《春秋》对贤者要求更高。后指提出意见，表示爱重。

[12]"黄绢"二句：事出《世说新语·捷悟》："魏武(曹操)尝过曹娥碑下，杨修从。碑背上见题作'黄绢幼妇，外孙齑臼'八字。魏武谓修曰：解不？'答曰：'解。'……令修别记所知。修曰：'黄绢，色丝也，于字为绝；幼妇，少女也，于字为妙；外孙，女子也，于字为好；齑臼，受辛也，于字为辞；所谓绝妙好辞也。'"齑(cí)，捣碎；臼，石臼，捣物器，用以捣蒜。因此器承受辛辣之物，故曰"齑臼"为"辤"。二者相合，正是"辞"的异体字"辤"。

别古今

选剧授歌童，当自古本始。古本既熟，然后间以新词，切勿先今而后古。何也？优师教曲，每加工于旧，而草草于新，以旧本人人皆习，稍有谬误，即形出短长；新本偶尔一见，即有破绽，观者听者未必尽晓，其拙尽有可藏。且古本相传至今，历过几许名师，传有衣钵，未当而必归于当，已精而益求其精，犹时文中"大学之道"[1]、"学而时习之"诸篇[2]，名作如林，非敢草草动笔者也。新剧则如巧搭新题，偶有微长，则动主司之目矣。故开手学戏，必宗古本。而古本又必从《琵琶》、《荆钗》、《幽闺》、《寻亲》等曲唱起[3]，盖腔板之正，未有正于此者。此曲善唱，则以后所唱之曲，腔板皆不谬矣。旧曲既熟，必须间以新词。切勿听拘士腐儒之言，谓新剧不如旧剧，一概弃而不习。盖演古戏，如唱清曲，只可悦知音数人之耳，不能娱满座宾朋之目。听古乐而思卧，听新乐而忘倦[4]。古乐不必《箫》、《韶》、《琵琶》、《幽闺》等曲，即今之古乐也。但选旧剧易，选新剧难。教歌习舞之家，主人必多冗事，且恐未必知音，势必委诸门客，询之优师。门客岂尽周郎[5]，大半以优师之耳目为耳目。而优师之中，淹通文墨者少[6]，每见才人所作，辄思避之，以凿枘不相入也[7]。故延优师者，必择文理稍通之人，使阅新词，方能定其美恶。又必藉文人墨客参酌其间，两议佥同，方可授之使习。此为主人多冗，不谙音乐者而言。若系风雅主盟，词坛领袖，则独断有馀，何必知而故询。噫，欲使梨园风气丕变维新[8]，必得一二缙绅长者主持公道，俾词之佳者必传，剧之陋者必黜，则千古才人心死，现在名流，有不以沉香刻木而祀之者乎[9]？

注释

[1]大学之道：《四书》中《大学》的首句。

[2]学而时习之：《论语》的第一句。

[3]《寻亲》：宋元南戏《教子寻亲》，明代改为《寻亲记》，演周瑞隆寻父，一家团圆事。

[4]"听古乐"二句：语出《乐记》："魏文侯问于子夏曰：'吾端冕而听古乐则唯恐卧，听郑卫之乐则不知倦。'"

[5]周郎：指三国时期吴国将领周瑜，以善辨乐曲之误而知名，称"周郎顾曲"。详见《词曲部·结构第一》注[14]。

[6]淹通：贯通。

[7]凿枘(ruì)不相入：语出《楚辞·九辩》："圆凿而方枘兮，吾固知其鉏铻而难入。"比喻两不相合。凿，圆形的榫眼。枘，方形榫头。

[8]丕变维新：使作曲风气大大改变，而追求新鲜。

[9]沉香：香木。木质细腻，可用作雕刻佛像等。

剂冷热

今人之所尚，时优之所习，皆在"热闹"二字。冷静之词，文雅之曲，皆其深恶而痛绝者也。然戏文太冷，词曲太雅，原足令人生倦，此作者自取厌弃，非人有心置之也。然尽有外貌似冷而中藏极热，文章极雅而情事近俗者，何难稍加润色，播入管弦？乃不问短长[1]，一概以冷落弃之，则难服才人之心矣。予谓传奇无冷热，只怕不合人情。如其离合悲欢，皆为人情所必至，能使人哭，能使人笑，能使人怒发冲冠，能使人惊魂欲绝，即使鼓板不动，场上寂然，而观者叫绝之声，反能震天动地。是以人口代鼓乐，赞叹为战争，较之满场杀伐，钲鼓雷鸣，而人心不动，反欲掩耳避喧者为何如？岂非冷中之热，胜于热中之冷；俗中之雅，逊于雅中之俗乎哉？

注释

[1]乃：竟然。

变调第二

变调者，变古调为新调也。此事甚难，非其人不行，存此说以俟作者。才人所撰诗赋古文，与佳人所制锦绣花样，无不随时更变。变则新，不变则腐；变则活，不变则板。至于传奇一道，尤是新人耳目之事，与玩花赏月同一致也。使今日看此花，明日复看此花，昨夜对此月，今夜复对此月，则不特我厌其旧，而花与月亦自愧其不新矣。故桃陈则李代，月满即哉生[1]。花月无知，亦能自变其调，矧词曲出生人之口[2]，独不能稍变其音，而百岁登场，乃为三万六千日雷同合掌之事乎？吾每观旧剧，一则以喜，一则以惧。喜则喜其音节不乖，耳中免生芒刺；惧则惧其情事太熟，眼角如悬赘疣。学书学画者，贵在仿佛大都[3]，而细微曲折之间，正不妨增减出入。若止为依样葫芦，则是以纸印纸，虽云一线不差，少天然生动之趣矣。因创二法，以告世之执郢斤者[4]。

注释

[1]月满即哉生：语出《尚书·康诰》："惟三月，哉生魄。"农历每月十六，月始缺，谓之"哉生魄"。哉，才，始。

[2]矧(shěn)：况且。

[3]大都：大略近似。韩愈《画记》："乃命工人存其大都焉。"

[4]执郢(yǐng)斤者：技艺高超之人。典出《庄子·徐无鬼》："郢人垩漫其鼻端，若蝇翼，使匠石斫之。匠石运斤成风，听而斫之，尽垩而鼻不伤，郢人立不失容。"郢，楚国国都，在今湖北江陵北。垩，白粉。斤，斧头。

缩长为短

观场之事，宜晦不宜明。其说有二：优孟衣冠[1]，原非实事，妙在隐隐跃跃之间[2]。若于日间搬弄[3]，则太觉分明，演者难施幻巧，十分音容，止作得五分观听，以耳目声音散而不聚故也。且人无论富贵贫贱，日间尽有当行之事[4]，阅之未免妨工。抵暮登场，则主客心安，无妨时失事之虑，古人秉烛夜游[5]，正为此也。然戏之好者必长，又不宜草草完事，势必阐扬志趣，摹拟神情，非达旦不能告阕[6]。然求其可以达旦之人，十中不得一二，非迫于来朝之有事，即限于此际之欲眠，往往半部即行，使佳话截然而止。予尝谓好戏若逢贵客，必受腰斩之刑。虽属谑言，然实事也。

与其长而不终，无宁短而有尾。故作传奇付优人，必先示以可长可短之法：取其情节可省之数折，另作暗号记之，遇清闲无事之人，则增入全演，否则拔而去之。此法是人皆知，在梨园亦乐于为此。但不知减省之中，又有增益之法，使所省数折，虽去若存，而无断文截角之患者，则在秉笔之人略加之意而已。法于所删之下折，另增数语，点出中间一段情节，如云昨日某人来说某话，我如何答应之类是也；或于所删之前一折，预为吸起，如云我明日当差某人去干某事之类是也。如此，则数语可当一折，观者虽未及看，实与看过无异，此一法也。予又谓多冗之客，并此最约者亦难终场，是删与不删等耳。尝见贵介命题[7]，止索杂单，不用全本，皆为可行即行，不受戏文牵制计也。

予谓全本太长，零出太短，酌乎二者之间，当仿《元人百种》之意[8]，而稍稍扩充之，另编十折一本，或十二折一本之新剧，以备应付忙人之用。或即将古书旧戏，用长房妙手[9]，缩而成之。但能淘汰得宜，一可当百，则寸金丈铁，贵贱攸分，识者重其简贵，未必不弃长取短，另开一种风气，亦未可知也。此等传奇，可以一席两本，如佳客并坐，势不低昂，皆当在命题之列者，则一后一先，皆可为政[10]，是一举两得之法也。有暇即当属草，请以《下里》《巴人》，为《白雪》《阳春》之倡。

注释

［1］优孟衣冠：据《史记·滑稽列传》载，楚相孙叔敖死后，其子贫困无依，宫廷的演剧者优孟就穿上孙叔敖的衣服，与楚王抵掌相谈。庄王受到感动，孙叔敖之子遂得封地。

［2］隐隐跃跃：同“隐隐约约”。

［3］搬弄：上演。

［4］当行之事：本职工作。

［5］秉烛夜游：及时行乐。古诗《西门行》：“人生不满百，常怀千岁忧。昼短苦夜长，何不秉烛游！”

［6］告阕(què)：宣告完毕。

［7］贵介：高贵的看客。

[8]《元人百种》:元杂剧集。明代臧懋循编,一名《元曲选》。

[9]长房妙手:据《神仙传》载,东汉汝南人费长房有妙术,能将地缩短,使千里景色一览无馀,放之则舒展如故。

[10]为政:指可以充当看客的中心。

变旧成新

演新剧如看时文,妙在闻所未闻,见所未见;演旧剧如看古董,妙在身生后世,眼对前朝。然而古董之可爱者,以其体质愈陈愈古,色相愈变愈奇。如铜器玉器之在当年,不过一刮磨光莹之物耳,迨其历年既久,刮磨者浑全无迹,光莹者斑驳成文,是以人人相宝,非宝其本质如常,宝其能新而善变也。使其不异当年,犹然是一刮磨光莹之物,则与今时旋造者无别,何事什佰其价而购之哉[1]?旧剧之可珍,亦若是也。今之梨园,购得一新本,则因其新而愈新之,饰怪妆奇,不遗馀力;演到旧剧,则千人一辙,万人一辙,不求稍异。观者如听蒙童背书,但赏其熟,求一换耳换目之字而不得,则是古董便为古董,却未尝易色生斑,依然是一刮磨光莹之物,我何不取旋造者观之,犹觉耳目一新,何必定为村学究[2],听蒙童背书之为乐哉?然则生斑易色,其理甚难,当用何法以处此?曰:有道焉。仍其体质,变其丰姿。如同一美人,而稍更衣饰,便足令人改观,不俟变形易貌,而始知别一神情也。体质维何?曲文与大段关目是已。丰姿维何?科诨与细微说白是已。

曲文与大段关目不可改者,古人既费一片心血,自合常留天地之间,我与何仇,而必欲使之埋没?且时人是古非今,改之徒来讪笑,仍其大体,既慰作者之心,且杜时人之口。科诨与细微说白不可不变者,凡人作事,贵于见景生情。世道迁移,人心非旧,当日有当日之情态,今日有今日之情态。传奇妙在入情,即使作者至今未死,亦当与世迁移,自啭其舌,必不为胶柱鼓瑟之谈,以拂听者之耳。况古人脱稿之初,便觉其新,一经传播,演过数番,即觉听熟之言难于复听,即在当年,亦未必不自厌其繁,而思陈言之务去也。我能易以新词,透入世情三昧,虽观旧剧,如阅新篇,岂非作者功臣?使得为鸡皮三少之女[3],前鱼不泣之男[4],地下有灵,方颂德歌功之不暇,而忍以矫制责之哉?但须点铁成金,勿令画虎类狗。又须择其可增者增,当改者改,万勿故作知音,强为解事,令观者当场喷饭，而群罪作俑之人，则湖上笠翁不任咎也。此言润泽枯槁，变易陈腐之事。予尝痛改《南西厢》，如《游殿》、《问斋》、《逾墙》、《惊梦》等科诨，及《玉簪·偷词》、《幽闺·旅婚》诸宾白，付伶工搬演，以试旧新，业经词人谬赏，不以点窜为非矣。

尚有拾遗补缺之法，未语同人，兹请并终其说。旧本传奇，每多缺略不全之事，刺谬难解之情。非前人故为破绽，留话柄以贻后人，若唐诗所谓“欲得周郎顾，时时误拂弦[5]”，乃一时照管不到，致生漏孔，所谓“至人千虑，必有一失”。此等空隙，全靠后人泥补，不得听其缺陷，而使千古无全文也。女娲氏炼石补天[6]，天尚可补，况其他乎？但恐不得五色石耳。姑举二事以概之

赵五娘于归两月[7]，即别蔡邕，是一桃夭新妇[8]。算至公姑已死，别墓寻夫之日，不及数年，是犹然一冶容诲淫之少妇也[9]。身背琵琶，独行千里，即能自保无他，能免当时物议乎[10]？张大公重诺轻财，资其困乏，仁人也，义士也。试问衣食名节，二者孰重？衣食不继则周之，名节所关则听之，义士仁人，曾若是乎？此等缺陷，就词人论之，几与天倾西北，地陷东南无异矣，可少补天塞地之人乎？若欲于本传之外，劈空添出一人，送赵五娘入京，与之随身作伴，妥则妥矣，犹觉伤筋动骨，太涉更张。不想本传内现有一人，尽可用之而不用，竟似张大公止图卸肩，不顾赵五娘之去后者。其人为谁？着送钱米助丧之小二是也。《剪发》白云：“你先回去，我少顷就着小二送来。”则是大公非无仆从之人，何以吝而不使？予为略增数语，补此缺略，附刻于后，以政同心[11]。此一事也。《明珠记》之《煎茶》[12]，所用为传消递息之人者，塞鸿是也。塞鸿一男子，何以得事嫔妃？使宫禁之内，可用男子煎茶，又得密谈私语？则此事可为，何事不可为乎？此等破绽，妇人小儿皆能指出，而作者绝不经心，观者亦听其疏漏；然明眼人遇之，未尝不哑然一笑，而作无是公看者也[13]。若欲于本家之外，凿空构一妇人，与无双小姐从不谋面，而送进驿内煎茶，使之先通姓名，后说情事，便则便矣，犹觉生枝长节，难免赘瘤。不知眼前现有一妇，理合使之而不使，非特王仙客至愚，亦觉彼妇太忍。彼妇为谁？无双自幼跟随之婢，仙客现在作妾之人，名为采蘋是也。无论仙客觅人将意，计当出此，即就采蘋论之，岂有主人一别数年，无由把臂[14]，今在咫尺，不图一见，普天之下有若是之忍人乎？予亦为正此迷谬，止换宾白，不易

填词，与《琵琶》改本并刊于后，以政同心。又一事也。其馀改本尚多，以篇帙浩繁，不能尽附。总之，凡予所改者，皆出万不得已，眼看不过，耳听不过，故为铲削不平，以归至当，非勉强出头，与前人为难者比也。凡属高明，自能谅其心曲。

插科打诨之语，若欲变旧为新，其难易较此奚止百倍。无论剧剧可增，出出可改，即欲隔日一新，逾月一换，亦诚易事。可惜当世贵人，家蓄名优数辈，不得一诙谐弄笔之人，为种词林萱草[15]，使之刻刻忘忧。若天假笠翁以年，授以黄金一斗，使得自买歌童，自编词曲，口授而身导之，则戏场关目，日日更新，毡上诙谐[16]，时时变相。此种技艺，非特自能夸之，天下人亦共信之。然谋生不给，遑问其他？只好作贫女缝衣，为他人助娇，看他人出阁而已矣[17]。

注释

[1]什佰其价：比原先高出十倍乃至百倍的价钱。

[2]村学究：村庄学塾里的老先生。

[3]鸡皮三少之女：传说春秋陈灵公时大夫苗徵舒之母夏姬，可以把皱得像鸡皮一样的面皮三次恢复为少女一样的状态，故有“夏姬得道，鸡皮三少”之语。

[4]前鱼不泣之男：据《战国策·魏策四》载：魏王与宠臣龙阳君共舟而钓，龙阳君得十馀鱼而哭泣。魏王问其原因，龙阳君说：“我开始钓到鱼时，感到高兴；后来钓到更大的鱼，就打算扔掉当初钓到的小鱼。现在我虽得宠于王，但许多人一定会来争宠，我的命恐怕也像先前钓到的小鱼一样了。”这里反其意而用之。

[5]“欲得周郎顾”二句：语出唐代李端《听筝》诗。原意为歌伎演奏时故意露出破绽，以引起听曲者的注意。

[6]女娲(wā)氏炼石补天：典出《列子·汤问》：“天地亦物也，物有不足，故昔者女娲氏炼五色石以补其阙，断鳌之四足以立四极。”

[7]于归：指女子嫁到夫家。

[8]桃夭新妇：如桃花盛开般的新娘子。桃夭，桃花盛开貌。《诗经·周南·桃夭》：“桃之夭夭，灼灼其华。”

[9]冶容诲淫：指妇女成熟美丽。

[10]物议：众人议论。

[11]以政同心：用以让同心的人斧正。政，同“正”。

[12]《明珠记》：明代陆采所作传奇。《煎茶》一出，写王仙客任富平县尹兼理长乐驿时，有内官(太监)率三十名宫女宿于驿内。王仙客疑已和他订婚的刘无双小姐在其中，遂派书童塞鸿扮作煎茶童子混入驿中，果使王刘二人相会。

[13]无是公：意谓没有此人。出自汉司马相如《子虚赋》。

[14]把臂：朋友久别相逢，把臂亲切交谈。

[15]萱草：又名忘忧草。

[16]毡上：即场上。参见《演习部·选剧第一》注[7]。

[17]“只好”三句：语出唐代秦韬玉《贫女》诗：“苦恨年年压金线，为他人作嫁衣裳。”

附:《琵琶记·寻夫》改本

【胡捣练】〔旦上〕辞别去,到荒丘,只愁出路煞生受。画取真容聊藉手,逢人将此勉哀求。

鬼神之道,虽则难明;感应之理,未尝不信。奴家昨日,在山上筑坟,偶然力乏,假寐片时。忽然梦见当山土地,带领着无数阴兵,前来助力。又亲口嘱付,着奴家改换衣装,往京寻取夫婿。及至醒来,那坟台果然筑就。可见真有神明,不是空空一梦。只得依了梦中之言,改换做道姑打扮。又编下一套凄凉北调,到途路之间,逢人弹唱,抄化些资粮糊口,也是一条生计。只是一件:我自做媳妇以来,终日与公姑厮守,如今虽死,还有个坟茔可拜:一旦撇他而去,真个是举目凄然。喜得奴家略晓丹青,只得借纸笔传神,权当个丁兰刻木,背在肩上行走,只当还与二亲相傍一般。遇着小祥忌日,也好展开祭奠,不枉做媳妇的一点孝心。有理!有理!颜料纸张,俱已备下,只是凭空摹拟,恐怕不肖神情,且待我想象起来。

【三仙桥】一从他每死后,要相逢,不能勾。除非梦里,暂时略聚首。如今该下笔了。〔欲画又止介〕苦要描,描不就。暗想象,教我未描先泪流。〔画介〕描不出他苦心头,描不出他饥症候。〔又想介〕描不出他望孩儿的睁睁两眸。〔又画介〕只画得他发飕飕,和那衣衫敝垢。画完了,待我细看一看。〔看介〕呀!像倒极像,只是画得太苦了些,全没些欢容笑口。呀!公婆,公婆,非是媳妇故意如此。休休,若画做好容颜,须不是赵五娘的姑舅。

待我悬挂起来,烧些纸钱,奠些酒饭,然后带出门去便了。〔挂介〕嗳!我那公公婆婆呵!媳妇只为往京寻取丈夫,撇你不下,故此图画仪容,以便随身供养。你须是有灵有感,时刻在暗里扶持。待媳妇早见你的孩儿,痛哭一场,说完了心事,然后赶到阴司,与你二人做伴便了。啊呀,我那公婆呵!〔哭介〕

【前腔】非是奴寻夫远游,只怕我公婆绝后。奴见夫便回,此行安敢久。路途中,奴怎走?望公婆,相保佑!拜完了,如今收拾起身。论起理来,该先别坟茔,然后去别张大公才是。只为要托他照管坟茔,须是先别了他,然后同至坟前,把公婆的骸骨,交付与他便了。〔锁门行介〕只怕奴去后,冷清清,有谁来祭扫?纵使遇春秋,一陌纸钱怎有?休休,你生是受冻馁的公婆,死做个绝祭祀的姑舅!

来此已是,大公在家么?〔丑上〕收拾草鞋行远路,安排包裹送娇娘。呀!五娘子来了。老员外有请!〔末上〕衰柳寒蝉不可闻,金风败叶正纷纷;长安古道休回首,西出阳关无故人。呀!五娘子,我正要过来送你,你却来了。〔旦〕因有远行,特来拜别。大公请端坐,受奴家几拜。〔末〕来到就是了,不劳拜罢。〔旦拜,末同拜介〕〔旦〕高厚恩难报,临岐泪满巾。〔末〕从今无别事,拭目待归人。〔末起,旦不起介〕〔末〕五娘子请起。呀!五娘子,你为何跪在地下不肯起来？〔旦〕奴家有两件大事奉求，要大公亲口许下，方敢起来。〔末〕孝妇所求，一定是纲常伦理之事，老夫一力担当，快些请起！〔旦起介〕〔末〕叫小二看椅子过来，与五娘子坐了讲话。〔旦〕告坐了。〔末〕五娘子，你方才说的，是那两件事？〔旦〕第一件，是怕奴家去后，公婆的坟茔没人照管，求大公不时看顾。每逢令节，代烧一陌纸钱。〔末〕这是我分内之事，自然照管，何须你嘱付。第二件呢？〔旦〕第二件，因奴家是个少年女子，远出寻夫，没人作伴，路上怕有嫌疑，求公公大发婆心，把小二借与奴家作伴，到京之日，即便遣人送还。这一件事，关系奴家的名节，断求慨允。〔末〕五娘子，这件事情，比照管坟茔还大，莫说待你拜求，方才肯许，不是个仗义之人；就是听你讲到此处，方才思念起来，把小二送你，也就不成个张广才了。我昨日思想，不但你只身行走，路上嫌疑；就是到了京中，与你丈夫相见，他问你在途路之中如何宿歇，你把甚么言语答应他？万一男子汉的心肠多疑少信，将你埋葬公婆的大事且不提起，反把形迹二字与你讲论起来，如何了得！这也还是小事。他三载不归，未必不在京中别有所娶。我想那房家小，看见前妻走到，还要无中生有，别寻说话，离间你的夫妻，何况是远远寻夫，没人作伴？若把几句恶言加你，岂不是有口难分？还有一说：你丈夫临行之日，把家中事情拜托于我，我若容你独自寻夫，有碍他终身名节，日后把甚么颜面见他？就是死到九泉，也难与你公婆相会。这个主意，我先定下多时了，已曾分付小二，着他伴你同行，不劳分付，放心前去便了。〔旦起拜介〕这等多谢公公！奴家告别了。〔末〕且慢些，再请坐下。我且问你：你既要寻夫，那路上的盘费，已曾备下了么？〔旦〕并不曾有。〔末〕既然没有，如何去得？〔旦指背上琵琶介〕这就是奴家的盘费。不瞒公公说，已曾编下一套凄凉北调，谱入丝弦，一路弹唱而行，讨些钱米度日。〔丑〕这等说来，竟是叫化了。这样生意，我做不惯。不要总承，快寻别个去罢！〔末〕我自有主意，不消多嘴！五娘子，你前日剪发葬亲，往街坊货卖，倒不曾问得你卖了几贯钱财，可勾用么？〔旦〕并无人买，全亏大公周济。〔末〕却又来！头发可以作髲，尚且卖不出钱财，何况是空空弹唱？万一没人与钱，你还是去的好？转来的好？流落在他乡，不来不去的好？那些长途资斧，我也曾与你备下，不劳费心。也罢，你既费精神，编成一套词曲，不可不使老杇闻之。你就唱来，待我与你发个利市。〔旦〕这等，待奴家献丑。若有不到之处，求大公改正一二。〔末〕你且唱来。〔旦理弦弹唱，末不住掩泪，丑不住哭介〕

【北越调·斗鹌鹑】静理冰弦，凝神息喘，待诉衷肠，将眉略展。怕的是听者愁听，闻声去远。虽不比杞梁妻善哭夫，也去那哭倒长城的孟姜不远。

【紫花儿序】俺不是好云游，闲离闺阃，也不是背人伦，强抱琵琶，都则为远寻夫，苦历山川。说甚么金莲窄小，道路迍邅，鞋穿，便做到骨葬沟渠首向天，保得过面无惭腆。好追随，地下姑嫜，得全名，死也无冤。

【天净沙】当初始配良缘，备饔飧，尚有馀钱。只为儿夫去远，遇荒罹变，为妻庸，祸及椿萱。

【金蕉叶】他望赈济,心穿眼穿;俺遭抢夺,粮悬命悬。若不是遇高邻,分粮助饘,怎能勾慰亲心,将灰复燃?

【小桃红】可怜他游丝一缕命空牵,要续愁无线。俺也曾自餍糟糠备亲膳,要救馀年,又谁料攀辕卧辙翻成劝?因来灶边,窥奴私咽,一声儿哭倒便归泉

【调笑令】可怜,葬无钱!亏的是一位恩人,竟做了两次天。他助丧非强由情愿。实指望吉回凶转,因灾致祥无他变,又谁知,后运同前!

【秃厮儿】俺虽是厚面皮,无羞不腆,怎忍得累高邻鬻产输田?只得把香云剪下自卖钱,到街坊,哭声喧,谁怜?

【圣药王】俺待要图卸肩,赴九泉,怎忍得亲骸朽露饱飞鸢?欲待把命苟延,较后先,算来无幸可徼天,哭倒在街前。

【麻郎儿】感义士施恩不倦,二天外,又复加天。则为这好仗义的高邻忒煞贤,越显得受恩的浅深无辨。

【么篇】徒跣,把罗裙自捻,裹黄泥,去筑坟圈。感山灵,神通昼显,又指去路,劝人赴远。

【络丝娘】因此上顾不的鞋弓袜浅,讲不起抛头露面。手拨琵琶,原非自遣,要诉出衷肠一片。

【东原乐】暂把丧衣覆,乔将道服穿。为缺资财,致使得身容变。休怪俺孝妇啼痕学杜鹃,只为多愁怨,渍染得缞麻如茜。

【拙鲁速】可怜俺日不停,夜不眠,饥不餐,冷不燃。当日呵,辨不出桃花人面,分不开藕瓣金莲;到如今藕丝花片,落在谁边?自对菱花,错认椿萱,止为忧煎。才信道家宽出少年。

【尾】千愁万绪提难遍,只好绾绦中一线。听不出眼泪的休解囊,但有酸鼻的仁人,请将钞袋儿展。

〔末〕做也做得好,弹也弹得好,唱也唱得好,可称三绝。〔出银介〕这一封银子,就当润喉润笔之资,你请收下。〔旦谢介〕〔末〕小二过来。他方才弹唱的时节,我便为他声音凄楚,情节可怜,故此掉泪。你知道些甚么,也号号咷咷,哭个不了?〔丑〕不知甚么原故,听到其间,就不知不觉哭将起来,连我也不明白。〔末〕这等我且问你:方才送他的银子,万一途中不勾,依旧要叫化起来,你还是情愿不情愿?〔丑〕情愿!情愿!〔末〕为甚么以前不情愿,如今忽然情愿起来?〔丑想介〕正是,为甚么原故,忽然改变起来?连我也不明白。〔末〕好,这叫做:孝心所感,铁人流泪;高僧说法,顽石点头。五娘子,你一片孝心,就从今日效验起了,此去定然遂意。我且问你:你公婆的坟茔,曾去拜别了么?〔旦〕还不曾去。要屈大公同行,好对着公婆当面拜托。〔末〕一发见得到!就请同行。叫小二,与五娘子

背了琵琶。〔丑〕自然。莫说琵琶,就是要带马桶,我也情愿挑着走了。〔末〕五娘子,我还有几句药石之言,要分付你,和你一面行走,一面讲罢。〔旦〕既有法言,便求赐教。〔行介〕

【斗黑嘛】〔末〕伊夫婿,多应是贵官显爵。伊家去,须当审个好恶。只怕你这般乔打扮,他怎知觉?一贵一贫,怕他将错就错。〔合〕孤坟寂寞,路途滋味恶。两处堪悲,万愁怎模!

〔末〕已到坟前了。蔡大哥!蔡大嫂!你这个孝顺媳妇,待你二人,可谓"生事以礼,死葬以礼,祭之以礼",无一事不全的了!如今远出寻夫,特来拜别,将坟墓交托于我。从今以后,我就当你媳妇,逢时化纸,遇节烧钱,你不消虑得。只是保佑他一路平安,早与丈夫相会。他一生行孝的事情,只有你夫妻两口,与我张广才三人知道。你夫妻死了,止剩得我一个在此,万一不能勾见他,这孝妇一片苦心,谁人替他表白?趁我张广才未死,速速保佑他回来。待我见他一面,把你媳妇的好处,细细对他讲一遍,我张广才这个老头儿,就死也瞑目了。唉,我那老友呵!〔旦〕我那公婆呵!〔同放声大哭、丑亦哭介〕〔末〕五娘子!

【忆多娇】我承委托当领诺。这孤坟,我自看守,决不爽约。但愿你途中身安乐!〔合〕举目萧索,满眼盈盈泪落。

〔旦〕公婆,你媳妇如今去了!大公,奴家去了!〔末〕五娘子,你途间保重,早去早回!小二,你好生伏侍五娘子,不要叫他费心。〔丑〕晓得!

〔旦〕为寻夫婿别孤坟,〔末〕只怕儿夫不认真。

〔合〕流泪眼观流泪眼,断肠人送断肠人。

〔旦掩泪同丑先下〕〔末目送,作哽咽不能出声介〕嗳,我、我、我明日死了,那有这等一个孝顺媳妇!可怜!可怜!〔掩泪下〕

附:《明珠记·煎茶》改本

第一折

【卜算子】〔生冠带上〕未遇费长房,已缩相思地。咫尺有佳音,可惜人难寄。

下官王仙客,叨授富平县尹。又为长乐驿缺了驿官,上司命我带管三月。近日朝廷差几员内官,带领三十名宫女,去备皇陵打扫之用,今日申牌时分,已到驿中。我想宫女三十名,焉知无双小姐不在其内?要托人探个消息,百计不能。喜得里面要取人伏侍,我把塞鸿扮做煎茶童子,送进去承值,万一遇见小姐,也好传个信儿。塞鸿那里?〔丑上〕蓝桥今夜好风光,天上群仙降下方。只恐云英难见面,裴航空自捣玄霜。塞鸿伺候。〔生〕今日送你进去煎茶,专为打探无双小姐的消息,你须要用心体访。〔丑〕小人理会得。〔生〕随着我来。〔行介〕你若见了小姐呵。

【玉交枝】道我因他憔悴，虽则是断机缘，心儿未灰，痴情还想成婚配。便今世不共鸳帏，私心愿将来世期，倒不如将生换死求连理。〔合〕料伊行冰心未移，料伊行柔肠更痴。

说话之间，已到馆驿前了。〔丑〕管门的公公在么？〔净上〕走马近来辞帝阙，奉差前去扫皇陵。甚么人？到此何干？〔生〕带管驿事富平县尹，送煎茶人役伺候。〔净〕着他进来。〔丑进见介〕〔净看怒介〕这是个男子，你为甚么送他进来呢？〔生〕是个幼年童子。〔净〕看他这个模样，也不是个幼年童子了。好个不通道理的县官！就是上司官员，带着家眷从此经过，也没有取男子服事之理，何况是皇宫内院的嫔妃，肯容男子见面？叫孩子们，快打出去，着他换妇人进来。这样不通道理，还叫他做官！〔骂下〕〔生〕这怎么处？

【前腔】精神徒费。不收留，翻加峻威，道是男儿怎入裙钗队。叹宾鸿，有翼难飞！〔丑〕老爷，你偌大一位县官，怕差遣妇人不动？拨几个民间妇女进去就是了，愁他怎的！〔生〕塞鸿，你那里知道。民间妇人尽有，只是我做官的人，怎好把心事托他。幽情怎教民妇知，说来徒使旁人议。〔合前〕且自回衙，少时再作道理。正是：

不如意事常八九，可与人言无二三。

第二折

【破阵子】〔小旦上〕故主恩情难背，思之夜夜魂飞。

奴家采蘋，自从抛离故主，寄养侯门，王将军待若亲生，王解元纳为侧室，唱随之礼不缺，伉俪之情颇谐，只是思忆旧恩，放心不下。闻得朝廷拨出宫女三十名，去备皇陵打扫，如今现在驿中。万一小姐也在数内，我和他咫尺之间，不能见面，令人何以为情。仔细想来，好凄惨人也！（泪介）

【黄莺儿】从小便相依。弃中途，履祸危，经年没个音书寄。到如今呵，又不是他东我西，山遥路迷。宫门一入深无底，止不过隔层帏。身儿不近，怎免泪珠垂。

〔生上〕枉作千般计，空回九转肠；姻缘生割断，最狠是穹苍。〔见介〕〔小旦〕相公回来了。你着塞鸿去探消息，端的何如？为甚么面带愁容，不言不语？〔生〕不要说起！那守门的太监，不收男子，只要妇人。妇人尽有，都是民间之女，怎好托他代传心事，岂不闷杀我也！

【前腔】无计可施为，眼巴巴看落晖。只今宵一过，便无机会。娘子，我便为此烦恼。你为何也带愁容？看你无端皱眉，无因泪垂，莫不是愁他夺取中宫位？那里知道这婚姻事呵！绝端倪。便图来世，那好事也难期。

〔小旦〕奴家不为别事，只因小姐在咫尺之间，不能见面，故主之情，难于割舍，所以在此伤心。〔生〕原来如此，这也是人之常情。〔小旦〕相公，你要传消递息，既苦无人；我要见面谈心，又愁无计。我如今有个两全之法，和你商量。〔生〕甚么两全之法？快些讲来。〔小旦〕他要取妇人承值，何不把奴家送去？只说民间之妇。若还见了小姐，妇人与妇人讲话，没有甚么嫌疑，岂不比塞鸿更强十倍？〔生〕如此甚妙！只是把个官人娘子扮作民间之妇，未免屈了你些。〔小旦〕我原以侍妾起家，何屈之有。〔生〕这等，分付门上，唤一乘小轿进来，傍晚出去，黎明进来便了。

羡卿多智更多情，一计能收两泪零。

〔小旦〕鸡犬尚能怀故主，为人岂可负生成。

第三折

（此折改白不改曲。曲照原本，不更一字。）

【长相思】〔旦上〕念奴娇，归国遥，为忆王孙心转焦，楚江秋色饶。月儿高，烛影摇，为忆秦娥梦转迢。苦呵！汉宫春信消。

街鼓冬冬动戍楼，倚床无寐数更筹；可怜今夜中庭月，一样清光两地愁。奴家自到驿内，看看天色晚来。〔内打二鼓介〕呀，谯楼上面，已打二鼓了。独眠孤馆，展转凄其，待与姊妹们闲话消遣，怎奈他们心上无事，一个个都去睡了。教奴家独守残灯，怎生睡得去！

【二郎神】良宵杳，为愁多，睡来还觉。手揽寒衾风料峭。也罢，待我剔起残灯，到阶除下闲步一回，以消长夜。徘徊灯侧，下阶闲步无聊。只见惨淡中庭新月小，画屏间，馀香犹袅。漏声高，正三更，驿庭人静寥寥。

那帘儿外面，就是煎茶之所，不免去就着茶炉，饮一杯苦茗则个。正是：有水难浇心火热，无风可解泪冰寒。〔暂下〕〔小旦持扇上〕已入重围里，还愁见面遥；故人相对处，打点泪痕抛。奴家自进驿来，办眼偷瞧，不见我家小姐。〔内作长叹介〕〔小旦〕呀，如今夜深人静，为何有沉吟叹息之声？不免揭起帘儿，觑他一眼。

【前腔】偷瞧，把朱帘轻揭，金铃声小。呀！那阶除之下，缓步行来的，好似我家小姐。欲待唤他，又恐不是。我且只当不知，坐在这里煎茶，看他出来，有何话说。〔旦上〕看，一缕茶烟香缭绕。呀！那个煎茶女子，好生面善。青衣执爨，分明旧识风标。悄语低声问分晓。那煎茶女子，快取茶来！〔小旦〕娘娘请坐，待我取来。〔送茶，各看，背惊介〕〔旦〕呀！分明是采蘋的模样，他为何来在这里？〔小旦〕竟是我家小姐！待他唤我，我才好认他。〔旦〕那女子走近前来！你莫非就是采蘋么？〔小旦〕小姐在上，妾身就是。〔跪介〕〔旦抱哭介〕〔合〕天那！何幸得萍水相遭！〔旦〕你为何来在这里？〔小旦〕说起话长。今夜之来，是采蘋一点孝心，费尽机谋，特地来寻故主。请问小姐，老夫人好么？〔旦〕

还喜得康健。采蘋，你晓得王官人的消息么？郎年少，自分离，孤身何处飘飘？

〔小旦〕他自分散之后，贼平到京。正要来图婚配，不想我家遭此横祸，他就落魄天涯。近得金吾将军题请得官，现做富平县尹，权知此驿。

【啭林莺】他宦中薄禄权倚靠，知他未遂云霄。

〔旦〕这等说来，他也就在此处了。既然如此，你的近况何如？随着谁人？作何勾当？〔小旦〕采蘋自别夫人小姐，蒙金吾将军收为义女，就嫁与王官人，目今现在一处。〔旦〕哦，你和他现在一处么？〔小旦〕是。〔旦作醋容介〕这等讲来，我倒不如你了！鹪鹩已占枝头早，孤鸾拘锁，何日得归巢？〔小旦〕小姐不要多心。奴家虽嫁王郎，议定权为侧室，虚却正夫人的座位，还待着小姐哩！〔旦〕这等才是。我且问你，檀郎安否？怕相思，瘦损潘安貌。〔小旦〕他虽受折磨，却还志气不衰，容颜如旧。志气好，千般折挫，风月未全消。

他一片苦情，恐怕小姐不知，现付明珠一颗，是小姐赠与他的，他时时藏在身旁，不敢遗失。〔付珠介〕

【前腔】〔旦〕双珠依旧成对好，我两人还是蓬飘。采蘋，我今夜要约他一会，，你可唤得进来么？〔小旦〕这个使不得。老公公在外监守，又有军士巡更，那里唤得进来！〔旦〕莫非是你……〔小旦〕是我怎么样？哦，采蘋知道了，莫非疑我吃醋么？若有此心，天不覆，地不载！小姐，利害所关，他委实进来不得。〔旦泪介〕嗳！眼前欲见无由到，驿庭咫尺，翻做楚天遥。〔小旦〕楚天犹小，着不得一腔烦恼。小姐有何心事，只消对采蘋说知，待采蘋转对他说，也与见面一般。〔旦〕枉心焦，我芳情自解，怎说与伊曹！

待我修书一封，与你带去便了。〔小旦〕说得有理，快写起来，一霎时天就明了。〔旦写介〕

【啄木公子】舒残茧，展兔毫，蚊脚蝇头随意扫。只怕我有万恨千愁，假饶会面难消。我有满腔愁怨，写向鸾笺怎得了？总有丹青别样巧，毕竟衷肠事怎描？只落得泪痕交。

【前腔】书才写，灯再挑，锦袋重封花押巧。书写完了，采蘋，你与我传示他，好自支持，休为我长皱眉梢。〔小旦〕小姐，你与他的姻缘，毕竟如何？可有出宫相会的日子？〔旦〕为说汉宫人未老，怨粉愁香憔悴倒；寂寞园陵岁月遥，云雨隔蓝桥。

明珠封在书中，叫他依旧收好。〔小旦〕天色已明，采蘋出去了。小姐，你千万保重！若有便信，替我致意老夫人。〔各哭介〕〔小旦〕小姐保重，采蘋去了。〔掩泪下〕〔旦〕呀，采蘋，你竟去了！〔顿足哭介〕

【哭相思尾】从此两下分离音信杳，无由再见亲人了。

〔哭倒介〕〔末上〕自不整衣毛，何须夜夜号。咱家一路辛苦，正要睡觉，不知那个宫人啾啾唧唧，一夜哭到天明，不免到里面去看来。呀！为何哭倒在地下？〔看介〕原来是刘宫人。刘宫人起来！〔摸介〕呀，不好了！浑身冰冷，只有心口还热。列位宫人快来！〔四宫女上〕并无奇祸至，何事疾声呼？呀！这是刘家姐姐，为何倒在地下？〔末〕列位宫人看好，待我去取姜汤上来。〔下〕〔宫女〕刘家姐姐，快些苏醒！〔末取姜汤上〕姜汤在此，快灌下去。〔灌醒介〕〔宫女〕刘家姐姐，你为甚么事情，哭得这般狼狈？

【黄莺儿】〔旦〕只为连日受劬劳，怯风霜，心胆摇，昨宵不睡挨到晓。〔末〕为甚么不睡呢？〔旦〕思家路遥，思亲寿高，因此蓦然愁绝昏沉倒。谢多娇，相将救取，免死向荒郊。

〔末〕好不小心！万一有些差池，都是咱家的干系哩！

【前腔】〔众〕人世水中泡。受皇恩，福怎消，何须苦忆家乡好。慈帏暂抛，相逢不遥，宽心莫把闲愁恼。〔内〕面汤热了，请列位宫人梳妆上轿。〔合〕曙光高，马嘶人起，梳洗上星轺。

〔宫女〕姊妹人人笑语阗，娘行何事独忧煎？

〔旦〕只因命带凄惶煞，心上无愁也泪涟。

授曲第三

声音之道，幽渺难知。予作一生柳七[1]，交无数周郎[2]，虽未能如曲子相公身都通显，然论其生平制作，塞满人间，亦类此君之不可收拾。然究竟于声音之道未尝尽解，所能解者，不过词学之章句，音理之皮毛，比之观场矮人[3]，略高寸许，人赞美而我先之，我憎丑而人和之，举世不察，遂群然许为知音。噫，音岂易知者哉？人问：既不知音，何以制曲？予曰：酿酒之家，不必尽知酒味，然秫多水少则醇醲[4]，曲好蘖精则香冽[5]，此理则易谙也；此理既谙，则杜康不难为矣[6]。造弓造矢之人，未必尽娴决拾[7]，然曲而劲者利于矢，直而锐者宜于鹄[8]，此道则易明也；既明此道，即世为弓人矢人可矣。虽然，山民善跋，水民善涉，术疏则巧者亦拙，业久则粗者亦精；填过数十种新词，悉付优人，听其歌演，近朱者赤，近墨者黑，况为朱墨所从出者乎？粗者自然拂耳，精者自能娱神，是其中菽麦亦稍辨矣[9]。语云："耕当问奴，织当访婢[10]。"予虽不敏，亦曲中之老奴，歌中之黠婢也。请述所知，以备裁择。

注释

[1]柳七：宋代词人柳永（？—约1053），字耆卿，因排名第七，故又称柳七。

[2]周郎：汉末周瑜。善音律，常为人顾曲指瑕。下句的"曲子相公"当即指周瑜。

[3]观场矮人：指人云亦云者。见《演习部·选剧第一》注[5]。

[4]秫：黏高粱。多用以酿酒。

[5]蘖(niè)：即曲。酿酒用的发酵剂。

[6]杜康：传说为酿酒的发明者。又名少康。

[7]决拾：古代射箭用具。决，扳指。用骨制成，套于右手大拇指，用以钩弦。拾，手臂套子，皮革制成，穿于左臂，以保护手臂。

[8]鹄：箭靶。

[9]菽麦：豆类与麦子。菽，大豆。

[10]"耕当"二句：语出《宋书·沈庆之传》。指凡事应请教内行。

解明曲意

唱曲宜有曲情，曲情者，曲中之情节也。解明情节，知其意之所在，则唱出口时，俨然此种神情。问者是问，答者是答，悲者黯然魂消而不致反有喜色，欢者怡然自得而不见稍有瘁容。且其声音齿颊之间，各种俱有分别，此所谓曲情是也。吾观今世学曲者，始则诵读，继则歌咏，歌咏既成而事毕矣。至于"讲解"二字[1]，非特废而不行，亦且从无此例。有终日唱此曲，终年唱此曲，甚至一生唱此曲，而不知此曲所言何事，所指何人。口唱而心不唱，口中有曲而面上身上无曲，此所谓无情之曲，与蒙童背书，同一勉强而非自然者也。虽腔板极正，喉舌齿牙极清，终是第二、第三等词曲，非登峰造极之技也。欲唱好曲者，必先求明师讲明曲义。师或不解，不妨转询文人，得其义而后唱。唱时以精神贯串其中，务求酷肖。若是，则同一唱也，同一曲也，其转腔换字之间，别有一种声口，举目回头之际，另是一副神情，较之时优，自然迥别。变死音为活曲，化歌者为文人，只在"能解"二字。解之时义大矣哉！

注释

[1]讲解：明代传奇，在堂会一类演出时，每演一戏，先以名士训其义，继以词士合其词，即为讲解之义，并形成风气。

调熟字音

调平仄，别阴阳，学歌之首务也。然世上歌童解此二事者，百不得一。

不过口传心授，依样葫芦，求其师不甚谬，则习而不察，亦可以混过一生。独有必不可少之一事，较阴阳平仄为稍难，又不得因其难而忽视者，则为“出口”、“收音”二诀窍。世间有一字，即有一字之头[1]，所谓出口者是也；有一字，即有一字之尾，所谓收音者是也。尾后又有馀音，收煞此字，方能了局。譬如吹箫、姓萧诸“箫”字，本音为箫，其出口之字头与收音之字尾，并不是“箫”。若出口作“箫”，收音作“箫”，其中间一段正音并不是“箫”，而反为别一字之音矣。且出口作“箫”，其音一泄而尽，曲之缓者，如何接得下板？故必有一字为之头，以备出口之用；有一字为之尾；以备收音之用；又有一字为馀音，以备煞板之用。字头为何？“西”字是也。字尾为何？“夭”字是也。尾后馀音为何？“乌”字是也。字字皆然，不能枚纪。《弦索辨讹》等书载此颇详[2]，阅之自得。要知此等字头、字尾及馀音，乃天造地设，自然而然，非后人扭捏而成者也，但观切字之法[3]，即知之矣。《篇海》、《字汇》等书[4]，逐字载有注脚，以两字切成一字。其两字者，上一字即为字头，出口者也；下一字即为字尾，收音者也；但不及馀音之一字耳。无此上下二字，切不出中间一字，其为天造地设可知。此理不明，如何唱曲？出口一错，即差谬到底，唱此字而讹为彼字，可使知音者听乎？故教曲必先审音。即使不能尽解，亦须讲明此义，使知字有头尾以及馀音，则不敢轻易开口，每字必询，久之自能惯熟。“曲有误，周郎顾。”苟明此道，即遇最刻之周郎，亦不能拂情而左顾矣。

字头、字尾及馀音，皆为慢曲而设，一字一板或一字数板者，皆不可无。其快板曲，止有正音，不及头尾。

缓音长曲之字，若无头尾，非止不合韵，唱者亦大费精神，但看青衿赞礼之法[5]，即知之矣。“拜”、“兴”二字皆属长音。“拜”字出口以至收音，必俟其人揖毕而跪，跪毕而拜，为时甚久。若止唱一“拜”字到底，则其音一泄而尽，不当歇而不得不歇，失傧相之体矣[6]。得其窍者，以“不”、“爱”二字代之。“不”乃“拜”之头，“爱”乃“拜”之尾，中间恰好是一“拜”字。以一字而延数晷，则气力不足；分为三字，即有馀矣。“兴”字亦然，以“希”、“因”二字代之。赞礼且然，况于唱曲？婉譬曲喻，以至于此，总出一片苦心。审乐诸公，定须怜我！

字头、字尾及馀音，皆须隐而不现，使听者闻之，但有其音，并无其字，始称善用头尾者；一有字迹，则沾泥带水，有不如无矣。

注释

［1］一字之头：指声母。下文“一字之尾”，指韵母。

［2］《弦索辨讹》：明代万历年间沈宠绥所著审音著作。其中列举北曲弦索曲子，逐字注音，指明字音口法，成为学戏人的规范。

［3］切字之法：即反切法。用两个字拼成另一字之音。

［4］《篇海》：即《四声篇海》，金代韩孝彦所编的韵书。《字汇》：明代梅膺祚编的字书，共收入三万三千一百七十九字。

［5］青衿：读书人。明清时专指秀才。 赞礼：举行典礼时司仪宣唱仪节，引导宾客行礼。

［6］傧相：也作“摈相”。古时指接引宾客的人，也指赞礼者。

字忌模糊

学唱之人，勿论巧拙，只看有口无口[1]；听曲之人，慢讲精粗，先问有字无字[2]。字从口出，有字即有口。如出口不分明，有字若无字，是说话有口，唱曲无口，与哑人何异哉？哑人亦能唱曲，听其呼号之声即可见矣。常有唱完一曲，听者止闻其声，辨不出一字者，令人闷杀。此非唱曲之料，选材者任其咎，非本优之罪也。舌本生成，似难强造，然于开口学曲之初，先能净其齿颊，使出口之际，字字分明，然后使工腔板。此回天大力，无异点铁成金，然百中遇一，不能多也。

注释

［1］有口无口：曲学术语，谓唱曲不在好听与否，而在字正腔圆。

［2］有字无字：谓字音清晰准确。

曲严分合

同场之曲，定宜同场，独唱之曲，还须独唱，词意分明，不可犯也。常有数人登场，每人一只之曲，而众口同声以出之者，在授曲之人，原有浅深二意：浅者虑其冷静，故以发越见长[1]；深者示不参差，欲以翕如见好[2]。尝见《琵琶·赏月》一折，自“长空万里”以至“几处寒衣织未成”，俱作合唱之曲，谛听其声，如出一口，无高低断续之痕者，虽曰良工心苦，然作者深心，于兹埋没。此折之妙，全在共对月光，各谈心事，曲既分唱，身段即可分做，是清淡之内原有波澜。若混作同场，则无所见其情，亦无可施其态矣。惟“峭寒生”二曲可以同唱[3]，首四曲定该分唱，况有“合前”数句振起神情，原不虑其太冷。他剧类此者甚多，举一可以概百。戏场之曲，虽属一人而可以同唱者，惟行路出师等剧，不问词理异同，皆可使众声合一。场面似闹，曲声亦宜闹，静之则相反矣。

注释

[1]发越：指声音高昂而激越。

[2]翕(xì)如：和谐统一。

[3]峭寒生：《古轮台》套曲的第一首第一句。本出《古轮台》共二曲，为净与丑所唱，故李渔认为可同唱。

锣鼓忌杂

戏场锣鼓，筋节所关，当敲不敲，不当敲而敲，与宜重而轻，宜轻反重者，均足令戏文减价。此中亦具至理，非老于优孟者不知。”最忌在要紧关头，忽然打断。如说白未了之际，曲调初起之时，横敲乱打，盖却声音，使听白者少听数句，以致前后情事不连，审音者未闻起调，不知以后所唱何曲。打断曲文，罪犹可恕；抹杀宾白，情理难容。予观场每见此等，故为揭出。又有一出戏文将了，止馀数句宾白未完，而此未完之数句，又系关键所在，乃戏房锣鼓早已催促收场，使说与不说同者，殊可痛恨。故疾徐轻重之间，不可不急讲也。场上之人将要说白，见锣鼓未歇，宜少停以待之，不则过难专委[1]，曲白锣鼓，均分其咎矣。

注释

[1]过难专委：难以责备某一方有过错。

吹合宜低

丝、竹、肉三音[1]，向皆孤行独立，未有合用之者，合之自近年始。三籁齐鸣[2]，天人合一，亦金声玉振之遗意也[3]，未尝不佳；但须以肉为主，而丝竹副之，使不出自然者亦渐近自然[4]，始有主行客随之妙。迩来戏房吹合之声，皆高于场上之曲，反以丝竹为主，而曲声和之，是座客非为听歌而来，乃听鼓乐而至矣。从来名优教曲，总使声与乐齐，箫笛高一字，曲亦高一字，箫笛低一字，曲亦低一字。然相同之中，即有高低轻重之别，以其教曲之初，即以箫笛代口，引之使唱，原系声随箫笛，非以箫笛随声，习久成性，一到场上，不知不觉而以曲随箫笛矣。正之当用何法？曰：家常理曲，不用吹合，止于场上用之，则有吹合亦唱，无吹合亦唱，不靠吹合为主。譬之小儿学行，终日倚墙靠壁，舍此不能举步，一旦去其墙壁，偏使独行，行过一次两次，则虽见墙壁而不靠矣。以予见论之，和箫和笛之时，当比曲低一字，曲声高于吹合，则丝竹之声亦变为肉，寻其附和之痕而不得矣。正音之法，有过此者乎？然此法不宜概行，当视唱曲之人之本领。如一班之中，有一二喉音最亮者，以此法行之，其馀中人以下之材，俱照常格。倘不分高下，一例举行，则良法不终，而怪予立言之误矣。

吹合之声，场上可少，教曲学唱之时，必不可少，以其能代师口，而司熔铸变化之权也。何则？不用箫笛，止凭口授，则师唱一遍，徒亦唱一遍，师住口而徒亦住口，聪慧者数遍即熟，资质稍钝者，非数十百遍不能，以师徒之间无一转相授受之人也。自有此物，只须师教数遍，齿牙稍利，即用箫笛引之。随箫随笛之际，若曰无师，则轻重疾徐之间，原有法脉准绳，引人归于胜地；若曰有师，则师口并无一字，已将此曲交付其徒。先则人随箫笛，后则箫笛随人，是金蝉脱壳之法也。"庾公之斯，学射于尹公之他；尹公之他，学射于我[5]。"箫笛二物，即曲中之尹公之他也。但庾公之斯与子濯孺子昔未见面，而今同在一堂耳。若是，则吹合之力讵可少哉？予恐此书一出，好事者过听予言，谬视箫笛为可弃，故复补论及此。

注释

[1]丝、竹、肉三音：指弦乐、管乐和人歌唱的声乐。

[2]三籁：天籁、地籁、人籁。在此指丝、竹、肉三音。

[3]金声玉振：语出《孟子·万章下》："孔子之谓集大成。集大成也者，金声而玉振之也。"金指钟，玉指磬。在此指丝、竹、肉三音齐备。

[4]渐近自然：使丝竹之音近于歌唱的自然之音。陶渊明论丝、竹、肉三者优劣，认为"丝不如竹，竹不如肉"，其原因在"渐近自然"。此为李渔所本。

[5]"庾公"四句：语出《孟子·离娄下》。郑人使子濯孺子侵卫，卫使庾公之斯追之。子濯孺子因病不能拉弓，自想必死。当其得知追赶自己的人为庾公之斯时，就说："庾公之斯学射于尹公之他，尹公之他学射于我。夫尹公之他，端人也，其取友必端矣。"庾公之斯果然以师徒之谊，没有杀子濯孺子。

教白第四

教习歌舞之家，演习声容之辈，咸谓唱曲难，说白易。宾白熟念即是，曲文念熟而后唱，唱必数十遍而始熟，是唱曲与说白之工，难易判如霄壤。时论皆然，予独怪其非是。唱曲难而易，说白易而难，知其难者始易，视为易者必难。盖词曲中之高低抑扬，缓急顿挫，皆有一定不移之格，谱载分明，师传严切，习之既惯，自然不出范围。至宾白中之高低抑扬，缓急顿挫，则无腔板可按、谱籍可查，止靠曲师口授；而曲师入门之初，亦系暗中摸索，彼既无传于人，何从转授于我？讹以传讹，此说白之理，日晦一日而人不知。人既不知，无怪乎念熟即以为是，而且以为易也。吾观梨园之中，善唱曲者，十中必有二三；工说白者，百中仅可一二。此一二人之工说白，若非本人自通文理，则其所传之师，乃一读书明理之人也。故曲师不可不择。教者通文识字，则学者之受益，东君之省力[1]，非止一端。苟得其人，必破优伶之格以待之，不则鹤困鸡群，与侪众无异，孰肯抑而就之乎？然于此中索全人，颇不易得。不知仍苦立言者，再费几升心血，创为成格以示人。自制曲选词，以至登场演习，无一不作功臣，庶于为人为彻之义，无少缺陷。虽然，成格即设，亦止可为通文达理者道，不识字者闻之，未有不喷饭胡卢[2]，而怪迂人之多事者也。

注释

[1]东君：东家，主人。

[2]喷饭胡卢：笑得喷出饭来。喷饭，典出宋苏轼《筼筜谷偃竹记》，言寄诗一首给文与可，当时文与可夫妇正好吃饭，看了诗，笑得喷饭满桌。胡卢，笑声。《孔丛子·抗志》："卫君乃胡卢大笑。"

高低抑扬

宾白虽系常谈，其中悉具至理。请以寻常讲话喻之。明理人讲话，一句可当十句；不明理人讲话，十句抵不过一句，以其不中肯綮也[1]。宾白虽系编就之言，说之不得法，其不中肯綮等也。犹之倩人传语，教之使说，亦与念白相同，善传者以之成事，不善传者以之偾事[2]，即此理也。此理甚难亦甚易，得其孔窍则易[3]，不得孔窍则难。此等孔窍，天下人不知，予独知之；天下人即能知之，不能言之，而予复能言之。请揭出以示歌者。

白有高低抑扬，何者当高而扬？何者当低而抑？曰：若唱曲然。曲文之中，有正字，有衬字。每遇正字，必声高而气长；若遇衬字，则声低气短而疾忙带过，此分别主客之法也。说白之中，亦有正字，亦有衬字，其理同，则其法亦同。一段有一段之主客，一句有一句之主客。主高而扬，客低而抑，此至当不易之理，即最简极便之法也。凡人说话，其理亦然。譬如呼人取茶取酒，其声云："取茶来！""取酒来！"此二句既为茶酒而发，则"茶""酒"二字为正字，其声必高而长。"取"字"来"字为衬字，其音必低而短。再取旧曲中宾白一段论之。《琵琶·分别》白云："云情雨意，虽可抛两月之夫妻；雪鬓霜鬟，竟不念八旬之父母！功名之念一起，甘旨之心顿忘[4]，是何道理？"首四句之中，前二句是客，宜略轻而稍快；后二句是主，宜略重而稍迟。"功名"、"甘旨"二句亦然。此句中之主客也。"虽可抛"、"竟不念"六个字，较之"两月夫妻"、"八旬父母"虽非衬字，却与衬字相同，其为轻快，又当稍别。至于"夫妻"、"父母"之上二"之"字，又为衬中之衬，其为轻快，更宜倍之。是白皆然，此字中之主客也。常见不解事梨园，每于四六句中之"之"字，与上下正文同其轻重疾徐，是谓菽麦不辨，尚可谓之能说白乎？此等皆言宾白，盖场上所说之话也。

至于上场诗，定场白，以及长篇大幅叙事之文，定宜高低相错，缓急得宜，切勿作一片高声，或一派细语，俗言"水平调"是也。上场诗四句之中，三句皆高而缓，一句宜低而快。低而快者，大率宜在第三句，至第四句之高而缓，较首二句更宜倍之。如《浣纱记》定场诗云[5]："少小豪雄侠气闻，飘零仗剑学从军。何年事了佛衣去？归卧荆南梦泽云。""少小"二句宜高而缓，不待言矣。"何年"一句必须轻轻带过，若与前二句相同，则煞尾一句不求低而自低矣；末句一低，则懈而无势，况其下接着通名道姓之语。如"下官姓范名蠡，字少伯"，"下官"二字例应稍低，若末句低而接者又低，则神气索然不振矣。故第三句之稍低而快，势有不得不然者。此理此法，谁能穷究至此？然不如此，则是寻常应付之戏，非孤标特出之戏也。高低抑扬之法，尽乎此矣。

优师既明此理，则授徒之际，又有一简便可行之法，索性取而予之：但于点脚本时，将宜高宜长之字用朱笔圈之，凡类衬字者不圈。至于衬中之衬，与当急急赶下、断断不宜沾滞者，亦用朱笔抹以细纹，如流水状，使一一皆能识认。则于念剧之初,便有高低抑扬,不俟登场摹拟。如此教曲,有不妙绝天下,而使百千万亿之人赞美者,吾不信也。

注释

[1]肯綮(kěnqìng):筋骨结合部。比喻关键部位。

[2]偾(fèn)事:坏事。《礼记·大学》:"此谓一言偾事,一言定国。"

[3]孔窍:指要领。

[4]甘旨之心:奉养父母之心。甘旨,美味。代指奉养老人的饭食。唐白居易《陈情状》:"臣母多病,臣家素贫;甘旨或亏,无以为养;药饵或阙,空致其忧。"

[5]《浣纱记》定场诗:见明梁辰鱼《浣纱记》第二出。《浣纱记》演春秋末越国范蠡辅助越王勾践灭吴国后,携西施泛舟江湖的事。

缓急顿挫

缓急顿挫之法,较之高低抑扬,其理愈精,非数言可了。然了之必须数言;辨者愈繁,则听者愈惑,终身不能解矣。优师点脚本授歌童,不过一句一点,求其点不刺谬[1],一句还一句,不致断者联而联者断,亦云幸矣,尚能询及其他?即以脚本授文人,倩其画文断句,亦不过每句一点,无他法也。而不知场上说白,尽有当断处不断,反至不当断处而忽断;当联处不联,忽至不当联处而反联者。此之谓缓急顿挫。此中微渺,但可意会,不可言传;但能口授,不能以笔舌喻者。不能言而强之使言,只有一法:大约两句三句而止言一事者,当一气赶下,中间断句处勿太迟缓;或一句止言一事,而下句又言别事,或同一事而另分一意者,则当稍断,不可竟连下句,是亦简便可行之法也。此言其粗,非论其精;此言其略,未及其详。精详之理,则终不可言也。

当断当联之处,亦照前法,分别于脚本之中,当断处用朱笔一画,使至此稍顿,馀俱连读,则无缓急相左之患矣。

妇人之态,不可明言;宾白中之缓急顿挫,亦不可明言;是二事一致。轻盈袅娜,妇人身上之态也;缓急顿挫,优人口中之态也。予欲使优人之口,变为美人之身,故为讲究至此。欲为戏场尤物者[2],请从事予言,不则仍其故步。

注释

[1]刺谬:相悖,违异。汉司马迁《报任安书》:"今少卿乃教以推贤进士,无乃与仆私心刺谬乎!"

[2]尤物：见《词曲部·宾白第四·意取尖新》注[2]。

脱套第五

戏场恶套，情事多端，不能枚纪。以极鄙极俗之关目，一人作之，千万人效之，以致一定不移，守为成格，殊可怪也。西子捧心[1]，尚不可效，况效东施之颦乎？且戏场关目，全在出奇变相，令人不能悬拟[2]。若人人如是，事事皆然，则彼未演出而我先知之，忧者不觉其可忧，苦者不觉其为苦，即能令人发笑，亦笑其雷同他剧，不出范围，非有新奇莫测之可喜也。扫除恶习，拔去眼钉，亦高人造福之一事耳。

注释

[1]西子捧心：详见《尤侗序》注[33]。

[2]悬拟：揣摩想象。

衣冠恶习

记予幼时观场，凡遇秀才赶考及谒见当涂贵人[1]，所衣之服，皆青素圆领[2]，未有着蓝衫者[3]，三十年来始见此服。近则蓝衫与青衫并用，即以之别君子小人。凡以正生、小生及外末脚色而为君子者，照旧衣青圆领，惟以净丑脚色而为小人者，则着蓝衫。此例始于何人，殊不可解。夫青衿[4]，朝廷之名器也。以贤愚而论，则为圣人之徒者始得衣之；以贵贱而论，则备缙绅之选者始得衣之。名宦大贤尽于此出，何所见而为小人之服，必使净丑衣之？此戏场恶习所当首革者也。或仍照旧例，止用青衫而不设蓝衫；若照新例，则君子小人互用，万勿独归花面，而令士子蒙羞也。

近来歌舞之衣，可谓穷奢极侈。富贵娱情之物，不得不然，似难责以俭朴。但有不可解者：妇人之服，贵在轻柔，而近日舞衣，其坚硬有如盔甲。云肩大而且厚[5]，面夹两层之外，又以销金锦缎围之；其下体前后二幅，名曰“遮羞”者，必以硬布裱骨而为之。此战场所用之物，名为“纸甲”者是也，歌台舞榭之上，胡为乎来哉？易以轻软之衣，使得随身环绕，似不容已。至于衣上所绣之物，此宜两种，勿及其他。上体凤鸟，下体云霞，此为定制。盖“霓裳羽衣”四字，业有成宪[6]，非若点缀他衣，可以浑施色相者也。予非能创新，但能复古。

方巾与有带飘巾[7]，同为儒者之服。飘巾儒雅风流，方巾老成持重，以之分别老少，可称得宜。近日梨园，每遇穷愁患难之士，即戴方巾，不知何所取义？至纱帽巾之有飘带者[8]，制原不佳，戴于粗豪公子之首，果觉相称。至于软翅纱帽，极美观瞻，曩时《张生逾墙》等剧往往用之[9]，近皆除去，亦不得其解。

注释

[1]当涂：正在执掌大权的人。涂，同"途"。指仕路。

[2]青素圆领：古时学士所穿的衣服。

[3]蓝衫：古代儒生所穿服装。

[4]青衿：古代学子所穿衣服。代指学士。《诗经·郑风·子衿》："青青子衿，悠悠我心。"汉·毛亨传："青衿，青领也。学子所服。"

[5]云肩：妇女披在肩上的装饰物，绣花，下围有穗。

[6]成宪：成规。

[7]方巾：明代有秀才以上功名的人所戴软帽，形状方平正直，显倒梯形。

[8]纱帽：明代文武官员所戴官帽。戏台上的纱帽改为盔帽，以翅的形状区别正邪和职位。

[9]曩时：以往。张生逾墙：演《西厢记》故事中张生与崔莺莺幽会的一出戏。

声音恶习

花面口中，声音宜杂。如作各处乡语，及一切可憎可厌之声，无非为发笑计耳；然亦必须有故而然。如所演之剧，人系吴人[1]，则作吴音；人系越人[2]，则作越音，此从人起见者也。如演剧之地在吴则作吴音，在越则作越音，此从地起见者也。可怪近日之梨园，无论在南在北，在西在东，亦无论剧中之人生于何地，长于何方，凡系花面脚色，即作吴音，岂吴人尽属花面乎？此与净丑着蓝衫，同一覆盆之事也[3]。使范文正[4]、韩襄毅诸公有灵[5]，闻此声，观此剧，未有不抱恨九原而思痛革其弊者也[6]。今三吴缙绅之居要路者[7]，欲易此俗，不过启吻之劳。从未有计及此者。度量优容，真不可及。且梨园尽属吴人，凡事皆能自顾，独此一着，不惟不自争气，偏欲故形其丑，岂非天下古今一绝大怪事乎？且三吴之音，止能通于三吴，出境言之，人多不解，求其发笑，而反使听着茫然，亦失计甚矣。吾请为词场易之：花面声音，亦如生旦外末，悉作官音，止以话头惹笑，不必故作方言。即作方言，亦随地转。如在杭州，即学杭人之话；在徽州，即学徽人之话，使妇人小儿皆能识辨。识者多，则笑者众矣。

注释

［1］吴：指今江苏一带。吴，春秋时为吴国之地。

［2］越：指今浙江一带。春秋时为越国之地。

［3］覆盆：翻倒的盆，不见光明。指蒙受不白之冤。

［4］范文正：范仲淹(989—1052)，北宋政治家、文学家。苏州人。卒谥文正。

［5］韩襄毅：韩雍(1422—1478)，明代正统、成化年间大臣，苏州长洲人。卒谥襄毅。

［6］九原：山名。在山西新绛县北。周代晋国卿大夫墓地多在九原。故后世因称九原为墓地。

［7］三吴：概指吴地。三吴所指不一，宋代税安礼《历代地理指掌图》以苏州、湖州、常州为三吴。

语言恶习

白中有“呀”字，惊骇之声也。如意中并无此事，而猝然遇之；一向未见其人，而偶尔逢之，则用此字开口，以示异也。近日梨园不明此义，凡见一人，凡遇一事，不论意中意外，久逢乍逢，即用此字开口，甚有差人请客而客至，亦以“呀”字为接见之声者，此等迷谬，尚可言乎？故为揭出，使知斟酌用之。

戏场惯用者，又有“且住”二字。此二字有两种用法。一则相反之事，用作过文，如正说此事，忽然想及彼事，彼事与此事势难并行，才想及而未曾出口，先以此二字截断前言，“且住”者，住此说以听彼说也。一则心上犹豫，假此以待沉吟，如此说自以为善，恐未尽善，务期必妥，当于是处寻非，故以此代心口相商，“且住”者，稍迟以待，不可竟行之意也。而今之梨园，不问是非好歹，开口说话，即用此二字作助语词，常有一段宾白之中，连说数十个“且住”者，此皆不详字义之故。一经点破，犯此病者鲜矣。

上场引子下场诗，此一出戏文之首尾。尾后不可增尾，犹头上不可加头也。可怪近时新例，下场诗念毕，仍不落台，定增几句淡话，以极紧凑之文，翻成极宽缓之局。此义何居，令人不解。曲有尾声及下场诗者，以曲音散漫，不得几句紧腔，如何截得板住？白文冗杂，不得几句约语，如何结得话成？若使结过之后，又复说起，何如不收竟下之为愈乎？且首尾一理，诗后既可添话，则何不于引子之先，亦加几句说白，说完而后唱乎？此积习之最无理最可厌者，急宜改革。然又不可尽革，如两人三人在场，二人先下，一人说话未了，必宜稍停以尽其说；此谓“吊场”[1]，原系古格；然须万不得已，少此数句，必添以后一出戏文，或少此数句，即埋没从前说话之意者，方可如此。（亦有下场不及更衣者，故借此为缓兵计。）是龙足，非蛇足也。然只可偶一为之，若出出皆然，则是是貂皆可续矣，何世间狗尾之多乎？

注释

[1]吊场：戏曲术语。意谓一出将尽或剧情转换时，多数脚色已下场，留一二脚色在场上吊住场子，作承前启后的交代。

科诨恶习

插科打诨处，陋习更多，革之将不胜革，且见过即忘，不能悉记，略举数则而已。如两人相殴，一胜一败，有人来劝，必使被殴者走脱，而误打劝解之人，《连环·掷戟》之董卓是也[1]。主人偷香窃玉，馆童吃醋拈酸，谓寻新不如守旧，说毕必以臀相向，如《玉簪》之进安[2]、《西厢》之琴童是也[3]。戏中串戏，殊觉可厌，而优人惯增此种，其腔必效弋阳[4]，《幽闺·旷野奇逢》之酒保是也[5]。

注释

[1]《连环·掷戟》之董卓：《连环记》是明代王济所作传奇。叙王允施美人计离间董卓、吕布事。其中《掷戟》一折写貂蝉与吕布密约，被董卓撞见，董卓以戟掷吕布，吕布夺戟而逃。

[2]《玉簪》之进安：《玉簪记》是明代高濂所作传奇。叙南宋潘必正落第，与道姑陈妙常相爱，被姑母阻拦。后潘必正及第得官，终与陈妙常结为夫妇。进安，潘必正的书童。

[3]《西厢》之琴童：指《西厢记》中张生的书童。

[4]弋阳：戏剧声腔名。详见《词曲部·音律第三》注[15]。

[5]《幽闺·旷野奇逢》之酒保：写蒋世隆与王瑞兰在兵乱中各自与亲人离散，结伴而行，终结连理。剧中无酒保串戏事，当为弋阳腔的《幽闺记》中增加了有关内容。

◎声容部

题解

“声容”一部，是专讲女子容颜修饰的。其出发点，是以古代男权至上的观点作为衡量标准的。这在当今看来，当然有其不健康的成分，这是读者首先应当注意的。比如李渔说：“人处得为之地，不买一二姬妾自娱，是素富贵而行乎贫贱矣。”然而，抛开这个前提，其中讲如何修容，也多可取之处，只是处处将女子置于姬妾的地位考论，且备极细腻烦人之处，令人想到《红楼梦》中混迹于小姐群中的贾宝玉来，使人看到李渔直爽的性情之下，品格毕竟不高。

选姿第一

“食色，性也[1]。”“不知子都之姣者，无目者也[2]。”古之大贤择言而发，其所以不拂人情，而数为是论者，以性所原有，不能强之使无耳。人有美妻美妾而我好之，是谓拂人之性；好之不惟损德，且以杀身。我有美妻美妾而我好之，是还吾性中所有，圣人复起，亦得我心之同然，非失德也。孔子云：“素富贵，行乎富贵[3]。”人处得为之地，不买一二姬妾自娱，是素富贵而行乎贫贱矣。王道本乎人情[4]，焉用此矫清矫俭者为哉？但有狮吼在堂[5]，则应借此藏拙，不则好之实所以恶之，怜之适足以杀之，不得以红颜薄命借口，而为代天行罚之忍人也。予一介寒生，终身落魄，非止国色难亲，天香未遇，即强颜陋质之妇，能见几人，而敢谬次音容[6]，侈谈歌舞，贻笑于眠花藉柳之人哉！然而缘虽不偶，兴则颇佳，事虽未经，理实易谙，想当然之妙境，较身醉温柔乡者[7]，倍觉有情。如其不信，但以往事验之。楚襄王[8]，人主也。六宫窈窕，充塞内庭，握雨携云，何事不有？而千古以下，不闻传其实事，止有阳台一梦，脍炙人口。阳台今落何处？神女家在何方？“朝为行云，暮为行雨”，毕竟是何情状？岂有踪迹可考，实事可缕陈乎？皆幻境也。幻境之妙，十倍于真，故千古传之。能以十倍于真之事，谱而为法，未有不入闲情三昧者。凡读是书之人，欲考所学之从来，则请以楚国阳台之事对。

注释

[1]食色，性也：语出《孟子·告子上》。意谓饮食与男欢女爱，是人的天性。

[2]“不知”二句：出自《孟子·告子上》。子都，古代美男子。《诗经·郑风·山有扶苏》：“不见子都，乃见且狂。”

[3]素富贵，行乎富贵：语出《中庸》。素，现在。

[4]王道：儒家指以仁义治天下。

[5]狮吼在堂：指家中有悍妇。典出南宋·洪迈《容斋随笔·陈季常》，言陈季常妻柳氏凶而妒，苏东坡有诗云：“龙丘居士亦可怜，谈空说有夜不眠。忽闻河东狮子吼，拄杖落手心茫然。”狮吼本佛家语，因陈季常好佛，故东坡借以戏之。

[6]谬次音容：荒谬地评品美色。乃自谦的说法。

[7]温柔乡：指美色迷人之境。旧题汉伶玄《飞燕外传》：“是夜进合德，帝大悦，以辅属体，无所不靡，谓为温柔乡。”

[8]楚襄王：战国时楚君王。宋玉《高唐赋》记其与宋玉同游云梦之台，襄王昼寝，梦见有巫山神女，自称：“妾在巫山之阳，高丘之阻，旦为朝云，暮为行雨，朝朝暮暮，阳台之下。”

肌肤

妇人妩媚多端，毕竟以色为主。《诗》不云乎“素以为绚兮”[1]？素者，白也。妇人本质，惟白最难。常有眉目口齿般般入画，而缺陷独在肌肤者。岂造物生人之巧，反不同于染匠，未施漂练之力，而遽加文采之工乎？曰：非然。白难而色易也。曷言乎难？是物之生，皆视根本，根本何色，枝叶亦作何色。人之根本维何？精也，血也。精色带白，血则红而紫矣。多受父精而成胎者，其人之生也必白。父精母血交聚成胎，或血多而精少者，其人之生也必在黑白之间。若其血色浅红，结而为胎，虽在黑白之间，及其生也，豢以美食，处以曲房[2]，犹可日趋于淡，以脚地未尽缁也。有幼时不白，长而始白者，此类是也。至其血色深紫，结而成胎，则其根本已缁，全无脚地可漂，及其生也，即服以水晶云母，居以玉殿琼楼，亦难望其变深为浅，但能守旧不迁，不致愈老愈黑，亦云幸矣。有富贵之家，生而不白，至长至老亦若是者，此类是也。

知此，则知选材之法，当如染匠之受衣。有以白衣使漂者，受之，易为力也；有白衣稍垢而使漂者，亦受之，虽难为力，其力犹可施也；若以既染深色之衣，使之剥去他色，漂而为白，则虽什佰其工价，必辞之不受。以人力虽巧，难拗天工，不能强既有者而使之无也。

妇人之白者易相，黑者亦易相，惟在黑白之间者，相之不易。有三法焉：面黑于身者易白，身黑于面者难白；肌肤之黑而嫩者易白，黑而粗者难白；皮肉之黑而宽者易白，黑而紧且实者难白。面黑于身者，以面在外而身在内，在外则有风吹日晒，其渐白也为难；身在衣中，较面稍白，则其由深而浅，业有明征，使面亦同身，蔽之有物，其验亦若是矣，故易白。身黑于面者反此，故不易白。肌肤之细而嫩者，如绫罗纱绢，其体光滑，故受色易，退色亦易，稍受风吹，略经日照，则深者浅而浓者淡矣。粗则如布如毯，其受色之难，十倍于绫罗纱绢，至欲退之，其工又不止十倍，肌肤之理亦若是也，故知嫩者易白，而粗者难白。皮肉之黑而宽者，犹䌷缎之未经熨，靴与履之未经楦者[3]，因其皱而未直，故浅者似深，淡者似浓，一经烫楦之后，则纹理陡变，非复曩时色相矣。肌肤之宽者，以其血肉未足，犹待长养，亦犹待楦之靴履，未经烫熨之绫罗纱绢，此际若此，则其血肉充满之后必不若此，故知宽者易白，紧而实者难白。相肌之法，备乎此矣。若是，则白者、嫩者、宽者为人争取，其黑而粗、紧而实者遂成弃物乎？曰：不然。薄命尽出红颜，厚福偏归陋质，此等非他，皆素封伉俪之材[4]，诰命夫人之料也。

注释

[1]素以为绚兮：语出《论语·八佾》："子夏问曰：'巧笑倩兮，美目盼兮，素以为绚兮，何谓也？'"其前两句出自《诗经·卫风·硕人》。"素以为绚"今传《诗经》中则无。素，白色质地。在此应指白丝绢。绚，彩色成纹，色彩美丽。

[2]曲房：幽深的房屋。汉枚乘《七发》："往来游燕，纵恣于曲房隐间之中。"

[3]楦(xuàn)：楦头。塞在鞋膛中的脚形木制模型。在此用作动词。

[4]素封：指富贵而无封赠诰命者。《史记·货殖列传》："无秩禄之奉，爵邑之入，而乐与之比者，命曰素封。"

眉 眼

面为一身之主，目又为一面之主。相人必先相面，人尽知之，相面必先相目，人亦尽知，而未必尽穷其秘。吾谓相人之法，必先相心，心得而后观其形体。形体维何？眉发口齿，耳鼻手足之类是也。心在腹中，何由得见？曰：有目在，无忧也。察心之邪正，莫妙于观眸子。子舆氏笔之于书[1]，业开风鉴之祖[2]。予无事赘陈其说，但言情性之刚柔，心思之愚慧。四者非他,即异日司花执爨之分途[3],而狮吼堂与温柔乡接壤之地也。目细而长者,秉性必柔;目粗而大者,居心必悍;目善动而黑白分明者,必多聪慧;目常定而白多黑少,或白少黑多者,必近愚蒙。然初相之时,善转者亦未能遽转,不定者亦有时而定。何以试之?曰:有法在,无忧也。其法维何?一曰以静待动,一曰以卑瞩高。目随身转,未有动荡其身,而能胶柱其目者[4];使之乍往乍来,多行数武[5],而我回环其目以视之,则秋波不转而自转[6],此一法也。妇人避羞,目必下视,我若居高临卑,彼下而又下,永无见目之时矣。必当处之高位,或立台坡之上,或居楼阁之前,而我故降其躯以瞩之,则彼下无可下,势必环转其睛以避我。虽云善动者动,不善动者亦动,而勉强自然之中,即有贵贱妍媸之别[7],此又一法也。至于耳之大小,鼻之高卑,眉发之淡浓,唇齿之红白,无目者犹能按之以手,岂有识者不能鉴之以形?无俟哓哓[8],徒滋繁渎。

眉之秀与不秀,亦复关系情性,当与眼目同视。然眉、眼二物,其势往往相因。眼细者眉必长,眉粗者眼必巨,此大较也,然亦有不尽相合者。如长短粗细之间,未能一一尽善,则当取长恕短,要当视其可施人力与否。张京兆工于画眉[9],则其夫人之双黛,必非浓淡得宜,无可润泽者。短者可长,则妙在用增;粗者可细,则妙在用减。但有必不可少之一字,而人多忽视之者,其名曰“曲”。必有天然之曲,而后人力可施其巧。“眉若远山”“眉如新月”,皆言曲之至也。即不能酷肖远山,尽如新月,亦须稍带月形,略存山意:或弯其上而不弯其下,或细其外而不细其中,皆可自施人力。最忌平空一抹,有如太白经天[10];又忌两笔斜冲,俨然倒书八字。变远山为近瀑,反新月为长虹,虽有善画之张郎,亦将畏难而却走。非选姿者居心太刻,以其为温柔乡择人,非为娘子军择将也。

注释

[1]子舆氏:孟轲,字子舆,战国时邹(今山东邹县)人。《孟子·离娄上》载:“存乎人者,莫良于眸子。眸子不能掩其恶。胸中正,则眸子瞭焉;胸中不正,则眸子眊焉。听其言也,观其眸子,人焉廋哉!”

[2]风鉴:以风貌鉴人心。后指相术。即以五官外形推测人的吉凶祸福。

[3]司花执爨(cuàn):养花与做饭两种职业。在此指高贵与低贱两种人。

[4]胶柱:用胶粘住瑟的弦。在此指使被相者之目固定。

[5]武:古代以六尺为步,半步为武。

[6]秋波:眼光。

[7]妍媸(chī):美与丑。

[8]哓哓(xiāoxiāo):争辩声。
[9]张京兆工于画眉:见本书尤侗序注[8]。
[10]太白经天:太白星划过天空,迅即不见。太白,即金星,启明星。

手足

相女子者,有简便诀云:"上看头,下看脚。"似二语可概通身矣。予怪其最要一着,全未提起。两手十指,为一生巧拙之关,百岁荣枯所系,相女者首重在此,何以略而去之?且无论手嫩者必聪,指尖者多慧,臂丰而腕厚者,必享珠围翠绕之荣;即以现在所需而论之,手以挥弦[1],使其指节累累,几类弯弓之决拾[2];手以品箫,如其臂形攘攘[3],几同伐竹之斧斤;抱枕携衾,观之兴索,捧卮进酒,受者眉攒[4],亦大失开门见山之初着矣[5]。故相手一节,为观人要着,寻花问柳者,不可不知。然此道亦难言之矣。

选人选足,每多窄窄金莲[6];观手观人,绝少纤纤玉指。是最易者足,而最难者手,十百之中,不能一二觏也。须知立法不可不严,至于行法,则不容不恕。但于或嫩或柔或尖或细之中,取其一得,即可宽恕其他矣。至于选足一事,如但求窄小,则可一目了然。倘欲由粗以及精,尽美而思善,使脚小而不受脚小之累,兼收脚小之用,则又比手更难,皆不可求而可遇者也。其累维何?因脚小而难行,动必扶墙靠壁,此累之在己者也;因脚小而致秽,令人掩鼻攒眉,此累之在人者也。其用维何?瘦欲无形,越看越生怜惜,此用之在日者也;柔若无骨,愈亲愈耐抚摩,此用之在夜者也。昔有人谓予曰:"宜兴周相国[7],以千金购一丽人,名为'抱小姐',因其脚小之至,寸步难移,每行必须人抱,是以得名。"予曰:"果若是,则一泥塑美人而已矣,数钱可买,奚事千金?"造物生人以足,欲其行也。昔形容女子娉婷者,非曰"步步生金莲",即曰"行行如玉立",皆谓其脚小能行,又复行而入画,是以可珍可宝,如其小而不行,则与刖足者何异[8]?此小脚之累之不可有也。予遍游四方,见足之最小而无累,与最小而得用者,莫过于秦之兰州,晋之大同。兰州女子之足,大者三寸,小者犹不及焉,又能步履如飞,男子有时追之不及,然去其凌波小袜而抚摩之[9],犹觉刚柔相半;即有柔若无骨者,然偶见则易,频遇为难。至大同名妓,则强半皆若是也。与之同榻者,抚及金莲,令人不忍释手,觉倚翠偎红之乐，未有过于此者。向在都门[10]，以此语人，人多不信。一日席间拥二妓，一晋一燕，皆无丽色，而足则甚小。予请不信者即而验之，果觉晋胜于燕，大有刚柔之别。座客无不翻然[11]，而罚不信者以金谷酒数[12]。此言小脚之用之不可无也。噫，岂其娶妻必齐之姜[13]？就地取材，但不失立言之大意而已矣。

验足之法无他，只在多行几步，观其难行易动，察其勉强自然，则思过半矣。直则易动，曲即难行；正则自然，歪即勉强。直而正者，非止美观便走，亦少秽气。大约秽气之生，皆强勉造作之所致也。

注释

[1]挥弦：弹琴。

[2]决拾：弓的扳指和射箭者所穿的臂衣。

[3]攘攘：本指丰盛。在此似指弯曲状。

[4]眉攒：皱眉。指心情难受。

[5]初着：犹如初衷。

[6]金莲：指女子裹小的脚。

[7]宜兴周相国：指常州宜兴人周延儒(1593—1644)，字玉绳。明崇祯年间两任首辅。十六年(1643)清兵入关，出都督师，避敌不战，被勒令自杀。

[8]刖(yuè)足：古代砍断双脚的酷刑。

[9]凌波：指女子轻盈的步履。汉末曹植《洛神赋》："凌波微步，罗袜生尘。"

[10]向：从前。　都门：清代都城北京。

[11]翻然：同"幡然"，在此指觉悟，明白。

[12]金谷酒数：晋石崇《金谷诗序》言其有别墅在河南洛阳金谷涧中，常与友人宴集作诗，诗不成，罚酒三杯。

[13]齐之姜：周代齐国国君为姜姓，齐姜即齐君的宗女。《诗经·陈风·衡门》："岂其取妻，必齐之姜？"汉郑玄笺："何必大国之女然后可妻，亦取贞顺而已。"

态　度

古云："尤物足以移人[1]。"尤物维何？媚态是已。世人不知，以为美色。乌知颜色虽美，是一物也，乌足移人？加之以态，则物而尤矣。如云美色即是尤物，即可移人，则今时绢做之美女，画上之娇娥，其颜色较之生人，岂止十倍，何以不见移人，而使之害相思成郁病耶？是知"媚态"二字，必不可少。媚态之在人身，犹火之有焰，灯之有光，珠贝金银之有宝色，是无形之物，非有形之物也。惟其是物而非物，无形似有形，是以名为“尤物”。

尤物者，怪物也，不可解说之事也。凡女子，一见即令人思，思而不能自已，遂至舍命以图，与生为难者，皆怪物也，皆不可解说之事也。吾于“态”之一字，服天地生人之巧，鬼神体物之工。使以我作天地鬼神，形体吾能赋之[2]，知识我能予之，至于是物而非物，无形似有形之态度，我实不能变之化之，使其自无而有，复自有而无也。态之为物，不特能使美者愈美，艳者愈艳，且能使老者少而媸者妍，无情之事变为有情，使人暗受笼络而不觉者。

女子一有媚态，三四分姿色，便可抵过六七分。试以六七分姿色而无媚态之妇人，与三四分姿色而有媚态之妇人同立一处，则人止爱三四分而不爱六七分，是态度之于颜色，犹不止一倍当两倍也。试以二三分姿色而无媚态之妇人，与全无姿色而止有媚态之妇人同立一处，或与人各交数言，则人止为媚态所惑，而不为美色所惑。是态度之于颜色，犹不止于以少敌多，且能以无而敌有也。今之女子，每有状貌姿容一无可取，而能令人思之不倦，甚至舍命相从者，皆“态”之一字之为祟也。是知选貌选姿，总不如选态一着之为要。态自天生，非可强造。强造之态，不能饰美，止能愈增其陋。同一颦也，出于西施则可爱，出于东施则可憎者，天生、强造之别也。相面、相肌、相眉、相眼之法，皆可言传，独相态一事，则予心能知之，口实不能言之。口之所能言者，物也，非尤物也。噫！能使人知，而能使人欲言不得，其为物也何如！其为事也何如！岂非天地之间一大怪物，而从古及今，一件解说不来之事乎？

诘予者曰：既为态度立言，又不指人以法，终觉首鼠[3]，盍亦舍精言粗，略示相女者以意乎？予曰：不得已而为言，止有直书所见，聊为榜样而已。向在维扬[4]，代一贵人相妾。靓妆而至者不一其人，始皆俯首而立，及命之抬头，一人不作羞容而竟抬；一人娇羞腼腆，强之数四而后抬；一人初不即抬，及强而后可，先以眼光一瞬，似于看人而实非看人，瞬毕复定而后抬，俟人看毕，复以眼光一瞬而后俯，此即“态”也。

记曩时春游遇雨，避一亭中，见无数女子，妍媸不一，皆踉跄而至。中一缟衣贫妇，年三十许，人皆趋入亭中，彼独徘徊檐下，以中无隙地故也；人皆抖擞衣衫，虑其太湿，彼独听其自然，以檐下雨侵，抖之无益，徒现丑态故也。及雨将止而告行，彼独迟疑稍后，去不数武而雨复作[5]，乃趋入亭。彼则先立亭中，以逆料必转，先踞胜地故也。然臆虽偶中，绝无骄人之色。见后入者反立檐下，衣衫之湿，数倍于前，而此妇代为振衣，姿态百出，竟若天集众丑，以形一人之媚者。自观者视之，其初之不动，似以郑重而养态；其后之故动，似以徜徉而生态。然彼岂能必天复雨，先储其才以俟用乎？其养也，出之无心；其生也，亦非有意，皆天机之自起自伏耳。当其养态之时，先有一种娇羞无那之致现于身外[6]，令人生爱生怜，不俟娉婷大露而后觉也。斯二者，皆妇人媚态之一斑，举之以见大较[7]。噫！以年三十许之贫妇，止为姿态稍异，遂使二八佳人与曳珠顶翠者，皆出其下，然则态之为用，岂浅鲜哉！

人问：圣贤神化之事，皆可造诣而成，岂妇人媚态独不可学而至乎？予曰：学则可学，教则不能。人又问：既不能教，胡云可学？予曰：使无态之人与有态者同居，朝夕熏陶，或能为其所化；如蓬生麻中，不扶自直[8]，鹰变成鸠，形为气感，是则可矣。若欲耳提而面命之，则一部“廿一史”，当从何处说起？还怕愈说愈增其木强[9]，奈何！

注释

[1]尤物足以移人：详见《词曲部·宾白第四·意取尖新》注[2]。
[2]赋：赋予，给予。
[3]首鼠：迟疑不定。详见《凡例七则》注[17]。
[4]维扬：旧扬州及扬州府的别称。
[5]武：古代六尺为步，半步为武。
[6]无那：姿态美好。
[7]大较：大致情况。
[8]蓬生麻中，不扶自直：语出《荀子·劝学》，喻人受环境的影响。
[9]木强：质朴而倔强。在此指木讷昏乱。

修容第二

妇人惟仙姿国色，无俟修容；稍去天工者，即不能免于人力矣。然予所谓“修饰”二字，无论妍媸美恶，均不可少。俗云：“三分人材，七分妆饰。”此为中人以下者言之也。然则有七分人材者，可少三分妆饰乎？即有十分人材者，岂一分妆饰皆可不用乎？曰：不能也。若是，则修容之道不可不急讲矣。

今世之讲修容者，非止穷工极巧，几能变鬼为神，我即欲勉竭心神，创为新说，其如人心至巧，我法难工，非但小巫见大巫，且如小巫之徒，往教大巫之师，其不遭喷饭而唾面者鲜矣。然一时风气所趋，往往失之过当。非始初立法之不佳，一人求胜于一人，一日务新于一日，趋而过之，致失其真之弊也。“楚王好细腰，宫中皆饿死；楚王好高髻，宫中皆一尺；楚王好大袖，宫中皆全帛。”[1]细腰非不可爱，高髻大袖非不美观，然至饿死，则人而鬼矣。髻至一尺，袖至全帛，非但不美观，直与魑魅魍魉无别矣。此非好细腰、好高髻大袖者之过，乃自为饿死，自为一尺，自为全帛者之过也。亦非自为饿死、自为一尺、自为全帛者之过，无一人痛惩其失，著为章程，谓止当如此，不可太过，不可不及，使有遵守者之过也。吾观今日之修容，大类楚宫之末俗。著为章程，非草野得为之事。但不经人提破，使知不可爱而可憎，听其日趋日甚，则在生而为魑魅魍魉者，已去死人不远，矧腰成一缕，有饿而必死之势哉！予为修容立说，实具此段婆心[2]。凡为西子者，自当曲体人情，万毋遽发娇嗔，罪其唐突。

注释

［1］“楚王好细腰”六句：语出《后汉书·马廖传》：“楚王好细腰，宫中多饿死。”“城中好高髻，四方高一尺；城中好广眉，四方且半额；城中好大袖，四方全匹帛。”

［2］婆心：形容慈爱的心肠。语出《景德传灯录·临济义玄禅师》：“黄蘗问云：‘汝回太速生。’师云：‘只为老婆心切。’”

盥栉

盥面之法，无他奇巧，止是濯垢务尽。面上亦无他垢，所谓垢者，油而已矣。油有二种，有自生之油，有沾上之油。自生之油，从毛孔沁出，肥人多而瘦人少，似汗非汗者是也。沾上之油，从下而上者少，从上而下者多，以发与膏沐势不相离，发面交接之地，势难保其不侵。况以手按发，按毕之后，自上而下亦难保其不相挨擦，挨擦所至之处，即生油发亮之处也。生油发亮，于面似无大损，殊不知一日之美恶系焉，面之不白不匀即从此始。

从来上粉着色之地，最怕有油，有即不能上色。倘于浴面初毕，未经搽粉之时，但有指大一痕为油手所污，迨加粉搽面之后，则满面皆白而此处独黑，又且黑而有光，此受病之在先者也。既经搽粉之后，而为油手所污，其黑而光也亦然，以粉上加油，但见油而不见粉也，此受病之在后者也。此二者之为患，虽似大而实小，以受病之处止在一隅，不及满面，闺人尽有知之者。尚有全体受伤之患，从古佳人暗受其害而不知者，予请攻而出之。

从来拭面之巾帕，多不止于拭面，擦臂抹胸，随其所至；有腻即有油则巾帕之不洁也久矣。即有好洁之人，止以拭面，不及其他，然能保其上不及发，将至额角而遂止乎？一沾膏沐，即非无油少腻之物矣。以此拭面非拭面也，犹打磨细物之人，故以油布擦光，使其不沾他物也。他物不沾，粉独沾乎？凡有面不受妆，越匀越黑。同一粉也，一人搽之而白，一人搽之而不白者，职是故也[1]。以拭面之巾有异同，非搽面之粉有善恶也。故善匀面者，必须先洁其巾。拭面之巾，止供拭面之用，又须用过即浣，勿使稍带油痕，此务本穷源之法也。

善栉不如善篦，篦者，栉之兄也。发内无尘，始得丝丝现相，不则一片如毡，求其界限而不得，是帽也，非髻也；是退光黑漆之器，非乌云蟠绕之头也。故善蓄姬妾者，当以百钱买梳，千钱购篦。篦精则发精，稍俭其值，则发损头痛，篦不数下而止矣。篦之极净，使便用梳；而梳之为物，则越旧越精。"人惟求旧，物惟求新"[2]。古语虽然，非为论梳而设。求其旧而不得，则富者用牙，贫者用角。新木之梳，即搜根剔齿者，非油浸十日，不可用也。

古人呼髻为"蟠龙"[3]。蟠龙者，髻之本体，非由妆饰而成。随手绾成[4]，皆作蟠龙之势。可见古人之妆，全用自然，毫无造作。然龙乃善变之物，发无一定之形，使其相传至今，物而不化，则龙非蟠龙，乃死龙矣；发非佳人之发，乃死人之发矣。无怪今人善变，变之诚是也。但其变之之形，只顾趋新，不求合理；只求变相，不顾失真。凡以彼物肖此物，必取其当然者肖之，必取其应有者肖之，又必取其形色相类者肖之；未有凭空捏造，任意为之而不顾者。

古人呼发为"乌云"，呼髻为"蟠龙"者，以二物生于天上，宜乎在顶。发之缭绕似云，发之蟠曲似龙，而云之色有乌云，龙之色有乌龙。是色也，相也，情也，理也，事事相合，是以得名，非凭捏造，任意为之而不顾者也。窃怪今之所谓"牡丹头"、"荷花头"、"钵盂头"，种种新式，非不穷新极异，令人改观，然于当然应有、形色相类之义，则一无取焉。

人之一身，手可生花，江淹之彩笔是也[5]；舌可生花，如来之广长是也[6]；头则未见其生花，生之自今日始。此言不当然而然也。发上虽有簪花之义，未有以头为花，而身为蒂者；钵盂乃盛饭之器，未有倒贮活人之首，而作覆盆之象者。此皆事所未闻，闻之自今日始。此言不应有而有也。

群花之色，万紫千红，独不见其有黑。设立一妇人于此，有人呼之为“黑牡丹”、“黑莲花”、“黑钵盂”者，此妇必艴然而怒[7]，怒而继之以骂矣。以不喜呼名之怪物，居然自肖其形，岂非绝不可解之事乎？

吾谓美人所梳之髻，不妨日异月新，但须筹为理之所有。理之所有者，其象多端，然总莫妙于云、龙二物。仍用其名而变更其实，则古制新裁，并行而不悖矣。勿谓止此二物，变来有限，须知普天下之物，取其千态万状，越变而越不穷者，无有过此二物者矣。龙虽善变，犹不过飞龙、游龙、伏龙、潜龙、戏珠龙、出海龙之数种。至于云之为物，顷刻数迁其位，须臾屡易其形，“千变万化”四字，犹为有定之称，其实云之变相，“千万”二字，犹不足以限量之也。若得聪明女子，日日仰观天象，既肖云而为髻，复肖髻而为云，即一日一更其式，犹不能尽其巧幻，毕其离奇，矧未必朝朝变相乎？若谓天高云远，视不分明，难于取法，则令画工绘出巧云数朵，以纸剪式，衬于发下，俟栉沐既成，而后去之，此简便易行之法也。云上尽可着色，或簪以时花，或饰以珠翠，幻作云端五彩，视之光怪陆离。但须位置得宜，使与云体相合，若其中应有此物者，勿露时花珠翠之本形，则尽善矣。

肖龙之法：如欲作飞龙、游龙，则先以己发梳一光头于下，后以假鬓制作龙形[8]，盘旋缭绕，覆于其上。务使离发少许，勿使相粘相贴，始不失飞龙、游龙之义；相粘相贴，则是潜龙、伏龙矣。悬空之法，不过用铁线一二条，衬于不见之处，其龙爪之向下者，以发作线，缝于光发之上，则不动矣。戏珠龙法，以鬓作小龙二条，缀于两旁，尾向后而首向前，前缀大珠一颗，近于龙嘴，名为“二龙戏珠”。出海龙亦照前式，但以假鬓作波浪纹，缀于龙身空隙之处，皆易为之。

是数法者，皆以云、龙二物分体为之，是云自云而龙自龙也。予又谓云、龙二物，势不宜分。“云从龙，风从虎”，《周易》业有成言，是当合而用之。同用一髲，同作一假，何不幻作云、龙二物，使龙勿露全身，云亦勿作全朵，忽而见龙，忽而见云，令人无可测识。是美人之头，尽有盘旋飞舞之势，朝为行云，暮为行雨[9]，不几两擅其绝，而为阳台神女之现身哉？

噫，笠翁于此搜尽枯肠，为此髻者，不可不加尸祝[10]。天年以后，倘得为神，则将往来绣阁之中，验其所制，果有裨于花容月貌否也。

注释

[1]职：主要。

[2]人惟求旧，物惟求新：详见《词曲部·结构第一·脱窠臼》注[1]。

[3]蟠龙：回环的龙形。

[4]绾(wǎn)：旋绕打结。

[5]江淹之彩笔：南朝文学家江淹，字文通。相传曾梦见神授予五色彩笔，梦醒后，笔下生花，文采斐然。

[6]"舌可生花"二句：喻能言善辩。《法华经》称，如来佛"现大神力，出广长舌，上至梵世"。

[7]艴(fú)然：形容生气的样子。

[8]髲(bì)：假发。

[9]"朝为行云"二句：述楚襄王与巫山神女欢会事。详见《词曲部·词采第二·贵显浅》注[2]。

[10]尸祝：古代代表死者受祭者称尸，祭礼时祝祷者称祝。此处指祝祷于神。

熏陶

名花美女，气味相同，有国色者，必有天香[1]。天香结自胞胎，非由熏染。佳人身上实实有此一种，非饰美之词也。此种香气，亦有姿貌不甚姣艳，而能偶擅其奇者。总之，一有此种，即是夭折摧残之兆，红颜薄命未有捷于此者

有国色而有天香，与无国色而有天香，皆是千中遇一；其馀则熏染之力，不可少也。其力维何？富贵之家，则需花露。花露者，摘取花瓣入甑[2]，酝酿而成者也。蔷薇最上，群花次之。然用不须多，每于盥浴之后，挹取数匙入掌，拭体拍面而匀之。此香此味，妙在似花非花，是露非露，有其芬芳，而无其气息，是以为佳，不似他种香气，或速或沉，是兰是桂，一嗅即知者也。其次则用香皂浴身，香茶沁口[3]，皆是闺中应有之事。

皂之为物，亦有一种神奇，人身偶染秽物，或偶沾秽气，用此一擦，则去尽无遗。由此推之，即以百和奇香拌入此中，未有不与垢秽并除，混入水中而不见者矣；乃独去秽而存香，似有攻邪不攻正之别。皂之佳者，一浴之后，香气经日不散，岂非天造地设，以供修容饰体之用者乎？

香皂以江南六合县出者为第一[4]，但价值稍昂，又恐远不能致，多则浴体，少则止以浴面，亦权宜丰俭之策也。至于香茶沁口，费亦不多，世人但知其贵，不知每日所需，不过指大一片，重止毫厘。裂成数块，每于饭后及临睡时，以少许润舌，则满吻皆香；多则味苦，而反成药气矣。凡此所言，皆人所共知，予特申明其说，以见美人之香，不可使之或无耳。

别有一种，为值更廉，世人食而但甘其味，嗅而不辨其香者，请揭出言之：果中荔子，虽出人间，实与交梨、火枣无别[5]，其色国色，其香天香，乃果中尤物也。予游闽粤，幸得饱啖而归，庶不虚生此口，但恨造物有私，不令四方皆出。陈不如鲜，夫人而知之矣；殊不知荔之陈者，香气未尝尽没，乃与橄榄同功，其好处却在回味时耳。佳人就寝，止啖一枚，则口脂之香，可以竟夕，多则甜而腻矣。须择道地者用之，枫亭是其选也[6]。

人问：沁口之香，为美人设乎？为伴美人者设乎？予曰：伴者居多。若论美人，则五官四体皆为人设，奚止口内之香。

注释

[1]国色、天香：皆为名贵的牡丹花。唐李正封咏牡丹花诗："国色朝酣酒，天香夜染衣。"后以喻美丽绝伦的女子。

[2]甑(zèng)：瓦制煮器。在此泛指陶罐。

[3]香茶：以中药和香料混合制成的茶叶，含于口中可消除异味，醒脑提神。

[4]六合：地名。在江苏境内。

[5]交梨、火枣：道教指神仙所食的果品。南朝梁陶弘景《真诰》二："玉醴金浆，交梨火枣，此则腾飞之药，不比于金丹也。"

[6]枫亭：地名。在今福建省莆田、仙游之间。

点染

"却嫌脂粉污颜色，淡扫蛾眉朝至尊[1]"。此唐人妙句也。今世讳言脂粉，动称污人之物，有满面是粉而云粉不上面，遍唇皆脂而曰脂不沾唇者，皆信唐诗太过，而欲以虢国夫人自居者也[2]。噫，脂粉焉能污人？人自污耳。

人谓脂粉二物，原为中材而设，美色可以不需。予曰：不然。惟美色可施脂粉，其馀似可不设。何也？二物颇带世情，大有趋炎附势之态，美者用之愈增其美，陋者加之更益其陋。使以绝代佳人而微施粉泽，略染划红，有不增娇益媚者乎？使以嫫颜陋妇而丹铅其面[3]，粉藻其姿，有不惊人骇众者乎？询其所以然之故，则以白者可使再白，黑者难使遽白；黑上加之以白，是欲故显其黑，而以白物相形之也。试以一墨一粉，先分二处，后合一处而观之，其分处之时，黑自黑而白自白，虽云各别其性，未甚相仇也；迨其合处，遂觉黑不自安而白欲求去。相形相碍，难以一朝居者。以天下之物，相类者可使同居，即不相类而相似者，亦可使之同居；至于非但不相类、不相似，而且相反之物，则断断勿使同居，同居必为难矣。此言粉之不可混施也。

脂则不然，面白者可用，面黑者亦可用。但脂、粉二物，其势相依，面上有粉而唇上涂脂，则其色灿然可爱，倘面无粉泽而止丹唇，非但红色不显，且能使面上之黑色变而为紫，以紫之为色，非系天生，乃红黑二色，合而成之者也。黑一见红，若逢故物，不求合而自合，精光相射，不觉紫气东来，使乘老子青牛[4]，竟有五色灿然之瑞矣。若是，则脂、粉二物，竟与若辈无缘，终身可不用矣；何以世间女子人人不舍，刻刻相需，而人亦未尝以脂粉多施，摈而不纳者？曰：不然。予所论者，乃面色最黑之人，所谓不相类、不相似，而且相反者也。若介在黑白之间，则相类而相似矣，既相类而相似，有何不可同居？但须施之有法，使浓淡得宜，则二物争效其灵矣。

从来傅粉之面，止耐远观，难于近视，以其不能匀也。画士着色，用胶始匀，无胶则研杀不合。人面非同纸绢，万无用胶之理，此其所以不匀也。有法焉：请以一次分为二次，自淡而浓，由薄而厚，则可保无是患矣。请以他事喻之。砖匠以石灰粉壁，必先上粗灰一次，后上细灰一次；先上不到之处，后上者补之；后上偶遗之处，又有先上者衬之，是以厚薄相均，泯然无迹。使以二次所上之灰，并为一次，则非但拙匠难匀，巧者亦不能遍及矣。

粉壁且然，况粉面乎？今以一次所傅之粉，分为二次傅之，先傅一次，俟其稍干，然后再傅第二次，则浓者淡而淡者浓，虽出无心，自能巧合，远观近视，无不宜矣。此法不但能匀，且能变换肌肤，使黑者渐白。何也？染匠之于布帛，无不由浅而深，其在深浅之间者，则非浅非深，另有一色，即如文字之有过文也。如欲染紫，必先使白变红，再使红变为紫；红即白紫之过文，未有由白竟紫者也。如欲染青，必使白变为蓝，再使蓝变为青；

蓝即白青之过文，未有由白竟青者也。如妇人面容稍黑，欲使竟变为白，其势实难。今以薄粉先匀一次，是其面上之色，已在黑白之间，非若曩时之纯黑矣；再上一次，是使淡白变为深白，非使纯黑变为全白也，难易之势，不大相径庭哉？由此推之，则二次可广为三，深黑可同于浅，人间世上，无不可用粉匀面之妇人矣。此理不待验而始明。

凡读是编者，批阅至此，即知湖上笠翁原非蠢物，不止为风雅功臣，亦可谓红裙知己。初论面容黑白，未免立说过严。非过严也，使知受病实深，而后知德医人果有起死回生之力也。舍此更有二说，皆浅乎此者，然亦不可不知：匀面必须匀项，否则前白后黑，有如戏场之鬼脸；匀面必记掠眉，否则霜花覆眼，几类春生之社婆[5]。至于点唇之法，又与匀面相反，一点即成，始类樱桃之体；若陆续增添，二三其手，即有长短宽窄之痕，是为成串樱桃，非一粒也。

注释

[1]“却嫌”二句：出自唐代张祜《集灵台二首》之一。至尊，皇帝。此二句指虢国夫人朝见唐玄宗。

[2]虢(guō)国夫人：唐玄宗贵妃杨玉环之姐，得玄宗宠幸，封为虢国夫人。常自炫其美，不施粉脂朝见玄宗。

[3]丹铅：朱红色的胭脂和黑色的描眉用具。在此用作动词，指化妆。

[4]“不觉”二句：典出汉代刘向《列仙传》：“老子西游，关令尹喜望见有紫气浮关，而老子果乘青牛而过也。”

[5]春生：指春社。 社婆：指在春社祭祀土地时化妆成眉发皆白的土地婆。

治服第三

古云：“三世长者知被服，五世长者知饮食。”俗云：“三代为宦，着衣吃饭。”古语今词，不谋而合，可见衣、食二事之难也。饮食载于他卷，兹不具论，请言被服一事。寒贱之家，自羞褴褛，动以无钱置服为词，谓一朝发迹，男可翩翩裘马，妇则楚楚衣裳。孰知衣衫之附于人身，亦犹人身之附于其地。人与地习，久始相安，以极奢极美之服，而骤加俭朴之躯，则衣衫亦类生人，常有不服水土之患。宽者似窄，短者疑长，手欲出而袖使之藏，项宜伸而领为之曲，物不随人指使，遂如桎梏其身，“沐猴而冠”为人指笑者[1]。非沐猴不可着冠，以其着之不惯，头与冠不相称也。此犹粗浅之论，未及精微。

“衣以章身”，请晰其解。章者，著也，非文采彰明之谓也。身非形体之身，乃智愚贤不肖之实备于躬，犹“富润屋，德润身”之身也[2]。同一衣也，富者服之章其富，贫者服之益章其贫；贵者服之章其贵，贱者服之益章其贱。有德有行之贤者，与无品无才之不肖者，其为章身也亦然。设有一大富长者于此，衣百结之衣[3]，履踵决之履[4]，一种丰腴气象，自能跃出衣履之外，不问而知为长者。是敝服垢衣，亦能章人之富，况罗绮而文绣者乎？丐夫菜佣窃得美服而被焉，往往因之得祸，以服能章贫，不必定为短褐，有时亦在长裾耳。

“富润屋，德润身”之解，亦复如是。富人所处之屋，不必尽为画栋雕梁；即居茅舍数椽，而过其门、入其室者，常见荜门圭窦之间[5]，自有一种旺气，所谓“润”也。公卿将相之后，子孙式微[6]，所居门第未尝稍改，而经其地者，觉有冷气侵入，此家门枯槁之过，润之无其人也。从来读《大学》者[7]，未得其解[8]，释以雕镂粉藻之义。果如其言，则富人舍其旧居，另觅新居而加以雕镂粉藻；则有德之人亦将弃其旧身，另易新身而后谓之心广体胖乎[9]？甚矣！读书之难，而章句训诂之学非易事也。

予尝以此论见之说部[10]，今复叙入《闲情》。噫！此等诠解，岂好闲情、作小说者所能道哉？偶寄云尔。

注释

[1]沐猴而冠：典出《史记·项羽本纪》：“说者曰：‘人言楚人沐猴而冠耳，果然。’项王闻之，烹说者。”原喻虚有仪表，此指人与衣冠不相称。沐猴，即猕猴。

[2]富润屋，德润身：语出《礼记·大学》。意谓富贵只能使室内生辉，而具有德行可使身体举止显得高雅。

[3]百结之衣：有许多补缀的衣服。

[4]履踵决之履：穿露出脚后跟的鞋。《庄子·让王》：“捉襟而见肘，纳履而踵决。”

[5]荜门圭窦：指穷人的住所。《左传·襄公十年》：“荜门闺窦之人，而皆陵其上。”荜门，柴门。闺窦，通“圭窦”。门边的小窗洞。

[6]式微：衰微，衰落。

[7]《大学》：原为《礼记》中篇名，后被析出单行。宋代朱熹将《大学》、《中庸》、《论语》、《孟子》合称“四书”。

[8]其：指“润”这一个字。

[9]心广体胖：语出《礼记·大学》。

[10]说部：小说一类体裁。

首 饰

珠翠宝玉，妇人饰发之具也；然增娇益媚者以此，损娇掩媚者亦以此。所谓增娇益媚者，或是面容欠白，或是发色带黄，有此等奇珍异宝覆于其上，则光芒四射，能令肌发改观，与玉蕴于山而山灵，珠藏于泽而泽媚同一理也。若使肌白发黑之佳人满头翡翠，环鬓金珠，但见金而不见人，犹之花藏叶底，月在云中，是尽可出头露面之人，而故作藏头盖面之事。巨眼者见之，犹能略迹求真，谓其美丽当不止此，使去粉饰而全露天真，还不知如何妩媚；使遇皮相之流[1]，止谈妆饰之离奇，不及姿容窈窕，是以人饰珠翠宝玉，非以珠翠宝玉饰人也。故女人一生，戴珠顶翠之事，止可一月，万勿多时。所谓一月者，自作新妇于归之日始[2]，至满月卸妆之日止。只此一月，亦是无可奈何。父母置办一场，翁姑婚娶一次，非此艳妆盛饰，不足以慰其心。过此以往，则当去桎梏而谢羁囚，终身不修苦行矣。一簪一珥，便可相伴一生。

此二物者，则不可不求精善。富贵之家，无妨多设金玉犀贝之属，各存其制，屡变其形，或数日一更，或一日一更，皆未尝不可。贫贱之家，力不能办金玉者，宁用骨角，勿用铜锡。骨角耐观，制之佳者，与犀贝无异，铜锡非止不雅，且能损发。

簪珥之外，所当饰鬓者，莫妙于时花数朵，较之珠翠宝玉，非止雅俗判然，且亦生死迥别。《清平调》之首句云[3]："名花倾国两相欢。"欢者，喜也，相欢者，彼既喜我，我亦喜彼之谓也。国色乃人中之花，名花乃花中之人，二物可称同调，正当晨夕与共者也。汉武云："若得阿娇，贮之金屋[4]。"吾谓金屋可以不设，药栏花榭则断断应有，不可或无。

富贵之家如得丽人，则当遍访名花，植于闺内[5]，使之旦夕相亲，珠围翠绕之荣不足道也。晨起簪花，听其自择，喜红则红，爱紫则紫，随心插戴，自然合宜。所谓两相欢也。寒素之家，如得美妇，屋旁稍有隙地，亦当种树栽花，以备点缀云鬓之用。他事可俭，此事独不可俭。

妇人青春有几，男子遇色为难。尽有公侯将相、富室大家，或苦缘分之悭[6]，或病中宫之妒[7]，欲亲美色而毕世不能。我何人斯？而擅有此乐。不得一二事娱悦其心，不得一二物妆点其貌，是为暴殄天物，犹倾精米洁饭于粪壤之中也。即使赤贫之家，卓锥无地[8]，欲艺时花而不能者，亦当乞诸名园，购之担上。即使日费几文钱，不过少饮一杯酒，既悦妇人之心，复娱男子之目，便宜不亦多乎？更有俭于此者，近日吴门所制象生花[9]，穷精极巧，与树头摘下者无异，纯用通草[10]，每朵不过数文，可备月馀之用。绒绢所制者，价常倍之，反不若此物之精雅，又能肖真。而时人所好，偏在彼而不在此，岂物不论美恶，止论贵贱乎？噫！相士用人者，亦复如此，奚止于物。

吴门所制之花，花象生而叶不象生，户户皆然，殊不可解。若去其假叶而以真者缀之，则因叶真而花益真矣。亦是一法。

时花之色，白为上，黄次之，淡红次之，最忌大红，尤忌木红。玫瑰，花之最香者也，而色太艳，止宜压在髻下，暗受其香，勿使花形全露，全露则类村妆，以村妇非红不爱也。

花中之茉莉，舍插鬓之外，一无所用。可见天之生此，原为助妆而设，妆可少乎？珠兰亦然[11]。珠兰之妙，十倍茉莉，但不能处处皆有，是一恨事。

予前论髻，欲人革去“牡丹头”、“荷花头”、“钵盂头”等怪形，而以假髮作云龙等式。客有过之者，谓：“吾侪立法，当使天下去赝存真，奈何教人为伪？”予曰：“生今之世，行古之道，立言则善，谁其从之？不若因势利导，使之渐近自然。”妇人之首，不能无饰，自昔为然矣。与其饰以珠翠宝玉，不若饰之以髮。髮虽云假，原是妇人头上之物，以此为饰，可谓还其固有，又无穷奢极靡之滥费，与崇尚时花，鄙黜珠玉，同一理也。予岂不能为高世之论哉？虑其无裨人情耳。

簪之为色，宜浅不宜深，欲形其发之黑也。玉为上，犀之近黄者、蜜蜡之近白者次之，金银又次之，玛瑙琥珀皆所不取。簪头取象于物，如龙头、凤头、如意头、兰花头之类是也。但宜结实自然，不宜玲珑雕斫；宜与发相依附，不得昂首而作跳跃之形。盖簪头所以压发，服贴为佳，悬空则谬矣。

饰耳之环，愈小愈佳，或珠一粒，或金银一点，此家常佩戴之物，俗名“丁香”，肖其形也。若配盛妆艳服，不得不略大其形，但勿过丁香之一倍二倍。既当约小其形，复宜精雅其制，切忌为古时络索之样。时非元夕，何须耳上悬灯？若再饰以珠翠，则为福建之珠灯，丹阳之料丝灯矣[12]。

其为灯也犹可厌，况为耳上之环乎？

注释

[1]皮相之流：只看表面现象的人。

[2]于归：女子出嫁。《诗经·周南·桃夭》："之子于归，宜其室家。"

[3]《清平调》：李白所作词调，此处所引为第三首："名花倾国两相欢，长得君王带笑看。解释春风无限恨，沉香亭北倚阑干。"

[4]"若得阿娇"二句：据《汉武故事》载，汉武帝刘彻四岁时被封胶东王，长公主抱置膝上，问曰："儿欲得妇不？"胶东王曰："欲得妇。"长公主指其女问曰："阿娇好不？"于是乃笑对曰："好。若得阿娇作妇，当作金屋贮之也。"

[5]阃(kùn)内：闺阁之内。

[6]悭(qiān)：缺少。

[7]中宫：指室中之妇。

[8]卓锥无地：无立锥之地。形容穷困至极。

[9]吴门：苏州的别称。

[10]通草：亦称"通脱木"。一种小乔木，产于南方。

[11]珠兰：即金粟兰，又称珍珠兰。初夏开花，穗状花序。

[12]丹阳：地名。在今江苏省。

衣衫

妇人之衣，不贵精而贵洁，不贵丽而贵雅，不贵与家相称，而贵与貌相宜。绮罗文绣之服，被垢蒙尘，反不若布服之鲜美，所谓贵洁不贵精也。红紫深艳之色，违时失尚，反不若浅淡之合宜，所谓贵雅不贵丽也。贵人之妇，宜披文采，寒俭之家，当衣缟素，所谓与人相称也。然人有生成之面，面有相配之衣，衣有相配之色，皆一定而不可移者。今试取鲜衣一袭，令少妇数人先后服之，定有一二中看，一二不中看者，以其面色与衣色有相称、不相称之别，非衣有公私向背于其间也。使贵人之妇之面色，不宜文采而宜缟素，必欲去缟素而就文采，不几与面为仇乎？故曰不贵与家相称，而贵与面相宜。大约面色之最白最嫩，与体态之最轻盈者，斯无往而不宜。色之浅者显其淡，色之深者愈显其淡；衣之精者形其娇，衣之粗者愈形其娇。此等即非国色，亦去夷光、王嫱不远矣[1]，然当世有几人哉？稍近中材者，即当相体裁衣，不得混施色相矣。

相体裁衣之法，变化多端，不应胶柱而论[2]，然不得已而强言其略，则在务从其近而已。面颜近白者，衣色可深可浅；其近黑者，则不宜浅而独宜深，浅则愈彰其黑矣。肌肤近腻者，衣服可精可粗；其近糙者，则不宜精而独宜粗，精则愈形其糙矣。然而贫贱之家，求为精与深而不能，富贵之家欲为粗与浅而不可，则奈何？曰：不难。

布苎有精粗深浅之别，绮罗文采亦有精粗深浅之别，非谓布苎必粗而罗绮必精，锦绣必深而缟素必浅也。绌与缎之体质不光、花纹突起者，即是精中之粗，深中之浅；布与苎之纱线紧密、漂染精工者，即是粗中之精，浅中之深。

凡予所言，皆贵贱咸宜之事，既不详绣户而略衡门[3]，亦不私贫家而遗富室。盖美女未尝择地而生，佳人不能选夫而嫁，务使得是编者，人人有裨，则怜香惜玉之念，有同雨露之均施矣。

迩来衣服之好尚，其大胜古昔，可为一定不移之法者；又有大背情理，可为人心世道之忧者，请并言之。其大胜古昔，可为一定不移之法者，大家富室，衣色皆尚青是已。（青非青也，元也[4]。因避讳，故易之。）

记予儿时所见，女子之少者，尚银红桃红，稍长者尚月白，未几而银红桃红皆变大红，月白变蓝，再变则大红变紫，蓝变石青。迨鼎革以后[5]，则石青与紫皆罕见，无论少长男妇，皆衣青矣，可谓“齐变至鲁，鲁变至道”[6]，变之至善而无可复加者矣。其递变至此也，并非有意而然，不过人情好胜，一家浓似一家，一日深于一日，不知不觉，遂趋到尽头处耳。

然青之为色，其妙多端，不能悉数。但就妇人所宜者而论，面白者衣之，其面愈白，面黑者衣之，其面亦不觉其黑，此其宜于貌者也。年少者衣之，其年愈少，年老者衣之，其年亦不觉甚老，此其宜于岁者也。贫贱者衣之，是为贫贱之本等，富贵者衣之，又觉脱去繁华之习，但存雅素之风，亦未尝失其富贵之本来，此其宜于分者也。他色之衣，极不耐污，略沾茶酒之色，稍侵油腻之痕，非染不能复着，染之即成旧衣。此色不然，惟其极浓也，凡淡乎此者，皆受其侵而不觉；惟其极深也，凡浅乎此者，皆纳其污而不辞，此又其宜于体而适于用者也。贫家止此一衣，无他美服相衬，亦未尝尽现底里，以覆其外者色原不艳，即使中衣敝垢，未甚相形也；如用他色于外，则一缕欠精，即彰其丑矣。富贵之家，凡有锦衣绣裳，皆可服之于内，风飘袂起，五色灿然，使一衣胜似一衣，非止不掩中藏，且莫能穷其底蕴。“诗云‘衣锦尚䌹’，恶其文之著也。”[7]此独不然，止因外色最深，使里衣之文越著，有复古之美名，无泥古之实害。二八佳人，如欲华美其制，则青上洒线，青上堆花，较之他色更显。反复求之，衣色之妙，未有过于此者。后来即有所变，亦皆举一废百，不能事事咸宜，此予所谓大胜古昔，可为一定不移之法者也。

至于大背情理，可为人心世道之忧者，则零拼碎补之服，俗名呼为“水田衣”者是已。衣之有缝，古人非好为之，不得已也。人有肥瘠长短之不同，不能象体而织，是必制为全帛，剪碎而后成之，即此一条两条之缝，亦是人身赘瘤，万万不能去之，故强存其迹。赞神仙之美者，必曰“天衣无缝”，明言人间世上，多此一物故也。而今且以一条两条，广为数十百条，非止不似天衣，且不使类人间世上，然而愈趋愈下，将肖何物而后已乎？推原其始，亦非有意为之，盖由缝衣之奸匠，明为裁剪，暗作穿窬[8]，逐段窃取而藏之，无由出脱[9]，创为此制，以售其奸。不料人情厌常喜怪，不惟不攻其弊，且群然则而效之。毁成片者为零星小块，全帛何罪，使受寸磔之刑[10]？缝碎裂者为百衲僧衣，女子何辜，忽现出家之相？风俗好尚之迁移，常有关于气数，此制不昉于今[11]，而昉于崇祯末年[12]。予见而诧之，尝谓人曰：“衣衫无故易形，殆有若或使之者[13]，六合以内[14]，得无有土崩瓦解之事乎？”未几而闯氛四起[15]，割裂中原，人谓予言不幸而中。方今圣人御世，万国来归，车书一统之朝[16]，此等制度，自应潜革。倘遇同心，谓刍荛之言[17]，不甚訾谬[18]，交相劝谕，勿效前颦，则予为是言也，亦犹鸡鸣犬吠之声，不为无补于盛治耳。

云肩以护衣领[19]，不使沾油，制之最善者也。但须与衣同色，近观则有，远视若无，斯为得体。即使难于一色，亦须不甚相悬。若衣色极深，而云肩极浅，或衣色极浅，而云肩极深，则是身首判然，虽曰相连，实同异处，此最不相宜之事也。予又谓云肩之色，不惟与衣相同，更须里外合一，如外色是青，则夹里之色亦当用青，外色是蓝，则夹里之色亦当用蓝。何也？此物在肩，不能时时服贴，稍遇风飘，则夹里向外，有如飓吹残叶，风卷败荷，美人之身不能不现历乱萧条之象矣。若使里外一色，则任其整齐颠倒，总无是患。然家常则已，出外见人，必须暗定以线，勿使与服相离，盖动而色纯，总不如不动之为愈也

妇人之妆，随家丰俭，独有价廉功倍之二物，必不可无。一曰半臂[20]俗呼“背褡”者是也；一曰束腰之带，俗呼“鸾绦”者是也。妇人之体，宜窄不宜宽，一着背搭，则宽者窄，而窄者愈显其窄矣。妇人之腰，宜细不

宜粗，一束以带，则粗者细，而细者倍觉其细矣。背褡宜着于外，人皆知之；鸾绦宜束于内，人多未谙。带藏衣内，则虽有若无，似腰肢本细，非有物缩之使细也。

裙制之精粗，惟视折纹之多寡。折多则行走自如，无缠身碍足之患，折少则往来局促，有拘挛桎梏之形；折多则湘纹易动[21]，无风亦似飘飖，折少则胶柱难移，有态亦同木强[22]。故衣服之料，他或可省，裙幅必不可省。古云："裙拖八幅湘江水[23]。"幅既有八，则折纹之不少可知。予谓八幅之裙，宜于家常；人前美观，尚须十幅。盖裙幅之增，所费无几，况增其幅，必减其丝。惟细縠轻绡可以八幅十幅[24]，厚重则为滞物，与幅减而折少者同矣。即使稍增其值，亦与他费不同。妇人之异于男子，全在下体。男子生而愿为之有室，其所以为室者，只在几希之间耳。掩藏秘器，爱护家珍，全在罗裙几幅，可不丰其料而美其制，以贻采葑采菲者诮乎[25]？近日吴门所尚"百裥裙"，可谓尽美。予谓此裙宜配盛服，又不宜于家常，惜物力也。较旧制稍增，较新制略减，人前十幅，家居八幅，则得丰俭之宜矣。吴门新式，又有所谓"月华裙"者，一裥之中，五色俱备，犹皎月之现光华也，予独怪而不取。人工物料，十倍常裙，暴殄天物，不待言矣，而又不甚美观。盖下体之服，宜淡不宜浓，宜纯不宜杂。予尝读旧诗，见"飘飏血色裙拖地"、"红裙妒杀石榴花"等句[26]，颇笑前人之笨。若果如是，则亦艳妆村妇而已矣，乌足动雅人韵士之心哉？惟近制"弹墨裙"，颇饶别致，然犹未获我心，嗣当别出新裁，以正同调。思而未制，不敢轻以误人也。

注释

[1]夷光、王嫱：春秋时越国美女西施和汉元帝时宫女王昭君。

[2]胶柱：在此指拘泥而不知变通。

[3]衡门：横木为门，指简陋的房屋。

[4]元：即"玄"。天青色。避康熙帝玄烨讳而改。

[5]迨：及至。　鼎革：指清朝代替明朝。鼎，取新；革，去旧。

[6]"齐变至鲁"二句：语出《论语·雍也》："齐一变，至于鲁；鲁一变，至于道。"意谓齐国改革一下，可像鲁国一样；鲁国改革一下，便可臻于先王之道了。在此比喻入清以后，穿着风气不断趋新。

[7]"诗云"二句：出自《中庸》。衣锦尚絅，本于《诗经·卫风·硕人》："衣锦褧衣。"絅，同"褧"，用麻布制成的单罩衣。尚，加也。

[8]穿窬(yú)：穿壁逾墙而入，指入室盗窃。在此指偷工减料。

[9]出脱：卖出。

[10]寸磔之刑：古代酷刑。将犯人一寸一寸地予以分割至死。

[11]昉(fǎng):天刚明。引申为开始。

[12]崇祯末年:崇祯,明代最后一位皇帝朱由检的年号。

[13]若:海若,海神名。《庄子·秋水》:"望洋向若而叹。"在此代指神明。

[14]六合:天地四方之内。指人间。

[15]闯氛四起:指明末闯王李自成等揭竿起义。

[16]车书一统:指国家一统。《中庸》:"今天下,车同轨,书同文。"

[17]刍荛之言:草野之人的言论。用于自谦。刍荛,割草打柴,代指草野之民。

[18]訾谬(zīmiù):荒诞乖错的言论。訾,恣肆。

[19]云肩:妇女披在肩上的装饰物,绣花,下围有穗。

[20]半臂:即背心。

[21]湘纹:湘(今湖南)绸之纹。

[22]木强:本意指人的性格质直倔强。《史记·绛侯周勃世家》:"勃为人木强敦厚。"此处意谓裙料僵直、不易打折。见《声容部·选姿第一·态度》注[9]。

[23]裙拖八幅湘江水:出自明李群玉《同郑相并歌姬小饮戏赠》:"裙拖六幅湘江水,鬓耸巫山一段云。"

[24]縠:绉纱类的丝织品。 绡:生丝织成的薄绸薄纱,质地稀疏。

[25]采葑采菲:语出《诗经·邶风·谷风》。葑、菲即蔓菁和萝卜。二者根、茎、叶都可食。此喻衣服简陋,无法遮掩身体。

[26]"飘飏"二句:出自万楚《五日观妓》诗。

鞋袜

男子所着之履,俗名为鞋,女子亦名为鞋。男子饰足之衣,俗名为袜,女子独易其名曰"褶"[1],其实褶即袜也。古云"凌波小袜"[2],其名最雅,不识后人何故易之?袜色尚白,尚浅红;鞋色尚深红,今复尚青,可谓制之尽美者矣。鞋用高底,使小者愈小,瘦者越瘦,可谓制之尽美又尽善者矣。然足之大者,往往以此藏拙,埋没作者一段初心,是止供丑妇效颦[3],非为佳人助力。近有矫其弊者,窄小金莲,皆用平底,使与伪造者有别。殊不知此制一设,则人人向高底乞灵,高底之为物也,遂成百世不祧之祀[4],有之则大者亦小,无之则小者亦大。尝有三寸无底之足,与四五寸有底之鞋同立一处,反觉四五寸之小,而三寸之大者,以有底则指尖向下,而秃者疑尖,无底则玉笋朝天[5],而尖者似秃故也。吾谓高底不宜尽去,只在减损其料而已。足之大者,利于厚而不利于薄,薄则本体现矣;利于大而不利于小,小则痛而不能行矣。我以极薄极小者形之,则似鹤立鸡群,不求异而自异。世岂有高底如钱,不扭捏而能行之大脚乎?

古人取义命名,纤毫不爽,如前所云,以"蟠龙"名髻,"乌云"为发之类是也。独于妇人之足，取义命名，皆与实事相反。何也？足者，形之最小者也；莲者，花之最大者也；而名妇人之足者，必曰“金莲”，名最小之足者，则曰“三寸金莲”。使妇人之足，果如莲瓣之为形，则其阔而大也，尚可言乎？极小极窄之莲瓣，岂止三寸而已乎？此“金莲”之义之不可解也[6]。

从来名妇人之鞋者，必曰“凤头”。世人顾名思义，遂以金银制凤，缀于鞋尖以实之。试思凤之为物，止能小于大鹏；方之众鸟，不几洋洋乎大观也哉？以之名鞋，虽曰赞美之词，实类讥讽之迹。如曰“凤头”二字，但肖其形，凤之头锐而身大，是以得名；然则众鸟之头，尽有锐于凤者，何故不以命名，而独有取于凤？且凤较他鸟，其首独昂，妇人趾尖，妙在低而能伏，使如凤凰之昂首，其形尚可观乎？此“凤头”之义之不可解者也。若是，则古人之命名取义，果何所见而云然？岂终不可解乎？曰：有说焉。

妇人裹足之制，非由前古，盖后来添设之事也。其命名之初，妇人之足亦犹男子之足，使其果如莲瓣之稍尖，凤头之稍锐，亦可谓古之小脚。无其制而能约小其形，较之今人，殆有过焉者矣。吾谓“凤头”、“金莲”等字相传已久，其名未可遽易，然止可呼其名，万勿肖其实；如肖其实，则极不美观，而为前人所误矣。不宁惟是，凤为羽虫之长，与龙比肩，乃帝王饰衣饰器之物也，以之饰足，无乃大亵名器乎[7]？尝见妇人绣袜，每作龙凤之形，皆昧理僭分之大者[8]，不可不为拈破[9]。近日女子鞋头，不缀凤而缀珠，可称善变。珠出水底，宜在凌波袜下，且似粟之珠，价不甚昂，缀一粒于鞋尖，满足俱呈宝色。使登歌舞之氍毹[10]，则为走盘之珠；使作阳台之云雨[11]，则为掌上之珠。然作始者见不及此，亦犹衣色之变青，不知其然而然，所谓暗合道妙者也。予友余子澹心[12]，向著《鞋袜辨》一篇，考缠足之从来，核妇履之原制，精而且确，足与此说相发明，附载于后。

注释

[1]褶(dié)：夹衣。李渔在此指袜子，不知何据。

[2]凌波小袜：语本汉末曹植《洛神赋》：“凌波微步，罗袜生尘。”

[3]丑妇效颦(pín)：指东施效颦。详见《尤侗序》注[34]。

[4]祧(tiāo)：祭祀祖庙。

[5]玉笋：指女子美丽的脚趾。

[6]此金莲之义之不可解也：李渔以为用金莲形容女子纤足为不可解。其实，疑是不明金莲命足的出处。《南史·齐东昏侯纪》：“又凿金为莲花以帖地，令潘妃行其上，曰：‘此步步生莲花也。’”后遂以金莲喻女子

小足。又南唐李后主作六尺金莲，命其嫔妃窅娘以帛缠足，舞莲花中。亦为金莲代女子纤足证。

［7］名器：身份，尊严。

［8］僭(jiān)分：超越本分，超过规格。

［9］拈破：点破迷局。

［10］氍毹：毛织地毯。在此指用于舞蹈时铺的地毯。

［11］阳台之云雨：指男女欢会。详见《词曲部·词采第二·贵显浅》注［2］。

［12］余子澹心：余怀，字澹心。详见《余怀序》注［1］。

附：妇人鞋袜辨

余　怀

古妇人之足，与男子无异。《周礼》有屦人[1]，掌王及后之服屦，为赤舄[2]、黑舄、赤繶[3]、黄繶、青约[4]、素屦、葛屦，辨外内命夫命妇之功屦[5]、命屦[6]、散屦[7]。可见男女之履，同一形制，非如后世女子之弓弯细纤，以小为贵也。考之缠足，起于南唐李后主。后主有宫嫔窅娘，纤丽善舞，乃命作金莲，高六尺，饰以珍宝绸带缨络，中作品色瑞莲，令窅娘以帛缠足，屈上作新月状，着素袜，行舞莲中，回旋有凌云之态。由是人多效之，此缠足所自始也[8]。唐以前未开此风，故词客诗人，歌咏美人好女，容态之殊丽，颜色之天姣，以至面妆首饰、衣褶裙裾之华靡，鬓发、眉眼、唇齿、腰肢、手腕之婀娜秀洁，无不津津乎其言之，而无一语及足之纤小者。即如古乐府之《双行缠》云："新罗绣白胫，足趺如春妍。"曹子建云："践远游之文履。"[9]李太白诗云："一双金齿屐，两足白如霜。"[10]韩致光诗云："六寸肤圆光致致。"[11]杜牧之诗云："钿尺裁量减四分。"[12]《汉杂事秘辛》云："足长八寸，胫跗丰妍。"[13]夫六寸、八寸，素白、丰妍，可见唐以前妇人之足，无屈上作新月状者也。即东昏潘妃[14]，作金莲花帖地，令妃行其上，曰"此步步生金莲花"，非谓足为金莲也。崔豹《古今注》[15]："东晋有凤头重台之履。"不专言妇人也。宋元丰以前[16]，缠足者尚少，自元至今，将四百年，矫揉造作亦泰甚矣。

古妇人皆着袜。杨太真死之日[17]，马嵬媪得锦袎袜一只，过客一玩百钱[18]。李太白诗云："溪上足如霜，不着鸦头袜[19]。"袜一名"膝裤"。宋高宗闻秦桧死，喜曰："今后免膝裤中插匕首矣。"则袜也，膝裤也，乃男女之通称，原无分别。但古有底，今无底耳。古有底之袜，不必着鞋，皆可行地；今无底之袜，非着鞋，则寸步不能行矣。张平子云[20]："罗袜凌蹑足容与。"曹子建云："凌波微步，罗袜生尘[21]。"李后主词云："刬袜下香阶，手提金缕鞋[22]。"古今鞋袜之制，其不同如此。至于高底之制，前古未闻，于今独绝。吴下妇人，有以异香为底，围以精绫者；有凿花玲珑，囊以香麝，行步霏霏，印香在地者。此则服妖[23]，宋元以来，诗人所未及，故表而出之，以告世之赋"香奁"[24]、咏"玉台"者[25]。

袜色与鞋色相反，袜宜极浅，鞋宜极深，欲其相形而始露也。今之女子，袜皆尚白，鞋用深红深青，可谓尽制。然家家若是，亦忌雷同。予欲更翻置色，深其袜而浅其鞋，则脚之小者更露。盖鞋之为色，不当与地色相同。地色者，泥土砖石之色是也。泥土砖石其为色也多深，浅者立于其上，则界限分明，不为地色所掩。如地青而鞋亦青，地绿而鞋亦绿，则无所见其短长矣。脚之大者则应反此，宜视地色以为色，则藏拙之法，不独使高底居功矣。鄙见若此，请以质之金屋主人[26]，转询阿娇[27]，定其是否。

注释

[1]屦：麻、革等材料制成的单底鞋。

[2]舄(xì)：古代的一种复底鞋。

[3]繶(yì)：系屦的圆丝带。

[4]絇(qú)：古代鞋上系丝带的孔。

[5]命夫：古代卿大夫及士为王所命，在宫内者称内命夫，在宫外者称外命夫。　命妇：古代官员之母、之妻等有封号者，在宫内称内命妇，在宫外称外命妇。　功屦：古代贵族所穿的一种单底鞋。

[6]命屦：命夫、命妇之屦。在鞋类中位最尊，做工最精。

[7]散屦：无饰之屦。在鞋类中等次最低。

[8]"考之"十五句：详见元陶宗仪《南村辍耕录》卷十。南唐李后主，名煜，南唐最后一位君主，善作词。窅音咬。

[9]曹子建：汉末诗人曹植，字子建。引文见其《洛神赋》。

[10]李太白：唐代大诗人李白，字太白。引文见其《浣纱石上女》。金齿屐，当为底有铁钉的木屐。

[11]韩致光：唐末诗人韩偓(约842—923)，字致光。引诗见其《屐子》。

[12]杜牧之：唐代诗人杜牧(803—853)，字牧之，京兆万年(今西安)人。引文见其《咏袜》。

[13]《汉杂事秘辛》：亦名《杂事秘辛》。古代笔记小说。作者不详。一般认为是明代文人杨慎伪撰。胫跗：脚腕和脚背。

[14]东昏：南齐东昏侯萧宝卷曾令其潘妃行于金莲花上。见《声容部·治服第三·鞋袜》注[6]。

[15]崔豹：字正熊，西晋渔阳(今北京市密云区西南)人。作《古今注》三卷，对古代各项名物制度加以考释。

[16]元丰：北宋神宗年号(1078—1085)。

[17]杨太真：杨贵妃。在成为唐玄宗李隆基之妃前，曾出家为道士，号太真。

[18]"马嵬(wéi)媪"二句：事见唐李肇《国史补》卷上。马嵬，唐驿站名。杨贵妃被迫自缢之处。在今陕西兴平市西。袎(yào)袜，当为长筒的袜子。袎，袜胫；一作膝裤。

[19]"溪上"二句：见李白《越女词》："长干吴儿女，眉目艳新月。屐上足如霜，不着鸦头袜。"

[20]张平子：东汉文学家张衡(78—139)，字平子。　凌蹑：指脚步升起的样子。　容与：舒缓的样子。

[21]"凌波微步"二句：出自曹植《洛神赋》。

[22]"刬(chǎn)袜"二句：出自南唐后主李煜词《菩萨蛮》("花明月暗笼轻纱")。刬袜，脱下袜子。

[23]服妖：指奇装异服，与众不同者。

[24]香奁(lián)：女子盛放香粉、镜子等的盒子。古代有专咏香奁之诗，号"香奁体"。

[25]玉台：对女子梳妆台的美称。南朝陈徐陵有《玉台新咏》，多收咏女子的艳情诗。

[26]金屋主人：典出汉武帝“金屋藏娇”事。详见《声容部·治服第三·首饰》注[4]。在此泛指专好风月的男子。

[27]阿娇：典出汉武帝“金屋藏娇”事。在此泛指美女。

习技第四

“女子无才便是德。”言虽近理，却非无故而云然。因聪明女子失节者多，不若无才之为贵。盖前人愤激之词，与男子因官得祸，遂以读书作宦为畏途，遗言戒子孙，使之勿读书、勿作宦者等也。此皆见噎废食之说，究竟书可竟弃，仕可尽废乎？

吾谓才、德二字，原不相妨。有才之女，未必人人败行；贪淫之妇，何尝历历知书？但须为之夫者，既有怜才之心，兼有驭才之术耳。至于姬妾婢媵[1]，又与正室不同。娶妻如买田庄，非五谷不植，非桑麻不树，稍涉游观之物，即拔而去之，以其为衣食所出，地力有限，不能旁及其他也。买姬妾如治园圃，结子之花亦种，不结子之花亦种；成荫之树亦栽，不成荫之树亦栽，以其原为娱情而设，所重在耳目，则口腹有时而轻，不能顾名兼顾实也。使姬妾满堂，皆是蠢然一物，我欲言而彼默，我思静而彼喧，所答非所问，所应非所求，是何异于入狐狸之穴，舍宣淫而外[2]，一无事事者乎？故习技之道，不可不与修容、治服并讲也。技艺以翰墨为上，丝竹次之，歌舞又次之，女工则其分内事，不必道也。然尽有专攻男技，不屑女红，鄙织纴为贱役，视针线如仇雠，甚至三寸弓鞋不屑自制，亦倩老妪贫女为捉刀人者[3]，亦何借巧藏拙，而失造物生人之初意哉！予谓妇人职业，毕竟以缝纫为主，缝纫既熟，徐及其他。予谈习技而不及女工者，以描鸾刺凤之事，闺阁中人人皆晓，无俟予为越俎之谈[4]。其不及女工，而仍郑重其事，不敢竟遗者，虑开后世逐末之门，置纺绩蚕缫于不讲也。虽说闲情，无伤大道，是为立言之初意尔。

注释

[1]媵(yìng)：古代诸侯女儿随嫁或陪嫁的人。在此应指随嫁的婢女。

[2]宣淫：公然作出淫猥的行为。

[3]捉刀人：代人做事之人。典出《世说新语·容止》。记曹操请崔季珪代其见匈奴使者，自己捉刀立床头事。

[4]越俎(zǔ)之谈：谈论非分内之事。越俎，典出《庄子·逍遥游》：“庖人虽不治庖，尸祝不越樽俎而

代之矣。”俎，古代祭祀用的礼器。

文艺

学技必先学文，非曰先难后易，正欲先易而后难也。天下万事万物，尽有开门之锁钥。锁钥维何？文、理二字是也。寻常锁钥，一钥止开一锁，一锁止管一门；而文、理二字之为锁钥，其所管者不止千门万户。盖合天上地下，万国九州，其大至于无外，其小至于无内，一切当行当学之事，无不握其枢纽，而司其出入者也。此论之发，不独为妇人女子，通天下之士农工贾、三教九流[1]、百工技艺，皆当作如是观。

以许大世界，摄入“文理”二字之中，可谓约矣，不知二字之中，又分宾主。凡学文者，非为学文，但欲明此理也。此理既明，则文字又属敲门之砖，可以废而不用矣。天下技艺无穷，其源头止出一理。明理之人学技，与不明理之人学技，其难易判若天渊。然不读书不识字，何由明理？故学技必先学文。

然女子所学之文，无事求全责备，识得一字，有一字之用，多多益善，少亦未尝不善；事事能精，一事自可愈精。予尝谓土木匠工，但有能识字记账者，其所造之房屋器皿，定与拙匠不同，且有事半功倍之益。人初不信，后择数人验之，果如予言。粗技若此，精者可知。甚矣，字之不可不识，理之不可不明也！

妇人读书习字，所难只在入门。入门之后，其聪明必过于男子。以男子念纷，而妇人心一故也。导之入门，贵在情窦未开之际，开则志念稍分，不似从前之专一。然买姬置妾，多在三五、二八之年，娶而不御，使作蒙童求我者，宁有几人？如必俟情窦未开，是终身无可授之人矣。惟在循循善诱，勿阻其机，“扑作教刑”一语[2]，非为女徒而设也；先令识字，字识而后教之以书。识字不贵多，每日仅可数字，取其笔画最少，眼前易见者训之。由易而难，由少而多，日积月累，则一年半载以后，不令读书而自解寻章觅句矣。乘其爱看之时，急觅传奇之有情节、小说之无破绽者，听其翻阅，则书非书也，不怒不威而引人登堂入室之明师也[3]。其故维何？以传奇、小说所载之言，尽是常谈俗语，妇人阅之，若逢故物。譬如一句之中，共有十字，此女已识者七，未识者三，顺口念去，自然不差。是因已识之七字，可悟未识之三字，则此三字也者，非我教之，传奇、小说教之也。由此而机锋相触，自能曲喻旁通。再得男子善为开导，使之由浅而深，则共枕论文，较之登坛讲艺，其为时雨之化，难易奚止十倍哉？十人之中，拔其一二最聪慧者，日与谈诗，使之渐通声律。但有说话铿锵，无重复聱牙之字者，即作诗能文之料也。苏夫人说"春夜月胜于秋夜月，秋夜月令人惨凄，春夜月令人和悦"[4]，此非作诗，随口所说之话也。东坡因其出口合律，许以能诗，传为佳话。此即说话铿锵，无重复聱牙，可以作诗之明验也。其馀女子，未必人人若是，但能书义稍通，则任学诸般技艺，皆是锁钥到手，不忧阻隔之人矣。

妇人读书习字，无论学成之后，受益无穷，即其初学之时，先有裨于观者：只须案摊书本，手捏柔毫，坐于绿窗翠箔之下，便是一幅画图。班姬续史之容[5]，谢庭咏雪之态[6]，不过如是，何必睹其题咏，较其工拙，而后有闺秀同房之乐哉？噫！此等画图，人间不少，无奈身处其地，皆作寻常事物观，殊可惜耳。

欲令女子学诗，必先使之多读，多读而能口不离诗，以之作话，则其诗意诗情，自能随机触露[7]，而为天籁自鸣矣。至其聪明之所发，思路之由开，则全在所读之诗之工拙，选诗与读者，务在善迎其机。然则选者维何？曰：在"平易尖颖"四字。平易者，使之易明且易学；尖颖者，妇人之聪明，大约在纤巧一路，读尖颖之诗，如逢故我，则喜而愿学，所谓迎其机也。所选之诗，莫妙于晚唐及宋人，初中盛三唐，皆所不取；至汉魏晋之诗，皆秘勿与见，见即阻塞机锋，终身不敢学矣。此予边见，高明者阅之，势必哑然一笑。然予才浅识隘，仅足为女子之师，至高峻词坛，则生平未到，无怪乎立论之卑也。

女子之善歌者，若通文义，皆可教作诗馀[8]。盖长短句法，日日见于词曲之中，入者既多，出者自易，较作诗之功为尤捷也。曲体最长，每一套必须数曲，非力赡者不能。诗馀短而易竟，如《长相思》、《浣溪纱》、《如梦令》、《蝶恋花》之类，每首不过一二十字，作之可逗灵机。但观诗馀选本，多闺秀女郎之作，为其词理易明，口吻易肖故也。然诗馀既熟，即可由短而长，扩为词曲，其势亦易。果能如是，听其自制自歌，则是名士佳人合而为一，千古来韵事韵人，未有出于此者。吾恐上界神仙，自鄙其乐，咸欲谪向人寰而就之矣。此论前人未道，实实创自笠翁，有由此而得妙境者，切勿忘其所本。

以闺秀自命者，书、画、琴、棋四艺，均不可少。然学之须分缓急，必不可已者先之，其馀资性能兼，不妨次第并举，不则一技擅长，才女之名著矣。琴列丝竹，别有分门，书则前说已备。善教由人，善习由己，其工拙浅深，不可强也。画乃闺中末技，学不学听之。至手谈一节[9]，则断不容已，教之使学，其利于人己者，非止一端。妇人无事，必生他想，得此遣日，则妄念不生，一也；女子群居，争端易酿，以手代舌，是喧者寂之，二也；男女对坐，静必思淫，鼓瑟鼓琴之暇，焚香啜茗之馀，不设一番功课，则静极思动，其两不相下之势，不在几案之前，即居床第之上矣。一涉手谈，则诸想皆落度外，缓兵降火之法，莫善于此。但与妇人对垒，无事角胜争雄，宁饶数子而输彼一筹，则有喜无嗔，笑容可掬；若有心使败，非止当下难堪，且阻后来弈兴矣。

纤指拈棋，踌躇不下；静观此态，尽勾消魂。必欲胜之，恐天地间无此忍人也。

双陆投壶诸技[10]，皆在可缓。骨牌赌胜，亦可消闲，且易知易学，似不可已。

注释

[1]三教九流：本指儒、释、道三教及儒家、道家、阴阳家、法家、名家、墨家、纵横家、杂家、农家九流，后用以泛指江湖上各种行业的人。

[2]扑作教刑：语出《尚书·舜典》。扑，刑杖。

[3]登堂入室：比喻在学问、技艺等方面造诣颇深，深得师传。

[4]“苏夫人”三句：出自赵令畤《侯鲭录》卷四：“元祐七年正月，东坡先生在汝阴州。堂前梅花大开，月色鲜霁。先生王夫人曰：‘春月色胜如秋月色，秋月色令人凄惨，春月色令人和悦。’先生大喜曰：‘吾不知子能诗耶，此真诗家语耳。’”

[5]班姬续史：东汉班固作《汉书》未竟而亡，其妹班昭（一名姬）续之。

[6]谢庭咏雪：据《世说新语·言语》载，谢安在大雪日召儿女辈讲论文义，其侄女谢道韫以“柳絮因风起”喻漫天飞舞的大雪，深得谢安赏识。

[7]机：文之机锋、灵机。

[8]诗馀：词。古有词为诗之馀之说。

[9]手谈：此指下围棋。

[10]双陆：古代游戏。局如棋盘，左右各六路，故名。黑白各五枚，两人相博，骰子掷采行马，先出完者胜。投壶：古代游戏。方法是以盛酒的壶口作目标，以箭投入。投中多者为胜，负者须饮酒。

丝竹

丝竹之音，推琴为首。古乐相传至今，其已变而未尽变者，独此一种，馀皆末世之音也。妇人学此，可以变化性情。欲置温柔乡[1]，不可无此陶熔之具[2]。然此种声音，学之最难，听之亦最不易。凡令姬妾学此者，当先自问其能弹与否。主人知音，始可令琴瑟在御，不则弹者铿然，听者茫然，强束官骸以俟其阕，是非悦耳之音，乃苦人之具也，习之何为？

凡人买姬置妾，总为自娱。己所悦者，导之使习；己所不悦，戒令勿为，是真能自娱者也。尝见富贵之人，听惯弋阳、四平等腔[3]，极嫌昆调之冷[4]，然因世人雅重昆调，强令歌童习之，每听一曲，攒眉许久，座客亦代为苦难，此皆不善自娱者也。予谓人之性情，各有所嗜，亦各有所厌，即使嗜之不当，厌之不宜，亦不妨自攻其谬。自攻其谬，则不谬矣。予生平有三癖，皆世人共好而我独不好者：一为果中之橄榄，一为馔中之海参，一为衣中之茧绸[5]。此三物者，人以食我，我亦食之；人以衣我，我亦衣之；然未尝自沽而食，自购而衣，因不知其精美之所在也。谚云："村人吃橄榄，不知回味。"予真海内之村人也。因论习琴，而谬谈至此，诚为饶舌。

人问：主人善琴，始可令姬妾学琴，然则教歌舞者，亦必主人善歌善舞而后教乎？须眉丈夫之工此者，有几人乎？曰：不然。歌舞难精而易晓，闻其声音之婉转，睹见体态之轻盈，不必知音始能领略，座中席上，主客皆然，所谓雅俗共赏者是也。琴音易响而难明，非身习者不知，惟善弹者能听。伯牙不遇子期[6]，相如不得文君[7]，尽日挥弦，总成虚鼓。吾观今世之为琴，善弹者多，能听者少；延名师、教美妾者尽多，果能以此行乐，不愧文君、相如之名者绝少。务实不务名，此予立言之意也。若使主人善操，则当舍诸技而专务丝桐[8]。"妻子好合，如鼓瑟琴。"[9]"窈窕淑女，琴瑟友之。"[10]琴瑟非他，胶漆男女，而使之合一；联络情意，而使之不分者也。花前月下，美景良辰，值水阁之生凉，遇绣窗之无事，或夫唱而妻和，或女操而男听，或两声齐发，韵不参差，无论身当其境者俨若神仙，即画成一幅合操图，亦足令观者消魂，而知音男妇之生妒也。

丝音自蕉桐而外[11]，女子宜学者，又有琵琶、弦索、提琴之三种[12]。琵琶极妙，惜今时不尚，善弹者少，然弦索之音，实足以代之。弦索之形较琵琶为瘦小，与女郎之纤体最宜。近日教习家，其于声音之道，能不大谬于宫商者，首推弦索，时曲次之，戏曲又次之。予向有“场内无文，场上无曲”之说，非过论也。止为初学之时，便以取舍得失为心，虑其调高和寡，止求为“下里巴人”，不愿做“阳春白雪”，故造到五七分即止耳。提琴较之弦索，形愈小而声愈清，度清曲者必不可少。提琴之音，即绝少美人之音也，春容柔媚[13]，婉转断续，无一不肖。即使清曲不度，止令善歌二人，一吹洞箫，一拽提琴，暗谱悠扬之曲，使隔花间柳者听之，俨然一绝代佳人，不觉动怜香惜玉之思也。

丝音之最易学者，莫过于提琴，事半功倍，悦耳娱神。吾不能不德创始之人，令若辈尸而祝之也[14]。

竹音之宜于闺阁者，惟洞箫一种。笛可暂而不可常。到笙、管二物，则与诸乐并陈，不得已而偶然一弄，非绣窗所应有也。盖妇人奏技，与男子不同，男子所重在声，妇人所重在容。吹笙搦管之时，声则可听，而容不耐看，以其气塞而腮胀也，花容月貌为之改观，是以不应使习。妇人吹箫，非止容颜不改，且能愈增娇媚。何也？按风作调[15]，玉笋为之愈尖[16]；簇口为声[17]，朱唇因而越小，画美人者，常作吹箫图，以其易于见好也。或箫或笛，如使二女并吹，其为声也倍清，其为态也更显，焚香啜茗而领略之，皆能使身不在人间世也。

吹箫品笛之人，臂上不可无钏。钏又勿使太宽[18]，宽则藏于袖中，不得见矣。

注释

[1]温柔乡：指男女缠绵之境。详见《声容部·选姿第一》注[7]。

[2]陶熔：比喻培养造就性情。

[3]弋阳：戏剧声腔剧种。源于元末明初江西弋阳县。详见《词曲部·音律第三》注[15]。　四平：戏曲声腔剧种。明代末时，由弋阳腔流传到徽州(旧府名，府治在今安徽歙县)演变而成。

[4]昆调：即昆曲。详见《词曲部·音律第三》注[16]。

[5]茧紬(chóu)：茧丝制成的粗绸。在此当泛指丝绸。

[6]伯牙：据《吕氏春秋·本味》记载，春秋时人伯牙善鼓琴，其朋友钟子期善听琴；钟子期死后，伯牙破琴绝弦，终身不再弹琴，以为没有能知音者。

[7]相如：据《史记·司马相如列传》，卓文君新寡，司马相如乃弹琴挑逗她，文君感而私奔相如。

[8]丝桐：琴。琴多以桐木制成，上安丝弦，故名丝桐。

[9]“妻子好合”二句：语出《诗经·小雅·皇皇者华》。

[10]“窈窕淑女”二句：语出《诗经·国风·周南·关雎》。

[11]蕉桐：即"焦桐"。琴的代称。《后汉书·蔡邕传》载，吴地有人烧桐做饭，蔡邕听闻火烈之声，知为良木，于是以此木制成琴，因为其尾烧焦，人名"焦尾琴"。

[12]弦索：三弦琴。　提琴：胡琴。

[13]舂容：撞击。本指钟声回荡响应，引申为雍容畅远之意。

[14]尸而祝之：即尸祝。详见《声容部·修容第二·盥栉》注[10]。

[15]风：指洞箫之风眼。

[16]玉笋：形容纤纤手指。

[17]簇口：犹"撮口"。

[18]钏(chuàn)：镯子。

歌舞[1]

昔人教女子以歌舞，非教歌舞，习声容也。欲其声音婉转，则必使之学歌；学歌既成，则随口发声，皆有燕语莺啼之致，不必歌而歌在其中矣。欲其体态轻盈，则必使之学舞；学舞既熟，则回身举步，悉带柳翻花笑之容，不必舞而舞在其中矣。古人立法，常有事在此而意在彼者。如良弓之子先学为箕，良冶之子先学为裘[2]。妇人之学歌舞，即弓冶之学箕裘也。后人不知，尽以声容二字属之歌舞，是歌外不复有声，而征容必须试舞，凡为女子者，即有飞燕之轻盈，夷光之妩媚，舍作乐无所见长。然则一日之中，其为清歌妙舞者，有几时哉？若使声容二字，单为歌舞而设，则其教习声容，犹在可疏可密之间。若知歌舞二事，原为声容而设，则其讲究歌舞，有不可苟且塞责者矣。但观歌舞不精，则其贴近主人之身，而为殢雨尤云之事者，其无娇音媚态可知也。

"丝不如竹，竹不如肉[3]。"此声乐中三昧语，谓其渐近自然也。予又谓男音之为肉，造到极精处，止可与丝竹比肩，犹是肉中之丝，肉中之竹也。何以知之？但观人赞男音之美者，非曰"其细如丝"，则曰"其清如竹"，是可概见。至若妇人之音，则纯乎其为肉矣。语云："词出佳人口。"予曰：不必佳人，凡女子之善歌者，无论妍媸美恶，其声音皆迥别男人。貌不扬而声扬者有之，未有面目可观而声音不足听者也。但须教之有方，导之有术，因材而施，无拂其天然之性而已矣。歌舞二字，不止谓登场演剧，然登场演剧一事，为今世所极尚，请先言其同好者。

一曰取材。取材维何？优人所谓"配脚色"是已。喉音清越而气长者，正生、小生之料也；喉音娇婉而气足者，正旦、贴旦之料也，稍次则充老旦；喉音清亮而稍带质朴者，外末之料也；喉音悲壮而略近噍杀者[4]，大净之料也。至于丑与副净，则不论喉音，只取性情之活泼，口齿之便捷而已。然此等脚色，似易实难。男优之不易得者二旦，女优之不易得者净丑。不善配脚色者，每以下选充之[5]，殊不知妇人体态不难于庄重妖娆，而难于魁奇洒脱；苟得其人，即使面貌娉婷，喉音清婉，可居生旦之位者亦当屈抑而为之。盖女优之净丑，不比男优，仅有花面之名，而无抹粉涂胭之实，虽涉诙谐谑浪，犹之名士风流。若使梅香之面貌胜于小姐[6]，奴仆之词曲过于官人，则观者听者倍加怜惜，必不以其所处之位卑，而遂卑其才与貌也。

二曰正音。正音维何？察其所生之地，禁为乡土之言，使归《中原音韵》之正者是已[7]。乡音一转而即合昆调者，惟姑苏一郡。一郡之中，又止取长、吴二邑[8]；馀皆稍逊，以其与他郡接壤，即带他郡之音故也。即如梁溪境内之民[9]，去吴门不过数十里，使之学歌，有终身不能改变之字，如呼酒盅为"酒宗"之类是也。近地且然，况愈远而愈别者乎？然不知远者易改，近者难改；词语判然、声音迥别者易改，词语声音大同小异者难改。譬如楚人往粤，越人来吴，两地声音判如霄壤，或此呼而彼不应，或彼说而此不言，势必大费精神，改唇易舌，求为同声相应而后已。止因自任为难，故转觉其易也。至入附近之地，彼所言者，我亦能言，不过出口收音之稍别，改与不改，无甚关系，往往因仍苟且，以度一生。止因自视为易，故转觉其难也。

正音之道，无论异同远近，总当视易为难。选女乐者，必自吴门是已。然尤物之生，未尝择地，燕姬赵女、越妇秦娥见于载籍者，不一而足。"惟楚有材，惟晋用之。"[10]此言晋人善用，非曰惟楚能生材也。予游遍域中，觉四方声音，凡在二八上下之年者，无不可改，惟八闽、江右二省[11]，新安、武林二郡[12]，较他处为稍难耳。正音有法，当择其一韵之中，字字皆别，而所别之韵，又字字相同者，取其吃紧一二字，出全副精神以正之。正得一二字转，则破竹之势已成，凡属此一韵中相同之字，皆不正而自转矣。

请言一二以概之：九州以内，择其乡音最劲、舌本最强者而言，则莫过于秦、晋二地。不知秦晋之音，皆有一定不移之成格。秦音无"东钟"，晋音无"真文"；秦音呼"东钟"为"真文"，晋音呼"真文"为"东钟"。此予身入其地，习处其人，细细体认而得之者。秦人呼中庸之中为"肫"，通达之通为"吞"，东南西北之东为"敦"，青红紫绿之红为"魂"，凡属东钟一韵者，字字皆然，无一合于本韵，无一不涉真文。岂非秦音无东钟，秦音呼东钟为真文之实据乎？我能取此韵中一二字，朝训夕诂，导之改易，一字能变，则字字皆变矣。晋音较秦音稍杂，不能处处相同，然凡属真文一韵之字，其音皆仿佛东钟，如呼子孙之孙为"松"，昆腔之昆为"空"之类是也。即有不尽然者，亦在依稀仿佛之间。正之亦如前法，则用力少而成功多。是使无东钟而有东钟，无真文而有真文，两韵之音，各归其本位矣。

秦晋且然，况其他乎？大约北音多平而少入，多阴而少阳。吴音之便于学歌者，止以阴阳平仄不甚谬耳。然学歌之家，尽有度曲一生，不知阴阳平仄为何物者，是与蠹鱼日在书中[13]，未尝识字等也。予谓教人学歌，当从此始。平仄阴阳既谙，使之学曲，可省大半工夫。正音改字之论，不止为学歌而设，凡有生于一方，而不屑为一方之士者，皆当用此法以掉其舌。至于身在青云，有率吏临民之责者，更宜洗涤方音，讲求韵学，务使开口出言，人人可晓。常有官说话而吏不知，民辩冤而官不解，以致误施鞭扑，倒用劝惩者。声音之能误人，岂浅鲜哉！

正音改字，切忌务多。聪明者每日不过十馀字，资质钝者渐减。每正一字，必令于寻常说话之中，尽皆变易，不定在读曲念白时。若止在曲中正字，他处听其自然，则但于眼下依从，非久复成故物，盖借词曲以变声音，非假声音以善词曲也。

三曰习态。态自天生，非关学力，前论声容，已备悉其事矣。而此复言习态，抑何自相矛盾乎？曰：不然。彼说闺中，此言场上。闺中之态，全出自然。场上之态，不得不由勉强，虽由勉强，却又类乎自然，此演习之功之不可少也。生有生态，旦有旦态，外末有外末之态，净丑有净丑之态，此理人人皆晓；又与男优相同，可置弗论，但论女优之态而已。男优妆旦，势必加以扭捏，不扭捏不足以肖妇人；女优妆旦，妙在自然，切忌造作，一经造作，又类男优矣。人谓妇人扮妇人，焉有造作之理，此语属赘。不知妇人登场，定有一种矜持之态：自视为矜持，人视则为造作矣。须令于演剧之际，只作家内想，勿作场上观，始能免于矜持造作之病。此言旦脚之态也。然女态之难，不难于旦，而难于生；不难于生，而难于外末净丑；又不难于外末净丑之坐卧欢娱，而难于外末净丑之行走哭泣。总因脚小而不能跨大步，面娇而不肯妆痒容故也。然妆龙像龙，妆虎像虎，妆此一物，而使人笑其不似，是求荣得辱，反不若设身处地，酷肖神情，使人赞美之为愈矣。至于美妇扮生，较女妆更为绰约。潘安、卫玠[14]，不能复见其生时，借此辈权为小像，无论场上生姿，曲中耀目，即于花前月下偶作此形，与之坐谈对弈，啜茗焚香，虽歌舞之馀文，实温柔乡之异趣也。

注释

[1]作者原注:《演习部》已载者，一语不赘。彼系泛论优伶，此则单言女乐。然教习声乐者，不论男女，二册皆当细阅。

[2]"如良弓"二句:语出《礼记·学记》:"良冶之子，必学为裘;良弓之子，必学为箕。"指冶金、造弓的人，其子弟习见多闻，故能继承世业。后以之比喻善于学习。

[3]丝不如竹，竹不如肉:语出《左传·襄公二十六年》。详见余怀序注[45]。

[4]噍杀(jiàoshà):声音急促。《礼记·乐记》:"是故志微、噍杀之音作，而民思忧。"

[5]下选:下等材质。在此指戏班中的普通脚色。

[6]梅香:古代婢女的代称。

[7]《中原音韵》:元代周德清所作的音韵著作。首创现代四声之说，成为此后音韵的标准。

[8]长、吴二邑:指苏州府之长洲、吴县两个属县。

[9]梁溪:水名。在今江苏无锡市西。因以为无锡的代称。

[10]"惟楚有材"二句:语本《左传·襄公二十六年》:"虽楚有材，晋实用之。"

[11]八闽:福建省的别称。福建古为闽地，宋代分为八个府、州、军，元代分为八路，故称八闽。　江右:江西省的别称。

[12]新安:旧时徽州的别称。　武林:旧时对浙江杭州的别称。

[13]蠹(dù)鱼:虫名。常蛀蚀衣服书籍。

[14]潘安、卫玠:历史上有名的美男子。潘安，名岳，西晋文学家。少出洛阳道，妇人遇之者，连手萦绕，向其车投之以果品，潘安满载而归。卫玠，晋名士，字叔宝，善书法。时人称与其同游，如明珠在侧，朗然照人。

◎居室部

题解

居室部所讲，应是《闲情偶寄》中的精华，最值得当今读者参考。李渔讲居而联及室，可见是以一个系统的观念看待人居环境的。他对自然美的追求，他对奢靡的否定态度，是我们应予充分吸收的。我们甚至可以认为，李渔的这些观点，是永恒的真理，也是常谈常新的。至于其中讲选址的“向背”、修路的“途径”、房舍的“高下”、出檐的“深浅”等等，是作者对古代起房造屋经验的科学总结，明白晓畅，不含半点神秘现象，使人觉得可亲可信。细心的读者，会联想到江南园林的精致之美。其实，这正是李渔那一代人有关园林理论的结晶。

房舍第一

人之不能无屋，犹体之不能无衣。衣贵夏凉冬燠，房舍亦然。“堂高数仞，榱题数尺”[1]，壮则壮矣，然宜于夏而不宜于冬。登贵人之堂，令人不寒而栗，虽势使之然，亦寥廓有以致之；我有重裘，而彼难挟纩故也[2]。及肩之墙，容膝之屋，俭则俭矣，然适于主而不适于宾。造寒士之庐，使人无忧而叹，虽气感之耳，亦境地有以迫之；此耐萧疏，而彼憎岑寂故也。吾愿显者之居，勿太高广。夫房舍与人，欲其相称。画山水者有诀云：“丈山尺树，寸马豆人。”使一丈之山，缀以二尺三尺之树；一寸之马，跨以似米似粟之人，称乎？不称乎？使显者之躯，能如汤文之九尺十尺[3]，则高数仞为宜，不则堂愈高而人愈觉其矮，地愈宽而体愈形其瘠，何如略小其堂，而宽大其身之为得乎？处士之庐，难免卑隘，然卑者不能耸之使高，隘者不能扩之使广，而污秽者、充塞者则能去之使净，净则卑者高而隘者广矣。

吾贫贱一生，播迁流离，不一其处，虽债而食，赁而居，总未尝稍污其座。性嗜花竹，而购之无资，则必令妻孥忍饥数日，或耐寒一冬，省口体之奉，以娱耳目。人则笑之，而我怡然自得也。性又不喜雷同，好为矫异，常谓人之葺居治宅，与读书作文，同一致也。譬如治举业者，高则自出手眼，创为新异之篇；其极卑者，亦将读熟之文移头换尾，损益字句而后出之，从未有抄写全篇，而自名善用者也。乃至兴造一事，则必肖人之堂以为堂，窥人之户以立户，稍有不合，不以为得，而反以为耻。常见通侯贵戚，掷盈千累万之资以治园圃，必先谕大匠曰：亭则法某人之制，榭则遵谁氏之规，勿使稍异。而操运斤之权者，至大厦告成，必骄语居功，谓其立户开窗，安廊置阁，事事皆仿名园，纤毫不谬。噫，陋矣！以构造园亭之胜事，上之不能自出手眼，如标新创异之文人；下之至不能换尾移头，学套腐为新之庸笔，尚嚣嚣以鸣得意，何其自处之卑哉！

予尝谓人曰：生平有两绝技，自不能用，而人亦不能用之，殊可惜也。人问：绝技维何？予曰：一则辨审音乐，一则置造园亭。性嗜填词，每多撰著，海内共见之矣。设处得为之地，自选优伶，使歌自撰之词曲，口授而躬试之，无论新裁之曲，可使迥异时腔，即旧日传奇，一概删其腐习而益以新格，为往时作者别开生面，此一技也。一则创造园亭，因地制宜，不拘成见，一榱一桷，必令出自己裁，使经其地、入其室者，如读湖上笠翁之书，虽乏高才，颇饶别致，岂非圣明之世，文物之邦，一点缀太平之具哉？噫，吾老矣，不足用也。请以崖略付之简篇[4]，供嗜痂者采择[5]。收其一得，如对笠翁，则斯编实为神交之助尔。

土木之事，最忌奢靡。匪特庶民之家当崇俭朴，即王公大人亦当以此为尚。盖居室之制，贵精不贵丽，贵新奇大雅，不贵纤巧烂漫。凡人止好富丽者，非好富丽，因其不能创异标新，舍富丽无所见长，只得以此塞责。譬如人有新衣二件，试令两人服之，一则雅素而新奇，一则辉煌而平易，观者之目，注在平易乎？在新奇乎？锦绣绮罗，谁不知贵，亦谁不见之？缟衣素裳，其制略新，则为众目所射，以其未尝睹也。凡予所言，皆属价廉工省之事，即有所费，亦不及雕镂粉藻之百一。且古语云："耕当问奴，织当访婢。"予贫士也，仅识寒酸之事。欲示富贵，而以绮丽胜人，则有从前之旧制在。

新制人所未见，即缕缕言之，亦难尽晓，势必绘图作样。然有图所能绘，有不能绘者。不能绘者十之九，能绘者不过十之一。因其有而绘其无，是在解人善悟耳。

注释

[1]"高堂数仞"二句：出自《孟子·尽心》。仞，古代长度单位，约合周制八尺。榱题，出檐。

[2]挟纩(kuàng)：身披丝绵。比喻受人恩惠，感到温暖。《左传·宣公十二年》："申公巫臣曰：'师人多寒'。王巡三军，拊而勉之。三军之士皆如挟纩。"

[3]汤文之九尺十尺：出自《孟子·告子下》，曹交云："交闻文王十尺，汤九尺，今交九尺四寸以长，食粟而已，如何则可？"

[4]崖略：大概。语出《庄子·知北游》："夫道，窅然难言哉！将为汝言其崖略。"

[5]嗜痂者：有怪癖的人。详见《词曲部·音律第三》注[28]。

向背

屋以面南为正向。然不可必得，则面北者宜虚其后，以受南薰[1]；面东者虚右，面西者虚左，亦犹是也。如东、西、北皆无馀地，则开窗借天以补之。牖之大者[2]，可抵小门二扇；穴之高者[3]，可敌低窗二扇，不可不知也。

注释

[1]南薰：旧传舜帝弹五弦琴，造《南风》诗，诗中有"南风之薰兮，可以解吾民之愠兮"等句。借指从南面吹来的风。

[2]牖(yǒu)：窗户。

[3]穴：孔洞。在此应指大的窗户。

途径

径莫便于捷，而又莫妙于迂。凡有故作迂途，以取别致者，必另开耳门一扇，以便家人之奔走。急则开之，缓则闭之，斯雅俗俱利，而理致兼收矣[1]。

注释

[1]理致：指径的便捷之理与别致之趣。

高下

房舍忌似平原，须有高下之势。不独园圃为然，居宅亦应如是。前卑后高，理之常也。然地不如是，而强欲如是，亦病其拘。总有因地制宜之法：高者造屋，卑者建楼，一法也；卑处叠石为山，高处浚水为池，二法也。又有因其高而愈高之，竖阁磊峰于峻坡之上；因其卑而愈卑之，穿塘凿井于下湿之区。总无一定之法，神而明之，存乎其人[1]，此非可以遥授方略者矣。

注释

[1]“神而明之”二句：意为通于神明，因地制宜之法，全在各人的想法。

出檐深浅

居宅无论精粗，总以能避风雨为贵。常有画栋雕梁，琼楼玉栏，而止可娱晴[1]，不堪坐雨者[2]，非失之太敞，则病于过峻。故柱不宜长，长为招雨之媒；窗不宜多，多为匿风之薮；务使虚实相半，长短得宜。又有贫士之家，房舍宽而馀地少，欲作深檐以障风雨，则苦于暗；欲置长牖以受光明，则虑在阴。剂其两难，则有添置活檐一法。何为活檐？法于瓦檐之下，另设板棚一扇，置转轴于两头，可撑可下。晴则反撑，使正面向下，以当檐外顶格；雨则正撑，使正面向上，以承檐溜[3]。是我能用天，而天不能窘我矣[4]。

注释

[1]娱晴：享受晴暖的天气。

[2]坐雨：坐于檐下赏雨。

[3]檐溜：房上顺瓦垄而从檐前流下的雨水。

[4]窘我：使我处于窘迫之境。

置顶格

精室不见椽瓦，或以板覆，或用纸糊，以掩屋上之丑态，名为“顶格”天下皆然。予独怪其法制未善，何也？常因屋高檐矮，意欲取平，遂抑高者就下，顶格一概齐檐，使高敞有用之区，委之不见不闻，以为鼠窟，良可慨也。亦有不忍弃此，竟以顶板贴椽，仍作屋形，高其中而卑其前后者，又不美观，而病其呆笨。予为新制，以顶格为斗笠之形，可方可圆，四面皆下，而独高其中。且无多费，仍是平格之板料，但令工匠画定尺寸，旋而去之。如作圆形，则中间旋下一段是弃物矣，即用弃物作顶，升之于上，止增周围一段竖板，长仅尺许，少者一层，多则二层，随人所好。方者亦然。

造成之后，若糊以纸，又可于竖板之上，裱贴字画，圆者类手卷[1]，方者类册叶[2]，简而文，新而妥，以质高明，必当取其有裨。长方者可用竖板作门，时开时闭，则当壁橱四张，纳无限器物于中，而不之觉也。

注释

[1]手卷：只能卷舒不能悬挂的书画长卷。

[2]册叶：也作“册页”。指分页装潢成册的书画。

甃地[1]

古人茅茨土阶[2]，虽崇俭朴，亦以法制未尽备也。惟幕天者可以席地[3]。梁栋既设，即有阶除[4]，与戴冠者不可跣足[5]，同一理也。且土不覆砖，尝苦其湿，又易生尘。有用板作地者，又病其步履有声，喧而不寂。以三和土甃地[6]，筑之极坚，使完好如石，最为丰俭得宜。而又有不便于人者：若和灰和土不用盐卤，则燥而易裂；用之发潮，又不利于天阴。且砖可挪移，而甃成之土不可挪移，日后改迁，遂成弃物，是又不宜用也。不若仍用砖铺，止在磨与不磨之间，别其丰俭。有力者磨之使光，无力者听其自糙。予谓极糙之砖，犹愈于极光之土。但能自运机杼[7]，使小者间大，方者合圆，别成文理[8]。或作冰裂，或肖龟纹，收牛溲马勃入药笼[9]，用之得宜，其价值反在参苓之上[10]。此种调度，言之易而行之甚难，仅存其说而已。

注释

[1]甃(zhòu)地：装饰房屋的地面。甃，以砖石砌物。

[2]茅茨土阶：以茅草做屋顶，以土堆台阶。

[3]幕天者可以席地：以天为幕，以地为席。

[4]阶除：阶沿，楼梯。在此指房屋下部建筑。

[5]跣(xiǎn)足：赤足行走。

[6]三和土：又称“三合土”，由石灰、砂、碎砖加水拌和而成。多用作砖墙基础，地面垫层。

[7]自运机杼(zhù)：比喻自作机巧之思。机杼，织布机，机以转轴，杼以持纬。

[8]文理：纹理、图案。

[9]牛溲马勃：牛溲，车前草的别名。马勃，生于湿地及腐木的菌类。均可入药。比喻虽然微贱但是有用的东西。

[10]参苓：人参与茯苓，均为昂贵药材。以喻至贵之物。

洒扫

精美之房，宜勤洒扫；然洒扫中亦具大段学问，非僮仆所能知也。欲去浮尘，先用水洒，此古人传示之法，今世行之者，十中不得一二。盖因童子性懒，虑有汲水之烦，止扫不洒，是以两事并为一事，借其力也。久之习为固然，非特童子忘之，并主人亦不知扫地之先，更有一事矣。彼但知两者并一是省事法，殊不知因其懒也，遂以一事化为数十事。服役者既以为苦，而指使者亦觉其繁，然总不知此数十事者，皆从一事苟简而生之者也。

精舍之内，自明窗净几而外，尚有图书翰墨、古董器玩之种种，无一不忌浮尘。不洒而扫，是以红尘掺物，物物皆受其蒙，并栋梁之上、榱桷之间亦生障翳，势必逐件擦磨，始现本来面目，手不停挥者，半日才能竣事，不亦劳乎？若能先洒后扫，则扫过之后，只须麈尾一拂[1]，一日清晨之事毕矣，何指使服役之纷纷哉？此洒水之不容已也。

然勤扫不如勤洒，人则知之；多洒不如轻扫，人则未知之也。饶其善洒，不能处处皆遍，究竟干地居多。服役者不知，以其既经洒湿，则任意挥扫无妨。扬尘舞蹈之际，障翳之生也更多，故运帚切记勿重；匪特勿重，每于歇手之际，必使帚尾着地，勿令悬空，如扫一帚起一帚，则与挥扇无异，是扬灰使起，非抑尘使伏也。此是一法。又有闭门扫地之诀，不可不知。如人先扫房舍，后及阶除，则将房舍之门紧闭，俟扫完阶除后，略停片刻，然后开门，始无灰尘入户之患。臧获不知[2]，以为房舍扫完，其事毕矣，此后渐及门外，与内绝不相蒙，岂知有顾此失彼之患哉！顺风扬灰，一帚可当十帚，较之未扫更甚。此皆世人所忽，故拈出告之，然未免饶舌。

洒扫二事，势必相因，缺一不可，然亦有时以孤行为妙，是又不可不知。先洒后扫，言其常也，若旦旦如是，则土胶于水，积而不去，日厚一日，砖板受其虚名，而有土阶之实矣。故洒过数日，必留一日勿洒，止令童子轻轻用帚，不致扬尘。是数日所积者一朝去之，则水土交相为用，而不交相为害矣。

注释

［1］麈(zhǔ)尾：古人以驼鹿尾做拂尘，因而称拂尘为麈尾。

［2］臧获：奴婢的贱称。

藏垢纳污

欲营精洁之房，先设藏垢纳污之地。何也？爱精喜洁之士，一物不整齐，即如目中生刺，势必去之而后已。然一人之身，百工之所为备，能保物物皆精乎？且如文人之手，刻不停批；绣女之躬，时难罢刺。唾绒满地[1]，金屋为之不光[2]；残稿盈庭，精舍因而欠好[3]。是极韵之物，尚能使人不韵，况其他乎？故必于精舍左右，另设小屋一间，有如复道[4]，俗名"套房"是也。凡有败笺弃纸、垢砚秃毫之类，卒急不能料理者，姑置其间，以俟暇时检点。妇人之闺阁亦然，残脂剩粉无日无之，净之将不胜其净也。此房无论大小，但期必备。如贫家不能办此，则以箱笼代之，案旁榻后皆可置。先有容拙之地，而后能施其巧，此藏垢之不容已也。

至于纳污之区，更不可少。凡人有饮即有溺，有食即有便。如厕之时尚少，可于溷厕之外[5]，不必另筹去路。至于溺之为数，一日不知凡几，若不择地而遗，则净土皆成粪壤；如或避洁就污，则往来仆仆，"是率天下而路也"[6]。此为寻常好洁者言之。若夫文人运腕，每至得意疾书之际，机锋一转，则断不可续。然而寝食可废，便溺不可废也。"官急不如私急"，俗不云乎？常有得句将书而阻于溺，及溺后觅之杳不可得者，予往往验之，故营此最急。当于书室之旁，穴墙为孔，嵌以小竹，使遗在内而流于外，秽气罔闻，有若未尝溺者。无论阴晴寒暑，可以不出户庭。此予自为计者，而亦举以示人，其无隐讳可知也。

注释

［1］唾绒：古代妇女刺绣，每当停换针线咬断绣线时，口中常沾留绒线，乃随口吐出，俗名唾绒。在此泛指落下的浮尘。

［2］金屋：高雅的房屋。详见《声容部·治服第三·首饰》注［4］。

［3］精舍：僧人道士所居之地。在此指文人居所。

［4］复道：楼阁间有上下二重通道，位于上面的通道名复道。

［5］溷（hùn）厕：厕所。

［6］是率天下而路也：语出《孟子·滕文公》。意为让天下人都忙得疲惫不堪。路，通"露"，此处为疲惫之意。

窗栏第二

吾观今世之人，能变古法为今制者，其惟窗栏二事乎？窗栏之制，日新月异，皆从成法中变出。“腐草为萤”[1]，实具至理，如此则造物生人，不枉付心胸一片。但造房建宅与置立窗轩，同是一理，明于此而暗于彼，何其有聪明而不善扩乎？予往往自制窗栏之格，口授工匠使为之，以为极新极异矣，而偶至一处，见其已设者，先得我心之同然，因自笑为辽东白豕[2]。独房舍之制不然，求为同心甚少。门窗二物，新制既多，予不复赘，恐其又蹈白豕辙也。惟约略言之，以补时人之偶缺。

注释

[1]腐草为萤：语出《礼记·月令》。古人认为腐草在夏日得湿热之气后，可以变化为萤火虫。

[2]辽东白豕：比喻少见多怪。典出《后汉书·朱浮传》：“往时辽东有豕，生子白头，异而献之。行至河东，见群豕皆白，怀惭而还。”豕，猪。

制体宜坚

纵横格

窗棂以明透为先，栏杆以玲珑为主，然此皆属第二义；具首重者，止在一字之坚，坚而后论工拙。尝有穷工极巧以求尽善，乃不逾时而失头堕趾，反类画虎未成者，计其新而不计其旧也。总其大纲，则有二语：宜简不宜繁，宜自然不宜雕斫。凡事物之理，简斯可继，繁则难久。顺其性者必坚，戕其体者易坏。木之为器，凡合笋使就者[1]，皆顺其性以为之者也；雕刻使成者，皆戕其体而为之者也；一涉雕镂，则腐朽可立待矣。故窗棂栏杆之制，务使头头有笋，眼眼着撒[2]。然头眼过密，笋撒太多，又与雕镂无异，仍是戕其体也，故又宜简不宜繁。根数愈少愈佳，少则可坚；眼数愈密愈贵，密则纸不易碎。然既少矣，又安能密？曰：此在制度之善，非可以笔舌争也。窗栏之体，不出纵横、攲斜、屈曲三项，请以萧斋制就者[3]，各图一则以例之。

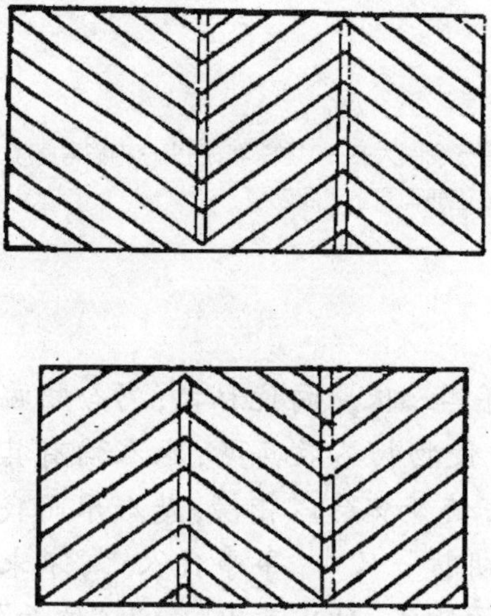

攲斜格(系栏)

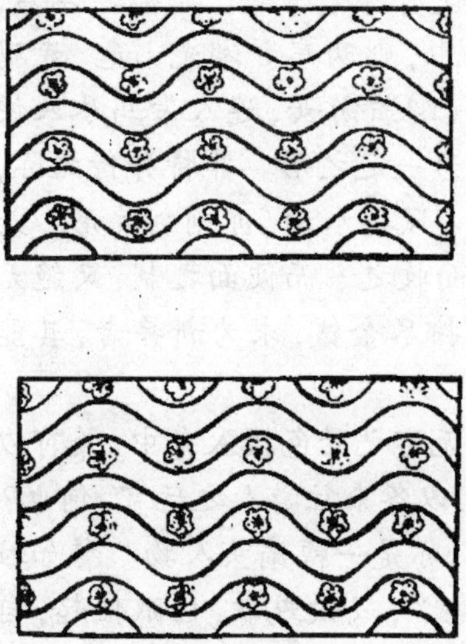

屈曲体(系栏)

是格也，根数不多，而眼亦未尝不密，是所谓头头有笋，眼眼着撒者，雅莫雅于此，坚亦莫坚于此矣。是从陈腐中变出。由此推之，则旧式可化为新者，不知凡几。但取其简者、坚者、自然者变之，事事以雕镂为戒，则人工渐去，而天巧自呈矣。

此格甚佳，为人意想所不到。因其平而有笋者，可以着实，尖而无笋者，没处生根故也。然赖有躲闪法，能令外似悬空，内偏着实，止须善藏其拙耳。当于尖木之后，另设坚固薄板一条，托于其后，上下投笋，而以尖木钉于其上，前看则无，后观则有。其能幻有为无者，全在油漆时善于着色。如栏杆之本体用朱，则所托之板另用他色。他色亦不得泛用，当以屋内墙壁之色为色。如墙系白粉，此板亦作粉色；壁系青砖，此板亦肖砖色。自外观之，止见朱色之纹，而与墙壁相同者，混然一色，无所辨矣。至栏杆之内向者，又必另为一色，勿与外同，或青或蓝，无所不可，而薄板向内之色，则当与之相合。自内观之，又别成一种文理，较外尤可观也。

此格最坚，而又省费，名“桃花浪”，又名“浪里梅”。曲木另造，花另造，俟曲木入柱投笋后，始以花塞空处，上下着钉，借此联络，虽有大力者挠之，不能动矣。花之内外，宜作两种，一作桃，一作梅，所云“桃花浪”、“浪里梅”是也。浪色亦忌雷同，或蓝或绿，否则同是一色，而以深浅别之，使人一转足之间，景色判然。是以一物幻为二物，又未尝于本等材料之外，另费一钱。凡予所为，强半皆若是也。

注释

[1]笋：同“榫”。榫头。

[2]撒：用以塞紧器物的竹片、木片。即楔子。

[3]萧斋：唐代李肇《国史补》载，梁武帝萧衍造寺，命萧子云飞白大书一“萧”字，后来李约购得此字，并制匾于小亭以玩之，号为萧斋。后世遂以萧斋为书斋的别名，也兼有寒士之斋之意。

取景在借

开窗莫妙于借景，而借景之法，予能得其三昧。向犹私之，乃今嗜痂者众，将来必多依样葫芦，不若公之海内，使物物尽效其灵，人人均有其乐。但期于得意酣歌之顷，高叫笠翁数声，使梦魂得以相傍，是人乐而我亦与焉，为愿足矣。向居西子湖滨，欲购湖舫一只[1]，事事犹人[2]，不求稍异，止以窗格异之。人询其法，予曰：四面皆实，独虚其中，而为“便面”之形[3]。实者用板，蒙以灰布，勿露一隙之光；虚者用木作框，上下皆曲而直其两旁，所谓便面是也。纯露空明，勿使有纤毫障翳。是船之左右，止有二便面；便面之外，无他物矣。坐于其中，则两岸之湖光山色、寺观浮屠[4]、云烟竹树，以及往来之樵人牧竖[5]、醉翁游女，连人带马尽入便面之中，作我天然图画。且又时时变幻，不为一定之形。非特舟行之际，摇一橹，变一像，撑一篙，换一景；即系缆时，风摇水动，亦刻刻异形。是一日之内，现出百千万幅佳山佳水，总以便面收之。而便面之制，又绝无多费，不过曲木两条、直木两条而已。世有掷尽金钱，求为新异者，其能新异若此乎？

此窗不但娱己，兼可娱人。不特以舟外无穷之景色摄入舟中，兼可以舟中所有之人物，并一切几席杯盘射出窗外，以备来往游人之玩赏。何也？以内视外，固是一幅便面山水；而以外视内，亦是一幅扇头人物。譬如拉妓邀僧，呼朋聚友，与之弹棋观画，分韵拈毫[6]，或饮或歌，任眠任起，自外观之，无一不同绘事。同一物也，同一事也，此窗未设以前，仅作事物观；一有此窗，则不烦指点，人人俱作画图观矣。夫扇面非异物也，肖扇面为窗，又非难事也。世人取象乎物，而为门为窗者，不知凡几，独留此眼前共见之物，弃而弗取，以待笠翁，讵非咄咄怪事乎？所恨有心无力，不能办此一舟，竟成欠事。兹且移居白门[7]，为西子湖之薄幸人矣[8]。此愿茫茫，其何能遂？不得已而小用其机，置此窗于楼头，以窥钟山气色[9]，然非创始之心，仅存其制而已。

予又尝作观山虚牖，名“尺幅窗”，又名“无心画”，姑妄言之。浮白轩中，后有小山一座，高不逾丈，宽止及寻[10]，而其中则有丹崖碧水，茂林修竹，鸣禽响瀑，茅屋板桥，凡山居所有之物，无一不备。盖因善塑者肖予一像，神气宛然；又因予号笠翁，顾名思义，而为把钓之形。予思既执纶竿，必当坐之矶上，有石不可无水，有水不可无山，有山有水，不可无笠翁息钓归休之地，遂营此窟以居之。是此山原为像设，初无意于为窗也。后见其物小而蕴大，有“须弥芥子”之义[11]，尽日坐观，不忍阖牖，乃瞿然曰：“是山也，而可以作画；是画也，而可以为窗；不过损予一日杖头钱[12]，为装潢之具耳。”遂命童子裁纸数幅，以为画之头尾，及左右镶边。头尾贴于窗之上下，镶边贴于两旁，俨然堂画一幅，而但虚其中。非虚其中，欲以屋后之山代之也。坐而观之，则窗非窗也，画也；山非屋后之山，即画上之山也。不觉狂笑失声，妻孥群至，又复笑予所笑，而“无心画”、“尺幅窗”之制，从此始矣。

予又尝取枯木数茎，置作天然之牖，名曰“梅窗”。生平制作之佳，当以此为第一。己酉之夏[13]，骤涨滔天，久而不涸，斋头淹死榴、橙各一株，伐而为薪，因其坚也，刀斧难入，卧于阶除者累日。予见其枝柯盘曲，有似古梅，而老干又具盘错之势，似可取而为器者，因筹所以用之。是时栖云谷中，幽而不明，正思辟牖，乃幡然曰：“道在是矣！”遂语工师，取老干之近直者，顺其本来，不加斧凿，为窗之上下两旁，是窗之外廓具矣。再取枝柯之一面盘曲、一面稍平者，分作梅树两株，一从上生而倒垂，一从下生而仰接。其稍平之一面则略施斧斤，去其皮节而向外，以便糊纸；其盘曲之一面，则匪特尽全其天，不稍戕斫，并疏枝细梗而留之。既成之后，剪彩作花，分红梅、绿萼二种，缀于疏枝细梗之上，俨然活梅之初着花者。同人见之，无不叫绝。予之心思，讫

梅窗

湖舫式(一)

湖舫式(二)

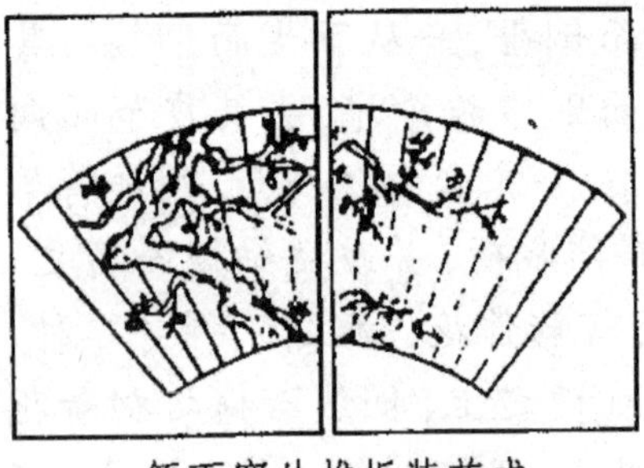

便面窗外推板装花式

于此矣。后有所作,当亦不过是矣。

便面不得于舟,而用于房舍,是屈事矣。然有移天换日之法在,亦可变昨为今,化板成活,俾耳目之前,刻刻似有生机飞舞,是亦未尝不妙,止费我一番筹度耳。予性最癖,不喜盆内之花,笼中之鸟,缸内之鱼,及案上有座之石,以其局促不舒,令人作囚鸾絷凤之想。故盆花自幽兰、水仙而外,未尝寓目。鸟中之画眉,性酷嗜之,然必另出己意而为笼,不同旧制,务使不见拘囚之迹而后已。自设便面以后,则生平所弃之物,尽在所取。从来作便面者,凡山水人物、竹石花鸟以及昆虫,无一不在所绘之内,故设此窗于屋内,必先于墙外置板,以备承物之用。一切盆花笼鸟、蟠松怪石,皆可更换置之。如盆兰吐花,移之窗外,即是一幅便面幽兰;盎菊舒英,纳之牖中,即是一幅扇头佳菊。或数日一更,或一日一更;即一日数更,亦未尝不可。但须遮蔽下段,勿露盆盎之形。而遮蔽之物,则莫妙于零星碎石。是此窗家家可用,人人可办,讵非耳目之前第一乐事?得意酣歌之顷,可忘作始之李笠翁乎?

此湖舫式也。不独西湖,凡居名胜之地,皆可用之。但便面止可观山临水,不能障雨蔽风,是又宜筹退步,以补前说之不逮。退步云何?外设推板,可开可阖,此易为之事也。但纯用推板,则幽而不明;纯用明窗,又与扇面之制不

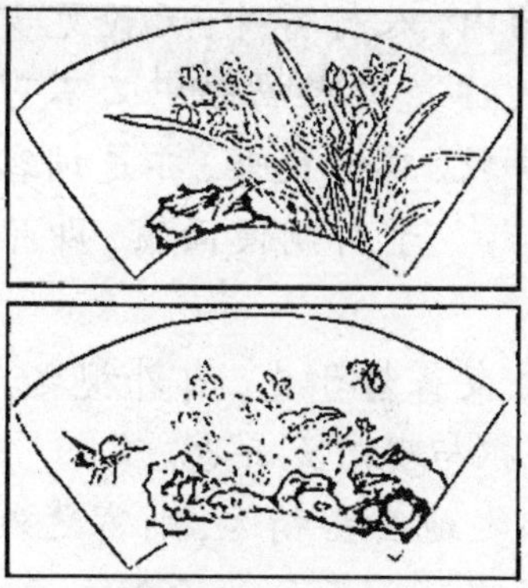

便面窗花卉式

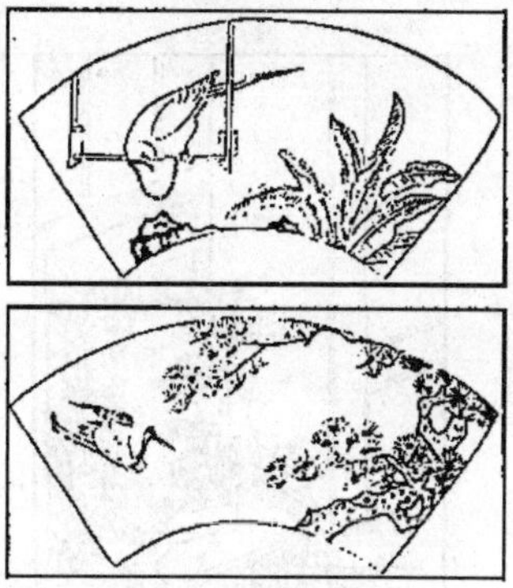

便面窗虫鸟式

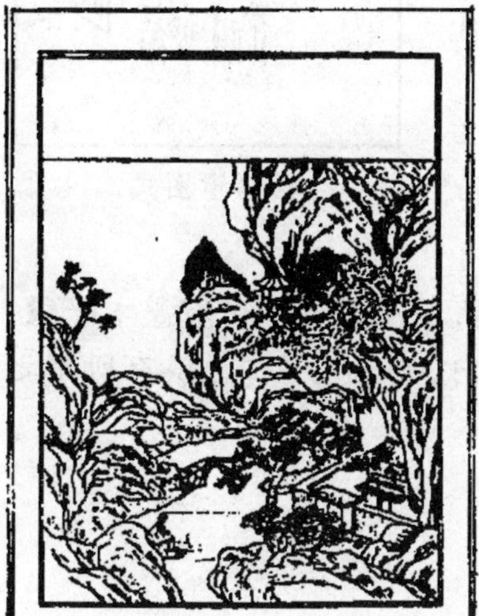

山水图窗

合，须以板内嵌窗之法处之。其法维何？曰：即仿梅窗之制，以制窗棂。亦备其式于右。

四围用板者，既取其坚，又省制棂装花人工之半也。中作花树者，不失扇头图画之本色也。用直棂间于其中者，无此则花树无所倚靠，即勉强为之，亦浮脆而难久也。棂不取直，而作欹斜之势，又使上宽下窄者，欲肖扇面之折纹；且小者可以独扇，大则必分双扇，其中间合缝处，糊纱糊纸，无直木以界之，则纱与纸无所依附故也。若是，则棂与花树纵横相杂，不几泾渭难分，而求工反拙乎？曰：不然。有两法盖藏，勿虑也。花树粗细不一，其势莫妙于参差，棂则极匀，而又贵乎极细，须以极坚之木为之，一法也；油漆并着色之时，棂用白粉，与糊窗之纱纸同色，而花树则绘五彩，俨然活树生花，又一法也。若是泾渭自分，而便面与花，判然有别矣。梅花止备一种，此外或花或鸟，但取简便者为之，勿拘一格。惟山水人物，必不可用。花板与花棂俱另制，制就花棂，而后以板镶之。即花与棂，亦难合造，须使花自花而棂自棂，先分后合。其连接处，各损少许以就之，或以钉钉，或以胶粘，务期可久。

诸式止备其概，馀可类推。然此皆为窗外无景，求天然者不得，故以人力补之；若远近风物尽有可观，则焉用此碌碌为哉？昔人云：“会心处正不在远。”若能实具一段闲情、一双慧眼，则过目之物，尽是画图；入耳之声，无非诗料。譬如我坐窗内，人行窗外，无论见少年女子是一幅美人图，即见老妪白叟扶杖而来，亦是名人画幅中必不可无之物；见婴儿群戏是一幅百子图，即见牛羊并牧、鸡犬交哗，亦是词客文情内未尝偶缺之资。“牛溲马勃，尽入药笼。”[14]予所制便面窗，即雅人韵士之药笼也。

此窗若另制纱窗一扇，绘以灯色花鸟，至夜篝灯于内，自外视之，又是一盏扇面灯。即日间自内视之，光彩相照，亦与观灯无异也。

凡置此窗之屋，进步宜深[15]，使坐客观山之地去窗稍远，则窗之外廓为画，画之内廓为山，山与画连，无分彼此，见者不问而知为天然之画矣。浅促之屋，坐在窗边，势必倚窗为栏，身之大半出于窗外，但见山而不见画，则作者深心有时埋没，非尽善之制也。

尺幅窗图式

尺幅窗图式，最难摹写。写来非似真画，即似真山，非画上之山与山中之画也。前式虽工，虑观者终难了悟，兹再绘一纸，以作副墨。且此窗虽多开少闭，然亦间有闭时；闭时用他槅他棂，则与画意不合，丑态出矣。必须照式大小，作木槅一扇，以名画一幅裱之，嵌入窗中，又是一幅真画，并非“无心画”与“尺幅窗”矣。但观此式，自能了然。

裱槅如裱回屏，托以麻布及厚纸，薄则明而有光，不成画矣。

制此之法，《总论》已备之矣，其略而不详者，止有取老干作外廓一事。外廓者，窗之四面，即上下两旁是也。若以整木为之，则向内者古朴可爱，而向外一面屈曲不平，以之着墙，势难贴伏。必取整木一段，分中锯开，以有锯路者着墙，天然未斫者向内，则天巧人工，俱有所用之矣。

注释

[1]湖舫：行驶于湖中的游船。
[2]事事犹人：每一物体件与别的舫一样。
[3]便面：用以遮面的扇状物。《汉书·张敞传》：“(敞)使御吏驱，自以便面拊马。”注：“便面，所以障面，

盖扇之类也。不欲见人，以此自障面，则得其便，故曰便面。”

[4]浮屠：佛塔。

[5]牧竖：牧童。

[6]分韵拈毫：指文人雅士各按不同韵脚吟诗，并抽笔写下来。

[7]白门：南朝宋代都城建康（今南京）城西门。后遂称南京为白门。

[8]西子湖：即杭州西湖。薄幸人：薄情之人。

[9]钟山：山名。在今南京市。

[10]寻：古代长度单位，八尺合一寻。

[11]须弥芥子：佛教用语。将极大之须弥山容纳在极小的芥子内，比喻不可思议。

[12]杖头钱：买酒钱。典出《世说新语·任诞》：“阮宣子常步行，以百钱挂杖头，至酒店便独酣畅。”

[13]己酉：清康熙八年（1669）。

[14]“牛溲马勃”二句：言最简易而不值钱的东西皆有其用。牛溲马勃，见《居室部·房舍第一·甃地》注[9]。

[15]进步：指房屋的内径，俗称“入深”。

墙壁第三

“峻宇雕墙”，“家徒壁立”[1]，昔人贫富，皆于墙壁间辨之。故富人润屋，贫士结庐，皆自墙壁始。墙壁者，内外攸分，而人我相半者也。俗云：“一家筑墙，两家好看。”居室器物之有公道者，惟墙壁一种，其余一切皆为我之学也。然国之宜固者城池，城池固而国始固；家之宜坚者墙壁，墙壁坚而家始坚。其实为人即是为己，人能以治墙壁之一念治其身心，则无往而不利矣。人笑予止务闲情，不喜谈禅讲学，故偶为是说以解嘲，未审有当于理学名贤及善知识否也[2]。

注释

[1]家徒壁立：家中空无一物。《汉书·司马相如传上》：“文君夜亡奔相如，相如与驰归成都，家徒四壁立。”徒，只有。

[2]善知识：佛教语。了解一切知识，而高明出众之人。《释氏要览》引《摩诃般多经》：“能说空、无相、无作、无生、无灭法及一切种智，令人心入欢喜信乐，是名善知识。”

界墙

界墙者，人我公私之畛域[1]，家之外廓是也。莫妙于乱石垒成，不限大小方圆之定格。垒之者人工，而石则造物生成之本质也。其次则为石子。石子亦系生成，而次于乱石者，以其有圆无方，似执一见，虽属天工，而近于人力故耳。然论二物之坚固，亦复有差；若云美观入画，则彼此兼擅其长矣。此惟傍山邻水之处得以有之，陆地平原，知其美而不能致也。予见一老僧建寺，就石工斧凿之馀，收取零星碎石几及千担，垒成一壁，高广皆过十仞，嶙峋崭绝，光怪陆离，大有峭壁悬崖之致。此僧诚韵人也。迄今三十馀年，此壁犹时时入梦，其系人思念可知。砖砌之墙，乃八方公器，其理其法，是人皆知，可以置而弗道。至于泥墙土壁，贫富皆宜，极有萧疏雅淡之致，惟怪其跟脚过肥，收顶太窄，有似尖山，又且或进或出，不能如砖墙一截而齐，此皆主人监督之不善也。若以砌砖墙挂线之法，先定高低出入之痕，以他物建标于外，然后以筑板因之，则有旃墙粉堵之风[2]，而无败壁颓垣之象矣。

注释

[1]畛(zhěn)域：范围，界限。

[2]旃(zhān)：赤色曲柄的旗。在此指赤色。

女墙

《古今注》云[1]："女墙者，城上小墙。一名'睥睨'，言于城上窥人也。"予以私意释之，此名甚美，似不必定指城垣，凡户以内之及肩小墙，皆可以此名之。盖"女"者，妇人未嫁之称，不过言其纤小，若定指城上小墙，则登城御敌，岂妇人女子之事哉？至于墙上嵌花或露孔，使内外得以相视，如近时园圃所筑者，益可名为"女墙"，盖仿睥睨之制而成者也。其法穷奇极巧，如《园冶》所载诸式[2]，殆无遗义矣。但须择其至稳极固者为之，不则一砖偶动，则全壁皆倾，往来负荷者，保无一时误触之患乎？坏墙不足惜，伤人实可虑也。予谓自顶及脚，皆砌花纹，不惟极险，亦且大费人工。其所以洞彻内外者，不过使代琉璃屏，欲人窥见室家之好耳。止于人眼所瞩之处，空二三尺，使作奇巧花纹，其高乎此及卑乎此者，仍照常实砌，则为费不多，而又永无误触致崩之患。此丰俭得宜，有利无害之法也。

注释

[1]《古今注》：笔记著作。西晋崔豹著，三卷。分舆服、都邑、音乐、鸟兽、鱼虫、草木、杂注、问答释义

共八门。

[2]《园冶》：古代造园名著。明末造园家苏州吴江人计成著，三卷。

厅壁

厅壁不宜太素，亦忌太华。名人尺幅自不可少，但须浓淡得宜，错综有致。予谓裱轴不如实贴。轴虑风起动摇，损伤名迹；实贴则无是患，且觉大小咸宜也。实贴又不如实画，“何年顾虎头，满壁画沧州”[1]，自是高人韵事。予斋头偶仿此制，而又变幻其形，良朋至止，无不耳目一新，低回留之不能去者。因予性嗜禽鸟，而又最恶樊笼，二事难全，终年搜索枯肠，一悟遂成良法。乃于厅旁四壁，倩四名手，尽写着色花树，而绕以云烟，即以所爱禽鸟，蓄于虬枝老干之上。画止空迹，鸟有实形，如何可蓄？曰：不难，蓄之须自鹦鹉始。从来蓄鹦鹉者必用铜架，即以铜架去其三面，止存立脚之一条，并饮水啄粟之二管。先于所画松枝之上，穴一小小壁孔，后以架鹦鹉者插入其中，务使极固，庶往来跳跃，不致动摇。松为着色之松，鸟亦有色之鸟，互相映发，有如一笔写成。良朋至止，仰观壁画，忽见枝头鸟动，叶底翎张，无不色变神飞，诧为仙笔；乃惊疑未定，又复载飞载鸣，似欲翱翔而下矣。谛观熟视，方知个里情形，有不抵掌叫绝，而称巧夺天工者乎？若四壁尽蓄鹦鹉，又忌雷同，势必间以他鸟。鸟之善鸣者，推画眉第一。然鹦鹉之笼可去，画眉之笼不可去也，将奈之何？

予又有一法：取树枝之拳曲似笼者，截取一段，密者听其自如，疏者网以铁线，不使太疏，亦不使太密，总以不致飞脱为主。蓄画眉于中，插之亦如前法。此声方歇，彼喙复开；翠羽初收，丹睛复转。因禽鸟之善鸣善啄，觉花树之亦动亦摇；流水不鸣而似鸣，高山是寂而非寂。座客别去者，皆作殷浩书空，谓咄咄怪事[2]，无有过此者矣。

注释

[1]“何年顾虎头”二句：语出杜甫《题玄武禅师屋壁》。顾虎头，即顾恺之，小字虎头，东晋时画家。沧州，水滨之所。古人常指隐士之所。此指壁画中隐士居住之地。

[2]“皆作”二句：南朝刘义庆《世说新语·黜免》：“殷中军（殷浩）被废，在信安，终日恒书空作字。扬州吏民寻义逐之，窃视，唯作‘咄咄怪事’四字而已。”后比喻不合常理，难以理解之事。书空，以手在空中作字。殷浩，东晋人，字渊源，曾任扬州刺史。因进取中原被前秦所败而被黜为庶民。

书房壁

书房之壁，最宜潇洒；欲其潇洒，切忌油漆。油漆二物，俗物也，前人不得已而用之，非好为是沾沾者。门户窗棂之必须油漆，蔽风雨也；厅柱榱楹之必须油漆，防点污也。若夫书室之内，人迹罕至，阴雨弗浸，无此二患而亦蹈此辙，是无刻不在桐腥漆气之中，何不并漆其身而为厉乎？石灰垩壁，磨使极光，上着也；其次则用纸糊。纸糊可使屋柱窗楹共为一色，即壁用灰垩，柱上亦须纸糊，纸色与灰，相去不远耳。壁间书画自不可少，然粘贴太繁，不留馀地，亦是文人俗态。天下万物，以少为贵。步幛非不佳[1]，所贵在偶尔一见。若王恺之四十里，石崇之五十里[2]，则是一日中哄市，锦绣罗列之肆廛而已矣。看到繁缛处，有不生厌倦者哉？昔僧玄览住荆州陟屺寺，张璪画古松于斋壁，符载赞之，卫象诗之，亦一时三绝，览悉加垩焉。人问其故，览曰："无事疥吾壁也。"[3]诚高僧之言，然未免太甚。若近时斋壁，长笺短幅尽贴无遗，似冲繁道上之旅肆[4]，往来过客无不留题，所少者只有一笔。一笔维何？"某年月日某人同某在此一乐"是也。此真疥壁[5]，吾请以玄览之药药之。

糊壁用纸，到处皆然，不过满房一色白而已矣。予怪其物而不化，窃欲新之。新之不已，又以薄蹄变为陶冶[6]，幽斋化为窑器，虽居室内，如在壶中[7]，又一新人观听之事也。先以酱色纸一层，糊壁作底，后用豆绿云母笺，随手裂作零星小块，或方或扁，或短或长，或三角或四五角，但勿使圆，随手贴于酱色纸上，每缝一条，必露出酱色纸一线，务令大小错杂，斜正参差，则贴成之后，满房皆冰裂碎纹，有如哥窑美器[8]。其块之大者，亦可题诗作画，置于零星小块之间，有如铭钟勒卣[9]，盘上作铭[10]，无一不成韵事。问予所费几何，不过于寻常纸价之外，多一二剪合之工而已。同一费钱，而有庸腐新奇之别，止在稍用其心。"心之官则思"[11]，如其不思，则焉用此心为哉？

糊纸之壁，切忌用板。板干则裂，板裂而纸碎矣。用木条纵横作槅，如围屏之骨子然。前人制物备用，皆经屡试而后得之，屏不用板而用木槅，即是故也。即如糊刷用棕，不用他物，其法亦经屡试，舍此而另换一物，则纸与糊两不相能，非厚薄之不均，即刚柔之太过，是天生此物以备此用，非人不能取而予之。人知巧莫巧于古人，孰知古人于此亦大费辛勤，皆学而知之，非生而知之者也。

壁间留隙地，可以代橱。此仿伏生藏书于壁之义[12]，大有古风，但所用有不合于古者。此地可置他物，独不可藏书，以砖土性湿，容易发潮；潮则生蠹，且防朽烂故也。然则古人藏书于壁，殆虚语乎？曰：不然。东南西北，地气不同，此法止宜于西北，不宜于东南。西北地高而风烈，有穴地数丈而始得泉者，湿从水出，水既不得，湿从何来？即使有极潮之地，而加以极烈之风，未有不返湿为燥者。故壁间藏书，惟燕赵秦晋则可，此外皆应避之。即藏他物，亦宜时开时阖，使受风吹；久闭不开，亦有霾湿生虫之患。莫妙于空洞其中，止设托板，不立门扇，仿佛书架之形，有其用而不侵吾地，且有磐石之固，莫能摇动。此妙制善算，居家必不可无者。

予又有壁内藏灯之法，可以养目，可以省膏，可以一物而备两室之用，取以公世，亦贫士利人之一端也。我辈长夜读书，灯光射目，最耗元神。有用瓦灯贮火，留一隙之光，仅照书本，馀皆闭藏于内而不用者。予怪以有用之光置无用之地，犹之暴殄天物，因效匡衡凿壁之义[13]，于墙上穴一小孔，置灯彼屋而光射此房，彼行彼事，我读我书，是一灯也，而备全家之用，又使目力不竭于焚膏[14]，较之瓦灯，其利奚止十倍？以赠贫士，可当分财。使予得拥厚资，其不吝亦如是也。

注释

[1]步幛：用以遮蔽风尘或视线的屏幕。

[2]“若王恺之四十里”二句：王恺是晋武帝的舅舅，日用无度。石崇则是当时富豪。二人常在一起斗富。有一次，王恺作紫丝布幛四十里，石崇就作五十里敌之。见《世说新语·汰侈》。

[3]“昔僧玄览”九句：事见唐代段成式《酉阳杂俎》十二“语资”。所述为唐大历末年事。荆州，治今湖北江陵市。张璪，唐画家。吴郡(今苏州)人，善画山水木石，尤善双手作画，时称“双管齐下”。

[4]冲繁道：要冲之道。

[5]疥壁：如生疥疮之壁。指在壁上乱涂，使之如疥如疮。

[6]薄蹄：《易·说卦》：“为薄蹄。”正义：取其水流迫地而行也。在此指用纸裱糊一层。

[7]壶中：在此指自由自在的境地。据《后汉书·费长房传》，东汉费长房曾为市掾，见市中一位老翁卖药毕，即跳入壶中，知其非凡人，乃向他学道。后来即以“壶中日月”喻道家生活。

[8]哥窑：宋代瓷窑之一。属地在龙泉(今属浙江)。所烧瓷器以有冰裂纹为特色。

[9]卣(yǒu)：古代酒器。青铜制。盛行于商代及西周初期。

[10]盘上作铭：在盘上刻铭文。盘，商周时青铜器。如西周有散氏盘，上有铭文三百五十字，为矢人向散氏转移土地的契约。

[11]心之官则思：心的功能是思考。语出《孟子·告子》。

[12]伏生：名胜，字子贱，秦朝博士。秦始皇焚书时，他将《尚书》藏在屋壁之中。

[13]匡衡凿壁：典出东晋葛洪《西京杂记》："匡衡，字稚圭。勤学无烛，邻舍有烛而不逮，衡乃穿壁引其光，以书映光而读之。"

[14]焚膏：点燃的油灯。膏，油脂。此指油灯。

联匾第四

堂联斋匾，非有成规。不过前人赠人以言，多则书于卷轴，少则挥诸扇头；若止一二字、三四字，以及偶语一联，因其太少也，便面难书，方策不满，不得已而大书于木。彼受之者，因其坚巨难藏，不便纳之笥中，欲举以示人，又不便出诸怀袖，亦不得已而悬之中堂，使人共见。此当日作始者偶然为之，非有成格定制，画一而不可移也。讵料一人为之，千人万人效之，自昔徂今，莫知稍变。夫礼乐制自圣人，后世莫敢窜易，而殷因夏礼，周因殷礼，尚有损益于其间[1]，矧器玩竹木之微乎？予亦不必大肆更张，但效前人之损益可耳。锢习繁多，不能尽革，姑取斋头已设者，略陈数则，以例其馀。非欲举世则而效之，但望同调者各出新裁，其聪明什佰于我。投砖引玉，正不知导出几许神奇耳。

有诘予者曰：观子联匾之制，佳则佳矣，其如挂一漏万何？由子所为者而类推之，则《博古图》中，如樽罍[2]、琴瑟、几杖、盘盂之属，无一不可肖象而为之，胡仅以寥寥数则为也？予曰：不然。凡予所为者，不徒取异标新，要皆有所取义。凡人操觚握管[3]，必先择地而后书之，如古人种蕉代纸[4]，刻竹留题，册上挥毫，卷头染翰，剪桐作诏[5]，选石题诗，是之数者，皆书家固有之物，不过取而予之，非有蛇足于其间也。若不计可否而混用之，则将来牛鬼蛇神无一不备，予其作俑之人乎[6]！图中所载诸名笔，系绘图者勉强肖之，非出其人之手。缩巨为细，自失原神，观者但会其意可也。

注释

[1]"殷因夏礼"三句：语出《论语·为政》："子曰：'殷因于夏礼，所损益可知也；周因于殷礼，所损益可知也。'"因，因袭。

[2]罍(léi):古代容器名。以陶或青铜制成。用以盛酒或水。盛行于商周时期。

[3]操觚握管:执简握笔以作文。详见《词曲部·格局第六·填词馀论》注[1]。

[4]种蕉代纸:相传唐代书法家怀素种芭蕉万馀株,以蕉叶代纸练习书法。

[5]剪桐作诏:相传周成王幼时与其弟叔虞玩耍,乃剪桐叶为圭形,对其弟说:“我用此封你。”结果,因天子无戏言,叔虞被封在唐地,成为晋国的始祖。

[6]作俑之人:最早用俑作陪葬的人。详见《词曲部·宾白第四·词别繁减》注[1]。后代指第一个做某种坏事的人或恶劣风气的创始者。

蕉叶联

蕉叶题诗,韵事也;状蕉叶为联,其事更韵。但可置于平坦贴服之处,壁间门上,皆可用之,以之悬柱则不宜,阔大难掩故也。其法先画蕉叶一张于纸上,授木工以板为之,一样二扇,一正一反,即不雷同。后付漆工,令其满灰密布,以防碎裂。漆成后,始书联句,并画筋纹。蕉色宜绿,筋色宜黑,字则宜填石黄,始觉陆离可爱,他色皆不称也。用石黄乳金更妙,全用金字则太俗矣。此匾悬之粉壁,其色更显,可称“雪里芭蕉”[1]。

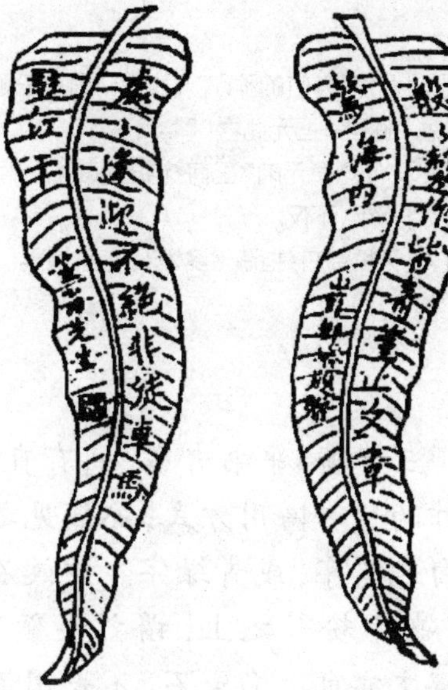

注释

[1]雪里芭蕉:传说唐代大画家、诗人王维所画国画《袁安卧雪图》中有“雪里芭蕉”的奇特景致。

此君联[1]

“宁可食无肉,不可居无竹。”[2]竹可须臾离乎?竹之可为器也,自楼阁几榻之大,以至笥奁杯箸之微,无一不经采取,独至为联为匾诸韵事弃而弗录,岂此君之幸乎?用之请自予始。截竹一筒,剖而为二,外去其青,内铲其节,磨之极光,务使如镜。然后书以联句,令名手镌之,掺以石青或石绿,即墨字亦可。以云乎雅,则未有雅于此者;以云乎俭,亦未有俭于此者。不宁惟是[3]，从来柱上加联，非板不可，柱圆板方，柱窄板阔，彼此抵牾，势难贴服，何如以圆合圆，纤毫不谬，有天机凑泊之妙乎[4]？此联不用铜钩挂柱，用则多此一物，是为赘瘤。止用铜钉上下二枚，穿眼实钉，勿使动移。其穿眼处，反择有字处穿之，钉钉后，仍用掺字之色补于钉上，混然一色，不见钉形尤妙。钉蕉叶联亦然。

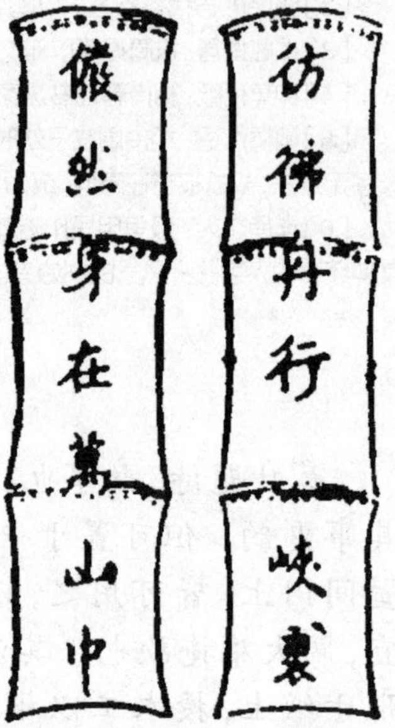

注释

[1]此君：对竹的雅称。《世说新语·任诞》：王徽之曾指着竹子说："何可一日无此君！"

[2]"宁可食无肉"二句：语出苏轼《於潜僧绿竹轩》诗。

[3]不宁：不仅。

[4]天机凑泊：指造化奥妙聚集在一起。

碑文额

三字额，平书者多，间有直书者，匀作两行。匾用方式，亦偶见之。然皆白地黑字，或青绿字。兹效石刻为之，嵌于粉壁之上，谓之匾额可，谓之碑文亦可。名虽石，不果用石。用石费多而色不显，不若以木为之。其色亦不仿墨刻之色，墨刻色暗，而远视不甚分明。地用黑漆，字填白粉，若是则值既廉，又使观者耀目。此额惟墙上开门者宜用之，又须风雨不到之处。客之至者，未启双扉，先立漆书壁经之下，不待搴帷入室[1]，已知为文士之庐矣。

注释

[1]搴(qiān)：揭起，提起。

手卷额

额身用板，地用白粉，字用石青石绿，或用炭灰代墨，无一不可。与寻常匾式无异，止增圆木二条，缀于额之两旁，若轴心然。左画锦纹，以像装潢之色；右则不宜太工，但像托画之纸色而已。天然图卷，绝无穿凿之痕；制度之善，庸有过于此者乎[1]？眼前景，手头物，千古无人计及，殊可怪也。

注释

［1］庸：难道，岂。

册页匾

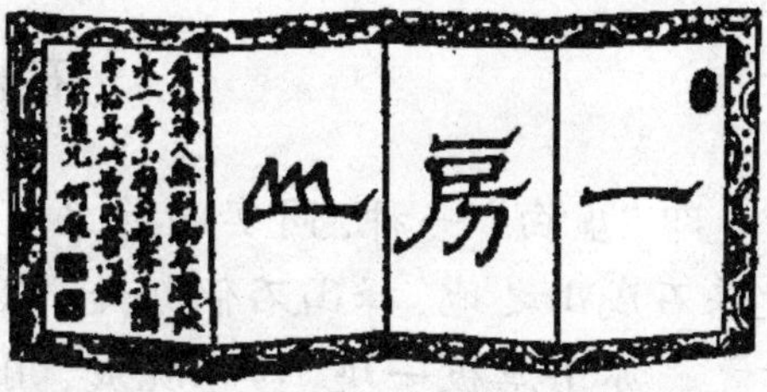

用方板四块，尺寸相同，其后以木绾之。断而使续，势取乎曲，然勿太曲。边画锦纹，亦像装潢之色。止用笔画，勿用刀镌；镌者粗略，反不似笔墨精工；且和油入漆，着色为难，不若画色之可深可浅，随取随得也。字则必用剞劂[1]。各有所宜，混施不可。

注释

［1］剞劂(jījué)：雕刻用的曲刀。

虚白匾

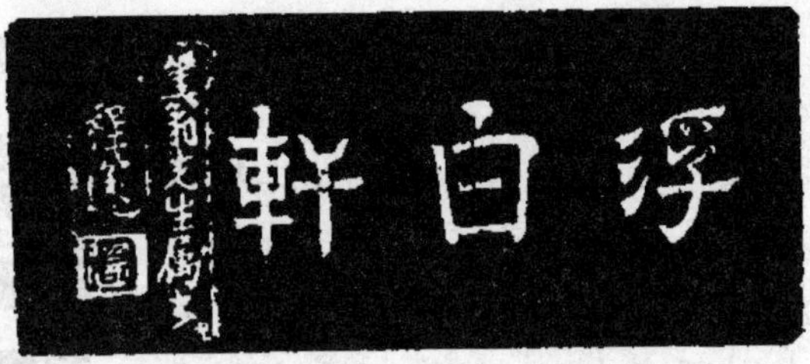

“虚室生白”[1]，古语也。且无事不妙于虚，实则板矣。用薄板之坚者，贴字于上，镂而空之，若制糖食果馅之木印。务使二面相通，纤毫无障。其无字处，坚以灰布，漆以退光。俟既成后，贴洁白绵纸一层于字后。木则黑而无泽，字则白而有光，既取玲珑，又类墨刻，有匾之名，去其迹矣。但此匾不宜混用，择房舍之内暗外明者置之。若屋后有光，则先穴通其屋，以之向外，不则置于入门之处，使正面向内。从来屋高门矮，必增横板一块于门之上。以此代板，谁曰不佳？

注释

[1]虚室生白：语出《庄子·人间世》。白，日光所照；室，喻指心。意谓心能空虚，则纯白独生。后常用以形容澄澈明净的意境。

石光匾

即“虚白”一种，同实而异名。用于磊石成山之地，择山石偶断处，以此续之。亦用薄板一块，镂字既成，用漆涂染，与山同色，勿使稍异。其字旁凡有隙地，即以小石补之，粘以生漆，勿使见板。至板之四围，亦用石补，与山石合成一片，无使有襞𫌀之痕[1]，竟似石上留题，为后人凿穿以存其迹者。字后若无障碍，则使通天，不则亦贴绵纸，取光明而塞障碍。

注释

[1]襞褙(bìjī):也作“襞积”,衣服的褶子。

秋叶匾

御沟题红[1],千古佳事;取以制匾,亦觉有情。但制红叶与制绿蕉有异:蕉叶可大,红叶宜小;匾取其横,联妙在直。是亦不可不知也。

注释

[1]御沟题红:又称“红叶题诗”。唐宣宗时,中书舍人卢渥从御沟中拾得红叶一片,上题诗曰:“流水何太急,深宫尽日闲。殷勤谢红叶,好去到人间。”后宣宗放宫女,卢渥正好得到题诗红叶上的宫女。事见唐代范摅《云溪友议》诸书。

山石第五

幽斋磊石,原非得已。不能致身岩下,与木石居,故以一卷代山,一勺代水,所谓无聊之极思也。然能变城市为山林,招飞来峰使居平地[1],自是神仙妙术,假手于人以示奇者也,不得以小技目之。且磊石成山,另是一种学问,别是一番智巧。尽有丘壑填胸[2]、烟云绕笔之韵士,命之画水题山,顷刻千岩万壑,及倩磊斋头片石,其技立穷,似向盲人问道者。故从来叠山名手,俱非能诗善绘之人。见其随举一石,颠倒置之,无不苍古成文,纡回入画,此正造物之巧于示奇也。譬之扶乩召仙[3],所题之诗与所判之字,随手便成法帖,落笔尽是佳词,询之召仙术士,尚有不明其义者。若出自工书善咏之手,焉知不自人心捏造?妙在不善咏者使咏,不工书者命书,然后知运动机关,全由神力。其叠山磊石,不用文人韵士,而偏令此辈擅长者,其理亦若是也。

然造物鬼神之技,亦有工拙雅俗之分,以主人之去取为去取。主人雅而喜工,则工且雅者至矣;主人俗而容拙,则拙而俗者来矣。有费累万金钱，而使山不成山、石不成石者，亦是造物鬼神作祟，为之摹神写像，以肖其为人也。一花一石，位置得宜，主人神情已见乎此矣，奚俟察言观貌，而后识别其人哉？

注释

[1]飞来峰：小山名。在杭州市灵隐寺前。

[2]丘壑填胸：宋代黄庭坚《题子瞻枯木》："胸中原自有丘壑，故作老木蟠风霜。"原指画家布局构思，后喻深远的意境。

[3]扶乩(jī)：一种迷信手段。扶，即扶架子；乩，即占卜。扶乩之时，将木制丁字架置于沙盘之上，依法请神，木架的下垂部即在沙上面出文字，便视为神的启示。

大山

山之小者易工，大者难好。予遨游一生，遍览名园，从未见有盈亩累丈之山，能无补缀穿凿之痕，遥望与真山无异者。犹之文章一道，结构全体难，敷陈零段易。唐宋八大家之文[1]，全以气魄胜人，不必句栉字篦[2]，一望而知为名作。以其先有成局，而后修饰词华，故粗览细观同一致也。若夫间架未立，才自笔生，由前幅而生中幅，由中幅而生后幅，是谓以文作文，亦是水到渠成之妙境；然但可近视，不耐远观，远观则襞襀缝纫之痕出矣。

书画之理亦然。名流墨迹，悬在中堂，隔寻丈而观之，不知何者为山，何者为水，何处是亭台树木，即字之笔画杳不能辨，而只览全幅规模，便足令人称许。何也？气魄胜人，而全体章法之不谬也。至于累石成山之法，大半皆无成局，犹之以文作文，逐段滋生者耳。名手亦然，矧庸匠乎？然则欲累巨石者，将如何而可？必俟唐宋诸大家复出，以八斗才人[3]，变为五丁力士[4]，而后可使运斤乎[5]？

抑分一座大山为数十座小山，穷年俯视，以藏其拙乎？曰：不难。用以土代石之法，既减人工，又省物力，且有天然委曲之妙。混假山于真山之中，使人不能辨者，其法莫妙于此。累高广之山，全用碎石，则如百衲僧衣，求一无缝处而不得，此其所以不耐观也。以土间之，则可泯然无迹，且便于种树。树根盘固，与石比坚，且树大叶繁，混然一色，不辨其为谁石谁土。列于真山左右，有能辨为积累而成者乎？此法不论石多石少，亦不必定求土石相半，土多则是土山带石，石多则是石山带土。土石二物，原不相离，石山离土，则草木不生，是童山矣[6]。

注释

[1]唐宋八大家：指唐宋古文八家：唐之韩愈、柳宗元，宋之欧阳修、苏洵、苏轼、苏辙、王安石、曾巩。

[2]句栉(zhì)字篦(bì)：犹如"字斟句酌"。栉，梳子的总称。篦，齿密的梳子。在此栉、篦皆用作动词。

[3]八斗才人：喻才气甚高。详见《词曲部·结构第一》注[3]；《词曲部·音律第三·恪守词韵》注[6]。

[4]五丁力士：汉代扬雄《蜀王本纪》："天为蜀王生五丁力士，能献山。秦王献美女与蜀王，蜀王遣五丁迎女。见一大蛇入山穴中，五丁引蛇，山崩，秦五女皆上山，化为石。"后以之形容大力士。

[5]运斤：用"运斤成风"之典。详见《词曲部·结构第一》注[27]。在此比喻具体操作。运，挥动；斤，斧头。

[6]童山：不生草木之山。《管子·国准》："有虞之王，枯泽童山。"

小 山

小山亦不可无土，但以石作主，而土附之。土之不可胜石者，以石可壁立，而土则易崩，必仗石为藩篱故也。外石内土，此从来不易之法。

言山石之美者，俱在透、漏、瘦三字[1]。此通于彼，彼通于此，若有道路可行，所谓透也；石上有眼，四面玲珑，所谓漏也；壁立当空，孤峙无倚，所谓瘦也。然透、瘦二字，在在宜然，漏则不应太甚。若处处有眼，则似窑内烧成之瓦器，有尺寸限在其中，一隙不容偶闭者矣。塞极而通，偶然一见，始与石性相符。瘦小之山，全要顶宽麓窄，根脚一大，虽有美状，不足观矣。石眼忌圆，即有生成之圆者，亦粘碎石于旁，使有棱角，以避混全之体。

石纹石色，取其相同。如粗纹与粗纹当并一处，细纹与细纹宜在一方，紫碧青红，各以类聚是也。然分别太甚，至其相悬接壤处，反觉异同，不若随取随得，变化从心之为便。至于石性，则不可不依；拂其性而用之，非止不耐观，且难持久。石性维何？斜正纵横之理路是也。

注释

[1]透、漏、瘦：此处形容山石之美的标准，似出自宋代书画家米芾。米芾爱石如痴，赏石成癖，谓好石要漏、透、瘦、皱。

石 壁

假山之好，人有同心；独不知为峭壁，是可谓叶公之好龙矣[1]。山之为地，非宽不可；壁则挺然直上，有如劲竹孤桐。斋头但有隙地，皆可为之。且山形曲折，取势为难，手笔稍庸，便贻大方之诮[2]。壁则无他奇巧，其势有若累墙，但稍稍纡回出入之，其体嶙峋，仰观如削，便与穷崖绝壑无异。且山之与壁，其势相因，又可并行而不悖者。凡累石之家，正面为山，背面皆可作壁。匪特前斜后直，物理皆然，如椅榻舟车之类；即山之本性，亦复如是。逶迤其前者，未有不崭绝其后，故峭壁之设，诚不可已。但壁后忌作平原，令人一览而尽。须有一物焉蔽之，使座客仰观不能穷其颠末，斯有万丈悬岩之势，而绝壁之名为不虚矣。蔽之者维何？曰：非亭即屋。或面壁而居，或负墙而立，但使目与檐齐，不见石丈人之脱巾露顶[3]，则尽致矣。

石壁不定在山后，或左或右，无一不可，但取其地势相宜。或原有亭屋，而以此壁代照墙，亦甚便也。

注释

[1]叶(shè)公好龙：典出汉代刘向《新序·杂事五》。后喻表面上喜好某物，实际并非如此。

[2]贻：遗留。　大方：出自《庄子·秋水》："吾长见笑于大方之家。"后指见多识广或某方面有特长的专家。

[3]石丈人：宋代书画家米芾嗜奇石，知无为军(今安徽无为县)，入州廨，见有立石甚奇，即命抱笏拜之，呼为石丈。

石 洞

假山无论大小，其中皆可作洞。洞亦不必求宽，宽则藉以坐人。如其太小，不能容膝[1]，则以他屋联之。屋中亦置小石数块，与此洞若断若连，是使屋与洞混而为一，虽居屋中，与坐洞中无异矣。洞中宜空少许，贮水其中而故作漏隙，使涓滴之声从上而下，旦夕皆然。置身其中者，有不六月寒生，而谓真居幽谷者，吾不信也。

注释

[1]容膝：立足之地。在此指立足。晋陶渊明《归去来兮辞》："倚南窗以寄傲，审容膝之易安。"

零星小石

贫士之家，有好石之心而无其力者，不必定作假山。一卷特立，安置有情，时时坐卧其旁，即可慰泉石膏肓之癖[1]。若谓如拳之石亦须钱买，则此物亦能效用于人，岂徒为观瞻而设？使其平而可坐，则与椅榻同功；使其斜而可倚，则与栏杆并力；使其肩背稍平，可置香炉茗具，则又可代几案。花前月下，有此待人，又不妨于露处，则省他物运动之劳，使得久而不坏，名虽石也，而实则器矣。且捣衣之砧，同一石也，需之不惜其费；石虽无用，独不可作捣衣之砧乎？王子猷劝人种竹[2]，予复劝人立石，有此君不可无此丈。同一不急之务，而好为是谆谆者，以人之一生，他病可有，俗不可有。得此二物，便可当医，与施药饵济人，同一婆心之自发也。

注释

[1]泉石膏肓之癖：爱好山水达到深入膏肓的地步。《旧唐书·田游岩传》记唐高宗李治幸嵩山，问田游岩山居佳否。田游岩对曰："臣泉石膏肓，烟霞痼疾。"

[2]王子猷：即王徽之，字子猷。《晋书》本传记其曾寄居空宅中，便令种竹。有人问其缘故，王徽之答道："何可一日无此君邪？"

◎器玩部

题解

器玩部所述，其中心思想在于物为人用，室内器玩，皆应体现主人的性格与审美观点，达到物我和谐的境地。李渔说："有耳目，即有聪明；有心思，即有智慧。"强调无论贫贱，都应讲究室内器玩，这确是关乎人的品格和审美情趣的大问题。假如我们都能像李渔那样自觉追求居室之雅，则国人的素质不知要提高几多呢。至于李渔如何立几案、置橱柜、摆茶具，多为不刊之论，虽涉纤琐，却正是可取借的，今人宜细细品读。

制度第一

人无贵贱，家无贫富，饮食器皿，皆所必需。"一人之身，百工之所为备。"[1]子舆氏尝言之矣[2]。至于玩好之物，惟富贵者需之，贫贱之家，其制可以不问。然而粗用之物，制度果精，入于王侯之家，亦可同乎玩好；宝玉之器，磨砻不善[3]，传于子孙之手，货之不值一钱。知精粗一理，即知富贵贫贱，同一致也。予生也贱，又罹奇穷，珍物宝玩虽云未尝入手，然经寓目者颇多。每登荣膴之堂[4]，见其辉煌错落者星布棋列，此心未尝不动，亦未尝随见随动，因其材美，而取材以制用者未尽善也。至入寒俭之家，睹彼以柴为扉，以瓮作牖，大有黄虞三代之风[5]。而又怪其纯用自然，不加区画。如瓮可为牖也，取瓮之碎裂者联之，使大小相错，则同一瓮也，而有哥窑冰裂之纹矣。柴可为扉也，取柴之入画者为之，使疏密中窾，则同一扉也，而有农户儒门之别矣。人谓变俗为雅，犹之点铁成金，惟具山林经济者能此[6]，乌可责之一切？予曰：垒雪成狮，伐竹为马，三尺童子皆优为之，岂童子亦抱经济乎？有耳目，即有聪明；有心思，即有智巧。但苦自画为愚，未尝竭思穷虑以试之耳。

注释

[1]"一人之身"二句：语出《孟子·滕文公》。

[2]子舆氏：一说指孔子的弟子曾参，一说孟轲字子舆。此处引文出自《孟子》，故在此子舆指孟子。

[3]磨砻(lóng)：打磨。

[4]荣膴(wǔ)之堂：富贵人家的堂屋。膴，《诗经·大雅·绵》："周原膴膴，堇荼如饴。"毛传："膴膴，美也。"

[5]黄虞三代：指上古时代。黄，黄帝；虞，有虞氏，部落名，舜为其首领。三代，尧、舜、禹三代。

[6]具山林经济者：指居于山林而具有治国安邦之才的人。经济，经邦济世、经国济世或经世济民的简化。

几 案

予初观《燕几图》[1]，服其人之聪明什佰于我，因自置无力，遍求置此者，讯其果能适用与否，卒之未得其人。夫我竭此大段心思，不可不谓经营惨淡，而人莫之则效者，其故何居？以其太涉繁琐，而且无此极大之屋，尽列其间，以观全势故也。凡人制物，务使人人可备，家家可用，始为布帛菽粟之才[2]，不则售冕旒而沽玉食[3]，难乎其为购者矣。故予所言，务舍高远而求卑近。几案之设，予以庀材无资[4]，尚未经营及此。

但思欲置几案，其中有三小物必不可少。一曰抽替[5]。此世所原有者也，然多忽略其事，而有设有不设。不知此一物也，有之斯逸，无此则劳，且可藉为容懒藏拙之地。文人所需，如简牍刀锥、丹铅胶糊之属，无一可少，虽曰司之有人，藏之别有其处，究竟不能随取随得，役之如左右手也。予性卞急[6]，往往呼童不至，即自任其劳。书室之地，无论远近迂捷，总以举足为烦。若抽替一设，则凡卒急所需之物，尽纳其中，非特取之如寄，且若有神物俟乎其中，以听主人之命者。至于废稿残牍，有如落叶飞尘，随扫随有，除之不尽，颇为明窗净几之累，亦可暂时藏纳，以俟祝融，所谓容懒藏拙之地是也。知此，则不独书案为然，即抚琴观画、供佛延宾之座，俱应有此。一事有一事之需，一物备一物之用。《诗》云："童子佩觿"[7]，《鲁论》云："去丧无所不佩。"[8]人身且然，况为器乎？

一曰隔板，此予所独置也。冬月围炉，不能不设几席。火气上炎，每致桌面台心为之碎裂，不可不预为计也。当于未寒之先，另设活板一块，可用可去，衬于桌面之下，或以绳悬，或以钩挂，或于造桌之时，先作机彀以待之[9]，使之待受火气，焦则另换，为费不多。此珍惜器具之婆心，虑其暴殄天物，以惜福也。

一曰桌撒。此物不用钱买，但于匠作挥斤之际，主人费启口之劳，僮仆用举手之力，即可取之无穷，用之不竭。从来几案与地不能两平，挪移之时，必相高低长短，而为桌撒[10]，非特寻砖觅瓦，时费辛勤，而且相称为难。非损高以就低，即截长而补短。此虽极微极琐之事，然亦同于临渴凿井，天下古今之通病也。请为世人药之：凡人兴造之际，竹头木屑，何地无之？但取其长不逾寸，宽不过指，而一头极薄、一头稍厚者，拾而存之，多多益善，以备挪台撒脚之用。如台脚所虚者少，则止入薄者，而留其有馀者于脚外，不则尽数入之。是止一寸之木，而备高低长短数则之用，又未尝费我一钱，岂非极便于人之事乎？但须加以油漆，勿露竹头木屑之本形。何也？一则使之与桌同色，虽有若无；一则恐童子扫地之时，不能记忆，仍谬认为竹头木屑而去之，势必朝朝更换，将亦不胜其烦；加以油漆，则知为有用之器而存之矣。只此极细一着，而有两意存焉，况大者乎？劳一人以逸天下，予非无功于世者也。

注释

[1]《燕几图》：宋代黄长睿所创。燕几是一种可错综分合的案几，初称六几，称为骰子桌。后增一小几，合称"七星"。如此纵横排列，形成各种几何图形，按图设席，以娱宾客。

[2]布帛菽粟之才：为百姓衣食而谋划经济的人才。

[3]售冕旒(liú)而沽玉食：指为皇家服务之才。冕旒，天子的礼帽及其后的玉串。在此代指皇帝。沽玉食，换取锦衣玉食、荣华富贵。

[4]庀(pǐ)材：置备建材。

[5]抽替：即抽屉。

[6]卞(biàn)急：急躁。

[7]童子佩觽(xī)：语出《诗经·卫风·芄兰》。觽，古代解结用的锥子，由象骨制成，亦作佩饰用。

[8]去丧无所不佩：语出《论语·乡党》，意为丧期已满，佩带东西便无忌讳了。

[9]机彀(gòu)：机关。

[10]桌撒：用为垫桌脚，以使桌面平衡之物。

椅　杌[1]

器之坐者有三：曰椅，曰杌，曰凳。三者之制，以时论之，今胜于古，以地论之，北不如南。维扬之木器[2]，姑苏之竹器[3]，可谓甲于古今，冠乎天下矣，予何能赘一词哉？但有二法未备，予特创而补之：一曰暖椅，一曰凉杌。予冬月著书，身则畏寒，砚心则苦冻，欲多设盆炭，使满室俱温，非止所费不赀，且几案易于生尘，不终日而成灰烬世界。若止设大小二炉以温手足，则厚于四肢而薄于诸体，是一身而自分冬夏，并耳目心思，亦可自号孤臣孽子矣[4]。计万全而筹尽适，此暖椅之制所由来也。制法列图于后。一物而充数物之用，所利于人者，不止御寒而已也。

盛暑之月，流胶铄金，以手按之，无物不同汤火，况木能生此者乎？凉杌亦同他杌，但杌面必空其中，有如方匣，四围及底俱以油灰嵌之，上覆方瓦一片。此瓦须向窑内定烧，江西福建为最，宜兴次之[5]，各就地之远近，约同志数人，敛出其资，倩人携带，为费亦无多也。先汲凉水贮杌内，以瓦盖之，务使下面着水，其冷如冰，热复换水，水止数瓢，为力亦无多也。其不为椅而为杌者，夏月少近一物，少受一物之暑气。四面无障，取其透风。为椅则上段之料势必用木，两胁及背又有物以障之，是止顾一臀而周身皆不问矣。此制易晓，图说皆可不备。

注释

[1]杌(wù)：小矮凳。

[2]维扬：今江苏扬州市。

[3]姑苏：今江苏苏州市。

[4]孤臣孽子：指失势的臣子与失宠的庶人。后泛指不受重用而仍怀有忠心的人。此处为诙谐语。

[5]宜兴：在今江苏无锡市西南。以产紫砂陶器著称于世。

附：暖椅式

如太师椅而稍宽，彼止取容臀，而此则周身全纳故也。如睡翁椅而稍直，彼止利于睡，而此则坐卧咸宜，坐多而卧少也。前后置门，两旁实镶以板，臀下足下俱用栅。用栅者，透火气也；用板者，使暖气纤毫不泄也；前后置门者，前进人而后进火也。然欲省事，则后门可以不设，进人之处亦可以进火。此椅之妙，全在安抽替于脚栅之下。只此一物，御尽奇寒，使五官四肢均受其利而弗觉。另置扶手匣一具，其前后尺寸，倍于轿内所用者。入门坐定，置此匣于前，以代几案。倍于轿内所用者，欲置笔砚及书本故也。抽替以板为之，底嵌薄砖，四围镶铜。所贮之灰，务求极细，如炉内烧香所用者。置炭其中，上以灰覆，则火气不烈而满座皆温，是隆冬时别一世界。况又为费极廉，自朝抵暮，止用小炭四块，晓用二块至午，午换二块至晚。此四炭者，秤之不满四两，而一日之内，可享室暖无冬之福，此其利于身者也。若至利于身而无益于事，仍是宴安之具，此则不然。扶手用板，镂去掌大一片，以极薄端砚补之[1]，胶以生漆，不问而知火气上蒸，砚石常暖，永无呵冻之劳，此又利于事者也。不宁惟是，炭上加灰，灰上置香，坐斯椅也，扑鼻而来者，只觉芬芳竟日。是椅也，而又可以代炉。炉之为香也散，此之为香也聚。由是观之，不止代炉，而且差胜于炉矣。有人斯有体，有体斯有衣。焚此香也，自下而升者，能使氤氲透骨[2]，是椅也，而又可代薰笼[3]。薰笼之受衣也，止能数件；此物之受衣也，遂及通身。迹是论之，非止代一薰笼，且代数薰笼矣。倦而思眠，倚枕可以暂息，是一有座之床。饥而就食，凭几可以加餐，是一无足之案。游山访友，何烦另觅肩舆[4]，只须加以柱杠，覆以衣顶，则冲寒冒雪，体有馀温，子猷之舟可弃也[5]，浩然之驴可废也[6]。又是一可坐可眠之轿。日将暮矣，尽纳枕簟于其中[7]，不须臾而被窝尽热；晓欲起也，先置衣履于其内，未转睫而襦裤皆温。是身也，事也，床也，案也，轿也，炉也，薰笼也，定省晨昏之孝子也[8]，送暖偎寒之贤妇也，总以一物焉代之。苍颉造字而天雨粟[9]，鬼夜哭，以造化灵秘之气泄尽而无遗也。此制一出，得无重犯斯忌，而重杞人之忧乎[10]？

注释

[1]端砚：产于广东肇庆市高要区端溪之砚。

[2]氤氲(yīnyūn)：云气浓郁。在此似有渗透之意。

[3]薰笼：香炉。

[4]肩舆：轿子。

[5]子猷之舟：子猷，王羲之子，名徽之。《世说新语》载其雪夜乘舟访问友人戴逵，至其门口，却兴尽而返。

[6]浩然之驴：相传唐代诗人孟浩然有一个奇怪的嗜好，喜欢骑着驴在风雪天行路，往往因此而诗兴大发。

[7]簟(diàn)：竹席。

[8]定省(xǐng)晨昏：指古代孝子每当父母早起晚睡之时，向父母问好。

[9]苍颉造字而天雨粟：详见《戒讽刺》注[5]。

[10]杞人之忧：即"杞人忧天"。据《列子·天瑞》载，杞国(今河南杞县)的一个人，老是想着天塌下来怎么办，以致废寝忘食。后借指不必要的忧虑。

床帐

人生百年，所历之时，日居其半，夜居其半。日间所处之地，或堂或庑[1]，或舟或车，总无一定之在；而夜间所处，则止有一床。是床也者，乃我半生相共之物，较之结发糟糠[2]，犹分先后者也。人之待物，其最厚者，当莫过此。然怪当世之人，其于求田问舍[3]，则性命以之，而寝处晏息之地，莫不务从苟简，以其只有己见，而无人见故也。若是，则妻妾婢媵，是人中之榻也，亦因己见而人不见，悉听其为无盐、嫫姆[4]，蓬头垢面而莫之讯乎？予则不然。每迁一地，必先营卧榻而后及其他，以妻妾为人中之榻，而床笫乃榻中之人也。欲新其制，苦乏匠资；但于修饰床帐之具，经营寝处之方，则未尝不竭尽绵力，犹之贫士得妻，不能变村妆为国色，但令勤加盥栉，多施膏沐而已。

其法维何？一曰床令生花，二曰帐使有骨，三曰帐宜加锁，四曰床要着裙。曷云床令生花？夫瓶花盆卉，文人案头所时有也，日则相亲，夜则相背，虽有天香扑鼻，国色昵人，一至昏黄就寝之时，即欲不为纨扇之捐[5]，不可得矣。殊不知白昼闻香，不若黄昏嗅味。白昼闻香，其香仅在口鼻；黄昏嗅味，其味直入梦魂。法于床帐之内，先设托板，以为坐花之具；而托板又勿露板形，妙在鼻受花香，俨若身眠树下，不知其为妆造也者。先为小柱二根，暗钉床后，而以帐悬其外。托板不可太大，长止尺许，宽可数寸。其下又用小木数段，制为三角架子，用极细之钉，隔帐钉于柱上，而后以板架之，务使极固。架定之后，用彩色纱罗，制成一物，或像怪石一卷，或作彩云数朵，护于板外，以掩其形。中间高出数寸，三面使与帐平，而以线缝其上，竟似帐上绣出之物，似吴门堆花之式是也。若欲全体相称，则或画或绣，满帐俱作梅花，而以托板为虬枝老干，或作悬崖突出之石，无一不可。帐中有此，凡得名花异卉，可作清供者，日则与之同堂，夜则携之共寝。即使群芳偶缺，万卉将穷，又有炉内龙涎[6]、盘中佛手[7]，与木瓜、香橼等物[8]，可以相继。若是，则身非身也，蝶也，飞眠宿食，尽在花间；人非人也，仙也，行起坐卧，无非乐境。予尝于梦酣睡足、将觉未觉之时，忽嗅腊梅之香，咽喉齿颊尽带幽芬，似从脏腑中出，不觉身轻欲举，谓此身必不复在人间世矣。既醒，语妻孥曰：“我辈何人，遽有此乐，得无折尽平生之福乎？”妻孥曰：“久贱常贫，未必不由于此。”此实事，非欺人语也。

曷云帐使有骨？床居外，帐居内，常也。亦有反此旧制，而使帐出床外者，善则善矣，其如夏月驱蚊，匿于床栏曲折之处，有若负嵎[9]，欲求美观，而以膏血殉之，非长策也，不若仍从旧制。其不从旧制，而使帐出床外者，以床有端正之体，帐无方直之形，百计撑持，终难服贴。总以四角之近柱者软而无骨，不能肖柱以为形，有犄角抵牾之势也。故须别为赋形，而使之有骨。用不粗不细之竹，制为一顶及四柱，俟帐已挂定而后撑之，是床内有床，旧制之便与新制之精，二者兼而有之矣。床顶及柱，令置轿者为之，其价颇廉，仅费中人一饭之资耳。

曷云帐宜加锁？设帐之故有二：蔽风、隔蚊是也。蔽风之利十之三，隔蚊之功十之七。然隔蚊以此，闭蚊于中而使之不得出者亦以此。蚊之为物也，体极柔而性极勇，形极微而机极诈。薄暮而驱，彼宁受奔驰之苦，挞伐之危，守死而弗去者十之八九。及其去也，又必择地而攻，乘虚以入。昆虫庶类之善用兵法者，莫过于蚊。其择地也，每弃后而攻前；其乘虚也，必舍垣而窥户。帐前两幅之交接处，皆其据险扼要、伏兵伺我之区也。或于风动帐开之际，或于取器入溺之时，一隙可乘，遂鼓噪而入。法于门户交关之地，上、中、下共设三纽，若妇人之衣扣然。至取溺器时，先以一手绾帐，勿使大开，以一手提之使入，其出亦然。若是，则坚壁固垒，彼虽有奇勇异诈，亦无所施其能矣。至于驱除之法，当使人在帐中，空洞其外，始能出而无阻。世人逐蚊，皆立帐檐之下，使所开之处蔽其大半，是欲其出而闭之门也。犯此弊者，十人而九，何其习而不察，亦至此乎？

曷云床要着裙？爱精美者，一物不使稍污。常有绮罗作帐，精其始而不能善其终，美其上而不得不污其下者，以贴枕着头之处，在妇人则有膏沐之痕，在男子亦多脑汗之迹，日积月累，无瑕者玷，而可爱者憎矣，故着裙之法不可少。此法与增添顶柱之法相为表里。欲令着裙，先必使之生骨，无力不能胜衣也。即于四竹柱之下，各穴一孔，以三横竹内之，去簟尺许，与枕相平，而后以布作裙，穿于其上，则裙污而帐不污，裙可勤涤，而帐难频洗故也。至于枕簟被褥之设，不过取其夏凉冬暖，请以二语概之，曰：求凉之法，浇水不如透风；致暖之方，增细不如加布，是予贫士所知者。至于羊羔美酒，亦足御寒，广厦重冰，尽堪避暑，理则固然，未尝亲试。"知之为知之，不知为不知"[10]，此圣贤无欺之学，不敢以细事而忽之也。

注释

[1]庑(wǔ)：堂下周围的廊屋。

[2]结发糟糠：结发之妻、糟糠之妻的省称。

[3]求田问舍：买田置屋，比喻忙于俗务，胸无大志。典出《三国志·魏志·陈登传》："(刘)备曰：'君有国士之名，今天下大乱，帝主失所，望君忧国忘家，有救世之意；而君求田问舍，言无可采。'"

[4]听：听任。　无盐、嫫姆：古代丑妇。无盐为战国齐宣王后，名钟离春，以家住无盐邑而名。嫫姆传说为黄帝时人。

[5]纨扇之捐：汉代班婕妤《纨扇诗》以团扇夏用秋弃，比喻妇女见弃。在此借指睡觉后无法嗅到花香。

[6]龙涎：香料名。原为抹香鲸肠胃的分泌物。

[7]佛手：亦名佛手柑，芸香料。其果实顶部分裂如手掌状，故名佛手。

[8]木瓜：抗病保健佳果。为蔷薇科木瓜属落叶灌木或小乔木的果实。可生食，可入菜，也可作药材。有舒筋祛湿之功效。　香楠：即楠木，因材质有香气，又名香楠。

[9]负嵎：背靠山弯。在此指处于促狭之地。

[10]"知之为知之"二句：语出《论语·为政》："知之为知之，不知为不知，是知也。"

橱柜

造橱立柜，无他智巧，总以多容善纳为贵。尝有制体极大而所容甚少，反不若渺小其形而宽大其腹，有事半功倍之势者。制有善不善也，善制无他，止在多设搁板。橱之大者，不过两层、三层，至四层而止矣。若一层止备一层之用，则物之高者大者容此数件，而低者小者亦止容此数件矣。实其下而虚其上，岂非以上段有用之隙，置之无用之地哉？当于每层之两旁，别钉细木二条，以备架板之用。板勿太宽，或及进身之半，或三分之一，用则活置其上，不则撤而去之。如此层所贮之物，其形低小，则上半截皆为馀地，即以此板架之，是一层变为二层。总而计之，则一橱变为两橱，两柜合成一柜矣，所裨不亦多乎？或所贮之物，其形高大，则去而容之，未尝为板所困也。此是一法。

至于抽替之设，非但必不可少，且自多多益善。而一替之内，又必分为大小数格，以便分门别类，随所有而藏之，譬如生药铺中，有所谓"百眼橱"者。此非取法于物，乃朝廷设官之遗制，所谓五府六部群僚百执事，各有所居之地与所掌之簿书钱谷是也。医者若无此橱，药石之名盈千累百，用一物寻一物，则卢医扁鹊无暇疗病[1]，止能为刻舟求剑之人矣[2]。此橱不但宜于医者，凡大家富室，皆当则而效之。至学士文人，更宜取法。能以一层分作数层，一格画为数格，是省取物之劳，以备作文著书之用。则思之思之，鬼神通之；心无他役，而鬼神得效其灵矣。

注释

[1]卢医扁鹊：《史记·扁鹊仓公列传》："扁鹊者，渤海郡郑人也，姓秦氏，名越人。"唐代张守节正义："又家于卢国，因命之曰卢医也。"后遂以卢医代称扁鹊。

[2]刻舟求剑之人：喻拘泥固执之人。典出《吕氏春秋·察今》。

箱笼箧笥

随身贮物之器，大者名曰箱笼，小者称为箧笥。制之之料，不出革、木、竹三种；为之关键者，又不出铜、铁二项。前人所制，亦云备矣。后之作者，未尝不竭尽心思，务为奇巧，总不出前人之范围；稍出范围即不适用，仅供把玩而已。予于诸物之体，未尝稍更，独怪其枢钮太庸，物而不化[1]，尝为小变其制，亦足改观。法无他长，惟使有之若无，不见枢钮之迹而已。止备二式者，腹稿虽多，未经尝试，不敢以待验之方误人也。

予游东粤[2]，见市廛所列之器[3]，半属花梨、紫檀，制法之佳，可谓穷工极巧；止怪其镶铜裹锡，清浊不伦。无论四面包镶，锋棱埋没，即于加锁置键之地，务设铜枢，虽云制法不同，究竟多此一物。譬如一箱也，磨砻极光[4]，照之如镜，镜中可使着屑乎？一笥也，攻治极精，抚之如玉，玉上可使生瑕乎？有人赠我一器，名"七星箱"，以中分七格，每格一替，有如星列故也。外系插盖，从上而下者。喜其不钉铜枢，尚未生瑕着屑，因筹所以关闭之。遂付工人，命于中心置一暗闩，以铜为之，藏于骨中而不觉，自后而前，抵于箱盖。盖上凿一小孔，勿透于外，止受暗闩少许，使抽之不动而已。乃以寸金小锁，锁于箱后。置之案上，有如浑金粹玉，全体昭然，不为一物所掩。觅关键而不得，似于无锁；窥中藏而不能，始求用钥。此其一也。

后游三山[5]，见所制器皿无非雕漆，工则细巧绝伦，色则陆离可爱，亦病其设关置键之地难免赘瘤，以语工师，令其稍加变易。工师曰："吾地般、倕颇多[6]，如其可变，不自今日始矣。欲泯其迹，必使无关键而后可。"予曰："其然，岂其然乎？"因置暖椅告成，欲增一匣置于其上，以代几案，遂使为之。上下四旁，皆听工人自为雕漆，俟其成后，就所雕景物而区画之。前面有替可抽者，所雕系"博古图"[7]，樽罍钟磬之属是也；后面无替而平者，系折枝花卉，兰菊竹石是也。皆备五彩，视之光怪陆离。但抽替太阔，开闭时多不合缝，非左进右出，即右进左出。予顾而筹之，谓必一法可当二用，既泯关键之迹，又免出入之疵，使适用美观均收其利而后可。乃命工人亦制铜闩一条，贯于抽替之正中，而以薄板掩之，此板即作分中之界限。夫一替分为二格，乃物理之常，乌知有一物焉贯于其中，为前后通身之把握哉？得此一物贯于其中，则抽替之出入皆直如矢，永无左出右入、右出左入之患矣。前面所雕“博古图”，中系三足之鼎，列于两旁者一瓶一炉。予鼓掌大笑曰：“‘执柯伐柯，其则不远。’[8] 即以其人之道，反治其身足矣！”遂付铜工，令依三物之成式，各制其一，钉于本等物色之上。鼎与炉瓶皆铜器也，尚欲肖其形与式而为之，况真者哉？不问而知其酷似矣。鼎之中心穴一小孔，置二小钮于旁，使抽替闭足之时，铜闩自内而出，与钮相平。闩与钮上俱有眼，加以寸金小锁，似鼎上原有之物，虽增而实未尝增也。锁则锁矣，抽开之时，手执何物？不几便于入而穷于出乎？曰：不然。瓶炉之上原当有耳，加以铜圈二枚，执此为柄，抽之不烦馀力矣。此区画正面之法也。

铜闩既从内出，必在后面生根，未有不透出本匣之背者，是铜皮一块与联络补缀之痕，俱不能泯矣。乌知又有一法，为天授而非人力者哉！所雕诸卉，菊在其中，菊色多黄，与铜相若，即以铜皮数层，剪千叶菊花一朵，以暗闩之透出者穿入其中，胶之甚固，若是则根深蒂固，谁得而动摇之？予于此一物也，纯用天工，未施人巧，若有鬼物伺乎其中，乞灵于我，为开生面者。

制之既成，工师告予曰：“八闽之为雕漆[9]，数百年于兹矣，四方之来购此者，亦百千万亿其人矣，从未见创法立规有如今日之奇巧者。请行此法，以广其传。”予曰：“姑迟之，俟新书告成，流布未晚。”窃恐世人先睹其物而后见其书，不知创自何人，反谓剿袭成功以为已有，讵非不白之冤哉？工师为谁？魏姓，字兰如；王姓，字孟明。闽省雕漆之佳，当推二人第一。自不操斤，但善于指使，轻财尚友，雅人也。

注释

[1]物而不化：在此指难与其他物体匹配。

[2]东粤：即今广东省一带。

[3]市廛(chán)：古代的集市。廛，有多义，在此指交易的市场。

[4]磨砻(lóng)：打磨。

[5]三山：山名。有多处。李渔居于南京，南京西南即有三山，镇江也有三山，当指此两处“三山”之一。

[6]般倕：古代能工巧匠的泛称。般即公输般，亦名鲁班。倕，也为巧匠名。《淮南子·说山训》：“人不爱倕之手，而爱己之指。”高诱注：“倕，尧之巧工。”

[7]博古图：宋代著作，记载古代铜器。在此指古玩图案。

[8]“执柯伐柯”二句：语出《诗经·豳风·伐柯》。原指操斧伐木，以做斧柄，其例就在眼前。后喻做事须遵守一定规则。

[9]八闽：今福建省的别称。详见《声容部·习技第四·歌舞》注[11]。

骨董

是编于骨董一项，缺而不备，盖有说焉。崇高古器之风，自汉魏晋唐以来，至今日而极矣。百金贸一卮，数百金购一鼎，犹有病其价廉工俭而不足用者。常有为一渺小之物，而费盈千累万之金钱，或弃整陌连阡之美产，皆不惜也。夫今人之重古物，非重其物，重其年久不坏；见古人所制与古人所用者，如对古人之足乐也。若是，则人与物之相去，又有间矣。设使制用此物之古人至今犹在，肯以盈千累万之金钱与整陌连阡之美产，易之而归，与之坐谈往事乎？吾知其必不为也。予尝谓人曰：物之最古者莫过于书，以其合古人之心思面貌而传者也。其书出自三代[1]，读之如见三代之人；其书本乎黄虞[2]，对之如生黄虞之世；舍此则皆物矣。物不能代古人言，况能揭出心思而现其面貌乎？古物原有可嗜，但宜崇尚于富贵之家，以其金银太多，藏之无具，不得不为长房缩地之法，敛丈为尺，敛尺为寸，如"藏银不如藏金，藏金不如藏珠"之说，愈轻愈小，而愈便收藏故也。矧金银太多，则慢藏诲盗[3]，贸为古董，非特穿窬不取[4]，即误攫入手，犹将掷而去之。迹是而观，则骨董金银为价之低昂，宜其倍蓰而无算也[5]。乃近世贫贱之家，往往效颦于富贵，见富贵者偶尚绮罗，则耻布帛为贱，必觅绮罗以肖之；见富贵者单崇珠翠，则鄙金玉为常，而假珠翠以代之。事事皆然，习以成性，故因其崇旧而黜新，亦不觉生今而反古。有八口晨炊不继，犹舍旦夕而问商周；一身活计茫然，宁遣妻孥而不卖骨董者。人心矫异[6]，讵非世道之忧乎？予辑是编，事事皆崇俭朴，不敢侈谈珍玩，以为末俗扬波[7]。且予窭人也[8]，所置物价，自百文以及千文而止。购新犹患无力，况买旧乎？《诗》云："惟其有之，是以似之。"[9]生平不识骨董，亦借口维风，以藏其拙。

注释

[1]三代：尧、舜、禹三代。

[2]黄虞：黄帝及虞舜。

[3]慢藏诲盗：收藏财物不慎，引发他人盗窃。语出《易·系辞上》："慢藏诲盗，冶容诲淫。"

[4]穿窬(yú)：穿壁越墙而盗。

[5]倍蓰(xǐ)：五倍。《孟子·滕文公上》："夫物之不齐，物之情也。或相倍蓰，或相什百，或相千万。"在此泛指价钱高出许多。

[6]矫异：矫情而怪异。指民风不古。

[7]扬波：比喻旺盛。

[8]寠(lóu)人：贫寒之人。《诗经·邶风·北门》："终寠且贫，莫知我艰。"

[9]"惟其"二句：语出《诗经·小雅·裳裳者华》。意为因为他有能力，后人就去学他。

炉瓶

炉瓶之制，其法备于古人，后世无容蛇足；但护持衬贴之具，不妨意为增减。如香炉既设，则锹箸随之，锹以拨灰，箸以举火，二物均不可少。箸之长短，视炉之高卑，欲其相称，此理易明，人尽知之。若锹之方圆，须视炉之曲直，使勿相左，此理亦易明，而为世人所忽。入炭之后，炉灰高下不齐，故用锹作准以平之，锹方则灰方，锹圆则灰圆。若使近边之地炉直而锹曲，或炉曲而锹直，则两不相能，止平其中，而不能平其外矣。须用相体裁衣之法，配而用之。然以铜锹压灰，究难齐截，且非一锹二锹可了。此非僮仆之事，皆必主人自为之者。

予性最懒，故每事必筹躲懒之法，尝制一木印印灰，一印可代数十锹之用。初不过为省繁惜劳计耳，讵料制成之后，非止省力，且极美观，同志相传，遂以为一定不移之法。譬如炉体属圆，则仿其尺寸，镟一圆板为印，与炉相若，不爽纤毫，上置一柄，以便手持。但宜稍虚其中，以作内昂外低之势，若食物之馒首然。方者亦如是法。加炭之后，先以箸平其灰，后用此板一压，则居中与四面皆平，非止同于刀削，且能与镜比光，共油争滑，是自有香灰以来，未尝现此娇面者也。既光且滑，可谓极精。予顾而思之，犹曰尽美矣，未尽善也，乃命梓人镂之。凡于着灰一面，或作老梅数茎，或为菊花一朵，或刻五言一绝，或雕八卦全形，只须举手一按，现出无数离奇，使人巧天工，两擅其绝，是自有香炉以来，未尝开此生面者也。湖上笠翁实有裨于风雅，非僭词也[1]。请名此物为"笠翁香印"。方之眉公诸制[2]，物以人名者，孰高孰下，谁实谁虚，海内自有定评，非予所敢饶舌。用此物者，最宜神速，随按随起，勿迟瞬息，稍一逗留，则气闭火息矣。雕成之后，必加油漆，始不沾灰。焚香必需之物，香锹香箸之外，复有贮香之盒，与插锹箸之瓶之数物者，皆香与炉之股肱手足，不可或无者也。

然此外更有一物，势在必需，人或知之而多不设，当为补入清供。夫以箸拨灰，不能免于狼藉，炉肩鼎耳之上，往往蒙尘，必得一物扫除之。此物不须特制，竟用蓬头小笔一枝，但精其管，使与濡墨者有别，与锹、箸二物同插一瓶，以便次第取用，名曰“香帚”。

至于炉有底盖，旧制皆然，其所以用此者，亦非无故。盖以覆灰，使风起不致飞扬；底即座也，用以隔手，使移动之时，执此为柄，以防手汗沾炉，使之有迹，皆有为而设者也。然用底时多，用盖时少。何也？香炉闭之一室，刻刻焚香，无时可闭；无风则灰不自扬，即使有风，亦有窗帘所隔，未有闭熄有用之火，而防未必果至之风者也。是炉盖实为赘瘤，尽可不设。而予则又有说焉：炉盖有时而需，但前人制法未善，遂觉有用为无用耳。盖以御风，固也。独不思炉不贮火，则非特盖可不用，并炉亦可不设；如其必欲置火，则盖之火熄，用盖何为？予尝于花晨月夕及暑夜纳凉，或登最高之台，或居极敞之地，往往携炉自随，风起灰扬，御之无策，始觉前人呆笨，制物而不善区画之，遂使贻患及今也。同是一盖，何不于顶上穴一大孔，使之通气，无风置之高阁，一见风起，则取而覆之，风不得入，灰不致扬，而香气自下而升，未尝少阻，其制不亦善乎？止将原有之物，加以举手之劳，即可变无益为有裨。昔人点铁成金，所点者不必是铁，所成者亦未必皆金，但能使不值钱者变而值钱，即是神仙妙术矣。此炉制也。

瓶以磁者为佳，养花之水清而难浊，且无铜腥气也。然铜者有时而贵，以冬月生冰，磁者易裂，偶尔失防，遂成弃物，故当以铜者代之。然磁瓶置胆，即可保无是患。胆用锡，切忌用铜，铜一沾水即发铜青，有铜青而再贮以水，较之未有铜青时，其腥十倍，故宜用锡。且锡柔易制，铜劲难为，价亦稍有低昂，其便不一而足也。磁瓶用胆，人皆知之，胆中着撒，人则未之行也。插花于瓶，必令中窾，其枝梗之有画意者，随手插入，自然合宜；不则挪移布置之力，不可少矣。有一种倔强花枝，不肯听人指使，我欲置左，彼偏向右，我欲使仰，彼偏好垂，须用一物制之。所谓撒也，以坚木为之，大小其形，勿拘一格。其中则或扁或方，或为三角，但须圆形其外，以便合瓶。此物多备数十，以俟相机取用。总之不费一钱，与桌撒一同拾取，弃于彼者，复收于此。斯编一出，世间宁复有弃物乎？

注释

［1］僭(jiàn)词：狂妄之词。僭，超越身份。

［2］眉公：即陈继儒(1558—1639)，明代华亭(今上海松江)人。字仲醇，号眉公。诗书画俱善，为明末名士。

屏 轴

十年之前，凡作围屏及书画卷轴者，止有巾条、斗方及横批三式[1]。近年幻为合锦，使大小长短以至零星小幅，皆可配合用之，亦可谓善变者矣。然此制一出，天下争趋，所见皆然，转盼又觉陈腐，反不若巾条、斗方诸式，以多时不见为新矣，故体制更宜稍变。

变用何法？曰：莫妙于冰裂碎纹，如前云所载糊房之式，最与屏轴相宜，施之墙壁，犹觉精材粗用，未免亵视牛刀耳。法于未书未画之先，画冰裂碎纹于全幅纸上，照纹裂开，各自成幅，征诗索画既毕，然后合而成之。须于画成未裂之先，暗书小号于纸背，使知某属第一，某居第二，某横某直，某角与某角相连，其后照号配成，始无攒凑不来之患。其相间之零星细块，必不可少，若憎其琐屑而不画，则有宽无窄，不成其为冰裂纹矣。但最小者，勿用书画，止以素描间之，若尽有书画，则纹理模糊不清，反为全幅之累。此为先画纸绢，后征诗画者而言，盖立法之初，不得不为其简且易者。迨裱之既熟，随取现成书画，皆可裂作冰纹，亦犹裱合锦之法，不过变四方平正之角，为曲直纵横之角耳。此裱匠之事，我授意而使彼为之者耳。

更有书画合一之法，则其权在我，授意于作书作画之人，裱匠则行其无事者也。“诗中有画，画中有诗”[2]，此古来成语；作画者取诗意命题，题诗者就画意作诗，此亦从来成格。然究竟诗自诗而画自画，未见有混而一之者也。混而一之，请自今始。法于画大幅山水时，每于笔墨可停之际，即留馀地以待诗，如峭壁悬崖之下，长松古木之旁，亭阁之中，墙垣之隙，皆可留题作字者也。凡遇名流，即索新句，视其地之宽窄，以为字之大小，或为鹅帖行书[3]，或作蝇头小楷。即以题画之诗，饰其所题之画，谓当日之原迹可，谓后来之题咏亦可，是“诗中有画，画中有诗”二语，昔作虚文，今成实事，亦游戏笔墨之小神通也。请质高明，定其可否。

注释

[1] 巾条、斗方及横批：中国书画装裱的三种样式。巾条，即屏条，以四尺、五尺宣纸对开。斗方，以正方形居多，大小不一。横批，亦名“横披”，画心横长竖短，左右两边称耳，尺寸相同，并应装有对称木杆一副，以便舒卷。

[2] “诗中有画”二句：语出苏轼《书摩诘蓝田烟雨图》：“味摩诘之诗，诗中有画；观摩诘之画，画中有

诗。”摩诘，唐代诗人、画家王维，字摩诘。

[3]鹅帖：即《鹅群帖》，传说为晋代王献之书。实为南朝宋以后，有人据王羲之以墨迹换鹅一事而伪造。

茶 具

茗注莫妙于砂壶，砂壶之精者，又莫过于阳羡[1]，是人而知之矣。然宝之过情，使与金银比值，无乃仲尼不为之已甚乎[2]？置物但取其适用，何必幽渺其说，必至理穷义尽而后止哉！凡制茗壶，其嘴务直，购者亦然，一曲便可忧，再曲则称弃物矣。盖贮茶之物与贮酒不同，酒无渣滓，一斟即出，其嘴之曲直可以不论；茶则有体之物也，星星之叶，入水即成大片，斟泻之时，纤毫入嘴，则塞而不流。啜茗快事，斟之不出，大觉闷人。直则保无是患矣，即有时闭塞，亦可疏通，不似武夷九曲之难力导也[3]。

贮茗之瓶，止宜用锡。无论磁、铜等器，性不相能，即以金银作供，宝之适以祟之耳。但以锡作瓶者，取其气味不泄；而制之不善，其无用更甚于磁瓶。询其所以然之故，则有二焉：一则以制成未试，漏孔繁多。凡锡工制酒壶茶注等物，于其既成，必以水试，稍有渗漏，即加补苴[4]，以其为贮茶贮酒而设，漏即无所用之矣；一到收藏干物之器，即忽视之，犹木工造盆造桶则防漏，置斗置斛则不防漏，其情一也。乌知锡瓶有眼，其发潮泄气反倍于磁瓶，故制成之后，必加亲试，大者贮之以水，小者吹之以气，有纤毫漏隙，立督补成。试之又必须二次，一在将成未镟之时，一在已成既镟之后。何也？常有初时不漏，迨镟去锡时，打磨光滑之后，忽然露出细孔，此非屡验谛视者不知。此为浅人道也。一则以封盖不固，气味难藏。凡收藏香美之物，其加严处全在封口，封口不密，与露处同。吾笑世上茶瓶之盖必用双层，此制始于何人？可谓七窍俱蒙者矣。单层之盖，可于盖内塞纸，使刚柔互效其力，一用夹层，则止靠刚者为力，无所用其柔矣。塞满细缝，使之一线无遗，岂刚而不善屈曲者所能为乎？即靠外面糊纸，而受纸之处又在崎岖凹凸之场，势必剪碎纸条，作蓑衣样式，始能贴服。试问以蓑衣覆物，能使内外不通风乎？故锡瓶之盖，止宜厚不宜双。藏茗之家，凡收藏不即开者，于瓶口向上处，先用绵纸二三层，实褙封固，俟其既干，然后覆之以盖，则刚柔并用，永无泄气之时矣。其时开时闭者，则于盖内塞纸一二层，使香气闭而不泄。此贮茗之善策也。若盖用夹层，则向外者宜作两截，用纸束腰，其法稍便。然封外不如封内，究竟以前说为长。

注释

[1]阳羡：古县名。秦置。治所在今江苏宜兴市南。六朝时移置今宜兴。以产紫砂陶壶而著名。

[2]仲尼不为之已甚：语出《孟子·离娄下》。宋代朱熹注："已，犹太也。杨氏曰：'言圣人所为，本分之外，不加毫末。非孟子真知孔子，不能以是称之。'"

[3]武夷九曲：指福建九曲溪，回环往复，为著名风景名胜。

[4]补苴(jū)：缝补，修补。

酒具

酒具用金银，犹妆奁之用珠翠，皆不得已而为之，非宴集时所应有也。富贵之家，犀则不妨常设，以其在珍宝之列，而无炫耀之形，犹仕宦之不饰观瞻者。象与犀同类，则有光芒太露之嫌矣。且美酒入犀杯，另是一种香气。唐句云："玉碗盛来琥珀光。"[1]玉能显色，犀能助香，二物之于酒，皆功臣也。至尚雅素之风，则磁杯当首重已。

旧磁可爱，人尽知之，无如价值之昂，日甚一日，尽为大力者所有，吾侪贫士，欲见为难。然即有此物，但可作骨董收藏，难充饮器。何也？酒后擎杯，不能保无坠落，十损其一，则如雁行中断，不复成群。备而不用，与不备同。贫家得以自慰者，幸有此耳。然近日冶人，工巧百出，所制新磁，不出成、宣二窑下[2]，至于体式之精异，又复过之。其不得与旧窑争值者，多寡之分耳。吾怪近时陶冶，何不自爱其力，使日作一杯，月制一盏，世人需之不得，必待善价而沽[3]，其利与多制滥售等也，何计不出此？曰：不然。我高其技，人贱其能，徒让垄断于捷足之人耳。

注释

[1]玉碗盛来琥珀光：出自李白《客中作》："兰陵美酒郁金香，玉碗盛来琥珀光。但使主人能醉客，不知何处是他乡。"

[2]成、宣二窑：明代成化、宣德年间江西景德镇烧制瓷器的官窑。

[3]待善价而沽：等待高价出售。沽，卖。语出《论语·子罕》："子贡曰：'有美玉于斯，韫椟而藏诸，求善贾而沽诸？'子曰：'沽之哉！沽之哉！我待贾者也！'"

碗碟

碗莫精于建窑[1]，而苦于太厚。江右所制者，虽窃建窑之名，而美观实出其上，可谓青出于蓝者矣。其次则论花纹，然花纹太繁，亦近鄙俗，取其笔法生动，颜色鲜艳而已。碗碟中最忌用者，是有字一种，如写《前赤壁赋》《后赤壁赋》之类[2]。此陶人造孽之事，购而用之者，获罪于天地神明不浅。请述其故。"惜字一千，延寿一纪[3]。"此文昌垂训之词[4]。虽云未必果验，然字画出于圣贤，苍颉造字而鬼夜哭[5]，其关乎气数，为天地神明所宝惜，可知也。

用有字之器，不为损福，但用之不久而损坏，势必倾委作践，有不与造孽陶人中分其咎者乎？陶人但司其成，未见其败，似彼罪犹可原耳。字纸委地，遇惜福之人，则收付祝融[6]，因其可焚而焚之也。至于有字之废碗，坚不可焚，一似入火不烬、入水不濡之神物。因其坏而不坏，遂至倾而又倾，道旁见者，虽有惜福之念，亦无所施。有时抛入街衢，遭千万人之践踏；有时倾入溷厕，受千百载之欺凌。文字之罹祸，未有甚于此者。吾愿天下之人，尽以惜福为念，凡见有字之碗，即生造孽之虑。买者相戒不取，则卖者计穷；卖者计穷，则陶人视为畏途而弗造矣。文字之祸，其日消乎？此犹救弊之末着。倘有惜福缙绅，当路于江右者[7]，出严檄一纸，遍谕陶人，使不得于碗上作字，无论《赤壁》等赋不许书磁，即成化、宣德年造，及某斋某居等字，尽皆削去。试问有此数字，果得与成窑、宣窑比值乎？无此数字，较之常值增减半文乎？有此无此，其利相同，多此数笔，徒造千百年无穷之孽耳。制抚藩臬[8]，以及守令诸公[9]，尽是斯文宗主[10]，宦豫章者[11]，急行是令，此千百年未造之福，留之以待一人。时哉时哉，乘之勿失！

注释

[1]建窑：宋代名窑之一。位于今福建建阳水吉镇。所烧小碗其胎骨呈乌泥色，俗称"乌泥窑"。

[2]《前赤壁赋》《后赤壁赋》：宋代文学家苏轼所作赋。

[3]一纪：十二年。

[4]文昌：文昌帝君。道教神名。掌管文昌府及人间功名、禄位事。

[5]苍颉造字而鬼夜哭：详见《词曲部·结构第一·戒讽刺》注[5]。

[6]祝融：火神。在此代指火。

[7]当路于江右：在江右任主官。江右，长江下游之右，指今江西省一带。

[8]制抚藩臬：清代地区高官。制，指省以上大区军政长官的总督、制台、制军。抚，巡抚，省一级军政长官。藩，藩台，明清时代布政使的别称，即省的行政长官。臬，臬司，即按察使，省司法、监察长官。

[9]守令：古代州的太守及县令。

[10]斯文：文人或儒者。　宗主：旧时指众所共仰的人。

[11]宦：做官，任职。　豫章：江西的别称。

灯烛

灯烛辉煌，宾筵之首事也。然每见衣冠盛集，列山珍海错，倾玉醴琼浆，几部鼓吹，频歌叠奏，事事皆称绝畅，而独于歌台色相，稍近模糊。令人快耳快心，而不能大快其目者，非主人吝惜兰膏，不肯多设，只以灯煤作祟，非剔之不得其法，即司之不得其人耳。吾为六字诀以授人，曰："多点不如勤剪。"勤剪之五，明于不剪之十。原其不剪之故，或以观场念切，主仆相同，均注目于梨园，置晦明于不问；或以奔走太劳，职无专委，因顾彼以失此，致有炬而无光，所谓司之不得其人也。欲正其弊，不过专责一人，择其谨朴老成、不耽游戏者，则二患庶几可免。

然司之得人，剔之不得其法，终为难事。大约场上之灯，高悬者多，卑立者少。剔卑灯易，剔高灯难。非以人就灯而升之使高，即以灯就人而降之使卑，剔一次必须升降一次，是人与灯皆不胜其劳，而座客观之亦觉代为烦苦，常有畏难不剪而听其昏黑者。予创二法以节其劳：一则已试而可自信者；一则未敢遽信而待试于人者。已试维何？长三四尺之烛剪是已。以铁为之，务为极细，粗则重而难举；然举之有法，说在后幅。有此长剪，则人不必升，灯亦不必降，举手即是，与剔卑灯无异矣。未试维何？暗提线索，用傀儡登场之法是已。法于梁上暗作长缝一条，通于屋后，纳挂灯之绳索于中，而以小小轮盘仰承其下，然后悬灯。灯之内柱外幕，分而为二，外幕系定于梁间，不使上下，内柱之索上跨轮盘。欲剪灯煤，则放内柱之索，使之卑以就人，剪毕复上，自投外幕之中，是外幕高悬不移，俨然以静待动。同一灯也，而有劳逸之分，劳所当劳，逸所当逸，较之内外俱下，而且有碍手碍脚之繁者，先踞一筹之胜矣。其不明抽以索，而必暗投梁缝之中，且贯通于屋后者，其故何居？欲埋伏抽索之人于屋后，使不露形，但见轮盘一转，其灯自下，剪毕复上，总无抽拽之形，若有神物厕于梁间者。

予创为是法，非有心炫巧，不过善藏其拙。盖场上多立一人，多生一人之障蔽。使以一人剪灯，一人抽索，了此及彼，数数往来，则座客止见人行，无复洗耳听歌之暇矣。故藏人屋后，撤去一半落篱，耳目之前，何等清静。藏人屋后者，亦不必定在墙垣之外，厅堂必有退步，屏障以后，即其处也。或隔绛纱，或悬翠箔，但使内见外，而外不见内，则人工不露而天巧可施矣。每灯一盏，用索一条，以蜡磨光，欲其不涩。梁间一缝，可容数索，但须预编字号，系以小牌，使抽者便于识认。剪灯者将及某号，即预放某索以待之，此号方升，彼号即降，观其术者，如入山阴道中[1]，明知是人非鬼，亦须诧异惊神，鼓掌而观，又是一番乐事。惜予囊悭无力，未及指使匠工，悬美法以待人，即谓自留馀地亦可。

梁上凿缝，势有不能，为悬灯细事而损伤巨料，无此理也。如置此法于造屋之先，则于梁成之后，另镶薄板二条，空洞其中而蒙蔽其下，然后升梁于柱，以俟灯索，此一法也。已成之屋，亦如此法，但先置绳索于中，而后周遭以板。此法之设，不止定为观场，即于元夕张灯，寻常宴客，皆可用之，但比长剪之法为稍费耳。

制长剪之法，视屋之高卑以为长短，短者三尺，长者四五尺，直其身而曲其上，如鸟喙然，总以细巧坚劲为主。然用之有法，得其法则可行，不得其法则虽设而不适于用，犹弃物也。盖以铁为剪，又长数尺，是其体不能不重，只手高擎，势必摇动于上，剪动则灯亦动；灯剪俱动，则他东我西，虽欲剪之，不可得矣。法以右手持剪，左手托之，所托之处，高右手尺许。剪体虽重，不过一二斤，只手孤擎则不足，双手效力则有馀；擎而剪之者一手，按之使不动摇者又有一手，其势虽高，何足虑乎？“孤掌难鸣，众擎易举。”天下事，类如是也。

长剪虽佳，予终恶其体重，倘能以坚木为身，止于近灯煤处用铁，则尽美而又尽善矣。思而未制，存其说以俟解人。

长剪难于概用，惟有烛无衣，与四围有衣而空洞其下者可以用之。若明角灯、珠灯，皆无隙可入，虽有长剪，何所用之？至于梁间放索，则是灯皆可。二事亦可并行，行之之法，又与前说相反：灯柱居中不动，而提起外幕以俟剪，剪毕复下。又合居重驭轻之法，听人所好而为之。

注释

[1]如入山阴道中：见《词曲部·结构第一·减头绪》注[3]。

笺简

笺简之制，由古及今，不知几千万变。自人物器玩，以迨花鸟昆虫，无一不肖其形，无日不断其式；人心之巧，技艺之工，至此极实。予谓巧则诚巧，工则至工，但其构思落笔之初，未免驰高鹜远，舍最近者不思，而遍索于九天之上、八极之内[1]，遂使光灿陆离者总成赘物，与书牍之本事无干。予所谓至近者非他，即其手中所制之笺简是也。

既名笺简，则笺简二字中便有无穷本义。鱼书雁帛而外[2]，不有竹刺之式可为乎？书本之形可肖乎？卷册便面，锦屏绣轴之上，非染翰挥毫之地乎？石壁可以留题，蕉叶曾经代纸[3]，岂竟未之前闻，而为予之臆说乎？至于苏蕙娘所织之锦[4]，又后人思之慕之，欲书一字于其上而不可复得者也。我能肖诸物之形似为笺，则笺上所列，皆题诗作字之料也。还其固有，绝其本无，悉是眼前韵事，何用他求？已命奚奴逐款制就[5]，售之坊间[6]，得钱付梓人[7]，仍备剞劂之用[8]，是此后生生不已，其新人见闻，快人挥洒之事，正未有艾。即呼予为薛涛幻身[9]，予亦未尝不受。盖须眉男子之不传，有愧于知名女子者正不少也。

已经制就者，有韵事笺八种，织锦笺十种。韵事者何？题石、题轴、便面、书卷、剖竹、雪蕉、卷子、册子是也[10]。锦纹十种，则尽仿回文织锦之义，满幅皆锦，止留縠纹缺处代人作书[11]，书成之后，与织就之回文无异。十种锦纹各别，作书之地亦不雷同。惨淡经营，事难缕述。海内名贤欲得者，倩人向金陵购之。是集内种种新式，未能悉走寰中，借此一端，以陈大概。售笺之地即售书之地，凡予生平著作，皆萃于此。有嗜痂之癖者[12]，贸此以去，如偕笠翁而归。千里神交，全赖乎此。只今知己遍天下，岂尽谋面之人哉？金陵书铺廊坊间有“齐子园名笺”五字者，即其处也。

是集中所载诸新式，听人效而行之；惟笺帖之体裁，则令奚奴自制自售，以代笔耕，不许他人翻梓。已经传札布告，诫之于初矣。倘仍有垄断之豪，或照式刊行，或增减一二，或稍变其形，即以他人之功冒为己有，食其利而抹煞其名者，此即中山狼之流亚也[13]。当随所在之官司而控告焉，伏望主持公道。至于倚富恃强，翻刻湖上笠翁之书者，六合以内[14]，不知凡几。我耕彼食，情何以堪？誓当决一死战，布告当事，即以是集为先声。总之天地生人，各赋以心，即宜各生其智。我未尝塞彼心胸，使之勿生智巧；彼焉能夺吾生计，使不得自食其力哉！

注释

[1]八极：八方极远的地方。

[2]鱼书雁帛：代指书信。鱼书，语出汉乐府诗《饮马长城窟行》："呼儿烹鲤鱼，中有尺素书。"雁帛，系于雁足的帛书。传说汉代苏武被困于匈奴，乃以帛书系于雁足，使汉廷得其消息，方得归汉。

[3]蕉叶曾经代纸：相传唐代书法家怀素种芭蕉万馀株，以蕉叶代纸练习书法。

[4]苏惠娘所织之锦：据《晋书·窦滔妻苏氏传》载，前秦秦州刺史窦滔被徙于流沙(即沙漠)，其妻苏惠娘思之，织锦为回文璇玑图诗以题丈夫，共三百四十字，可宛转循环读之，辞甚凄婉。

[5]奚奴：女奴。在此指婢女。

[6]坊间：刻书的作坊。

[7]梓人：木工。在此指刻书的工匠。

[8]剞劂：见《居室部·联画第四·册页匾》注[1]。

[9]薛涛：唐代女诗人。曾居成都浣花溪，创制深红色小笺写诗，人称薛涛笺。

[10]雪蕉：见《居室部·联画第四·蕉叶联》注[1]。

[11]縠纹：丝绸的皱纹。

[12]嗜痂之癖：指有怪异之癖。详见《词曲部·音律第三》注[28]。

[13]中山狼：喻忘恩负义，恩将仇报之人。详见明代马中锡《中山狼传》。

[14]六合：天地四方之间，即人间。

位置第二

器玩未得，则讲购求；及其既得，则讲位置。位置器玩，与位置人才，同一理也。设官授职者，期于人地相宜；安器置物者，务在纵横得当。设以刻刻需用者，而置之高阁，时时防坏者，而列于案头，是犹理繁治剧之材，处清静无为之地，黼黻皇猷之品[1]，作驱驰孔道之官[2]。有才不善用，与空国无人等也。他如方圆曲直，齐整参差，皆有就地立局之方，因时制宜之法。能于此等处展其才略，使人入其户、登其堂，见物物皆非苟设，事事具有深情，非特泉石勋猷[3]，于此足征全豹，即论庙堂经济[4]，亦可微见一斑。未闻有颠倒其家，而能整齐其国者也。

注释

[1]黼黻(fǔfú)：古代礼服上绣的花纹。黼，黑白相间，作斧形，刀白身黑。黻，黑青相次，作"亞"形。 皇猷：帝王的谋划。

[2]孔道：大道。

[3]泉石勋猷(yóu)：当指隐于山水之间的能臣。 勋猷，功臣的谋划。

[4]庙堂经济：在朝中施展经国济世之才。

忌排偶

“胪列古玩，切忌排偶。”此陈说也。予生平耻拾唾馀[1]，何必更蹈其辙。但排偶之中，亦有分别。有似排非排，非偶是偶；又有排偶其名，而不排偶其实者。皆当疏明其说，以备讲求。如天生一日，复生一月，似乎排矣，然二曜出不同时[2]，且有极明微明之别，是同中有异，不得竟以排比目之矣。所忌乎排偶者，谓其有意使然，如左置一物，右无一物以配之，必求一色相俱同者与之相并，是则非偶而是偶，所当急忌者矣。若夫天生一对，地生一双，如雌雄二剑，鸳鸯二壶，本来原在一处者，而我必欲分之，以避排偶之迹，则亦矫揉执滞，大失物理人情之正矣。即避排偶之迹，亦不必强使分开，或比肩其形，或连环其势，使二物合成一物，即排偶其名，而不排偶其实矣。

大约摆列之法，忌作八字形：二物并列，不分前后、不爽分寸者是也；忌作四方形：每角一物，势如小菜碟者是也；忌作梅花体：中置一大物，周遭以小物是也；馀可类推。当行之法，则与时变化，就地权宜，视形体为纵横曲直，非可预设规模者也。如必欲强拈一二，若三物相俱，宜作品字格，或一前二后，或一后二前，或左一右二，或右一左二，皆谓错综；若以三者并列，则犯排矣。四物相共，宜作心字及火字格，择一或高或长者为主，馀前后左右列之，但宜疏密断连。不得均匀配合，是谓参差。若左右各二，不使单行，则犯偶矣。此其大略也，若夫润泽之[3]，则在雅人君子。

注释

[1]唾馀：比喻他人的言论观点。

[2]二曜：指日、月二星。

[3]润泽：指进一步的处置。犹如文章的加工润色。

贵活变

幽斋陈设，妙在日异月新。若使骨董生根，终年匏系一处[1]，则因物多腐象，遂使人少生机，非善用古玩者也。居家所需之物，惟房舍不可动移，此外皆当活变。何也？眼界关乎心境，人欲活泼其心，先宜活泼其眼。即房舍不可动移，亦有起死回生之法。譬如造屋数进，取其高卑广隘之尺寸不甚相悬者，授意匠工，凡作窗棂门扇，皆同其宽窄而异其体裁，以便交相更替。同一房也，以彼处门窗挪入此处，便觉耳目一新，有如房舍皆迁者；再入彼屋，又换一番境界，是不特迁其一，且迁其二矣。房舍犹然，况器物乎？或卑者使高，或远者使近，或二物别之既久，而使一旦相亲，或数物混处多时，而使忽然隔绝，是无情之物变为有情，若有悲欢离合于其间者。但须左之右之，无不宜之，则造物在手，而臻化境矣。人谓朝东夕西，往来仆仆，“何许子之不惮烦乎”[2]？予曰：陶士行之运甓[3]，视此犹烦，未有笑其多事者；况古玩之可亲，犹胜于甓。乐此者不觉其疲，但不可为饱食终日、无所用心者道。

古玩中香炉一物，其体极静，其用又妙在极动，是当一日数迁其位，片刻不容胶柱者也。人问其故，予以风帆喻之。舟行所挂之帆，视风之斜正为斜正，风从左而帆向右，则舟不进而且退矣。位置香炉之法亦然。当由风力起见，如一室之中有南北二牖，风从南来，则宜位置于正南，风从北入，则宜位置于正北；若风从东南或从西北，则又当位置稍偏，总以不离乎风者近是。若反风所向，则风去香随，而我不沾其味矣。又须启风来路，塞风去路，如风从南来而洞开北牖，风从北至而大辟南轩，皆以风为过客，而香亦传舍视我矣。须知器玩之中，物物皆可使静，独香炉一物，势有不能。“爱之能勿劳乎？”[4] 待人之法也，吾于香炉亦云。

注释

[1]匏(páo)系：语出《论语·阳货》：“吾岂匏瓜也哉，焉能系而不食？”在此指古董像匏瓜样系于一处而无用。

[2]何许子之不惮烦乎：语出《孟子·滕文公上》。许子，战国农家许行，主张“贤者与民并耕而食，饔飧(自理炊事)而治”。引文为孟子批评许子的话。

[3]陶士行：陶侃，字士行。晋浔阳(今江西九江)人。相传他任广州刺史时，每天早晨把一百块砖搬到室外，晚上再搬回室内，以此锻炼意志。 甓(pì)：砖。

[4]爱之能勿劳乎：语出《论语·宪问》。

◎饮馔部

题解

饮馔部分蔬食、谷食、肉食三类。在李渔看来，饮馔必先戒嗜欲，为此，应崇俭，应复古，使人不能为口腹之欲而累。李渔的这些观点，好似针对当今奢靡的饮馔之风而言的！

蔬食第一

吾观人之一身，眼耳鼻舌，手足躯骸，件件都不可少。其尽可不设而必欲赋之，遂为万古生人之累者，独是口腹二物。口腹具而生计繁矣，生计繁而诈伪奸险之事出矣，诈伪奸险之事出，而五刑不得不设[1]。君不能施其爱育，亲不能遂其恩私，造物好生，而亦不能不逆行其志者，皆当日赋形不善，多此二物之累也。

草木无口腹，未尝不生；山石土壤无饮食，未闻不长养。何事独异其形，而赋以口腹？即生口腹，亦当使如鱼虾之饮水，蜩螗之吸露[2]，尽可滋生气力，而为潜跃飞鸣。若是，则可与世无求，而生人之患熄矣。乃既生以口腹，又复多其嗜欲，使如谿壑之不可厌；多其嗜欲，又复洞其底里，使如江海之不可填。以致人之一生，竭五官百骸之力，供一物之所耗而不足哉！吾反复推详，不能不于造物是咎。亦知造物于此，未尝不自悔其非，但以制定难移，只得终遂其过。甚矣，作法慎初，不可草草定制。

吾辑是编而谬及饮馔，亦是可已不已之事。其止崇俭啬，不导奢靡者，因不得已而为造物饰非，亦当虑始计终，而为庶物弭患。如逞一己之聪明，导千万人之嗜欲，则匪特禽兽昆虫无噍类[3]，吾虑风气所开，日甚一日，焉知不有易牙复出，烹子求荣[4]，杀婴儿以媚权奸[5]，如亡隋故事者哉！一误岂堪再误？吾不敢不以赋形造物，视作覆车。

声音之道，丝不如竹，竹不如肉，为其渐近自然。吾谓饮食之道，脍不如肉[6]，肉不如蔬，亦以其渐近自然也。草衣木食，上古之风，人能疏远肥腻，食蔬蕨而甘之，腹中菜园，不使羊来踏破[7]，是犹作羲皇之民[8]，鼓唐虞之腹[9]，与崇尚古玩同一致也。所怪于世者，弃美名不居，而故异端其说，谓佛法如是，是则谬矣。吾辑《饮馔》一卷，后肉食而首蔬菜，一以崇俭，一以复古；至重宰割而惜生命，又其念兹在兹，而不忍或忘者矣。

注释

[1]五刑：五等刑罚。历代不尽相同。在此泛指刑罚。

[2]蜩螗(tiáotáng)：蝉的别名。

[3]噍(jiào)类：活人。《汉书·高帝纪上》："(项羽)尝攻襄城，襄城无噍类。"颜师古注引如淳曰："无复有活而噍食者也。"在此指禽兽昆虫等物。

[4]"易牙"二句：相传春秋时齐桓公宠臣易牙曾自烹其子，做成羹汤以献桓公。见《管子·小称篇》、《韩非子·二柄》等书。

[5]"杀婴儿"句：据《唐人说荟·开河记》载，隋炀帝时，陶郎儿兄弟拐骗杀死别家孩子，蒸烹以献权贵麻叔谋。

[6]脍：细切的鱼肉。后泛指加工过的肉。

[7]"腹中菜园"二句：据隋代侯白《启颜录》载："有人常食菜蔬，忽食羊，梦五藏(五脏)神曰：'羊踏破菜园。'"后用以代指因吃了美味而得腹疾。

[8]羲皇之民：作羲皇时代无忧无虑的百姓。晋代陶渊明《与子俨等疏》："尝言五、六月中，北窗下卧，遇凉风暂至，自谓是羲皇上人。"羲皇，上古时期有名的部落首领伏羲氏，相传为华夏始祖。

[9]唐虞：唐尧和虞舜时代。相传那时的百姓极其安乐，常吃饱了鼓腹而歌。

笋

论蔬食之美者，曰清，曰洁，曰芳馥，曰松脆而已矣。不知其至美所在，能居肉食之上者，只在一字之鲜。《记》曰："甘受和，白受采。"[1]鲜即甘之所从出也。此种供奉，惟山僧野老躬治园圃者，得以有之，城市之人向卖菜佣求活者，不得与焉。然他种蔬食，不论城市山林，凡宅旁有圃者，旋摘旋烹，亦能时有其乐。至于笋之一物，则断断宜在山林，城市所产者，任尔芳鲜，终是笋之剩义。此蔬食中第一品也，肥羊嫩豕，何足比肩。但将笋肉齐烹，合盛一簋，人止食笋而遗肉，则肉为鱼而笋为熊掌可知矣[2]。购于市者且然，况山中之旋掘者乎？

食笋之法多端，不能悉纪，请以两言概之，曰："素宜白水，荤用肥猪。"茹斋者食笋，若以他物伴之，香油和之，则陈味夺鲜，而笋之真趣没矣。白煮俟熟，略加酱油。从来至美之物，皆利于孤行，此类是也。以之伴荤，则牛羊鸡鸭等物皆非所宜，独宜于豕，又独宜于肥。肥非欲其腻也，肉之肥者能甘，甘味入笋，则不见其甘，但觉其鲜之至也。烹之既熟，肥肉尽当去之，即汁亦不宜多存，存其半而益以清汤。调和之物，惟醋与酒。此制荤笋之大凡也。

笋之为物，不止孤行并用各见其美，凡食物中无论荤素，皆当用作调和。菜中之笋与药中之甘草，同是必需之物，有此则诸味皆鲜，但不当用其渣滓，而用其精液。庖人之善治具者，凡有焯笋之汤，悉留不去，每作一馔，必以和之。食者但知他物之鲜，而不知有所以鲜之者在也。《本草》中所载诸食物[3]，益人者不尽可口，可口者未必益人，求能两擅其长者，莫过于此。东坡云："宁可食无肉，不可居无竹。无肉令人瘦，无竹令人俗。"不知能医俗者，亦能医瘦，但有已成竹未成竹之分耳。

注释

[1]甘受和，白受采：语出《礼记·礼器》，意谓甘为众味之本，不偏主一味，故得受五味之和；白是五色之本，不偏主一色，故得受五色之彩。采，同"彩"。

[2]肉为鱼而笋为熊掌：化自《孟子·告子》："鱼我所欲也，熊掌亦我所欲矣。二者不可得兼，舍鱼而取熊掌者也。"

[3]《本草》：即《神农本草经》。原书已佚。明代李时珍对此书加以删繁补缺，形成《本草纲目》五十二卷。

蕈[1]

求至鲜至美之物于笋之外，其惟蕈乎！蕈之为物也，无根无蒂，忽然而生，盖山川草木之气，结而成形者也，然有形而无体。凡物有体者必有渣滓，既无渣滓，是无体也。无体之物，犹未离乎气也。食此物者，犹吸山川草木之气，未有无益于人者也。其有毒而能杀人者，《本草》云以蛇虫行之故。予曰：不然。蕈大几何，蛇虫能行其上？况又极弱极脆而不能载乎？盖地之下有蛇虫，蕈生其上，适为毒气所钟，故能害人。毒气所钟者能害人，则为清虚之气所钟者，其能益人可知矣。世人辨之原有法，苟非有毒，食之最宜。此物素食固佳，伴以少许荤食尤佳，盖蕈之清香有限，而汁之鲜味无穷。

注释

[1]蕈(xùn)：蘑菇。

莼[1]

陆之蕈，水之莼，皆清虚妙物也。予尝以二物作羹，和以蟹之黄，鱼之肋，名曰“四美羹”。座客食而甘之，曰：“今而后，无下箸处矣！”

注释

[1]莼(chún)：莼菜。又名水葵。睡莲科，水生植物。产于江南水乡，春夏季采其嫩叶，可作蔬菜，制汤尤美。

菜

世人制菜之法，可称百怪千奇。自新鲜以至于腌糟酱腊，无一不曲尽奇能，务求至美；独于起根发轫之事缺焉不讲[1]，予甚惑之。其事维何？有八字诀云：“摘之务鲜，洗之务净。”务鲜之论，已悉前篇。蔬食之最净者，曰笋，曰蕈，曰豆芽；其最秽者，则莫如家种之菜。灌肥之际，必连根带叶而浇之；随浇随摘，随摘随食，其间清浊，多有不可问者。洗菜之人，不过浸入水中，左右数漉，其事毕矣。孰知污秽之湿者可去，干者难去。日积月累之粪，岂顷刻数漉之所能尽哉？故洗菜务得其法，并须务得其人。以懒人、性急之人洗菜，犹之乎弗洗也。洗菜之法，入水宜久，久则干者浸透而易去；洗叶用刷，刷则高低曲折处皆可到，始能涤尽无遗。若是，则菜之本质净矣。本质净而后可加作料，可尽人工，不然，是先以污秽作调和，虽有百和之香，能敌一星之臭乎？噫，富室大家食指繁盛者，欲保其不食污秽，难矣哉！

菜类甚多，其杰出者则数黄芽。此菜萃于京师，而产于安肃[2]，谓之“安肃菜”，此第一品也。每株大者可数斤，食之可忘肉味。不得已而思其次，其惟白下之水芹乎[3]！予自移居白门，每食菜、食葡萄，辄思都门；食笋、食鸡豆，辄思武陵[4]。物之美者，犹令人每食不忘，况为适馆授餐之人乎？

菜有色相最奇，而为《本草》、《食物志》诸书之所不载者，则西秦所产之头发菜是也[5]。予为秦客，传食于塞上诸侯。一日脂车将发[6]，见炕上有物，俨然乱发一卷，谬谓婢子栉发所遗，将欲委之而去。婢子曰：“不然，群公所饷之物也。”询之土人，知为头发菜。浸以滚水[7]，拌以姜醋，其可口倍于藕丝、鹿角等菜。携归饷客，无不奇之，谓珍错中所未见。此物产于河西，为值甚贱，凡适秦者皆争购异物，因其贱也而忽之，故此物不至通都[8]，见者绝少。由是观之，四方贱物之中，其可贵者不知凡几，焉得人人物色之？发菜之得至江南，亦千载一时之至幸也。

注释

[1]起根发轫：指事情的起始。
[2]安肃：地名。今河北徐水区。
[3]白下：地名。南京的别称。其下“白门”也指南京。
[4]武陵：地名。今湖南常德。
[5]西秦：地名。今陕西省。
[6]脂车：将脂油涂于车轴，以利运转。借指驾车出行。
[7]滚水：开水。
[8]通都：交通发达、市场繁荣的都邑。

瓜 茄 瓠 芋 山药

瓜、茄、瓠、芋诸物，菜之结而为实者也。实则不止当菜，兼作饭矣。增一簋菜[1]，可省数合粮者[2]，诸物是也。一事两用[3]，何俭如之？贫家购此，同于籴粟[4]。但食之各有其法：煮冬瓜、丝瓜忌太生，煮王瓜、甜瓜忌太熟；煮茄、瓠利用酱醋，而不宜于盐；煮芋不可无物伴之，盖芋之本身无味，借他物以成其味者也；山药则孤行并用，无所不宜，并油盐酱醋不设，亦能自呈其美，乃蔬食中之通材也。

注释

[1]簋(guǐ)：古代祭祀宴飨时盛放黍稷的器皿。在此泛指盛饭菜的器皿。
[2]合(gě)：量词。古代十合为一升。
[3]事：物。
[4]籴(dí)：买谷米。

葱 蒜 韭

葱、蒜、韭三物，菜味之至重者也。菜能芬人齿颊者，香椿头是也；菜能秽人齿颊及肠胃者，葱、蒜、韭是也。椿头明知其香而食者颇少，葱、蒜、韭尽识其臭而嗜之者众，其故何欤？以椿头之味，虽香而淡，不若葱、蒜、韭之气甚而浓。浓则为时所争尚，甘受其秽而不辞；淡则为世所共遗，自荐其香而弗受。吾于饮食一道，悟善身处世之难。一生绝三物不食，亦未尝多食香椿，殆所谓“夷、惠之间”者乎[1]？

予待三物有差。蒜则永禁弗食；葱虽弗食，然亦听作调和；韭则禁其终而不禁其始，芽之初发，非特不臭，且具清香，是其孩提之心之未变也。

注释

[1]夷、惠之间：汉代扬雄《法言·渊骞》：“‘其为人也奈何？’曰：‘不屈其意，不累其身。’曰：‘是夷惠之徒与？’曰：‘不夷不惠，可否之间也。’”意谓介乎夷、惠二者之间的一种生活态度。夷，伯夷，商周之间人，因周代商而立，耻食周粟，竟绝食而死。惠，柳下惠，春秋时鲁国大夫，据说美女坐其怀而不乱。

萝卜

生萝卜切丝作小菜，伴以醋及他物，用之下粥最宜。但恨其食后打嗳，嗳必秽气。予尝受此厄于人，知人之厌我，亦若是也，故亦欲绝而弗食。然见此物大异葱蒜，生则臭，熟则不臭，是与初见似小人，而卒为君子者等也。虽有微过，亦当恕之，仍食勿禁。

芥辣汁

菜有具姜桂之性者乎？曰：有，辣芥是也。制辣汁之芥子，陈者绝佳，所谓愈老愈辣是也。以此拌物，无物不佳。食之者如遇正人，如闻谠论[1]，困者为之起倦，闷者以之豁襟[2]，食中之爽味也。予每食必备，窃比于夫子之不撤姜也[3]。

注释

[1]谠(dǎng)论：正直的言论。

[2]豁襟：使胸襟开阔。

[3]夫子之不撤姜：《论语·乡党》：“不撤姜食，不多食。”孔颖达疏：“齐禁熏物。姜辛不臭，故不去。”

谷食第二

食之养人，全赖五谷。使天止生五谷而不产他物，则人身之肥而寿也，较此必有过焉，保无疾病相煎、寿夭不齐之患矣。试观鸟之啄粟，鱼之饮水，皆止靠一物为生，未闻于一物之外，又有为之肴馔酒浆诸饮杂食者也。乃禽鱼之死，皆死于人，未闻有疾病而死，及天年自尽而死者。是止食一物，乃长生久视之道也。人则不幸而为精腆所误[1]，多食一物，多受一物之损伤；少静一时，少安一时之淡泊。其疾病之生，死亡之速，皆饮食太繁、嗜欲过度之所致也。此非人之自误，天误之耳。天地生物之初，亦不料其如是。原欲利人口腹，孰意利之反以害之哉！然则人欲自爱其生者，即不能止食一物，亦当稍存其意，而以一物为君[2]。使酒肉虽多，不胜食气，即使为害，当亦不甚烈耳。

注释

[1]精腆：精美、丰厚。在此指精美的食物。

[2]以一物为君：指敬奉一物如君而不食，以止嗜欲。

饭　粥

粥、饭二物，为家常日用之需，其中机彀[1]，无人不晓，焉用越俎者强为致词[2]？然有吃紧二语，巧妇知之而不能言者，不妨代为喝破，使姑传之媳，母传之女，以两言代千百言，亦简便利人之事也。先就粗者言之：饭之大病，在内生外熟，非烂即焦；粥之大病，在上清下淀，如糊如膏。此火候不均之故，惟最拙最笨者有之，稍能炊爨者[3]，必无是事。然亦有刚柔合道，燥湿得宜，而令人咀之嚼之，有粥饭之美形，无饮食之至味者。其病何在？曰：挹水无度[4]、增减不常之为害也。其吃紧二语，则曰："粥水忌增，饭水忌减。"米用几何，则水用几何，宜有一定之度数。如医人用药，水一钟或钟半，煎至七分或八分，皆有定数。若以意为增减，则非药味不出，即药性不存，而服之无效矣。不善执爨者，用水不均，煮粥常患其少，煮饭常苦其多。多则逼而去之，少则增而入之。不知米之精液全在于水，逼去饭汤者，非去饭汤，去饭之精液也。精液去则饭为渣滓，食之尚有味乎？粥之既熟，水米成交，犹米之酿而为酒矣。虑其太厚而入之以水，非入水于粥，犹入水于酒也。水入而酒成糟粕，其味尚可咀乎？故善主中馈者[5]，挹水时必限以数，使其勺不能增，滴无可减，再加以火候调匀，则其为粥为饭，不求异而异乎人矣。

宴客者有时用饭，必较家常所食者稍精。精用何法？曰：使之有香而已矣。予尝授意小妇，预设花露一盏，俟饭之初熟而浇之，浇过稍闭，拌匀而后入碗。食者归功于谷米，诧为异种而讯之，不知其为寻常五谷也。此法秘之已久，今始告人。行此法者，不必满釜浇遍，遍则费露甚多，而此法不行于世矣。止以一盏浇一隅，足供佳客所需而止。露以蔷薇、香橼[6]、桂花三种为上，勿用玫瑰，以玫瑰之香，食者易辨，知非谷性所有。蔷薇、香橼、桂花三种，与谷性之香者相若，使人难辨，故用之。

注释

[1]机彀(gòu)：要诀，关键。彀，张满的弓弩。

[2]越俎：超越本分，代人说话或办事。

[3]炊爨(cuàn)：烧火做饭。

[4]挹(yì)：酌取。

[5]中馈：古代指妇女在家主持饮食饮馔之事。

[6]香橼(yuán)：木名。其果实可入药，有理气化痰之效。

汤

汤即羹之别名也。羹之为名，雅而近古，不曰羹而曰汤者，虑人古雅其名，而即郑重其实，似专为宴客而设者。然不知羹之为物，与饭相俱者也。有饭即应有羹，无羹则饭不能下。设羹以下饭，乃图省俭之法，非尚奢靡之法也。古人饮酒，即有下酒之物；食饭，即有下饭之物。世俗改下饭为“厦饭”，谬矣。前人以读史为下酒物，岂下酒之“下”，亦从“厦”乎？“下饭”二字，人谓指肴馔而言，予曰：不然。肴馔乃滞饭之具，非下饭之具也。食饭之人见美馔在前，匕箸迟疑而不下，非滞饭之具而何？饭犹舟也，羹犹水也；舟之在滩，非水不下，与饭之在喉，非汤不下，其势一也。且养生之法，食贵能消；饭得羹而即消，其理易见。故善养生者，吃饭不可无羹；善作家者，吃饭亦不可无羹。宴客而为省馔计者，不可无羹；即宴客而欲其果腹始去，一馔不留者，亦不可无羹。何也？羹能下饭，亦能下馔故也。近来吴越张筵，每馔必注以汤，大得此法。吾谓家常自膳，亦莫妙于此。宁可食无馔，不可饭无汤。有汤下饭，即小菜不设，亦可使哺啜如流；无汤下饭，即美味盈前，亦有时食不下咽。予以一赤贫之士，而养半百口之家，有饥时而无馑日者，遵是道也。

糕 饼

谷食之有糕饼，犹肉食之有脯脍。《鲁论》云[1]：“食不厌精，脍不厌细。”制糕饼者，于此二句，当兼而有之。食之精者，米麦是也；脍之细者，粉面是也。精细兼长，始可论及工拙。求工之法，坊刻所载甚详，予使拾而言之，以作制饼制糕之印板，则观者必大笑曰：“笠翁不拾唾馀，今于饮食之中，现增一副依样葫芦矣！”冯妇下车[2]，请戒其始，只用二语括之，曰：“糕贵乎松，饼利于薄。”

注释

[1]《鲁论》：汉代今文本《论语》之一。相传为鲁人所传，故名。

[2]冯妇下车：比喻重操旧业。典出《孟子·尽心下》：“晋人有冯妇者，善搏虎。卒为善，士则之。野有众逐虎，虎负嵎，莫之敢撄。望见冯妇，趋而迎之。冯妇攘臂下车，众皆悦之。其为士者笑之。”赵岐注：“其士之党笑其不知止也。”

面

南人饭米，北人饭面，常也。《本草》云：“米能养脾，麦能补心。”各有所裨于人者也。然使竟日穷年止食一物，亦何其胶柱口腹，而不肯兼爱心脾乎？予南人而北相，性之刚直似之，食之强横亦似之。一日三餐，二米一面，是酌南北之中，而善处心脾之道也。但其食面之法，小异于北，而且大异于南。北人食面多作饼，予喜条分而缕析之，南人之所谓“切面”是也。南人食切面，其油盐酱醋等作料，皆下于面汤之中，汤有味而面无味，是人之所重者不在面而在汤，与未尝食面等也。予则不然，以调和诸物，尽归于面，面具五味而汤独清，如此方是食面，非饮汤也。

所制面有二种，一曰“五香面”，一曰“八珍面”。五香膳己，八珍饷客，略分丰俭于其间。五香者何？酱也，醋也，椒末也，芝麻屑也，焯笋或煮蕈煮虾之鲜汁也。先以椒末、芝麻屑二物拌入面中，后以酱醋及鲜汁三物和为一处，即充拌面之水，勿再用水。拌宜极匀，擀宜极薄，切宜极细，然后以滚水下之，则精粹之物尽在面中，尽勾咀嚼，不似寻常吃面者，面则直吞下肚，而止咀咂其汤也。八珍者何？鸡、鱼、虾三物之肉，晒使极干，与鲜笋、香蕈、芝麻、花椒四物，共成极细之末和入面中，与鲜汁共为八种。酱醋亦用，而不列数内者，以家常日用之物，不得名之以珍也。鸡鱼之肉，务取极精，稍带肥腻者弗用，以面性见油即散，擀不成片，切不成丝故也。但观制饼饵者，欲其松而不实，即拌以油，则面之为性可知已。鲜汁不用煮肉之汤，而用笋、蕈、虾汁者，亦以忌油故耳。所用之肉，鸡、鱼、虾三者之中，惟虾最便，屑米为面，势如反掌，多存其末，以备不时之需；即膳已之五香，亦未尝不可六也。拌面之汁，加鸡蛋清一二盏更宜，此物不列于前而附于后者，以世人知用者多，列之又同剿袭耳。

粉

粉之名目甚多，其常有而适于用者，则惟藕、葛、蕨、绿豆四种。藕、葛二物，不用下锅，调以滚水，即能变生成熟。昔人云："有仓卒客，无仓卒主人。"欲为仓卒主人，则请多储二物。且卒急救饥，亦莫善于此。驾舟车行远路者，此是糇粮中首善之物[1]。粉食之耐咀嚼者，蕨为上，绿豆次之。欲绿豆粉之耐嚼，当稍以蕨粉和之。凡物入口而不能即下，不即下而又使人咀之有味、嚼之无声者，斯为妙品。吾遍索饮食中，惟得此二物。绿豆粉为汤，蕨粉为下汤之饭，可称二耐。齿牙遇此，殆亦所谓劳而不怨者哉！

注释

[1]糇(hóu)粮：干粮。

肉食第三

"肉食者鄙"[1]，非鄙其食肉，鄙其不善谋也。食肉之人之不善谋者，以肥腻之精液，结而为脂，蔽障胸臆，犹之茅塞其心，使之不复有窍也。此非予之臆说，夫有所验之矣。诸兽食草木杂物，皆狡猾而有智。虎独食人，不得人则食诸兽之肉，是匪肉不食者，虎也；虎者，兽之至愚者也。

何以知之？考诸群书则信矣。“虎不食小儿”，非不食也，以其痴不惧虎，谬谓勇士而避之也。“虎不食醉人”，非不食也，因其醉势猖獗，目为劲敌而防之也。“虎不行曲路，人遇之者，引至曲路即得脱。”其不行曲路者，非若澹台灭明之行不由径[2]，以颈直不能回顾也。使知曲路必脱，先于周行食之矣。《虎苑》云[3]：“虎之能搏狗者，牙爪也。使失其牙爪，则反伏于狗矣。”迹是观之，其能降人降物而藉之为粮者，则专恃威猛，威猛之外，一无他能，世所谓“有勇无谋”者，虎是也。予究其所以然之故，则以舍肉之外，不食他物，脂腻填胸，不能生智故也。然则“肉食者鄙，未能远谋”。其说不既有征乎？吾今虽为肉食作俑[4]，然望天下之人，多食不如少食。无虎之威猛而益其愚，与有虎之威猛而自昏其智，均非养生善后之道也。

注释

[1]肉食者鄙：语出《左传·庄公十年》，曹刿(guì)曰：“肉食者鄙，未能远谋。”肉食者，指有地位的人。鄙，粗陋，没有见识。

[2]澹台灭明：人名。孔子弟子，春秋时期鲁国人。传说他走路从不抄小道。见《史记·仲尼弟子列传》。

[3]《虎苑》：明代太原人王穉登撰。叙古书中人间虎事。

[4]作俑：在此指第一个作肉食之文。参见《词曲部·宾白第四·词别繁减》注[1]。

猪

食以人传者，“东坡肉”是也[1]。卒急听之，似非豕之肉，而为东坡之肉矣。噫，东坡何罪，而割其肉，以实千古馋人之腹哉？甚矣，名士不可为，而名士游戏之小术，尤不可不慎也。至数百载而下，糕、布等物，又以眉公得名[2]。取“眉公糕”、“眉公布”之名，以较“东坡肉”三字，似觉彼善于此矣。而其最不幸者，则有溷厕中之一物，俗人呼为“眉公马桶”。噫，马桶何物，而可冠以雅人高士之名乎？予非不知肉味，而于豕之一物，不敢浪措一词者，虑为东坡之续也。即溷厕中之一物，予未尝不新其制，但蓄之家而不敢取以示人，尤不敢笔之于书者，亦虑为眉公之续也。

注释

[1]东坡肉：宋代周紫芝《竹坡诗话》载：苏轼(号东坡)在黄州(今湖北黄冈)时，戏作《食猪肉》一诗：“黄州好猪肉，价钱如粪土。富者不肯吃，贫者不解煮。慢着火，少着水，火候足时它自美。每日起来打一碗，饱得自家君莫管。”后人因有“东坡肉”一菜。

[2]眉公：即苏轼。苏轼祖籍四川眉山。

羊

物之折耗最重者，羊肉是也。谚有之曰："羊几贯，帐难算，生折对半熟对半。百斤止剩念馀斤，缩到后来只一段。"大率羊肉百斤，宰而割之，止得五十斤，迨烹而熟之，又止得二十五斤，此一定不易之数也。但生羊易消，人则知之；熟羊易长，人则未之知也。羊肉之为物，最能饱人，初食不饱，食后渐觉其饱，此易长之验也。凡行远路及出门作事，卒急不能得食者，啖此最宜。秦之西鄙[1]，产羊极繁，土人日食止一餐，其能不枵腹者[2]，羊之力也。《本草》载羊肉，比人参、黄芪。参芪补气，羊肉补形。予谓补人者羊，害人者亦羊。凡食羊肉者，当留腹中馀地，以俟其长。倘初食不节而果其腹，饭后必有胀而欲裂之形，伤脾坏腹，皆由于此，葆生者不可不知。

注释

[1]西鄙：我国西部边远之地。
[2]枵(xiāo)腹：空腹、饥饿的意思。枵，空的意思。

牛 犬

猪、羊之后，当及牛、犬。以二物有功于世，方劝人戒之之不暇，尚忍为制酷刑乎？略此二物，遂及家禽，是亦以羊易牛之遗意也[1]。

注释

[1]以羊易牛：《孟子·梁惠王》载，梁惠王见人牵着牛去宰杀，心中不忍，命人以羊代牛，表示仁义之心。

鸡

鸡亦有功之物，而不讳其死者，以功较牛、犬为稍杀[1]。天之晓也，报亦明，不报亦明，不似畎亩[2]、盗贼，非牛不耕，非犬之吠则不觉也。然较鹅、鸭二物，则淮阴羞伍绛、灌矣[3]。烹饪之刑，似宜稍宽于鹅鸭。卵之有雄者弗食，重不至斤外者弗食，即不能寿之，亦不当过夭之耳。

注释

[1]杀：减轻。

[2]畎(quǎn)亩：田地。

[3]淮阴羞伍绛、灌：指秦末汉初的淮阴侯韩信，因为周勃(绛侯)与灌婴(颍阴侯)能武不能文，羞与二人为伍。

鹅

鵝鵝之肉无他长[1]，取其肥且甘而已矣。肥始能甘，不肥则同于嚼蜡。鹅以固始为最[2]，讯其土人，则曰："豢之之物，亦同于人。食人之食，斯其肉之肥腻亦同于人也。"犹之豕肉以金华为最[3]，婺人豢豕[4]，非饭即粥，故其为肉也甜而腻。然则固始之鹅，金华之豕，均非鹅豕之美，食美之也。食能美物，奚俟人言？归而求之，有馀师矣。但授家人以法，彼虽饲以美食，终觉饥饱不时，不似固始、金华之有节，故其为肉也，犹有一间之殊。盖终以禽兽畜之，未尝稍同于人耳。"继子得食，肥而不泽。"[5]其斯之谓欤？

有告予食鹅之法者，曰：昔有一人，善制鹅掌。每豢肥鹅将杀，先熬沸油一盂，投以鹅足，鹅痛欲绝，则纵之池中，任其跳跃。已而复擒复纵，炮瀹如初。若是者数四，则其为掌也，丰美甘甜，厚可径寸，是食中异品也。予曰：惨哉斯言！予不愿听之矣。物不幸而为人所畜，食人之食，死人之事。偿之以死亦足矣，奈何未死之先，又加若是之惨刑乎？二掌虽美，入口即消，其受痛楚之时，则有百倍于此者。以生物多时之痛楚，易我片刻之甘甜，忍人不为，况稍具婆心者乎？地狱之设，正为此人，其死后炮烙之刑[6]，必有过于此者。

注释

[1]鵝鵝(yìyì)：鹅鸣声。此处借指鹅。

[2]固始：地名。今属河南。

[3]金华：地名。今属浙江。

[4]婺(wù)：地名。今江西婺源县。

[5]"继子得食"二句：后娘养的孩子。此处指看上去吃得很肥美，实际上没多少油水。

[6]炮烙之刑：商纣王所用酷刑。令人爬行于烧热的铜柱上，然后坠入炭火而死。

鸭

禽属之善养生者，雄鸭是也。何以知之？知之于人之好尚。诸禽尚雌，而鸭独尚雄；诸禽贵幼，而鸭独贵长。故养生家有言："烂蒸老雄鸭，功效比参芪。"使物不善养生，则精气必为雌者所夺，诸禽尚雌者，以为精气之所聚也。使物不善养生，则情窍一开，日长而日瘠矣。诸禽贵幼者，以其泄少而存多也。雄鸭能愈长愈肥，皮肉至老不变，且食之与参芪比功，则雄鸭之善于养生，不待考核而知之矣。然必俟考核，则前此未之闻也。

野禽 野兽

野味之逊于家味者，以其不能尽肥；家味之逊于野味者，以其不能有香也。家味之肥，肥于不自觅食而安享其成；野味之香，香于草木为家而行止自若。是知丰衣美食，逸处安居，肥人之事也；流水高山，奇花异木，香人之物也。肥则必供刀俎，靡有孑遗[1]；香亦为人朵颐[2]，然或有时而免。二者不欲其兼，舍肥从香而已矣。

野禽可以时食，野兽则偶一尝之。野禽如雉、雁、鸠、鸽、黄雀、鹌鹑之属，虽生于野，若畜于家，为可取之如寄也。野兽之可得者惟兔、獐、鹿、熊、虎诸兽，岁不数得。是野味之中，又分难易。难得者何？以其久住深山，不入人境，槛阱之入，是人往觅兽，非兽来挑人也。禽则不然，知人欲弋而往投之，以觅食也，食得而祸随之矣。是兽之死也，死于人；禽之毙也，毙于己。食野味者，当作如是观。惜禽而更当惜兽，以其取死之道为可原也。

注释

[1]孑(jié)遗：遭受大变故遗留下的极少数人。在此指极少数遗留的野禽。
[2]朵颐：指鼓动腮颊嚼东西的样子。

鱼

鱼藏水底，各自为天，自谓与世无求，可保戈矛之不及矣。乌知网罟之奏功[1]，较弓矢罝罘为更捷[2]。无事竭泽而渔[3]，自有吞舟不漏之法。然鱼与禽兽之生死，同是一命，觉鱼之供人刀俎，似较他物为稍宜。何也？水族难竭而易繁。胎生卵生之物，少则一母数子，多亦数十子而止矣。鱼之为种也似粟，千斯仓而万斯箱[4]，皆于一腹焉寄之。苟无沙汰之人，则此千斯仓而万斯箱者生生不已，又变而为恒河沙数[5]。至恒河沙数之一变再变，以至千百变，竟无一物可以喻之，不几充塞江河而为陆地，舟楫之往来能无恙乎？故渔人之取鱼虾，与樵人之伐草木，皆取所当取，伐所不得不伐者也。我辈食鱼虾之罪，较食他物为稍轻。兹为约法数章，虽难比乎祥刑[6]，亦稍差于酷吏。

食鱼者首重在鲜，次则及肥，肥而且鲜，鱼之能事毕矣。然二美虽兼，又有所重在一者。如鲟、如鯚、如鲫、如鲤，皆以鲜胜者也，鲜宜清煮作汤；如鳊、如白、如鲥、如鲢，皆以肥胜者也，肥宜厚烹作脍。烹煮之法，全在火候得宜。先期而食者肉生，生则不松；过期而食者肉死，死则无味。迟客之家，他馔或可先设以待，鱼则必须活养，候客至旋烹。鱼之至味在鲜，而鲜之至味又只在初熟离釜之片刻，若先烹以待，是使鱼之至美，发泄于空虚无人之境；待客至而再经火气，犹冷饭之复炊，残酒之再热，有其形而无其质矣。煮鱼之水忌多，仅足伴鱼而止，水多一口，则鱼淡一分。司厨婢子，所利在汤，常有增而复增，以致鲜味减而又减者。志在厚客，不能不薄待庖人耳[7]。更有制鱼良法，能使鲜肥迸出，不失天真，迟速咸宜，不虞火候者，则莫妙于蒸。置之镟内，入陈酒、酱油各数盏，覆以瓜姜及蕈笋诸鲜物，紧火蒸之极熟。此则随时早暮，供客咸宜，以鲜味尽在鱼中，并无一物能侵，亦无一气可泄，真上着也。

注释

[1]网罟(gǔ)：渔网。罟，渔网的总称。

[2]罘(fú)：捕鱼的网。

[3]竭泽而渔：排干湖泽而捕鱼。语出《吕氏春秋·义赏》。

[4]千斯仓而万斯箱：极言数目之多。语出《诗经·齐风·甫田》："乃求千斯仓，乃求万斯箱。"

[5]恒河沙数：比喻数量之多，难以计数。语出《金刚经·一体同观分》："是诸恒河所有沙数，多世界如是，宁为多不？"

[6]祥刑：用刑详审谨慎。《尚书·吕刑》："有邦有土，告尔祥刑。"

[7]庖人：厨师。

虾

笋为蔬食之必需，虾为荤食之必需，皆犹甘草之于药也。善治荤食者，以焯虾之汤，和入诸品，则物物皆鲜，亦犹笋汤之利于群蔬。笋可孤行，亦可并用；虾则不能自主，必借他物为君。若以煮熟之虾单盛一簋，非特华筵必无是事，亦且令食者索然。惟醉者糟者，可供匕箸。是虾也者，因人成事之物，然又必不可无之物也。“治国若烹小鲜”[1]，此小鲜之有裨于国者。

注释

[1]治国若烹小鲜：语出《老子》："治大国，若烹小鲜。"小鲜，小鱼。

鳖

“新粟米炊鱼子饭，嫩芦笋煮鳖裙羹。”林居之人述此以鸣得意，其味之鲜美可知矣。予性于水族无一不嗜，独与鳖不相能，食多则觉口燥，殊不可解。一日，邻人网得巨鳖，召众食之，死者接踵，染指其汁者，亦病数月始痊。予以不喜食此，得免于召，遂得免于死。岂性之所在，即命之所在耶？予一生侥幸之事难更仆数[1]。乙未居武林[2]，邻家失火，三面皆焚，而予居无恙。己卯之夏[3]，遇大盗于虎爪山[4]，贿以重资者得免，不则立毙。予囊无一钱，自分必死[5]，延颈受诛，而盗不杀。至于甲申、乙酉之变[6]，予虽避兵山中，然亦有时入郭。其至幸者，才徙家而家焚，甫出城而城陷，其出生于死，皆在斯须倏忽之间。噫，予何修而得此于天哉！报施无地[7]，有强为善而已矣。

注释

[1]难更仆数：即“更仆难数”。意谓短时间内难以述说清楚。出自《礼记·儒行》哀公曰："敢问儒行？"孔子对曰："遽数之不能终其物，悉数之乃留，更仆未可终也。"更仆，谓仆人侍立，久则倦，需更换。

[2]乙未：清顺治十二年(1655)。　武林：浙江杭州的别名。

[3]己卯：明崇祯十二年(1639)。

[4]虎爪山：不详所在，应在江浙一带。

[5]自分：自认为。

[6]甲申、乙酉之变：指甲申年(1644)，清军入山海关，明朝崇祯皇帝自缢身亡；乙酉年(1645)，清军入南京，南明王朝亡。

［7］报施无地：没有机缘报答上天之恩。

蟹

予于饮食之美，无一物不能言之，且无一物不穷其想象，竭其幽渺而言之；独于蟹螯一物，心能嗜之，口能甘之，无论终身一日皆不能忘之。至其可嗜可甘与不可忘之故，则绝口不能形容之。此一事一物也者，在我则为饮食中之痴情，在彼则为天地间之怪物矣。予嗜此一生；每岁于蟹之未出时，即储钱以待。因家人笑予以蟹为命，即自呼其钱为“买命钱”。自初出之日始，至告竣之日止，未尝虚负一夕，缺陷一时。同人知予癖蟹，招者饷者皆于此日，予因呼九月、十月为“蟹秋”。虑其易尽而难继，又命家人涤瓮酿酒，以备糟之醉之之用。糟名“蟹糟”，酒名“蟹酿”，瓮名“蟹瓮”。向有一婢，勤于事蟹，即易其名为“蟹奴”。今亡之矣，蟹乎！蟹乎！汝于吾之一生，殆相终始者乎！所不能为汝生色者，未尝于有螃蟹无监州处作郡，出俸钱以供大嚼，仅以悭囊易汝。即使日购百筐，除供客外，与五十口家人分食，然则入予腹者有几何哉？蟹乎！蟹乎！吾终有愧于汝矣。

蟹之为物至美，而其味坏于食之之人。以之为羹者，鲜则鲜矣，而蟹之美质何在？以之为脍者，腻则腻矣，而蟹之真味不存。更可厌者，断为两截，和以油、盐、豆粉而煎之，使蟹之色、蟹之香与蟹之真味全失。此皆似嫉蟹之多味，忌蟹之美观，而多方蹂躏，使之泄气而变形者也。世间好物，利在孤行。蟹之鲜而肥，甘而腻，白似玉而黄似金，已造色香味三者之至极，更无一物可以上之。和以他味者，犹之以爝火助日[1]，掬水益河，冀其有裨也，不亦难乎？凡食蟹者，只合全其故体，蒸而熟之，贮以冰盘，列之几上，听客自取自食。剖一筐，食一筐，断一螯，食一螯，则气与味纤毫不漏。出于蟹之躯壳者，即入于人之口腹，饮食之三昧，再有深入于此者哉？凡治他具，皆可人任其劳，我享其逸，独蟹与瓜子、菱角三种，必须自任其劳。旋剥旋食则有味，人剥而我食之，不特味同嚼蜡，且似不成其为蟹与瓜子、菱角，而别是一物者。此与好香必须自焚，好茶必须自斟，僮仆虽多，不能任其力者，同出一理。讲饮食清供之道者，皆不可不知也。

宴上客者，势难全体，不得已而羹之，亦不当和以他物，惟以煮鸡鹅之汁为汤，去其油腻可也。

瓮中取醉蟹，最忌用灯，灯光一照，则满瓮俱沙[2]，此人人知忌者也。有法处之，则可任照不忌。初醉之时，不论昼夜，俱点油灯一盏，照之入瓮，则与灯光相习，不相忌而相能，任凭照取，永无变沙之患矣(此法都门有用之者)。

注释

[1]爝(jué)：小火。

[2]沙：在此指醉蟹放置过度而变松散不宜食用。

零星水族

予担簦[1]二十年，履迹几遍天下。四海历其三，三江五湖则俱未尝遗一[2]，惟九河未能环绕[3]，以其迂僻者多，不尽在舟车可抵之境也。历水既多，则水族之经食者，自必不少，因知天下万物之繁，未有繁于水族者。载籍所列诸鱼名，不过十之六七耳。常有奇形异状，味亦不群，渔人竟日取之，土人终年食之，咨询其名，皆不知为何物者。无论其他，即吴门、京口诸地所产水族之中[4]，有一种似鱼非鱼，状类河豚而极小者，俗名"斑子鱼"，味之甘美，几同乳酪，又柔滑无骨，真至味也。而《本草》、《食物》诸书，皆所不载。近地且然，况寥廓而迂僻者乎？海错之至美[5]，人所艳美而不得食者，为闽之"西施舌"、"江瑶柱"二种[6]。"西施舌"予既食之，独"江瑶柱"未获一尝，为入闽恨事。所谓"西施舌"者，状其形也。白而洁，光而滑，入口咂之，俨然美妇之舌，但少朱唇皓齿牵制其根，使之不留而即下耳。此所谓状其形也。若论鲜味，则海错中尽有过之者，未甚奇特，朵颐此味之人[7]，但索美舌而咂之，即当屠门大嚼矣[8]。其不甚著名而有异味者，则北海之鲜鳓，味并鲥鱼，其腹中有肋，甘美绝伦。世人以在鲟鳇腹中者为"西施乳"，若与此肋较短长，恐又有东家西家之别耳[9]。

河豚为江南最尚之物，予亦食而甘之。但询其烹饪之法，则所需之作料甚繁，合而计之，不下十馀种，且又不可缺一，缺一则腥而寡味。然则河豚无奇，乃假众美成奇者也。有如许调和之料施之他物，何一不可擅长，奚必假杀人之物以示异乎？食之可，不食亦可。若江南之鲚，则为春馔中妙物。食鲥鱼及鲟鳇有厌时，鲚则愈嚼愈甘，至果腹而犹不能释手者也。

注释

[1]担簦(dēng):背着伞。引申为奔走跋涉。《史记·平原君虞卿列传》:"虞卿者,游说之士也,蹑跻相簦,说赵孝成王。"簦,有长柄的斗笠,类似今用之伞。

[2]三江五湖:指东南方的三条大江与太湖一带的湖泊。众说不一。

[3]九河:黄河。黄河在今河南孟津以上,有多条支流,泛称为九河。

[4]吴门:地名。指苏州。京口:地名。今江苏镇江市。

[5]海错:指海内所产众多食物。《尚书·禹贡》:"海物为错。"谓海产众多,难以数清。

[6]西施舌、江瑶柱:俗称鲜贝。

[7]朵颐:指大嚼美味。详见本章《野禽野兽》注[2]。

[8]屠门大嚼:在此指大吃美味。典出汉代桓谭《新论·琴道》:"人闻长安乐,则出门向西而笑;知肉味美,则对屠门而大嚼。"屠门,宰杀牲畜而卖肉的店铺。

[9]东家西家:指东施之丑与西施之美。详见《尤侗序》注[33]。

附:不载果食茶酒说

果者酒之仇,茶者酒之敌,嗜酒之人,必不嗜茶与果,此定数也。凡有新客入座,平时未经共饮,不知其酒量浅深者,但以果饼及糖食验之。取到即食,食而似有踊跃之情者,此即茗客,非酒客也;取而不食,及食不数四而即有倦色者,此必巨量之客,以酒为生者也。以此法验嘉宾,百不失一。予系茗客而非酒人,性似猿猴,以果代食,天下皆知之矣。讯以酒味则茫然,与谈食果饮茶之事,则觉井井有条,滋滋多味。兹既备述饮馔之事,则当于二者加详,胡以缺而不备?曰:惧其略也。性既嗜此,则必大书特书,而且为罄竹之书[1],若以寥寥数纸终其崖略[2],则恐笔欲停而心未许,不觉其言之汗漫而难收也[3]。且果可略而茶不可略,茗战之兵法,富于《三略》[4]、《六韬》[5],岂《孙子》十三篇所能尽其灵秘者哉[6]?是用专辑一编,名为《茶果志》,孤行可,尾于是集之后亦可。至于曲蘖一事[7],予既自谓茫然,如复强为置吻[8],则假口他人乎?抑强不知为知,以欺天下乎?假口则仍犯剿袭之戒;将欲欺人,则茗客可欺,酒人不可欺也。倘执其所短而兴问罪之师,吾能以茗战战之乎?不若绝口不谈之为愈耳。

注释

[1]罄竹之书:罄,尽也。竹,竹简。罄竹而书,极言叙述之详。

[2]崖略:大略。

[3]汗漫:喻所言漫延无际。

[4]《三略》:亦名《黄石公三略》,相传源于周初姜太公,经秦代黄石公演以授张良。是古代著名的兵书。

[5]《六韬》:古代兵书。旧题姜太公撰。共六卷。

[6]《孙子》:即《孙子兵法》,我国现存最早的兵书。春秋末齐国孙武所著,共十三篇。

[7]曲蘖(niè):酿酒的曲。在此指酒。

[8]置吻:插嘴;参与议论。

◎种植部

题解

关于植物，古人专著甚多，比如明人有《本草纲目》，主要是讲植物的药用价值，清人有《植物名实图考》，主要是从植物名实角度加以讲述。而李渔讲植物，主要是花木的种植，其目的在于欣赏，是审美的讲述，是文学家眼里的植物图谱，故而穿插故事，引用诗词，很是好看。至于述植物的种植，则深得"养生处世之方"，是李渔在植物种植方面的人生体会。作者原注："已载群书者，片言不费。非补未逮之论，即传自念之方。俗睹陈言，请翻诸集。"

木本第一

草木之种类极杂，而别其大较有三：木本、藤本、草本是也。木本坚而难痿，其岁较长者，根深故也。藤本之为根略浅，故弱而待扶，其岁犹以年纪。草本之根愈浅，故经霜辄坏，为寿止能及岁。是根也者，万物短长之数也，欲丰其得，先固其根。吾于老农老圃之事，而得养生处世之方焉。人能虑后计长，事事求为木本，则见雨露不喜，而睹霜雪不惊；其为身也，挺然独立，至于斧斤之来，则天数也，岂灵椿古柏之所能避哉？如其植德不力，而务为苟延，则是藤本其身，止可因人成事，人立而我立，人仆而我亦仆矣。至于木槿其生[1]，不为明日计者，彼且不知根为何物，遑计入土之浅深，藏荄之厚薄哉[2]？是即草木之流亚也[3]。噫，世岂乏草木之行，而反木其天年，藤其后裔者哉？此造物偶然之失，非天地处人待物之常也。

注释

[1]木槿(jǐn)：落叶灌木或小乔木。

[2]荄(gāi)：草根。《汉书·礼乐志》："青阳开动，根荄以遂。"颜师古注："草根曰荄。"

[3]流亚：指同一类的人或物。

牡丹

牡丹得王于群花，予初不服是论，谓其色其香，去芍药有几？择其绝胜者与角雌雄，正未知鹿死谁手。及睹《事物纪原》[1]，谓武后冬月游后苑，花俱开而牡丹独迟，遂贬洛阳[2]，因大悟曰："强项若此，得贬固宜，然不加九五之尊[3]，奚洗八千之辱乎？"韩诗"夕贬潮阳路八千"[4]。物生有候，葭动以时[5]，苟非其时，虽十尧不能冬生一穗[6]；后系人主，可强鸡人使昼鸣乎[7]？如其有识，当尽贬诸卉而独崇牡丹。花王之封，允宜肇于此日。惜其所见不逮，而且倒行逆施。诚哉！其为武后也。

予自秦之巩昌[8]，载牡丹十数本而归，同人嘲予以诗，有"群芳应怪人情热，千里趋迎富贵花"之句。予曰："彼以守拙得贬，予载之归，是趋冷非趋热也。"兹得此论，更发明矣。艺植之法，载于名人谱帙者，纤发无遗，予倘及之，又是拾人牙后矣[9]。但有吃紧一着，花谱偶载而未之悉者，请畅言之。

是花皆有正面，有反面，有侧面。正面宜向阳，此种花通义也。然他种犹能委曲，独牡丹不肯通融。处以南面即生，俾之他向则死，此其肮脏不回之本性，人主不能屈之，谁能屈之？予尝执此语同人，有迂其说者。予曰："匪特士民之家，即以帝王之尊，欲植此花，亦不能不循此例。"同人诘予曰："有所本乎？"予曰："有本。吾家太白诗云[10]：'名花倾国两相欢，常得君王带笑看。解释春风无限恨，沉香亭北倚栏杆。'倚栏杆者向北，则花非南面而何？"同人笑而是之。斯言得无定论？

注释

[1]《事物纪原》：宋代高承撰，十卷，纪天地山川，阴阳五行，礼乐制度等事物之起源。

[2]"武后"三句：述唐代女皇武则天将牡丹贬至洛阳(唐时称东都)，唐宋以来，洛阳牡丹反而甲于天下。其实，唐以前，洛阳种植牡丹已盛。

[3]九五之尊：指帝位。

[4]夕贬潮阳路八千：出自唐韩愈《左迁至蓝关示侄孙湘》。在此指牡丹被武则天贬至洛阳的故事。

[5]葭动以时：芦苇初生是有季候的。葭，初生的芦苇。

[6]虽十尧不能冬生一穗：即使有十个尧那样的伟人，也不能使冬日里生出一株出穗的庄稼。

[7]鸡人：古代皇宫中，天将亮时，有头戴红巾的卫士，于朱雀门外高声喊叫，好似鸡鸣，以警百官，故名鸡人。

[8]巩昌：府名。今属甘肃省。

[9]拾人牙后：同"拾人牙慧"。指拾取他人一言半语当作自己的话。语出《世说新语·文学》："唐伯未得我牙后慧。"

[10]吾家太白：指李白，字太白。与李渔同姓，故称吾家。下引诗出自李白《清平调词》之第三首。系李白在长安供奉翰林时，随唐玄宗与杨贵妃在兴庆宫沉香亭观赏牡丹，受命而作。李渔所引诗中，"栏杆"应作"阑干"，"常"应作"长"。

梅

花之最先者梅，果之最先者樱桃。若以次序定尊卑，则梅当王于花，樱桃王于果，犹瓜之最先者曰王瓜。于义理未尝不合，奈何别置品题，使后来居上。首出者不得为圣人，则辟草昧致文明者，谁之力欤？虽然，以梅冠群芳，料舆情必协[1]；但以樱桃冠群果，吾恐主持公道者，又不免为荔枝号屈矣。姑仍旧贯，以免抵牾。

种梅之法，亦备群书，毋庸置吻[2]，但言领略之法而已。花时苦寒，既有妻梅之心[3]，当筹寝处之法。否则衾枕不备，露宿为难，乘兴而来者，无不尽兴而返，即求为驴背浩然[4]，不数得也。观梅之具有二：山游者必带帐房，实三面而虚其前，制同汤网[5]，其中多设炉炭，既可致温，复备暖酒之用。此一法也。园居者设纸屏数扇，覆以平顶，四面设窗，尽可开闭，随花所在，撑而就之。此屏不止观梅，是花皆然，可备终岁之用。立一小匾，名曰“就花居”。花间竖一旗帜，不论何花，概以总名曰“缩地花”。此一法也。若家居所植者，近在身畔，远亦不出眼前，是花能就人，无俟人为蜂蝶矣。然而爱梅之人，缺陷有二：凡到梅开之时，人之好恶不齐，天之功过亦不等，风送香来，香来而寒亦至，令人开户不得，闭户不得，是可爱者风，而可憎者亦风也。雪助花妍，雪冻而花亦冻，令人去之不可，留之不可，是有功者雪，有过者亦雪也。其有功无过，可爱而不可憎者惟日。既可养花，又堪曝背，是诚天之循吏也。使止有日而无风雪，则无时无日不在花间，布帐纸屏皆可不设，岂非梅花之至幸，而生人之极乐也哉！然而为之天者，则甚难矣。

腊梅者，梅之别种，殆亦共姓而通谱者欤？然而有此令德，亦乐与联宗。吾又谓别有一花，当为腊梅之异姓兄弟，玫瑰是也。气味相孚，皆造浓艳之极致，殆不留馀地待人者矣。人谓过犹不及，当务适中，然资性所在，一往而深，求为适中，不可得也。

注释

[1]舆情：舆论。
[2]置吻：发表意见
[3]妻梅：相传北宋林逋隐居西湖，终身不娶，惟以种梅养鹤为乐，人称“梅妻鹤子”。

[4]驴背浩然：相传唐代诗人孟浩然爱梅，乃在大雪之时，骑驴到长安灞桥旁寻梅而赏。

[5]汤网：《史记·殷本纪》载，商汤施行仁政，将捕鸟人的网放开三面，只留一面，只捕获不听教命的鸟。

桃

凡言草木之花，矢口即称桃李，是桃李二物，领袖群芳者也。其所以领袖群芳者，以色之大都不出红白二种。桃色为红之极纯，李色为白之至洁。“桃花能红李能白”一语，足尽二物之能事。然今人所重之桃，非古人所爱之桃；今人所重者为口腹计，未尝究及观览。大率桃之为物，可目者未尝可口，不能执两端事人。凡欲桃实之佳者，必以他树接之，不知桃实之佳，佳于接，桃色之坏，亦坏于接。桃之未经接者，其色极娇，酷似美人之面，所谓“桃腮”、“桃靥”者，皆指天然未接之桃，非今时所谓碧桃、绛桃、金桃、银桃之类也。即今诗人所咏，画图所绘者，亦是此种。此种不得于名园，不得于胜地，惟乡村篱落之间，牧童樵叟所居之地，能富有之。欲看桃花者，必策蹇郊行[1]，听其所至，如武陵人之偶入桃源[2]，始能复有其乐。如仅载酒园亭，携姬院落，为当春行乐计者，谓赏他卉则可，谓看桃花而能得其真趣，吾不信也。噫，色之极媚者莫过于桃，而寿之极短者亦莫过于桃，“红颜薄命”之说，单为此种。凡见妇人面与相似而色泽不分者，即当以花魂视之，谓别形体不久也。然勿明言，至生涕泣。

注释

[1]策蹇郊行：骑跛驴而郊游。唐孟浩然《唐城馆中早发寄杨使君》：“访人留后信，策蹇赴前程。”

[2]武陵人之偶入桃源：东晋陶渊明撰《桃花源记》，称晋太元中，有武陵人捕鱼，缘溪行，忽逢一处桃花林。在林尽水源处，有一山洞，由洞入内，别有天地，其中居民生活情形，与洞外不同。后人遂用“桃源”等比喻世外仙境，也指避世隐居之地。

李

李是吾家果，花亦吾家花，当以私爱嬖之，然不敢也。唐有天下，此树未闻得封，天子未尝私庇，况庶人乎？以公道论之可已。与桃齐名，同作花中领袖，然而桃色可变，李色不可变也。“邦有道，不变塞焉，强哉矫！邦无道，至死不变，强哉矫！”[1] 自有此花以来，未闻稍易其色。始终一操，涅而不淄[2]，是诚吾家物也。至有稍变其色，冒为一宗，而此类不收，仍加一字以示别者，则郁李是也。李树较桃为耐久，逾三十年始老。枝虽枯而子仍不细，以得于天者独厚，又能甘淡守素，未尝以色媚人也。若仙李之盘根，则又与灵椿比寿[3]。我欲绳武而不能[4]，以著述永年而已矣。

注释

[1]“邦有道”六句：出自《礼记·中庸》。

[2]涅而不淄：至白的东西染之于涅而不黑。语出《论语·阳货》：“不曰白乎，涅而不淄。”涅，一种可作黑色染料的矿石。在此用作动词。

[3]灵椿：寿命极长的椿树。

[4]绳武：继承先人遗绪。《诗经·大雅·下武》：“绳其祖武。”

杏

种杏不实者，以处子常系之裙系树上，便结子累累。予初不信，而试之果然。是树性喜淫者，莫过于杏，予尝名为“风流树”。噫，树木何取于人，人何亲于树木，而契爱若此，动乎情也？情能动物，况于人乎！其必宜于处子之裙者，以情贵乎专；已字人者[1]，情有所分而不聚也。予谓此法既验于杏，亦可推而广之。凡树木之不实者，皆当系以美女之裳；即男子之不能诞育者，亦当衣以佳人之裤。盖世间慕女色而爱处子，可以情感而使之动者，岂止一杏而已哉！

注释

[1]字人：女子嫁人。

梨

予播迁四方[1]，所止之地，惟荔枝、龙眼、佛手诸卉，为吴越诸邦不产者，未经种植，其馀一切花果竹木，无一不经葺理；独梨花一本，为眼前易得之物，独不能身有其树为楂梨主人，可与少陵不咏海棠[2]，同作一等欠事。然性爱此花，甚于爱食其果。果之种类不一，中食者少，而花之耐看，则无一不然。雪为天上之雪，此是人间之雪；雪之所少者香，此能兼擅其美。唐人诗云：“梅虽逊雪三分白，雪却输梅一段香。”[3]此言天上之雪。料其输赢不决，请以人间之雪，为天上解围。

注释

[1]播迁：流离，迁徙。

[2]少陵：指唐代诗人杜甫，字子美，自称少陵野老。

[3]“梅虽逊雪三分白”二句：此为宋人卢梅坡《雪梅》诗。此处作者误为唐人所作。

海棠

“海棠有色而无香”，此《春秋》责备贤者之法[1]。否则无香者众，胡尽恕之，而独于海棠是咎？然吾又谓海棠不尽无香，香在隐跃之间，又不幸而为色掩。如人生有二技，一技稍粗，则为精者所隐；一术太长，则六艺皆通[2]，悉为人所不道。王羲之善书[3]，吴道子善画[4]，此二人者，岂仅工书善画者哉？苏长公不善棋酒[5]，岂遂一子不拈，一卮不设者哉？诗文过高，棋酒不足称耳。吾欲证前人有色无香之说，执海棠之初放者嗅之，另有一种清芬，利于缓咀，而不宜于猛嗅。使尽无香，则蜂蝶过门不入矣，何以郑谷《咏海棠》诗云[6]：“朝醉暮吟看不足，羡他蝴蝶宿深枝。”有香无香，当以蝶之去留为证。且香之与臭，敌国也。《花谱》云[7]：“海棠无香而畏臭，不宜灌粪。”去此者必即彼，若是，则海棠无香之说，亦可备证于前，而稍白于后矣。噫，“大音希声”[8]，“大羹不和”[9]，奚必如兰如麝，扑鼻熏人，而后谓之有香气乎？

王禹偁《诗话》云[10]：“杜子美避地蜀中，未尝有一诗及海棠，以其生母名海棠也。”生母名海棠，予空疏未得其考，然恐子美即善吟，亦不能物物咏到。一诗偶遗，即使后人议及父母，甚矣，才子之难为也！鼎革以前[11]，吾乡杜姓者，其家海棠绝胜，予岁岁纵览，未尝或遗。尝赠以诗云：“此花不比别花来，题破东君着意培[12]。不怪少陵无赠句，多情偏向杜家开。”似可为少陵解嘲。

秋海棠一种，较春花更媚。春花肖美人，秋花更肖美人；春花肖美人之已嫁者，秋花肖美人之待年者[13]；春花肖美人之绰约可爱者，秋花肖美人之纤弱可怜者。处子之可怜，少妇之可爱，二者不可得兼，必将娶怜而割爱矣。相传秋海棠初无是花，因女子怀人不至，涕泣洒地，遂生此花，可为“断肠花”[14]。噫，同一泪也，洒之林中，即成斑竹，洒之地上，即生海棠。泪之为物神矣哉！

春海棠颜色极佳，凡有园亭者不可不备，然贫士之家不能必有，当以秋海棠补之。此花便于贫士者有二：移根即是，不需钱买，一也；为地不多，墙间壁上，皆可植之。性复喜阴，秋海棠所取之地，皆群花所弃之地也。

注释

[1]《春秋》责备贤者之法：即“《春秋》笔法”，指秉笔直书而自寓褒贬。

[2]六艺：西周学校的教育内容。包括礼、乐、射、御、书、数。见《周礼·地官·保氏》。此处指多才多艺。

[3]王羲之：东晋书法家。史称“书圣”。

[4]吴道子：唐代大画家。阳翟(今河南禹城)人。擅画佛道人物。

[5]苏长公：即苏轼(1037—1101)，宋代眉山(今属四川)人。

[6]郑谷：唐诗人。字守愚，宜春(今属江西)人。其诗多写景咏物之作，风格清新。

[7]《花谱》：记载四季花卉之书，历代皆有人修。此处所述未知确指。

[8]大音希声：出自《老子》，详见《词曲部·音律第三·鱼模当分》注[2]。

[9]大羹不和：出自《礼记·礼器》：“大圭不琢，大羹不和。”大羹，肉汁；不和，不调以盐菜杂味。

[10]王禹偁(chèng)：北宋文学家，字元之，济州巨野(今属山东)人。著有《小畜集》。

[11]鼎革以前：指清军入山海关以前。

[12]东君：神话传说为太阳神。

[13]待年：指女子待嫁。

[14]断肠花：指引人思念感伤之花。见《广群芳谱》引《采兰杂志》。

玉兰

世无玉树，请以此花当之。花之白者尽多，皆有叶色相乱，此则不叶而花，与梅同致。千干万蕊，尽放一时，殊盛事也。但绝盛之事，有时变为恨事。众花之开，无不忌雨，而此花尤甚。一树好花，止须一宿微雨，尽皆变色，又觉腐烂可憎，较之无花，更为乏趣。群花开谢以时，谢者既谢，开者犹开，此则一败俱败，半瓣不留。语云：“弄花一年，看花十日。”为玉兰主人者，常有延伫经年[1]，不得一朝盼望者，讵非香国中绝大恨事？故值此花一开，便宜急急玩赏，玩得一日是一日，赏得一时是一时。若初开不玩而俟全开，全开不玩而俟盛开，则恐好事未行，而杀风景者至矣。噫，天何仇于玉兰，而往往三岁之中，定有一二岁与之为难哉！

注释

[1]延伫：伸长脖子站立。表示急切盼望的心情。

辛　夷

辛夷，木笔，望春花，一卉而数异其名，又无甚新奇可取。“名有馀而实不足”者，此类是也。园亭极广，无一不备者方可植之，不则当为此花藏拙。

山茶

花之最不耐开，一开辄尽者，桂与玉兰是也；花之最能持久，愈开愈盛者，山茶、石榴是也。然石榴之久，犹不及山茶；榴叶经霜即脱，山茶戴雪而荣。则是此花也者，具松柏之骨，挟桃李之姿，历春夏秋冬如一日，殆草木而神仙者乎？又况种类极多，由浅红以至深红，无一不备。其浅也，如粉如脂，如美人之腮，如酒客之面；其深也，如朱如火，如猩猩之血，如鹤顶之朱，可谓极浅深浓淡之致，而无一毫遗憾者矣。得此花一二本，可抵群花数十本。惜乎予园仅同芥子，诸卉种就，不能再纳须弥，仅取盆中小树，植于怪石之旁。噫，善善而不能用，恶恶而不能去，予其郭公也夫[1]！

注释

［1］郭公：指傀儡。古代傀儡戏中首先出现的相貌极丑、滑稽可笑的引场者称“郭公”、“郭郎”。

紫　薇

人谓禽兽有知，草木无知。予曰：不然，禽兽草木尽是有知之物，但禽兽之知，稍异于人，草木之知，又稍异于禽兽，渐蠢则渐愚耳。何以知之？知之于紫薇树之怕痒。知痒则知痛，知痛痒则知荣辱利害，是去禽兽不远，犹禽兽之去人不远也。人谓树之怕痒者，只有紫薇一种，馀则不然。予曰：草木同性，但观此树怕痒，即知无草无木不知痛痒，但紫薇能动，他树不能动耳。人又问：既然不动，何以知其识痛痒？予曰：就人喻之，怕痒之人，搔之即动，亦有不怕痒之人，听人搔扒而不动者，岂人亦不知痛痒乎？由是观之，草木之受诛锄，犹禽兽之被宰杀，其苦其痛，俱有不忍言者。人能以待紫薇者待一切草木，待一切草木者待禽兽与人，则斩伐不敢妄施，而有疾痛相关之义矣。

绣 球

天工之巧，至开绣球一花而止矣。他种之巧，纯用天工，此则诈施人力，似肖尘世所为而为者。剪春罗、剪秋罗诸花亦然。天工于此，似非无意，盖曰："汝所能者，我亦能之；我所能者，汝实不能为也。"若是，则当再生一二蹴球之人，立于树上，则天工之斗巧者全矣。其不屑为此者，岂以物可肖，而人不足肖乎？

紫 荆

紫荆一种，花之可已者也。但春季所开，多红少紫，欲备其色，故间植之。然少枝无叶，贴树生花，虽若紫衣少年，亭亭独立，但觉窄袍紧袂，衣瘦身肥，立于翩翩舞袖之中，不免代为踧踖[1]。

注释

[1]踧踖(cùjí)：恭敬而不安的样子。《论语·乡党》："君在，踧踖如也。"

栀 子

栀子花无甚奇特，予取其仿佛玉兰。玉兰忌雨，而此不忌；玉兰齐放齐凋，而此则开以次第。惜其树小而不能出檐，如能出檐，即以之权当玉兰，而补三春恨事，谁曰不可？

杜鹃　樱桃

杜鹃、樱桃二种，花之可有可无者也。所重于樱桃者，在实不在花；所重于杜鹃者，在西蜀之异种，不在四方之恒种。如名花俱备，则二种开时，尽有快心而夺目者，欲览馀芳，亦愁少暇。

石　榴

芥子园之地不及三亩，而屋居其一，石居其一，乃榴之大者，复有四五株。是点缀吾居，使不落寞者，榴也；盘踞吾地，使不得尽栽他卉者，亦榴也。榴之功罪，不几半乎？然赖主人善用，榴虽多，不为赘也。榴性喜压，就其根之宜石者，从而山之，是榴之根即山之麓也；榴性喜日，就其阴之可庇者，从而屋之，是榴之地即屋之天地；榴之性又复喜高而直上，就其枝柯之可傍，而又借为天际真人者[1]，从而楼之，是榴之花即吾倚栏守户之人也。此芥子园主人区处石榴之法，请以公之树木者。

注释

[1]天际真人：天上仙人。语出《世说新语·容止》："桓大司马曰：'诸君莫轻道，仁祖企脚北窗下弹琵琶，故自有天际真人想。'"在此喻榴树之高而美。

木　槿

木槿朝开而暮落，其为生也良苦。与其易落，何如弗开？造物生此，亦可谓不惮烦矣。有人曰：不然。木槿者，花之现身说法，以儆愚蒙者也。花之一日，犹人之百年。人视人之百年，则自觉其久，视花之一日，则谓极少而极暂矣。不知人之视人，犹花之视花，人以百年为久，花岂不以一日为久乎？无一日不落之花，则无百年不死之人可知矣。此人之似花者也。乃花开花落之期虽少而暂，犹有一定不移之数，朝开暮落者，必不幻而为朝开午落，午开暮落；乃人之生死，则无一定不移之数，有不及百年而死者，有不及百年之半与百年之二三而死者；则是花之落也必焉，人之死也忽焉。使人亦如木槿之为生，至暮必落，则生前死后之事，皆可自为政矣[1]，无如其不能也。此人之不能似花者也。人能作如是观，则木槿一花，当与萱草并树。睹萱草则能忘忧，睹木槿则能知戒。

注释

[1]自为政：自己做主。

桂

秋花之香者，莫能如桂。树乃月中之树，香亦天上之香也。但其缺陷处，则在满树齐开，不留馀地。予有《惜桂》诗云："万斛黄金碾作灰，西风一阵总吹来。早知三日都狼藉，何不留将次第开？"盛极必衰，乃盈虚一定之理，凡有富贵荣华一蹴而至者，皆玉兰之为春光，丹桂之为秋色。

合 欢

"合欢蠲忿，萱草忘忧"[1]，皆益人情性之物，无地不宜种之。然睹萱草而忘忧，吾闻其语矣，未见其人也。对合欢而蠲忿，则不必讯之他人，凡见此花者，无不解愠成欢，破涕为笑。是萱草可以不树，而合欢则不可不栽。栽之之法，《花谱》不详，非不详也，以作谱之人，非真能合欢之人也。渔人谈稼事，农父著樵经，有约略其词而已。凡植此树，不宜出之庭外，深闺曲房是其所也。此树朝开暮合，每至昏黄，枝叶互相交结，是名"合欢"。植之闺房者，合欢之花宜置合欢之地，如椿萱宜在承欢之所[2]，荆棣宜在友于之场[3]，欲其称也。此树栽于内室，则人开而树亦开，树合而人亦合。人既为之增愉，树亦因而加茂，所谓人地相宜者也。使居寂寞之境，不亦虚负此花哉？灌勿太肥，常以男女同浴之水，隔一宿而浇其根，则花之芳妍，较常加倍。此予既验之法，以无心偶试而得之。如其不信，请同觅二本，一植庭外，一植闺中，一浇肥水，一浇浴汤，验其孰盛孰衰，即知予言谬不谬矣。

注释

[1]"合欢蠲忿"二句：出自三国魏·嵇康《养生论》："合欢蠲忿，萱草忘忧，愚智所共知也。"蠲，通"捐"，免除。

[2]椿萱宜在承欢之所：古人将椿树比父，萱草比母，故此处言应在父母居住处种植椿萱。承欢，承父母之欢。故代指父母居所。

[3]荆棣宜在友于之场：据《续齐谐记》载，古代有兄弟三人，本欲分家，后见三株紫荆树同生一根，枝叶连阴，遂不分家。棣，棠棣。《诗经·小雅·常(棠)棣》是描述兄弟之情的诗。友于，兄弟之间的友爱，在此指兄弟。

木芙蓉

水芙蓉之于夏，木芙蓉之于秋，可谓二季功臣矣。然水芙蓉必须池沼，“所谓伊人，在水一方”者[1]，不可数得。茂叔之好[2]，徒有其心而已。木则随地可植。况二花之艳，相距不远。虽居岸上，如在水中，谓之秋莲可，谓之夏莲亦可，即自认为三春之花，东皇未去也亦可[3]。凡有篱落之家，此种必不可少。如或傍水而居，隔岸不见此花者，非至俗之人，即薄福不能消受之人也。

注释

[1]“所谓伊人”二句：语出《诗经·秦风·蒹葭》。

[2]茂叔之好：宋代周敦颐，字茂叔，性喜莲花，曾作《爱莲说》。

[3]东皇：司春之神。在此指春天。

夹竹桃

夹竹桃一种，花则可取，而命名不善。以竹乃有道之士，桃则佳丽之人，道不同不相为谋，合而一之，殊觉矛盾。请易其名为“生花竹”，去一桃字，便觉相安。且松、竹、梅素称三友[1]，松有花，梅有花，惟竹无花，可称缺典。得此补之，岂不天然凑合？亦女娲氏之五色石也[2]。

注释

[1]三友：宋人林景熙《五云梅舍记》以松、竹、梅为“岁寒三友”。

[2]女娲氏之五色石：神话传说，女娲炼五色石用以补天。详见《淮南子·览冥训》。在此比喻夹竹桃。

瑞　香

茂叔以莲为花之君子[1]，予为增一敌国，曰：瑞香乃花之小人。何也？《谱》载此花“一名麝囊，能损花，宜另植”[2]。予初不信，取而嗅之，果带麝味，麝则未有不损群花者也。同列众芳之中，即有朋侪之义，不能相资相益，而反祟之，非小人而何？幸造物处之得宜，予以不能为患之势。其开也，必于冬春之交，是时群花摇落，诸卉未荣，及见此花者，仅有梅花、水仙二种，又在成功将退之候，当其锋也未久，故罹其毒也亦不深[3]，此造物之善用小人也。使易冬春之交而为春夏之交，则花王亦几被篡，矧下此者乎？唐宋诸名流，无不怜香嗜色，赞以诗词者，皆以蚤春无花[4]，得此可搔目痒，又但见其佳，而未逢其虐耳。予僭为香国平章[5]，焉得不秉公持正？宁使一小人怒而欲杀，不敢不为众君子密提防也。

注释

[1]茂叔：北宋高士周敦颐，字茂叔。

[2]《谱》：即《花谱》。

[3]罹(lí)：遭受。

[4]蚤：通“早”。

[5]平章：官名。唐宋金元均设此职，然品位各不相同。在此指花卉中最有权威的品评者。

茉莉

茉莉一花，单为助妆而设，其天生以媚妇人者乎？是花皆晓开，此独暮开。暮开者，使人不得把玩，秘之以待晓妆也。是花蒂上皆无孔，此独有孔。有孔者，非此不能受簪，天生以为立脚之地也。若是，则妇人之妆，乃天造地设之事耳。植他树皆为男子，种此花独为妇人。既为妇人，则当眷属视之矣。妻梅者止一林逋[1]，妻茉莉者当遍天下而是也。

欲艺此花，必求木本。藤本一样着花，但苦经年即死，视其死而莫之救，亦仁人君子所不乐为也。木本最难过冬，予尝历验收藏之法。此花瘗于寒者什一，毙于干者什九，人皆畏冻而滴水不浇，是以枯死。此见噎废食之法，有避呕逆而经时绝粒，其人尚存者乎？稍暖微浇，大寒即止，此不易之法。但收藏必于暖处，蔑罩必不可无。浇不用水而用冷茶，如斯而已。予艺此花三十年，皆为燥误，如今识此，以告世人，亦其否极泰来之会也[2]。

注释

[1]妻梅者止一林逋：指北宋高士林逋终身不娶，而在西湖种梅养鹤，人称“梅妻鹤子”。

[2]否(pǐ)极泰来：比喻情况由坏转好。否、泰，周易中卦名。泰谓天地交而万物通，否则义与之相反。

藤本第二

藤本之花，必须扶植。扶植之具，莫妙于从前成法之用竹屏。或方其眼，或斜其槅，因作葳蕤柱石，遂成锦绣墙垣，使内外之人，隔花阻叶，碍紫间红，可望而不可亲，此善制也。无奈近日茶坊酒肆，无一不然，有花即以植花，无花则以代壁。此习始于维扬，今日渐及他处矣。市井若此，高人韵士之居，断断不应若此。避市井者，非避市井，避其劳劳攘攘之情，锱铢必较之陋习也。见市井所有之物，如在市井之中，居处习见，能移性情，此其所以当避也。即如前人之取别号，每用"川"、"泉"、"湖"、"宇"等字，其初未尝不新，未尝不雅，迨后商贾者流，家效而户则之，以致市肆标榜之上，所书姓名非川即泉，非湖即宇，是以避俗之人，不得不去之若浼[1]。迩来缙绅先生悉用"斋"、"庵"二字，极宜；但恐用者过多，则而效之者又入从前标榜，是今日之"斋"、"庵"，未必不是前日之"川"、"泉"、"湖"、"宇"。虽曰名以人重，人不以名重，然亦实之宾也。已噪寰中者仍之继起，诸公似应稍变。

人问植花既不用屏，岂遂听其滋蔓于地乎？曰：不然。屏仍其故，制略新之。虽不能保后日之市廛，不又变为今日之园圃，然新得一日是一日，异得一时是一时，但愿贸易之人，并性情风俗而变之。变亦不求尽变，市井之念不可无，垄断之心不可有。觅应得之利，谋有道之生，即是人间大隐。若是，则高人韵士，皆乐得与之游矣，复何劳扰锱铢之足避哉？花屏之制有三，列于《藤本》之末[2]。

注释

[1]浼(měi)：污染。

[2]"花屏"二句：今见各本均未见列有"花屏之制"。

蔷薇

结屏之花，蔷薇居首。其可爱者，则在富于种而不一其色。大约屏间之花，贵在五彩缤纷，若上下四旁皆一其色，则是佳人忌作之绣，庸工不绘之图，列于亭斋，有何意致？他种屏花，若木香、酴醾、月月红诸本，族类有限，为色不多，欲其相间，势必旁求他种。蔷薇之苗裔极繁，其色有赤，有红，有黄，有紫，甚至有黑；即红之一色，又判数等，有大红、深红、浅红、肉红、粉红之异。屏之宽者，尽其种类所有而植之，使条梗蔓延相错，花时斗丽，可傲步障于石崇[1]。然征名考实，则皆蔷薇也。是屏花之富者，莫过于蔷薇。他种衣色虽妍，终不免于捉襟露肘。

注释

[1]可傲步障于石崇：指蔷薇花屏可以敌过东晋富豪石崇所设之五十里锦步障。其典详见《世说新语·汰侈》。

木　香

木香花密而香浓，此其稍胜蔷薇者也。然结屏单靠此种，未免冷落，势必依傍蔷薇。蔷薇宜架，木香宜棚者，以蔷薇条干之所及，不及木香之远也。木香作屋，蔷薇作垣，二者各尽其长，主人亦均收其利矣。

酴　醾

酴醾之品[1]，亚于蔷薇、木香，然亦屏间必须之物，以其花候稍迟，可续二种之不继也。“开到酴醾花事了”，每忆此句，情兴为之索然。

注释

[1]酴醾(túmí)之品：《古今诗话》引《墨庄漫录》云：“酴醾，或作荼醾，一名木香。有二品：一品花大而棘，长条而又紫心者，为酴醾；一品花小而繁，小枝而檀心者为木香。”

月月红

俗云：“人无千日好，花难四季红。”四季能红者，现有此花，是欲矫俗言之失也。花能矫俗言之失，何人情反听其验乎？缀屏之花，此为第一。所苦者树不能高，故此花一名“瘦客”。然予复有用短之法，乃为市井之人强迫而成者也。法在屏制之第三幅。此花有红、白及淡红三本，结屏必须同植。

此花又名“长春”，又名“斗雪”，又名“胜春”，又名“月季”。予于种种之外，复增一名，曰“断续花”。花之断而能续，续而复能断者，只有此种。因其所开不繁，留为可继，故能绵邈若此。其馀一切之不能续者，非不能续，正以其不能断耳。

姊妹花

花之命名，莫善于此。一蓓七花者曰“七姊妹”，一蓓十花者曰“十姊妹”。观其浅深红白，确有兄长娣幼之分，殆杨家姊妹现身乎？余极喜此花，二种并植，汇其名为“十七姊妹”。但怪其蔓延太甚，溢出屏外，虽日刈月除，其势犹不可遏。岂党与过多[1]，酿成不戢之势欤？此无他，皆同心不妒之过也，妒则必无是患矣。故善御女戎者[2]，妙在使之能妒。

注释

[1]党与：相互为党。在此比喻花枝甚多。犹如结伙蔓延。

[2]女戎：历代尝因女色败亡，故把女色比作兵祸，称为女戎。

玫瑰

花之有利于人，而无一不为我用者，芰荷是也。花之有利于人，而我无一不为所奉者，玫瑰是也。芰荷利人之说，见于本传[1]，玫瑰之利，同于芰荷，而令人可亲可溺，不忍暂离，则又过之。群花止能娱目，此则口眼鼻舌，以至肌体毛发，无一不在所奉之中。可囊可食，可嗅可观，可插可戴，是能忠臣其身，而又能媚子其术者也。花之能事，毕于此矣。

注释

[1]见于本传：指本书《草本》章“芙蕖”篇。

素馨

素馨一种，花之最弱者也，无一枝一茎不需扶植，予尝谓之“可怜花”。

凌霄

藤花之可敬者，莫若凌霄。然望之如天际真人，卒急不能招致，是可敬亦可恨也。欲得此花，必先蓄奇石古木以待，不则无所依附而不生，生亦不大。予年有几，能为奇石古木之先辈而蓄之乎？欲有此花，非入深山不可。行当即之，以舒此恨。

真珠兰

此花与叶，并不似兰，而以兰名者，肖其香也。即香味亦稍别，独有一节似之：兰花之香，与之习处者不觉，骤遇始闻之，疏而复亲始闻之，是花亦然。此其所以名兰也。闽、粤有木兰，树大如桂，花亦似之，名不附桂而附兰者，亦以其香隐而不露，耐久闻而不耐急嗅故耳。凡人骤见而即觉其可亲者，乃人中之玫瑰，非友中之芝兰也。

草本第三

草本之花，经霜必死；其能死而不死，交春复发者，根在故也。常闻有花不待时，先期使开之法，或用沸水浇根，或以硫磺代土，开则开矣，花一败而树随之，根亡故也。然则人之荣枯显晦，成败利钝，皆不足据，但询其根之无恙否耳。根在，则虽处厄运，犹如霜后之花，其复发也，可坐而待也；如其根之或亡，则虽处荣膴显耀之境，犹之奇葩烂目，总非自开之花，其复发也，恐不能坐而待矣。予谈草木，辄以人喻，岂好为是哓哓者哉[1]？世间万物，皆为人设，观感一理。备人观者，即备人感。天之生此，岂仅供耳目之玩、情性之适而已哉？

注释

[1]哓哓(xiāoxiāo)：争辩不休的样子。

芍 药

芍药与牡丹媲美，前人署牡丹以“花王”，署芍药以“花相”，冤哉！予以公道论之。天无二日，民无二王[1]，牡丹正位于香国，芍药自难并驱。虽别尊卑，亦当在五等诸侯之列，岂王之下，相之上，遂无一位一座，可备酬功之用者哉？历翻种植之书，非云“花似牡丹而狭”，则曰“子似牡丹而小”。由是观之，前人评品之法，或由皮相而得之。噫，人之贵贱美恶，可以长短肥瘦论乎？每于花时奠酒，必作温言慰之曰：“汝非相材也，前人无识，谬署此名，花神有灵，付之勿较，呼牛呼马，听之而已。”予于秦之巩昌，携牡丹、芍药各数十种而归，牡丹活者颇少，幸此花无恙，不虚负戴之劳。岂人为知己死者，花反为知己生乎？

注释

[1]天无二日，民无二王：言地位独尊。《礼记·曾子问》：“孔子曰：‘天无二日，士无二王。’”

兰

“兰生幽谷，无人自芳”[1]，是已。然使幽谷无人，兰之芳也，谁得而知之？谁得而传之？其为兰也，亦与萧艾同腐而已矣[2]。“如入芝兰之室，久而不闻其香”[3]，是已。然既不闻其香，与无兰之室何异？虽有若无，非兰之所以自处，亦非人之所以处兰也。吾谓芝兰之性，毕竟喜人相俱，毕竟以人闻香气为乐。文人之言，只顾赞扬其美，而不顾其性之所安，强半皆若是也。然相俱贵乎有情，有情务在得法；有情而得法，则坐芝兰之室，久而愈闻其香。兰生幽谷与处曲房[4]，其幸不幸相去远矣。兰之初着花时，自应易其坐位，外者内之，远者近之，卑者尊之；非前倨而后恭[5]，人之重兰非重兰也，重其花也。叶则花之舆从而已矣。居处一定，则当美其供设，书画炉瓶，种种器玩，皆宜森列其旁。但勿焚香，香薰即谢。匪妒也，此花性类神仙，怕亲烟火，非忌香也，忌烟火耳。若是，则位置提防之道得矣。然皆情也，非法也，法则专为闻香。“如入芝兰之室，久而不闻其香”者，以其知入而不知出也。出而再入，则后来之香，倍乎前矣。故有兰之室不应久坐，另设无兰者一间，以作退步，时退时进，进多退少，则刻刻有香，虽坐无兰之室，若依倩女之魂[6]。是法也，而情在其中矣。如止有此室，则以门外作退步，或往行他事，事毕而入，以无意得之者，其香更甚。此予消受兰香之诀，秘之终身，而泄于一旦，殊可惜也。

此法不止消受兰香，凡属有花房舍，皆应若是。即焚香之室亦然，久坐其间，与未尝焚香者等也。门上布帘，必不可少，护持香气，全赖乎此。若止靠门扇开闭，则门开尽泄，无复一线之留矣。

注释

[1]“兰生幽谷”二句：语出《淮南子·说山》：“兰生幽谷，不为莫服而不芳。”服，佩戴。

[2]萧艾：即艾蒿，指极普通的草。

[3]“如入芝兰之室”二句：语出《孔子家语·六本》：“与善人居，如入芝兰之室，久而不闻其香，即与之化。”

[4]曲房：隐秘之室。汉代枚乘《七发》：“往来游宴，纵恣于曲房隐间之中。”

[5]前倨而后恭：先傲慢而后恭敬。《战国策·秦策一》：“苏秦曰：‘嫂何前倨而后恭也？’”在此指兰花开时与不开时，人对它的态度不一样。

[6]倩女之魂：典出唐·陈玄祐小说《离魂记》，叙张镒有女倩娘，自幼许婚王宙，后张镒把女另许他人，倩娘抑郁成病，其灵魂乃随王宙而去，五年复归，与肉身合为一体。

蕙

蕙之与兰，犹芍药之与牡丹，相去皆止一间耳。而世之贵兰者必贱蕙，皆执成见、泥成心也[1]。人谓蕙之花不如兰，其香亦逊。吾谓蕙诚逊兰，但其所以逊兰者，不在花与香，而在叶，犹芍药之逊牡丹者，亦不在花与香，而在梗。牡丹系木本之花，其开也，高悬枝梗之上，得其势，则能壮其威仪。是花王之尊，尊于势也。芍药出于草本，仅有叶而无枝，不得一物相扶，则委而仆于地矣，官无舆从，能自壮其威乎？蕙兰之不相敌也反是。芍药之叶苦其短，蕙之叶偏苦其长；芍药之叶病其太瘦，蕙之叶翻病其太肥。当强者弱，而当弱者强，此其所以不相称，而大逊于兰也。兰蕙之开，时分先后。兰终蕙继，犹芍药之嗣牡丹，皆所谓兄终弟及，欲废不能者也。善用蕙者，全在留花去叶，痛加剪除，择其稍狭而近弱者，十存二三；又皆截之使短，去两角而尖之，使与兰叶相若，则是变蕙成兰，而与“强干弱枝”之道合矣[2]。

注释

[1]泥：拘泥。
[2]强干弱枝：原比喻削弱地方势力，加强中央集权。见《史记·汉兴以来诸侯年表序》。在此指留花去叶。

水 仙

水仙一花，予之命也。予有四命，各司一时：春以水仙、兰花为命，夏以莲为命，秋以秋海棠为命，冬以腊梅为命。无此四花，是无命也；一季缺予一花，是夺予一季之命也。水仙以秣陵为最[1]，予之家于秣陵，非家秣陵，家于水仙之乡也。记丙午之春[2]，先以度岁无资，衣囊质尽，迨水仙开时，则为强弩之末，索一钱不得矣。欲购无资，家人曰："请已之。一年不看此花，亦非怪事。"予曰："汝欲夺吾命乎？宁短一岁之寿，勿减一岁之花。且予自他乡冒雪而归，就水仙也，不看水仙，是何异于不返金陵，仍在他乡卒岁乎？"家人不能止，听予质簪珥购之。予之钟爱此花，非痂癖也。其色其香，其茎其叶，无一不异群葩，而予更取其善媚。妇人中之面似桃，腰似柳，丰如牡丹、芍药，而瘦比秋菊、海棠者，在在有之；若如水仙之淡而多姿，不动不摇，而能作态者，吾实未之见也。以"水仙"二字呼之，可谓摹写殆尽。使吾得见命名者，必颓然下拜。

不特金陵水仙为天下第一，其植此花而售于人者，亦能司造物之权：欲其早则早，命之迟则迟，购者欲于某日开，则某日必开，未尝先后一日。及此花将谢，又以迟者继之，盖以下种之先后为先后也。至买就之时，给盆与石而使之种，又能随手布置，即成画图，皆风雅文人所不及也。岂此等末技，亦由天授，非人力邪？

注释

[1]秣陵：今南京市。又名金陵。
[2]丙午：清康熙五年(1666)。

芙 蕖

芙蕖与草本诸花，似觉稍异；然有根无树，一岁一生，其性同也。《谱》云[1]："产于水者曰草芙蓉，产于陆者曰旱莲。"则谓非草本不得矣。予夏季倚此为命者，非故效颦于茂叔[2]，而袭成说于前人也。以芙蕖之可人，其事不一而足，请备述之。

群葩当令时，只在花开之数日，前此后此，皆属过而不问之秋矣。芙蕖则不然，自荷钱出水之日[3]，便为点缀绿波。及其劲叶既生，则又日高一日，日上日妍，有风既作飘飖之态，无风亦呈袅娜之姿，是我于花之未开，先享无穷逸致矣。迨至菡萏成花[4]，娇姿欲滴，后先相继。自夏徂秋，此时在花为分内之事，在人为应得之资者也。及花之既谢，亦可告无罪于主人矣，乃复蒂下生蓬，蓬中结实，亭亭独立，犹似未开之花，与翠叶并擎，不至白露为霜，而能事不已[5]。此皆言其可目者也。

可鼻则有荷叶之清香。荷花之异馥，避暑而暑为之退，纳凉而凉逐之生。至其可人之口者，则莲实与藕，皆并列盘餐，而互芬齿颊者也。只有霜中败叶，零落难堪，似成弃物矣，乃摘而藏之，又备经年裹物之用。是芙蕖也者，无一时一刻，不适耳目之观；无一物一丝，不备家常之用者也。有五谷之实，而不有其名；兼百花之长，而各去其短。种植之利，有大于此者乎？予四命之中，此命为最。无如酷好一生，竟不得半亩方塘，为安身立命之地；仅凿斗大一池，植数茎以塞责，又时病其漏，望天乞水以救之。殆所谓不善养生，而草菅其命者哉！

注释

[1]《谱》：疑为明人所编《群芳谱》。

[2]效颦于茂叔：仿照宋代周敦颐（字茂叔）而爱莲。效颦，即东施效颦。详见《尤侗序》注[33]。

[3]荷钱：指圆形的荷叶。

[4]菡萏（hàndàn）：没有开放的荷花。

[5]能事：所能之事，擅长之事。在此指展其所长，显其姿色。

罂粟

花之善变者，莫如罂粟，次则数葵，馀皆守故不迁者矣。艺此花如蓄豹，观其变也。牡丹谢而芍药继之，芍药谢而罂粟继之，皆繁之极、盛之至者也。欲续三葩，难乎其为继矣。

葵

花之易栽易盛，而又能变化不穷者，止有一葵。是事半于罂粟，而数倍其功者也。但叶之肥大可憎，更甚于蕙。俗云：“牡丹虽好，绿叶扶持。”人谓树之难好者在花，而不知难者反易。古今来不乏明君，所不可必得者，忠良之佐耳。

萱

萱花一无可取，植此同于种菜，为口腹计则可耳。至云对此可以忘忧，佩此可以宜男[1]，则千万人试之，无一验者。书之不可尽信，类如此矣。

注释

[1]佩此可以宜男：此说出自《本草纲目·草五·萱草》引周处《风土记》：“怀妊妇人佩其花则宜男，故名宜男。”

鸡冠

予有《收鸡冠花子》一绝云：“指甲搔花碎紫雯，虽非异卉也芳芬。时防撒却还珍惜，一粒明年一朵云。”此非溢美之词，道其实也。花之肖形者尽多，如绣球、玉簪、金钱、蝴蝶、剪春罗之属，皆能酷似，然皆尘世中物也；能肖天上之形者，独有鸡冠花一种。氤氲其象而叆叇其文[1]，就上观之，俨然庆云一朵。乃当日命名者，舍天上极美之物，而搜索人间。鸡冠虽肖，然而贱视花容矣。请易其字，曰“一朵云”。此花有红、紫、黄、白四色，红者为“红云”，紫者为“紫云”，黄者为“黄云”，白者为“白云”。又有一种五色者，即名为“五色云”。以上数者，较之“鸡冠”，谁荣谁辱？花如有知，必将德我。

注释

[1]氤氲：云气浓郁状。　叆叇(àidài)：云盛貌。晋代潘尼《逸民吟》：“朝云叆叇，行露未晞。”

玉簪

花之极贱而可贵者，玉簪是也。插入妇人髻中，孰真孰假，几不能辨，乃闺阁中必需之物。然留之弗摘，点缀篱间，亦似美人之遗。呼作"江皋玉佩"[1]，谁曰不可？

注释

[1]江皋玉佩：汉代刘向《列仙传》载，江妃二女游于江汉之滨，遇郑交甫，赠所携佩。交甫行数十步，佩与仙女皆不见。

凤仙

凤仙极贱之花，止宜点缀篱落，若云备染指甲之用，则大谬矣。纤纤玉指，妙在无瑕，一染猩红，便称俗物。况所染之红，又不能尽在指甲，势必连肌带肉而丹之。迨肌肉褪清之后，指甲又不能全红，渐长渐退，而成欲谢之花矣。始作俑者[1]，其俗物乎？

注释

[1]始作俑者：第一个制作俑随葬的人。详见《词曲部·宾白第四·词别繁减》注[1]。在此比喻第一个以凤仙花染指甲者。

金钱

金钱、金盏、剪春罗、剪秋罗诸种，皆化工所作之小巧文字。因牡丹、芍药一开，造物之精华已竭，欲续不能，欲断不可，故作轻描淡写之文，以延其脉。吾观于此，而识造物纵横之才力亦有穷时，不能似源泉混混，愈涌而愈出也。合一岁所开之花，可作天工一部全稿。

梅花、水仙，试笔之文也，其气虽雄，其机尚涩，故花不甚大，而色亦不甚浓。开至桃、李、棠、杏等花，则文心怒发，兴致淋漓，似有不可阻遏之势矣；然其花之大犹未甚，浓犹未至者，以其思路纷驰而不聚，笔机过纵而难收，其势之不可阻遏者，横肆也，非纯熟也。迨牡丹、芍药一开，则文心笔致俱臻化境，收横肆而归纯熟，舒蓄积而罄光华，造物于此，可谓使才务尽，不留丝发之馀矣。然自识者观之，不待终篇而知其难继，何也？

世岂有开至树不能载、叶不能覆之花，而尚有一物焉高出其上、大出其外者乎？有开至众彩俱齐、一色不漏之花，而尚有一物焉红过于朱、白过于雪者乎？

斯时也，使我为造物，则必善刀而藏矣[1]。乃天则未肯告乏也，夏欲试其技，则从而荷之；秋欲试其技，则从而菊之；冬则计穷力竭，尽可不花，而犹作腊梅一种以塞责之。数卉者，可不谓之芳妍尽致，足殿群芳者乎？然较之春末夏初，则皆强弩之末矣。至于金钱、金盏、剪春罗、剪秋罗、滴滴金、石竹诸花，则明知精力不继，篇帙寥寥，作此以塞纸尾，犹人诗文既尽，附以零星杂著者是也。

由是观之，造物者极欲骋才，不肯自惜其力之人也；造物之才，不可竭而可竭，可竭而终不可竟竭者也。穷竟一部全文，终病其后来稍弱，其不能弱始劲终者，气使之然，作者欲留馀地而不得也。吾谓才人著书，不应取法于造物，当秋冬其始，而春夏其终，则是能以蔗境行文[2]，而免于江淹才尽之诮矣[3]。

注释

[1]善刀而藏：出自《庄子·养生主》。善，犹拭也。在此比喻适可而止，自敛其才。

[2]蔗境：典出《世说新语·排调》："顾长康啖甘蔗，先食尾。人问之，曰：'渐至佳境。'"顾长康，东晋名画家顾恺之。后来比喻老来幸福。在此比喻老来行文，越写越好。

[3]江淹才尽：南朝江淹少有文名，晚年则诗文无佳句，时人谓之江郎才尽。后人借指老来才思减退。

蝴蝶花

此花巧甚。蝴蝶，花间物也，此即以蝴蝶为花。是一是二，不知周之梦为蝴蝶欤？蝴蝶之梦为周欤？非蝶非花，恰合庄周梦境[1]。

注释

[1]"不知"四句：出自《庄子·齐物论》："昔者庄周梦为胡蝶，栩栩然胡蝶也。自喻适志与，不知周也。俄然觉，则蘧蘧然周也。不知周之梦为胡蝶与？胡蝶之梦为周与？"

菊

菊花者，秋季之牡丹、芍药也。种类之繁衍同，花色之全备同，而性能持久复过之。从来种植之书，是花皆略，而叙牡丹、芍药与菊者独详。

人皆谓三种奇葩，可以齐观等视，而予独判为两截，谓有天工人力之分。何也？牡丹、芍药之美，全仗天工，非由人力。植此二花者，不过冬溉以肥，夏浇以湿，如是焉止矣。其开也，烂漫芬芳，未尝以人力不勤，略减其姿而稍俭其色。菊花之美，则全仗人力，微假天工。艺菊之家，当其未入土也，则有治地酿土之劳，既入土也，则有插标记种之事。是萌芽未发之先，已费人力几许矣。迨分秧植定之后，劳瘁万端，复从此始。防燥也，虑湿也，摘头也，掐叶也，芟蕊也，接枝也，捕虫掘蚓以防害也，此皆花事未成之日，竭尽人力以俟天工者也。即花之既开，亦有防雨避霜之患，缚枝系蕊之勤，置盏引水之烦，染色变容之苦，又皆以人力之有馀，补天工之不足者也。为此一花，自春徂秋，自朝迄暮，总无一刻之暇。必如是，其为花也，始能丰丽而美观，否则同于婆娑野菊，仅堪点缀疏篱而已，若是，则菊花之美，非天美之，人美之也。人美之而归功于天，使与不费辛勤之牡丹、芍药齐观等视，不几恩怨不分，而公私少辨乎？吾知敛翠凝红而为沙中偶语者[1]，必花神也。

自有菊以来，高人逸士无不尽吻揄扬，而予独反其说者，非与渊明作敌国[2]。艺菊之人终岁勤动，而不以胜天之力予之，是但知花好，而昧所从来。饮水忘源，并置汲者于不问，其心安乎？从前题咏诸公，皆若是也。予创是说，为秋花报本，乃深于爱菊，非薄之也。

予尝观老圃之种菊，而慨然于修士之立身与儒者之治业[3]。使能以种菊之无逸者砺其身心[4]，则焉往而不为圣贤？使能以种菊之有恒者攻吾举业，则何虑其不掇青紫[5]？乃士人爱身爱名之心，终不能如老圃之爱菊，奈何！

注释

[1]沙中偶语：典出《史记·留侯世家》："上(指汉高祖)已封大功臣二十馀人，其馀日夜争功不决，未得行封。上在雒阳南宫，从复道望见诸将往往相与坐沙中语。上曰：'此何语？'留侯(张良)曰：'陛下不知乎？此谋反耳。'"此借指花神暗中判别花的优劣。偶语，相对私语。

[2]渊明：东晋陶渊明，曾作《饮酒》诗，有"采菊东篱下，悠然见南山"之佳句。

[3]修士：品行高尚之人。

[4]无逸者：指修身立行之士。在此似指隐居山林者。无逸，不要耽于安乐，乃周公戒周成王之辞。

[5]掇：拾取。在此指考取举人、进士。　青紫：古代公卿之服为青紫色。后世借指高官。汉代扬雄《解嘲》："行青拖紫。"在此指以恒心苦读，博取功名。

菜

菜为至贱之物，又非众花之等伦，乃《草本》、《藤本》中反有缺遗，而独取此花殿后，无乃贱群芳而轻花事乎？曰：不然。菜果至贱之物，花亦卑卑不数之花，无如积至贱至卑者而至盈千累万，则贱者贵而卑者尊矣。“民为贵，社稷次之，君为轻”者[1]，非民之果贵，民之至多至盛为可贵也。园圃种植之花，自数朵以至数十百朵而止矣，有至盈阡溢亩[2]，令人一望无际者哉？曰：无之。无则当推菜花为盛矣。一气初盈，万花齐发，青畴白壤，悉变黄金，不诚洋洋乎大观也哉！当是时也，呼朋拉友，散步芳塍，香风导酒客寻帘，锦蝶与游人争路，郊畦之乐，什佰园亭[3]，惟菜花之开，是其候也。

注释

[1]“民为贵”三句：出自《孟子·尽心下》。社稷，土神与谷神，也指祭祀土谷二神的祭坛。后因而以之代指国家。

[2]阡：田界。在此指成块的田地。

[3]什佰：十倍和百倍。在此为“远远胜过”之意。

众卉第四

草木之类，各有所长。有以花胜者；有以叶胜者。花胜则叶无足取，且若赘疣，如葵花、蕙草之属是也。叶胜则可以无花，非无花也，叶即花也，天以花之丰神色泽归并于叶而生之者也。不然，绿者叶之本色，如其叶之，则亦绿之而已矣，胡以为红，为紫，为黄，为碧，如老少年、美人蕉、天竹、翠云草诸种，备五色之陆离，以娱观者之目乎？即其青之绿之，亦不同于有花之叶，另具一种芳姿。是知树木之美，不定在花，犹之丈夫之美者，不专主于有才，而妇人之丑者，亦不尽在无色也。观群花令人修容，观诸卉则所饰者不仅在貌。

芭蕉

幽斋但有隙地，即宜种蕉。蕉能韵人而免于俗[1]，与竹同功。王子猷偏厚此君[2]，未免挂一漏一。蕉之易栽，十倍于竹，一二月即可成荫。坐其下者，男女皆入画图，且能使台榭轩窗尽染碧色，“绿天”之号[3]，洵不诬也。竹可镌诗，蕉可作字，皆文士近身之简牍。乃竹上止可一书，不能削去再刻；蕉叶则随书随换，可以日变数题。尚有时不烦自洗，雨师代拭者，此天授名笺，不当供怀素一人之用。予有题蕉绝句云：“万花题遍示无私，费尽春来笔墨资。独喜芭蕉容我俭，自舒晴叶待题诗。”此芭蕉实录也。

注释

[1]韵人：使人有韵致，有品格。

[2]王子猷偏厚此君：指王子猷(王徽之)爱竹。详见《居室部·联匾第四·此君联》注[1]；《居室部·山石第五·零星小石》注[2]。

[3]“绿天”之号：唐代僧人怀素种芭蕉万馀株，每日以蕉叶代纸写字，并将自己的住处命名为“绿天庵”。

翠云

草色之最蒨者[1]，至翠云而止。非特草木为然，尽世间苍翠之色，总无一物可以喻之，惟天上彩云，偶一幻此。是知善着色者，惟有化工[2]。即与倾国佳人眉上之色并较浅深[3]，觉彼犹是画工之笔，非化工之笔也。

注释

[1]蒨(qiàn)：草木茂盛。

[2]化工：造化之工。语本汉代贾谊《鹏鸟赋》：“天地为炉兮，造化为工。”

[3]倾国佳人：绝色美女。汉代李延年歌：“北方有佳人，绝世而独立。一顾倾人城，再顾倾人国。”

虞美人

虞美人花叶并娇，且动而善舞，故又名“舞草”。《谱》云：“人或抵掌歌《虞美人》曲，即叶动如舞。”予曰：舞则有之，必歌《虞美人》曲，恐未必尽然。盖歌舞并行之事，一姬试舞，众姬必歌以助之，闻歌即舞，势使然也。若谓必歌《虞美人》曲，则此曲能歌者几？歌稀则和寡，此草亦得借口藏其拙矣。

书带草

书带草其名极佳，苦不得见。《谱》载出淄川城北郑康成读书处[1]，名“康成书带草”[2]。噫，康成雅人，岂作王戎钻核故事[3]，不使种传别地耶？康成婢子知书[4]，使天下婢子皆不知书，则此草不可移，否则处处堪栽也。

注释

［1］淄川：今山东淄博。　郑康成：汉代经学家郑玄，字康成，遍注五经，今存《毛诗传笺》。

［2］康成书带草：《历代书话》引《三齐记略》：“不夜城东有文登山，郑玄删注《诗》、《书》，栖于此山。上有枯井，石碣旁生细草，叶如薤之叶，其长尺馀，坚韧异常，土人谓之‘康成书带草。’”

［3］王戎钻核：《晋节·王戎列传》：“家有好李，常出货之，恐人得种，恒钻其核。以此获讥于世。”

［4］康成婢子知书：晋刘义庆《世说新语·文学》：“郑玄家奴婢皆读书，尝使一婢，不称旨，将挞之。方自陈说，玄怒，使人曳著泥中。须臾，复有一婢来，问曰：‘胡为乎泥中？’（《诗经·邶风·式微》句）答曰：‘薄言往诉，逢彼之怒。’（《诗经·邶风·柏舟》句）”后世以此作为一门风雅、婢仆知书的典故。

老少年

此草一名“雁来红”，一名“秋色”，一名“老少年”，皆欠妥切。雁来红者，尚有蓼花一种，经秋弄色者又不一而足，皆属泛称；惟“老少年”三字相宜，而又病其俗。予尝易其名曰“还童草”，似觉差胜[1]。此草中仙品也，秋阶得此，群花可废。此草植之者繁，观之者众，然但知其一，未知其二。予尝细玩而得之。盖此草不特于一岁之中，经秋更媚，即一日之中，亦到晚更媚。总之后胜于前，是其性也。此意向矜独得，及阅徐竹隐诗[2]，有“叶从秋后变，色向晚来红”一联，不知确有所见如予，知其晚来更媚乎？抑下句仍同上句，其晚亦指秋乎？难起九原而问之[3]，即谓先予一着可也。

注释

［1］差胜：稍觉相称。

［2］徐竹隐：宋代文学家徐似道，字渊子，号竹隐。黄岩（今属浙江）人。

［3］九原：墓地。详见《演习部·脱套第五·声音恶习》注［6］。

天竹

竹无花而以夹竹桃代之，竹不实而以天竹补之，皆是可以不必然而强为蛇足之事。然蛇足之形自天生之，人亦不尽任咎也。

虎刺

“长盆栽虎刺，宣石作峰峦”。布置得宜，是一幅案头山水。此虎丘卖花人长技也，不可谓非化工手笔。然购者于此，必熟视其为原盆与否。是卉皆可新移，独虎刺必须久植，新移旋踵者百无一活[1]，不可不知。

注释

[1]旋踵：旋转脚后跟，比喻时间短暂。

苔

苔者，至贱易生之物，然亦有时作难：遇阶砌新筑，冀其速生者，彼必故意迟之，以示难得。予有《养苔》诗云：“汲水培苔浅却池，邻翁尽日笑人痴。未成斑藓浑难待，绕砌频呼绿拗儿。”然一生之后，又令人无可奈何矣。

萍

杨入水为萍[1]，是花中第一怪事。花已谢而辞树，其命绝矣，乃又变为一物，其生方始，殆一物而两现其身者乎？人以杨花喻命薄之人，不知其命之厚也，较天下万物为独甚。吾安能身作杨花，而居水陆二地之胜乎？

水上生萍，极多雅趣；但怪其弥漫太甚，充塞池沼，使水居有如陆地，亦恨事也。有功者不能无过，天下事其尽然哉？

注释

[1]杨入水为萍：指杨花落水上，积成浮萍。宋代苏轼《水龙吟·次韵章质夫杨花词》：“晓来雨过，遗踪何在，一池萍碎。”即述杨花入水为萍。

竹木第五[1]

竹木者何？树之不花者也。非尽不花，其见用于世者，在此不在彼，虽花而犹之弗花也。花者，媚人之物，媚人者损己，故善花之树多不永年，不若椅桐梓漆之朴而能久[2]。然则树即树耳，焉如花为？善花者曰："彼能无求于世则可耳，我则不然。雨露所同也，灌溉所独也；土壤所同也，肥泽所独也。子不见尧之水[3]、汤之旱乎[4]？如其雨露或竭，而土不能滋，则奈何？盍舍汝所行而就我[5]？"不花者曰："是则不能，甘为竹木而已矣。"

注释

[1]竹木第五：作者原注："未经种植者不载。"

[2]椅桐梓漆：四种树木名。《诗经·鄘风·定之方中》："树之榛栗，椅桐梓漆，爰伐琴瑟。"椅，山桐子。

[3]尧之水：尧统治天下时洪水泛滥。《孟子·滕文公上》："当尧之时，天下犹未平。洪水横流，泛滥于天下。"

[4]汤之旱：晋代皇甫谧《帝王世纪》："汤自伐桀后，大旱七年，洛川竭。"

[5]盍：何不。

竹

俗云："早间种树，晚上乘凉。"喻词也。予于树木中求一物以实之，其惟竹乎！种树欲其成荫，非十年不可，最易活者莫如杨柳，求其荫可蔽日，亦须数年。惟竹不然，移入庭中，即成高树，能令俗人之舍，不转盼而成高士之庐[1]。神哉此君，真医国手也！

种竹之方，旧传有诀云："种竹无时，雨过便移；多留宿土，记取南枝。"予悉试之，乃不可尽信之书也。三者之内，惟一可遵，"多留宿土"是也。移树最忌伤根，土多则根之盘曲如故，是移地而未尝移土，犹迁人者并其卧榻而迁之，其人醒后尚不自知其迁也。若俟雨过方移，则沾泥带水，有几许未便。泥湿则松，水沾则濡，我欲留土，其如土湿而苏，随锄随散之，不可留何？且雨过必晴，新移之竹，晒则叶卷，一卷即非活兆矣。予易其词曰："未雨先移。"天甫阴而雨犹未下，乘此急移，则宿土未湿，又复带潮，有如胶似漆之势，我欲多留，而土能随我，先据一筹之胜矣。且栽移甫定而雨至，是雨为我下，坐而受之，枝叶根本，无一不沾滋润之利。最忌者日，而日不至；最喜者雨，而雨即来；去所忌而投以喜，未有不欣欣向荣者。此法不止种竹，是花是木皆然。至于"记取南枝"一语，尤难遵奉。

移竹移花，不易其向，向南者仍使向南，自是草木之幸。然移草木就人，当随人便，不能尽随草木之便。无论是花是竹，皆有正面，有反面。正面向人，反面向空隙，理也。使记南枝而与人相左，犹娶新妇进门，而听其终年背立，有是理乎？故此语只当不说，切勿泥之[2]。总之，移花种竹，只有四字当记："宜阴忌日"是也。琐琐繁言，徒滋疑扰。

注释

[1]盼：眼睛黑白分明貌。在此指眼睛。

[2]泥：拘泥。

松柏

"苍松古柏"，美其老也。一切花竹，皆贵少年，独松、柏与梅三物，则贵老而贱幼。欲受三老之益者，必买旧宅而居。若俟手栽，为儿孙计则可，身则不能观其成也。求其可移而能就我者，纵使极大，亦是五更，非三老矣[1]。予尝戏谓诸后生曰："欲作画图中人，非老不可。三五少年，皆贱物也。"后生询其故。予曰："不见画山水者，每及人物，必作扶筇曳杖之形[2]，即坐而观山临水，亦是老人矍铄之状。从来未有俊美少年厕于其间者。少年亦有，非携琴捧画之流，即挈盒持樽之辈[3]，皆奴隶于画中者也。"后生辈欲反证予言，卒无其据。引此以喻松柏，可谓合伦[4]。如一座园亭，所有者皆时花弱卉，无十数本老成树木主宰其间，是终日与儿女子习处，无从师会友时矣。名流作画，肯若是乎？噫，予持此说一生，终不得与老成为伍，乃今年已入画，犹日坐儿女丛中。殆以花木为我，而我为松柏者乎？

注释

[1]五更、三老：古代设三老、五更，以尊养老人。《礼记·文王世子》："遂设三老五更，群老之席位焉。"郑玄注："三老五更各一人也，皆年老更事致仕者也。"

[2]筇(qióng)：竹名。可为杖，故杖也叫筇。

[3]挈盒持樽：提着食盒，持着酒樽。

[4]合伦：合乎伦理。

梧桐

梧桐一树，是草木中一部编年史也，举世习焉不察，予特表而出之。

花木种自何年？为寿几何岁？询之主人，主人不知；询之花木，花木不答。谓之“忘年交”则可，予以“知时达务”，则不可也。梧桐不然，有节可纪，生一年，纪一年。树有树之年，人即纪人之年。树小而人与之小，树大而人随之大，观树即所以观身。《易》曰：“观我生进退[1]。”欲观我生，此其资也。予垂髫种此[2]，即于树上刻诗以纪年，每岁一节，即刻一诗，惜为兵燹所坏，不克有终。犹记十五岁刻桐诗云：“小时种梧桐，桐叶小于艾。簪头刻小诗，字瘦皮不坏。刹那三五年，桐大字亦大。桐字已如许，人大复何怪。还将感叹词，刻向前诗外。新字日相催，旧字不相待。顾此新旧痕，而为悠忽戒。”此予婴年著作，因说梧桐，偶尔记及，不则竟忘之矣。即此一事，便受梧桐之益。然则编年之说，岂欺人语乎？

注释

[1]观我生进退：出自《易·观》疏：“我生我身，所动出三，居下体之极，是有可进之时；又居上体之下，复是可退之地……时可则进，时不可则退。”

[2]垂髫(tiáo)：小孩下垂的头发。借指少年之时。

槐 榆

树之能为荫者，非槐即榆。《诗》云：“於我乎，夏屋渠渠。”[1]此二树者，可以呼为“夏屋”，植于宅旁，与肯堂肯构无别[2]。人谓夏者，大也，非时之所谓夏也。予曰：古人以厦为大者，非无取义。夏日之屋，非大不凉，与三时有别，故名厦为屋。训夏以大，予特未之详耳。

注释

[1]“於我乎”二句：出自《诗经·秦风·权舆》。夏屋，大屋。渠渠，深广貌。

[2]肯堂肯构：此处指营缮房屋。《书·大诰》：“若考作室，既底法，厥子乃弗肯堂，矧肯构？”孔传：“以作室喻政治也。父已致法，子乃不肯为堂基，况肯构立屋乎？”后常以“肯堂肯构”比喻子承父业。

柳

柳贵乎垂，不垂则可无柳；柳条贵长，不长则无袅娜之致，徒垂无益也。此树为纳蝉之所，诸鸟亦集。长夏不寂寞，得时闻鼓吹者，是树皆有功，而高柳为最。总之，种树非止娱目，兼为悦耳。目有时而不娱，以在卧榻之上也；耳则无时不悦。鸟声之最可爱者，不在人之坐时，而偏在睡时。鸟音宜晓听，人皆知之；而其独宜于晓之故，人则未之察也。鸟之防弋[1]，无时不然。卯辰以后[2]，是人皆起，人起而鸟不自安矣。虑患之念一生，虽欲鸣而不得，鸣亦必无好音，此其不宜于昼也。晓则是人未起，即有起者，数亦寥寥，鸟无防患之心，自能毕其能事，且扪舌一夜，技痒于心，至此皆思调弄，所谓"不鸣则已，一鸣惊人"者是也[3]，此其独宜于晓也。庄子非鱼，能知鱼之乐[4]；笠翁非鸟，能识鸟之情。凡属鸣禽，皆当呼予为知己。种树之乐多端，而其不便于雅人者亦有一节：枝叶繁冗，不漏月光。隔婵娟而不使见者[5]，此其无心之过，不足责也。然匪树木无心，人无心耳。使于种植之初，预防及此，留一线之馀天，以待月轮出没，则昼夜均受其利矣。

注释

[1]防弋：防止被捕获。弋，以绳系箭而射飞禽等。

[2]卯辰：十二时辰之一。清晨五时至七时。

[3]"不鸣则已"二句：比喻突然做出惊人之举。语出《史记·滑稽列传》。

[4]"庄子非鱼"二句：据《庄子·秋水篇》载，庄子与惠施游于濠梁之上，庄子说："儵鱼出游从容，是鱼之乐也。"惠施说："子非鱼，安知鱼之乐？"庄子反驳说："子非我，安知我不知鱼之乐？"

[5]婵娟：美好的样子。在此指月亮。

黄杨

黄杨每岁长一寸，不溢分毫，至闰年反缩一寸，是天限之木也。植此宜生怜悯之心。予新授一名曰"知命树"。天不使高，强争无益，故守困厄为当然。冬不改柯，夏不易叶，其素行原如是也。使以他木处此，即不能高，亦将横生而至大矣；再不然，则以才不得展而至瘁，弗复自永其年矣。困于天而能自全其天，非知命君子能若是哉？最可悯者，岁长一寸是已；至闰年反缩一寸，其义何居？岁闰而我不闰，人闰而已不闰，已见天地之私；乃非止不闰，又复从而刻之，是天地之待黄杨，可谓不仁之至、不义之甚者矣。乃黄杨不憾天地，枝叶较他木加荣，反似德之者，是知命之中又知命焉。莲为花之君子，此树当为木之君子。莲为花之君子，茂叔知之[1]；黄杨为木之君子，非稍能格物之笠翁[2]，孰知之哉？

注释

[1]茂叔：宋代名士周敦颐，字茂叔，酷爱莲花，作《爱莲说》以表其心。

［2］格物：推究事物的道理。

棕　榈

树直上而无枝者，棕榈是也。予不奇其无枝，奇其无枝而能有叶。植于众芳之中，而下不侵其地、上不蔽其天者，此木是也。较之芭蕉，大有克己、防人之别。

枫　桕[1]

草之以叶为花者，翠云、老少年是也；木之以叶为花者，枫与桕是也。枫之丹，桕之赤，皆为秋色之最浓。而其所以得此者，则非雨露之功，霜之力也。霜于草木，亦有有功之时，其不肯数数见者，虑人之狎之也[2]。枯众木独荣二木[3]，欲示德威之一斑耳。

注释

［1］枫桕(jiù)：木名。枫，枫树；桕，即乌桕。

［2］狎：轻侮。

［3］荣：使(枫桕二木)具有秋色之艳荣。

冬　青

冬青一树，有松柏之实而不居其名，有梅竹之风而不矜其节，殆“身隐焉文”之流亚欤[1]？然谈傲霜砺雪之姿者，从未闻一人齿及。是之推不言禄，而禄亦不及。予窃忿之，当易其名为“不求人知树”。

注释

［1］身隐焉文：据《左传·僖公二十四年》载，晋公子重耳结束十九年流亡生涯，回晋国即位，遍赏相随群臣，独介子推不言禄，也不被赏。别人劝他把自己的功劳说出来，介子推说：“言，身之文也，身将隐，焉用文之？”遂与其母归隐。　流亚：指同一类的人或物。

◎颐养部

题解

颐养部分行乐、止忧、调饮啜、节色欲、却病、疗病六部分。李渔从儒家的养生观出发，反对“外借药石，内凭导引”，更反对借口“颐生而流为放辟邪侈”的“比家”养生术，这是他养生的立论之本，正所谓“士各明志，人有弗为”，须加以注意。至于其中所述养生经验，大多中肯，然不一定切于各人心性，须加区别；又其中偶有与时不合的养生观，也应加以识别。

行乐第一

伤哉！造物生人一场，为时不满百岁。彼夭折之辈无论矣，姑就永年者道之，即使三万六千日尽是追欢取乐时，亦非无限光阴，终有报罢之日。况此百年以内，有无数忧愁困苦、疾病颠连、名缰利锁、惊风骇浪，阻人燕游，使徒有百岁之虚名，并无一岁二岁享生人应有之福之实际乎！又况此百年以内，日日死亡相告，谓先我而生者死矣，后我而生者亦死矣，与我同庚比算、互称弟兄者又死矣。噫，死是何物，而可知凶不讳，日令不能无死者惊见于目，而怛闻于耳乎！是千古不仁，未有甚于造物者矣。虽然，殆有说焉。不仁者，仁之至也。知我不能无死，而日以死亡相告，是恐我也。恐我者，欲使及时为乐，当视此辈为前车也。康对山构一园亭[1]，其地在北邙山麓[2]，所见无非丘陇。客讯之曰：“日对此景，令人何以为乐？”对山曰：“日对此景，乃令人不敢不乐。”达哉斯言！予尝以铭座右。兹论养生之法，而以行乐先之；劝人行乐，而以死亡怵之，即祖是意。欲体天地至仁之心，不能不蹈造物不仁之迹。

养生家授受之方，外借药石，内凭导引[3]，其借口颐生而流为放辟邪侈者，则曰“比家”。三者无论邪正，皆术士之言也。予系儒生，并非术士。术士所言者术，儒家所凭者理。《鲁论·乡党》一篇，半属养生之法。予虽不敏，窃附于圣人之徒，不敢为诞妄不经之言以误世。有怪此卷以“颐养”命名，而觅一丹方不得者，予以空疏谢之。又有怪予著《饮馔》一篇，而未及烹饪之法，不知酱用几何，醋用几何，醝椒香辣用几何者。予曰：果若是，是一庖人而已矣，乌足重哉！人曰：若是，则《食物志》、《尊生笺》、《卫生录》等书，何以备列此等？予曰：是诚庖人之书也。士各明志，人有弗为。

注释

[1]康对山：康海，字海涵，号对山，明代陕西武功人。为明代文章"前七子"之一。
[2]北邙山：在今洛阳市东北。汉魏时，王侯公卿多葬于此。
[3]导引：古代人强身除病的养生方法。

贵人行乐之法

人间至乐之境，惟帝王得以有之；下此则公卿将相，以及群辅百僚，皆可以行乐之人也。然有万几在念，百务萦心，一日之内，除视朝听政、放衙理事、治人事神、反躬修己之外，其为行乐之时有几？曰：不然。乐不在外而在心。心以为乐，则是境皆乐；心以为苦，则无境不苦。身为帝王，则当以帝王之境为乐境；身为公卿，则当以公卿之境为乐境。凡我分所当行，推诿不去者，即当摈弃一切悉视为苦，而专以此事为乐。谓我为帝王，日有万几之冗，其心则诚劳矣，然世之艳慕帝王者，求为片刻而不能。我之至劳，人之所谓至逸也。为公卿将相、群辅百僚者，居心亦复如是，则不必于视朝听政、放衙理事、治人事神、反躬修己之外，别寻乐境，即此得为之地，便是行乐之场。一举笔而安天下，一矢口而遂群生，以天下群生之乐为乐，何快如之？若于此外稍得清闲，再享一切应有之福，则人皇可比玉皇，俗吏竟成仙吏，何蓬莱三岛之足羡哉[1]？此术非他，盖用吾家老子"退一步"法[2]。以不如己者视己，则日见可乐；以胜于己者视己，则时觉可忧。从来人君之善行乐者，莫过于汉之文、景[3]；其不善行乐者，莫过于武帝[4]。以文、景于帝王应行之外，不多一事，故觉其逸；武帝则好大喜功，且薄帝王而慕神仙，是以徒见其劳。人臣之善行乐者，莫过于唐之郭子仪[5]；而不善行乐者，则莫如李广[6]。子仪既拜汾阳王，志愿已足，不复他求，故能极欲穷奢，备享人臣之福；李广则耻不如人，必欲封侯而后已，是以独当单于，卒致失道后期而自刭。故善行乐者，必先知足。二疏云[7]："知足不辱，知止不殆。"不辱不殆，至乐在其中矣。

注释

[1]蓬莱三岛：传说中东海神山，即蓬莱、方丈、瀛洲。

[2]老子"退一步"法：老子主张以退为进。如"功遂身退天之道"。

[3]汉之文、景：指汉文帝刘恒、汉景帝刘启。在位期间无为而治，采取"与民休息"的政策，使汉代走向富强，史称"文景之治"。

[4]武帝：汉武帝刘彻(前156—前87)。在位期间采取了一系列加强封建统治的措施，使汉代走向极盛。到其晚年，祀神求仙，追求享乐，以致国库空虚，走向衰落。

[5]郭子仪(697—781)：唐代名将。华州郑县(今陕西华县)人。因平定安史之乱有大功，封汾阳郡王，以一身而系天下安危者二十年。

[6]李广(？—前119)：汉文帝至汉武帝时名将。陇西成纪(今属甘肃)人。善骑射，与匈奴作战七十馀次，人称飞将军。前119年随大将军卫青击匈奴，以失道被责，耻于面对刀笔吏而自杀。

[7]二疏：西汉疏广、疏受叔侄二人。官至太傅、少傅，后一起辞官，终日与宾客宴乐，不为子孙置田产。引文见《汉书·疏广传》。

富人行乐之法

劝贵人行乐易，劝富人行乐难。何也？财为行乐之资，然势不宜多，多则反为累人之具。华封人祝帝尧富寿多男，尧曰："富则多事。"华封人曰："富而使人分之，何事之有？"[1]由是观之，财多不分，即以唐尧之圣、帝王之尊，犹不能免多事之累，况德非圣人而位非帝王者乎？陶朱公屡致千金，屡散千金[2]，其致而必散，散而复致者，亦学帝尧之防多事也。兹欲劝富人行乐，必先劝之分财；劝富人分财，其势同于拔山超海[3]，此必不得之数也。财多则思运，不运则生息不繁。然不运则已，一运则经营惨淡，坐起不宁，其累有不可胜言者。财多必善防，不防则为盗贼所有，而且以身殉之。然不防则已，一防则惊魂四绕，风鹤皆兵[4]，其恐惧觳觫之状[5]，有不堪目睹者。且财多必招忌。语云："温饱之家，众怨所归。"以一身而为众射之的，方且忧伤虑死之不暇，尚可与言行乐乎哉？甚矣，财不可多，多之为累，亦至此也。

然则富人行乐，其终不可冀乎？曰：不然。多分则难，少敛则易。处比户可封之世[6]，难于售恩；当民穷财尽之秋，易于见德。少课锱铢之利，穷民即起颂扬；略蠲升斗之租，贫佃即生歌舞。本偿而子息未偿，因其贫也而贳之[7]，一券才焚，即噪冯谖之令誉[8]，赋足而国用不足，因其匮也而助之，急公偶试，即来卜式之美名[9]。果如是，则大异于今日之富民，而又无损于本来之故我。觊觎者息而仇怨者稀，是则可言行乐矣。其为乐也，亦同贵人，可不必于持筹握算之外，别寻乐境，即此宽租减息、仗义急公之日，听贫民之欢欣赞颂，即当两部鼓吹[10]；受官司之奖励称扬，便是百年华衮[11]。荣莫荣于此，乐亦莫乐于此矣。至于悦色娱声、眠花藉柳、构堂建厦、啸月嘲风诸乐事，他人欲得，所患无资，业有其资，何求弗遂？是同一富也，昔为最难行乐之人，今为最易行乐之人。即使帝尧不死，陶朱现在，彼丈夫也，我丈夫也，吾何畏彼哉？去其一念之刻而已矣。

注释

[1]“华封人”三句：见《庄子·天地》“华封人”成玄英疏：“华，地名也，今华州也。封人者，谓华地守封疆之人也。”

[2]“陶朱公”二句：相传春秋末范蠡助越王勾践灭吴国后，改名陶朱公，经商致富，十九年中，三次置下千金产业，又三次将其分给兄弟朋友。

[3]拔山超海：语出《孟子·梁惠王》：“挟泰山以超北海，语人曰：‘我不能。’是诚不能也。”

[4]风鹤皆兵：《晋书·谢玄传》载，淝水之战时，东晋大将谢玄，率军击败前秦苻坚之兵。秦军北逃，听到风声鹤唳，都以为是东晋追兵将至。

[5]觳觫(húsù)：因恐惧而颤抖的样子。《孟子·梁惠王上》：“吾不忍其觳觫若无罪而就死地。”

[6]比户可封：也作“比德可封”。指家家都有德行，人人都可旌表。比喻教化深入民心。《新语·无为》：“尧舜之民，可比屋而封。”比户，相邻，近邻。

[7]贳(shì)：出赁，出借。

[8]冯谖(xuān)：战国时齐国孟尝君赵胜的门客。他曾主动到薛地(今山东滕州南)为孟尝君收债，矫孟尝君之命尽焚债券，为主人收买人心。

[9]卜式：汉武帝时的大畜牧主，多次捐款助军，并以此被封官。

[10]两部鼓吹：两部乐队。《南齐书·孔稚珪传》载，孔稚珪房屋的四周野草丛生，蛙声噪闹，孔对人说：“此以当两部鼓吹。”

[11]华衮：古代高官的衣服。在此代指官高位重。

贫贱行乐之法

穷人行乐之方，无他秘巧，亦止有“退一步”法。我以为贫，更有贫于我者；我以为贱，更有贱于我者：我以妻子为累，尚有鳏寡孤独之民，求为妻子之累而不能者；我以胼胝为劳[1]，尚有身系狱廷，荒芜田地，求安耕凿之生而不可得者。以此居心，则苦海尽成乐地。如或向前一算，以胜己者相衡，则片刻难安，种种桎梏幽囚之境出矣。一显者旅宿邮亭，时方溽暑[2]，帐内多蚊，驱之不出，因忆家居时堂宽似宇，簟冷如冰，又有群姬握扇而挥，不复知其为夏，何遽困厄至此！因怀至乐，愈觉心烦，遂致终夕不寐。一亭长露宿阶下[3]，为众蚊所啮，几至露筋，不得已而奔走庭中，俾四体动而弗停，则啮人者无由厕足；乃形则往来仆仆，口则赞叹嚣嚣，一似苦中有乐者。显者不解[4]，呼而讯之，谓："汝之受困，什佰于我，我以为苦，而汝以为乐，其故维何？"亭长曰："偶忆某年为仇家所陷，身系狱中。维时亦当暑月，狱卒防予私逸，每夜拘挛手足，使不得动摇，时蚊蚋之繁，倍于今夕，听其自啮，欲稍稍规避而不能，以视今夕之奔走不息，四体得以自如者，奚啻仙凡人鬼之别乎！以昔较今，是以但见其乐，不知其苦。"显者听之，不觉爽然自失。此即穷人行乐之秘诀也。

不独居心为然，即铸体炼形，亦当如是。譬如夏月苦炎，明知为室庐卑小所致，偏向骄阳之下来往片时，然后步入室中，则觉暑气渐消，不似从前酷烈；若畏其湫隘而投宽处纳凉[5]，及至归来，炎蒸又加十倍矣。冬月苦冷，明知为墙垣单薄所致，故向风雪之中行走一次，然后归庐返舍，则觉寒威顿减，不复凛冽如初；若避此荒凉而向深居就燠，及其再入，战栗又作何状矣。由此类推，则所谓退步者，无地不有，无人不有。想至退步，乐境自生。予为两间第一困人，其能免死于忧，不枯槁于迍邅蹭蹬者[6]，皆用此法。又得管城一物[7]，相伴终身，以扫千军则不足，以除万虑则有馀。然非善作退步，即楮墨亦能困人。想虞卿著书[8]，亦用此法，我能公世，彼特秘而未传耳。

由亭长之说推之，则凡行乐者，不必远引他人为退步，即此一身，谁无过来之逆境？大则灾凶祸患，小则疾病忧伤。"执柯伐柯，其则不远。"[9]取而较之，更为亲切。凡人一生，奇祸大难非特不可遗忘，还宜大书特书，高悬座右。其裨益于身者有三：孽由己作，则可知非痛改，视作前车；祸自天来，则可止怨释尤，以弭后患；至于忆苦追烦，引出无穷乐境，则又警心惕目之馀事矣。如曰省躬罪己，原属隐情，难使他人共睹，若是则有包含韫藉之法：或止书罹患之年月，而不及其事；或别书隐射之数语，而不露其详；或撰作一联一诗，悬挂起居亲密之处，微寓己意，不使人知，亦淑慎其身之妙法也[10]。此皆湖上笠翁瞒人独做之事，笔机所到，欲讳不能，俗语所谓"不打自招"者，非乎？

注释

[1]胼胝(piánzhī):趼子。即手掌或脚掌上因摩擦而生成的硬皮。

[2]溽(rù)暑:夏天闷热而潮湿的天气。

[3]亭长:秦汉时十里一亭,设亭长掌治安、诉讼等事。在此指极低微的小官。

[4]显者:显达者。在此指高官。

[5]湫隘:低湿狭小。《左传·昭公三年》:"子之宅近市,湫隘嚣尘,不可以居。"

[6]迍邅(zhūnzhān)蹭蹬:行路艰难貌。在此指处境困难。

[7]管城:管城子。毛笔的别称。唐代韩愈《毛颖传》,以笔拟人,谓毛笔被封于管城而得此名。

[8]虞卿:战国时人。曾为赵国上卿,主张合纵抗秦,后困于梁(今河南开封),穷愁著书。有《虞氏春秋》,已佚。

[9]"执柯伐柯"二句:比喻遵循一定的准则。详见《器玩部·制度第一·箱笼箧笥》注[8]。

[10]淑慎其身:语出《诗经·邶风·燕燕》。淑慎,婉善恭慎。

家庭行乐之法

世间第一乐地,无过家庭。"父母俱存,兄弟无故,一乐也。"[1]是圣贤行乐之方,不过如此。而后世人情之好向,往往与圣贤相左。圣贤所乐者,彼则苦之;圣贤所苦者,彼反视为至乐而沉溺其中。如弃现在之天亲而拜他人为父,撇同胞之手足而与陌路结盟,避女色而就娈童,舍家鸡而寻野鹜,是皆情理之至悖,而举世习而安之。其故无他,总由一念之恶旧喜新,厌常趋异所致。若是,则生而所有之形骸,亦觉陈腐可厌,胡不并易而新之,使今日魂附一体,明日又附一体,觉愈变愈新之可爱乎?其不能变而新之者,以生定故也。然欲变而新之,亦自有法。时易冠裳,迭更帏座,而照之以镜,则似换一规模矣。即以此法而施之父母兄弟、骨肉妻孥,以结交滥费之资,而鲜其衣饰,美其供奉,则"居移气,养移体"[2],一岁而数变其形,岂不犹之谓他人父,谓他人母,而与同学少年互称兄弟,各家美丽共缔姻盟者哉?

有好游狭斜者[3],荡尽家资而不顾,其妻迫于饥寒而求去。临去之日,别换新衣而佐以美饰,居然绝世佳人。其夫抱而泣曰:"吾走尽章台[4],未尝遇此娇丽。由是观之,匪人之美,衣饰美之也。倘能复留,当为勤俭克家[5],而置汝金屋[6]。"妻善其言而止。后改荡从善,卒如所云。又有人子不孝而为亲所逐者,鞠于他人[7],越数年而复返,定省承欢[8],大异畴昔。其父讯之,则曰:"非予不爱其亲,习久而生厌也。兹复厌所习见,而以久不睹者为可亲矣。"众人笑之，而有识者怜之。何也？习久而厌其亲者，天下皆然，而不能自明其故。此人知之，又能直言无讳，盖可以为善之人也。此等罕譬曲喻，皆为劝导愚蒙。谁无至性，谁乏良知，而俟予为木铎[9]？但观孺子离家，即生哭泣，岂无至乐之境十倍其家者哉？性在此而不在彼也。人能以孩提之乐境为乐境，则去圣人不远矣。

注释

[1]"父母"三句：语出《孟子·尽心上》。
[2]"居移气"二句：语出《孟子·尽心上》。
[3]游狭斜：在小街窄巷游荡。指不务正业的人。
[4]章台：汉代长安城有章台街，为妓院集中地。后代指妓院。
[5]克家：治家，使家庭兴旺。
[6]金屋：金屋贮娇。参见《声容部·治服第三·首饰》注[4]。在此指富贵之家。
[7]鞠：养。
[8]定省承欢：对父母尽孝道。详见《器玩部·制度第一·椅杌·暖椅式》注[8]。
[9]木铎：木舌的铃铛。借指教化百姓。详见《词曲部·结构第一·戒讽刺》注[1]。

道途行乐之法

"逆旅"二字，足概远行，旅境皆逆境也。然不受行路之苦，不知居家之乐。此等况味，正须一一尝之。予游绝塞而归，乡人讯曰："边陲之游乐乎？"予曰："乐。"有经其地而惮焉者曰："地则不毛，人皆异类，睹沙场而气索，闻钲鼓而魂摇[1]，何乐之有？"予曰："向未离家，谬谓四方一致，其饮馔服饰皆同于我，及历四方，知有大谬不然者。然止游通邑大都，未至穷边极塞，又谓远近一理，不过稍变其制而已矣。及抵边陲，始知地狱即在人间，罗刹原非异物[2]，而今而后，方知人之异于禽兽者几希，而近地之民，其去绝塞之民者，反有霄壤幽明之大异也。不入其地，不睹其情，乌知生于东南，游于都会，衣轻席暖，饭稻羹鱼之足乐哉！"此言出路之人，视居家之乐为乐也；然未至还家，则终觉其苦。

又有视家为苦，借道途行乐之法，可以暂娱目前，不为风霜车马所困者，又一方便法门也。向平欲俟婚嫁既毕[3]，遨游五岳；李固与弟书[4]，谓周观天下，独未见益州[5]，似有遗憾；太史公因游名山大川[6]，得以史笔妙千古。是游也者，男子生而欲得，不得即以为恨者也。有道之士，尚欲挟资裹粮，专行其志，而我以糊口资生之便，为益闻广见之资，过一地，即览一地之人情，经一方，则睹一方之胜概，而且食所未食，尝所欲尝，蓄所馀者而归遗细君[7]，似得五侯之鲭[8]，以果一家之腹，是人生最乐之事也，奚事哭泣阮途[9]，而为乘槎驭骏者所窃笑哉[10]？

注释

［1］钲鼓：古代行军所用的两种乐器。钲，形如钟，有长柄可握，击之而鸣。

［2］罗刹：古印度神话中的恶魔。

［3］向平：东汉向子平，名长。相传其儿女婚嫁后就不理家事，与朋友同游五岳名山，不知所终。见《后汉书·逸民列传》。

［4］李固：东汉人，字子坚。博学敢言，为大将军梁冀所忌，竟遭诬陷而死。

［5］益州：州名。治所在今四川成都一带。

［6］太史公：即司马迁（前145？—前90？），西汉大史学家。字子长，陕西夏阳人。早年曾遍游天下，考察风俗，采集传说，为著成《史记》奠定了坚实基础。因其曾任太史令，后世尊称为太史公。

［7］细君：妻子的代称。典出《汉书·东方朔传》。

［8］五侯之鲭（zhēng）：西汉成帝时，娄护曾将王氏五侯馈赠的珍膳合而为鲭，世称“五侯鲭”。鲭，鱼和肉同烧的杂烩。

［9］阮途：三国时魏人阮籍，时常谈玄纵酒，每行至穷途时，则恸哭而返。

［10］乘槎驭骏者：指行程万里之士。乘槎，相传汉代张骞出使大夏国，曾乘槎（竹木筏）到天河牵牛星畔。见晋代张华《博物志》卷三。　驭骏，《穆天子传》载，周穆王驾八骏所拉之车，长驱万里，过沙漠，上昆仑，与西王母相会。

春季行乐之法

人有喜怒哀乐，天有春夏秋冬。春之为令，即天地交欢之候，阴阳肆乐之时也。人心至此，不求畅而自畅，犹父母相亲相爱，则儿女嬉笑自如。睹满堂之欢欣，即欲向隅而泣，泣不出也。然当春行乐，每易过情，必留一线之馀春，以度将来之酷夏。盖一岁难过之关，惟有三伏，精神之耗，疾病之生，死亡之至，皆由于此。故俗话云：“过得七月半，便是铁罗汉”，非虚语也。思患预防，当在三春行乐之时，不得纵欲过度，而先埋伏病根。花可熟观，鸟可倾听，山川云物之胜可以纵游，而独于房欲之事略存馀地。盖人当此际，满体皆春。春者，泄尽无遗之谓也。草木之春，泄尽无遗而不坏者，以三时皆蓄，而止候泄于一春，过此一春，又皆蓄精养神之候矣。人之一身，能保一时尽泄而三时皆不泄乎？尽泄于春，而又不能不泄于夏，虽草木不能不枯，况人身之浮脆者乎？欲留枕席之馀欢，当使游观之尽致。何也？分心花鸟，便觉体有馀闲；并力闺帏[1]，易致身无宁刻。然予所言，皆防已甚之词也。若使杜情而绝欲，是天地皆春而我独秋，焉用此不情之物，而作人中灾异乎？

注释

[1]并力：全力而为。 闺帏：指房事。

夏季行乐之法

酷夏之可畏，前幅虽露其端，然未尽暑毒之什一也。使天只有三时而无夏，则人之死也必稀，巫医僧道之流皆苦饥寒而莫救矣。止因多此一时，遂觉人身叵测，常有朝人而夕鬼者。《戴记》云[1]："是月也，阴阳争，死生分。"危哉斯言！令人不寒而栗矣。凡人身处此候，皆当时时防病，日日忧死。防病忧死，则当刻刻偷闲以行乐。从来行乐之事，人皆选暇于三春，予独息机于九夏[2]。以三春神旺，即使不乐，无损于身；九夏则神耗气索，力难支体，如其不乐，则劳神役形，如火益热，是与性命为仇矣。

《月令》以仲冬为闭藏[3]，予谓天地之气闭藏于冬，人身之气当令闭藏于夏。试观隆冬之月，人之精神愈寒愈健，较之暑气铄人，有不可同年而语者。凡人苟非民社系身，饥寒迫体，稍堪自逸者，则当以三时行事，一夏养生。过此危关，然后出而应酬世故，未为晚也。追忆明朝失政以后，大清革命之先，予绝意浮名，不干寸禄，山居避乱，反以无事为荣。夏不谒客，亦无客至，匪止头巾不设，并衫履而废之。或裸处乱荷之中，妻孥觅之不得；或偃卧长松之下，猿鹤过而不知。洗砚石于飞泉，试茗奴以积雪；欲食瓜而瓜生户外，思啖果而果落树头，可谓极人世之奇闻，擅有生之至乐者矣。后此则徙居城市，酬应日纷，虽无利欲熏人，亦觉浮名致累。计我一生，得享列仙之福者，仅有三年。今欲续之，求为闰馀而不可得矣。伤哉！人非铁石，奚堪磨杵作针[4]？寿岂泥沙，不禁委尘入土。予以劝人行乐，而深悔自役其形。噫，天何惜于一闲，以补富贵荣膴之不足哉！

注释

[1]《戴记》：在此指《小戴记》，相传为西汉戴圣所编，即今本《礼记》。

[2]息机：摆脱世务，休闲。 九夏：夏季的九十天。晋陶渊明《荣木》诗序："日月推迁，已复九夏。"

[3]《月令》以仲冬为闭藏：语见《礼记·月令·仲冬之月》："涂阙庭门闾，筑囹圄，此以助天地之闭藏也。"闭藏，收藏。在此指冬日宜聚精养神。

[4]磨杵作针：《潜确类书》卷六十："李白少读书，未成，弃去。道逢老妪磨杵，白问其故，曰：'欲作针'。白感其言，遂卒业。"在此指人生苦短，不堪磨砺。

秋季行乐之法

过夏徂秋，此身无恙，是当与妻孥庆贺重生，交相为寿者矣。又值炎蒸初退，秋爽媚人，四体得以自如，衣衫不为桎梏，此时不乐，将待何时？况有阻人行乐之二物，非久即至。二物维何？霜也，雪也。霜雪一至，则诸物变形。非特无花，亦且少叶；亦时有月，难保无风。若谓"春宵一刻值千金"[1]，则秋价之昂，宜增十倍。有山水之胜者，乘此时蜡屐而游[2]，不则当面错过。何也？前此欲登而不可，后此欲眺而不能，则是又有一年之别矣。有金石之交者[3]，及此时朝夕过从，不则交臂而失。何也？褦襶阻人于前[4]，咫尺有同千里；风雪欺人于后，访戴何异登天[5]？则是又负一年之约矣。至于姬妾之在家，一到此时，有如久别乍逢，为欢特异。何也？暑月汗流，求为盛妆而不得，十分娇艳，惟四五之仅存；此则全副精神，皆可用于青鬟翠黛之上。久不睹而今忽睹，有不与远归新娶同其燕好者哉？为欢即欲，视其精力短长，总留一线之馀地。能行百里者，至九十而思休；善登浮屠者，至六级而即下。此房中秘术，请为少年场授之。

注释

[1]春宵一刻值千金：出自宋苏轼《春宵》诗。

[2]蜡屐：涂蜡于木屐。

[3]金石之交：比喻友情固如铁石。

[4]褦襶(nàidài)：遮日笠帽。一说暑月谒人，比喻暑天衣冠束身，多所不便。三国魏程晓《嘲热客》诗："只今褦襶子，能热到人家。"

[5]访戴：指东晋书画家王子猷雪夜访问朋友戴逵事。详见《器玩部·制度第一·椅杌·暖椅式》注[5]。

冬季行乐之法

冬天行乐，必须设身处地，幻为路上行人，备受风雪之苦，然后回想在家，则无论寒燠晦明，皆有胜人百倍之乐矣。尝有画雪景山水，人持破伞，或策蹇驴，独行古道之中，经过悬崖之下，石作狰狞之状，人有颠蹶之形者。此等险画，隆冬之月，正宜悬挂中堂。主人对之，即是御风障雪之屏，暖胃和衷之药。若杨国忠之肉阵[1]，党太尉之羊羔美酒[2]，初试或温，稍停则奇寒至矣。善行乐者，必先作如是观，而后继之以乐，则一分乐境，可抵二三分；五七分乐境，便可抵十分十二分矣。然一到乐极忘忧之际，其乐自能渐减，十分乐境，只作得五七分；二三分乐境，又只作得一分矣。须将一切苦境，又复从头想起，其乐之渐增不减，又复如初。此善讨便宜之第一法也。譬之行路之人，计程共有百里，行过七八十里，所剩无多，然无奈望到心坚，急切难待，种种畏难怨苦之心出矣。但一回头，计其行过之路数，则七八十里之远者可到，况其少而近者乎？譬如此际止行二三十里，尚馀七八十里，则苦多乐少，其境又当何如？此种想念，非但可为行乐之方，凡居官者之理繁治剧，学道者之读书穷理，农工商贾之任劳即勤，无一不可倚之为法。噫，人之行乐，何与于我？而我为之嗓敝舌焦，手腕几脱。是殆有媚人之癖，而以楮墨代脂韦者乎[3]？

注释

[1]杨国忠之肉阵：唐代杨国忠于冬天曾挑选婢女列于身前，遮风取暖，称之为肉屏。事见五代王仁裕著《开元天宝遗事》。

[2]党太尉之羊羔美酒：宋代太尉党进，官任侍中时，有姬妾名辟寒，后为名士陶谷妾。一日大雪，陶谷命取雪水烹茶，问辟寒："党家有此景否？"妾答："彼粗人，安识此景？但能于销金帐下，浅斟低唱，饮羊羔美酒耳。"

[3]脂韦：油脂和软皮。比喻处事圆滑。

随时即景就事行乐之法

行乐之事多端，未可执一而论。如睡有睡之乐，坐有坐之乐，行有行之乐，立有立之乐，饮食有饮食之乐，盥栉有盥栉之乐，即袒裼裸裎、如厕便溺，种种秽亵之事，处之得宜，亦各有其乐。苟能见景生情，逢场作戏，即可悲可涕之事，亦变欢娱。如其应事寡才，养生无术，即征歌选舞之场，亦生悲戚。兹以家常受用，起居安乐之事，因便制宜，各存其说于左[1]。

注释

[1]左：古人书写为从右至左竖写，下文在左，故有此说。

睡

有专言法术之人，遍授养生之诀，欲予北面事之。予讯益寿之功，何物称最？颐生之地，谁处居多？如其不谋而合，则奉为师，不则友之可耳。其人曰："益寿之方，全凭导引[1]；安生之计，惟赖坐功。"予曰："若是，则汝法最苦，惟修苦行者能之。予懒而好动，且事事求乐，未可以语此也。"其人曰："然则汝意云何？试言之，不妨互为印政。"予曰："天地生人以时，动之者半，息之者半。动则旦，而息则暮也。苟劳之以日，而不息之以夜，则旦旦而伐之，其死也，可立而待矣。吾人养生亦以时，扰之以半，静之以半。扰则行起坐立，而静则睡也。如其劳我以经营，而不逸我以寝处，则岌岌乎殆哉！其年也，不堪指屈矣。若是，则养生之诀，当以善睡居先。睡能还精，睡能养气，睡能健脾益胃，睡能坚骨壮筋。如其不信，试以无疾之人与有疾之人，合而验之。人本无疾，而劳之以夜，使累夕不得安眠，则眼眶渐落而精气日颓，虽未即病，而病之情形出矣。患疾之人，久而不寐，则病势日增；偶一沉酣，则其醒也，必有油然勃然之势。是睡，非睡也，药也；非疗一疾之药，乃治百病，救万民，无试不验之神药也。兹欲从事导引，并力坐功，势必先遣睡魔，使无倦态而后可。予忍弃生平最效之药，而试未必果验之方哉？"其人艴然而去[2]，以予不足教也。

予诚不足教哉，但自陈所得，实为有见而然，与强辩饰非者稍别。前人睡诗云："花竹幽窗午梦长，此中与世暂相忘。华山处士如容见[3]，不觅仙方觅睡方。"近人睡诀云："先睡心，后睡眼。"此皆书本唾馀，请置弗道，道其未经发明者而已。

睡有睡之时，睡有睡之地，睡又有可睡可不睡之人，请条晰言之。由戌至卯[4]，睡之时也。未戌而睡，谓之先时，先时者不祥，谓与疾作思卧者无异也；过卯而睡，谓之后时，后时者犯忌，谓与长夜不醒者无异也。且人生百年，夜居其半，穷日行乐，犹苦不多，况以睡梦之有馀，而损宴游之不足乎？有一名士善睡，起必过午，先时而访，未有能晤之者。予每过其居，必俟良久而后见。一日闷坐无聊，笔墨具在，乃取旧诗一首，更易数字而嘲之曰："吾在此静睡，起来常过午；便活七十年，止当三十五。"同人见之，无不绝倒。此虽谑浪，颇关至理。是当睡之时，止有黑夜，舍此皆非其候矣。然而午睡之乐，倍于黄昏，三时皆所不宜，而独宜于长夏。

非私之也，长夏之一日，可抵残冬之二日；长夏之一夜，不敌残冬之半夜，使止息于夜，而不息于昼，是以一分之逸，敌四分之劳，精力几何，其能堪此？况暑气铄金，当之未有不倦者。倦极而眠，犹饥之得食，渴之得饮，养生之计，未有善于此者。午餐之后，略逾寸晷[5]，俟所食既消，而后徘徊近榻。又勿有心觅睡，觅睡得睡，其为睡也不甜。必先处于有事，事未毕而忽倦，睡乡之民，自来招我。桃源、天台诸妙境[6]，原非有意造之，皆莫知其然而然者。予最爱旧诗中有"手倦抛书午梦长"一句[7]，手书而眠，意不在睡；抛书而寝，则又意不在书，所谓莫知其然而然也。睡中三昧，惟此得之。此论睡之时也。

睡又必先择地。地之善者有二：曰静，曰凉。不静之地，止能睡目，不能睡耳。耳目两岐，岂安身之善策乎？不凉之地，止能睡魂，不能睡身。身魂不附，乃养生之至忌也。至于可睡可不睡之人，则分别于"忙闲"二字。就常理而论之，则忙人宜睡，闲人可以不必睡。然使忙人假寐，止能睡眼，不能睡心，心不睡而眼睡，犹之未尝睡也。其最不受用者，在将觉未觉之一时，忽然想起某事未行，某人未见，皆万万不可已者，睡此一觉，未免失事妨时。想到此处，便觉魂趋梦绕，胆怯心惊，较之未睡之前，更加烦躁。此忙人之不宜睡也。闲则眼未阖而心先阖，心已开而眼未开；已睡较未睡为乐，已醒较未醒更乐。此闲人之宜睡也。然天地之间，能有几个闲人？必欲闲而始睡，是无可睡之时矣。有暂逸其心以妥梦魂之法：凡一日之中，急切当行之事，俱当于上半日告竣，有未竣者，则分遣家人代之，使事事皆有着落，然后寻床觅枕以赴黑甜[8]，则与闲人无别矣。此言可睡之人也。而尤有吃紧一关未经道破者，则在莫行歹事。"半夜敲门不吃惊"，始可于日间睡觉，不则一闻剥啄[9]，即是逻倅到门矣[10]。

注释

[1]导引：古代养生术。

[2]艴(fú)然：生气的样子。

[3]华山处士：五代道士陈抟，字图南，曾隐居武当山、华山，讲养生还丹之事。

[4]由戌至卯：约头天晚上七点至次日早晨七点。

[5]晷(guǐ)：古代测日影以定时刻的仪器。寸晷，犹言"寸阴"，指时刻。

[6]桃源：桃花源。详见《种植部·木本第一·桃》注[2]。天台：据《幽明录》载，汉明帝永平五年(公元62年)，刘晨、阮肇共入天台山采药，遇仙女，居留半年方去。待回至家乡，已隔数代人。在此与桃源皆指梦乡妙境。

[7]手卷抛书午梦长：出自北宋蔡确《夏日登车盖亭》绝句："纸屏石枕竹方床，手卷抛书午梦长。睡起莞然成独笑，数声渔笛在沧浪。"

[8]黑甜：指梦乡。出自宋苏轼《发广州》诗"三杯软饱后，一枕黑甜馀"，自注："俗谓睡为黑甜。"

[9]剥啄：象声词，指敲门声。唐代高适《重阳》诗："岂有白衣来剥啄，一从乌帽自欹斜。"

[10]逻倅(zú)：巡逻的士卒。倅，通"卒"。

坐

从来善养生者，莫过于孔子。何以知之？知之于"寝不尸，居不容"二语[1]。使其好饰观瞻，务修边幅，时时求肖君子，处处欲为圣人，则其寝也，居也，不求尸而自尸，不求容而自容；则五官四体，不复有舒展之刻。岂有泥塑木雕其形，而能久长于世者哉？"不尸不容"四字，绘出一幅时哉圣人，宜乎崇祀千秋，而为风雅斯文之鼻祖也。吾人燕居坐法，当以孔子为师，勿务端庄而必正襟危坐，勿同束缚而为胶柱难移。抱膝长吟，虽坐也，而不妨同于箕踞[2]；支颐丧我[3]，行乐也，而何必名为坐忘[4]？但见面与身齐，久而不动者，其人必死，此图画真容之先兆也[5]。

注释

[1]寝不尸，居不容：语出《论语·乡党》。尸，像尸体那样躺得僵直。容，庄严的仪容。

[2]箕踞：伸足而坐。是傲慢无礼的坐姿。

[3]支颐：以手托颊而坐。表示悠闲。　丧我：忘我。

[4]坐忘：端坐而浑忘万物。语出《庄子·大宗师》："堕肢体，黜聪明，离形去知，同于大通，此谓坐忘。"

[5]图画真容：为死者画像。此代指死亡。

行

贵人之出，必乘车马。逸则逸矣，然于造物赋形之义，略欠周全。有足而不用，与无足等耳，反不若安步当车之人[1]，五官四体皆能适用。此贫士骄人语。乘车策马，曳履搴裳，一般同是行人，止有动静之别。使乘车策马之人，能以步趋为乐，或经山水之胜，或逢花柳之妍，或遇戴笠之贫交，或见负薪之高士，欣然止驭，徒步为欢，有时安车而待步，有时安步以当车，其能用足也，又胜贫士一筹矣。至于贫士骄人，不在有足能行，而在缓急出门之可恃[2]。事属可缓，则以安步当车；如其急也，则以疾行当马。有人亦出，无人亦出；结伴可行，无伴亦可行。不似富贵者假足于人，人或不来，则我不能即出，此则有足若无，大悖谬于造物赋形之义耳。兴言及此，行殊可乐！

注释

[1]安步当车：从容步行。语出《战国策·齐策四》。
[2]缓急：在此用作动词。指出门足行或车行，可应缓急之事。

立

立分久暂，暂可无依，久当思傍。亭亭独立之事，但可偶一为之，旦旦如是，则筋骨皆悬，而脚跟如砥，有血脉胶凝之患矣。或倚长松，或凭怪石，或靠危栏作轼[1]，或扶瘦竹为筇，既作羲皇上人[2]，又作画图中物，何乐如之！但不可以美人作柱，虑其础石太纤，而致栋梁皆仆也。

注释

[1]危栏：高的护栏。 轼：设在车厢前供人扶的横木。古人扶轼而观，有向人致敬之意。
[2]作羲皇上人：自命为上古先皇时候的人。参见《饮馔部·蔬食第一》注[8]。

饮

宴集之事，其可贵者有五：饮量无论宽窄，贵在能好；饮伴无论多寡，贵在善谈；饮具无论丰啬，贵在可继；饮政无论宽猛，贵在可行；饮候无论短长，贵在能止。备此"五贵"，始可与言饮酒之乐；不则曲蘖宾朋[1]，皆凿性斧身之具也。予生平有五好，又有五不好，事则相反，乃其势又可并行而不悖。

五好、五不好维何？不好酒而好客；不好食而好谈；不好长夜之欢，而好与明月相随而不忍别；不好为苛刻之令，而好受罚者欲辩无辞；不好使酒骂坐之人，而好其于酒后尽露肝膈。坐此五好、五不好，是以饮量不胜蕉叶[2]，而日与酒人为徒。近日又增一种癖好、癖恶：癖好音乐，每听必至忘归；而又癖恶座客多言，与竹肉之音相乱[3]。饮酒之乐，备于五贵、五好之中，此皆为宴集宾朋而设。若夫家庭小饮与燕闲独酌，其为乐也，全在天机逗露之中，形迹消忘之内，有饮宴之实事，无酬酢之虚文。睹儿女笑啼，认作斑斓之舞[4]；听妻孥劝诫，若闻《金缕》之歌[5]。苟能作如是观，则虽谓朝朝岁旦[6]，夜夜元宵可也。又何必座客常满，樽酒不空[7]，日借豪举以为乐哉？

注释

[1]曲糵：制酒的曲。在此指以酒饮人，用作动词。

[2]蕉叶：酒杯名。

[3]竹肉之音：丝竹管弦之音和自然歌唱之音。

[4]斑斓之舞：指老莱子穿彩衣娱双亲事。详见《词曲部·科诨第五·重关系》注[2]。

[5]《金缕》：即《金缕曲》。词牌名。

[6]岁旦：一岁之首日之晨，即春节。

[7]"座客常满"二句：典出《后汉书·孔融传》："(融)性宽容少忌，好士，喜诱益后进……及退闲职，宾客日盈其门，常叹曰：'坐上客常满，尊中酒不空，吾无忧矣！'"

谈

读书，最乐之事，而懒人常以为苦；清闲，最乐之事，而有人病其寂寞。就乐去苦，避寂寞而享安闲，莫若与高士盘桓，文人讲论。何也？"与君一夕话，胜读十年书"。既受一夕之乐，又省十年之苦，便宜不亦多乎？"因过竹院逢僧话，又得浮生半日闲"[1]。既得半日之闲，又免多时之寂，快乐可胜道乎？

善养生者，不可不交有道之士；而有道之士，多有不善谈者。有道而善谈者，人生希觏，是当时就日招，以备开聋启聩之用者也。即云我能挥麈[2]，无假于人，亦须借朋侪起发，岂能若西域之钟簴，不叩自鸣者哉[3]？

注释

[1]"因过竹院逢僧话"二句：出自唐代李涉《登山》绝句。其前两句为："终日昏昏醉梦间，忽闻春尽强登山。"

[2]挥麈(zhǔ)：晋人清谈时，每执麈尾挥动，以为谈助，后人因称谈论为挥麈。麈，古书上指鹿一类动物的尾巴所做的拂尘。

[3]"岂能"二句：据《隋唐嘉话》、《刘宾客嘉话录》等书载，洛阳有一僧人，其房中磬子夜时往往自鸣。僧人颇为怪异。后来，曹绍夔出怀中锉鑢磬数处，则夜半不鸣。僧人问其原因，曹绍夔说：此磬与钟律相合，故击钟时，此磬应声而响，即产生共鸣。簴，悬挂钟磬的木架，其两侧的柱称簴。

沐　浴

盛暑之月，求乐事于黑甜之外[1]，其惟沐浴乎！潮垢非此不除，浊污非此不净，炎蒸暑毒之气亦非此不解。此事非独宜于盛夏，自严冬避冷，不宜频浴外，凡遇春温秋爽，皆可借此为乐。而养生之家则往往忌之，谓其损耗元神也。吾谓沐浴既能损身，则雨露亦当损物，岂人与草木有二性乎？

然沐浴损身之说，亦非无据而云然。予尝试之。试于初下浴盆时，以未经浇灌之身，忽遇澎湃奔腾之势，以热投冷，以湿犯燥，几类水攻。此一激也，实足以冲散元神，耗除精气。而我有法以处之：虑其太激，则势在尚缓；避其太热，则利于用温。解衣磅礴之秋，先调水性，使之略带温和，由腹及胸，由胸及背。惟其温而缓也，则有水似乎无水，已浴同于未浴。俟与水性相习之后，始以热者投之，频浴频投，频投频搅，使水乳交融而不觉，渐入佳境而莫知。然后纵横其势，反侧其身，逆灌顺浇，必至痛快其身而后已。此盆中取乐之法也。至于富室大家，扩盆为屋，注水于池者，冷则加薪，热则去火，自有以逸待劳之法，想无俟贫人置喙也[2]。

注释

[1]黑甜：睡觉之中。详见《颐养部·随时即景就事行乐之法·睡》注[8]。
[2]置喙(huì)：发言、评论。

听琴观棋

弈棋尽可消闲，似难借以行乐；弹琴实堪养性，未易执此求欢。以琴必正襟危坐而弹，棋必整槊横戈以待。百骸尽放之时，何必再期整肃？万念俱忘之际，岂宜复较输赢？常有贵禄荣名付之一掷，而与人围棋赌胜，不肯以一着相饶者，是与让千乘之国[1]，而争箪食豆羹者何异哉[2]？故喜弹不若喜听，善弈不如善观。人胜而我为之喜，人败而我不必为之忧，则是常居胜地也；人弹和缓之音而我为之吉，人弹噍杀之音而我不必为之凶[3]，则是长为吉人也。或观听之馀，不无技痒，何妨偶一为之，但不寝食其中而莫之或出[4]，则为善弹善弈者耳。

注释

[1]千乘之国：古代一车四马为一乘，诸侯小国其地方圆百里，出车千乘，号千乘之国。
[2]箪食豆羹：一箪食，一豆羹。箪，竹或苇制的盛饭容器。豆，古代盛食物的陶器。
[3]噍(jiāo)杀之音：急促之音。

[4]寝食其中而莫之或出：意为沉溺于琴、棋之中，以致废寝忘食，谁也不能将其拔出沉溺之境。

看花听鸟

花鸟二物，造物生之以媚人者也。既产娇花嫩蕊以代美人，又病其不能解语，复生群鸟以佐之。此段心机，竟与购觅红妆，习成歌舞，饮之食之，教之诲之以媚人者，同一周旋之至也。而世人不知，目为蠢然一物，常有奇花过目而莫之睹，鸣禽悦耳而莫之闻者。至其捐资所购之姬妾，色不及花之万一，声仅窃鸟之绪馀，然而睹貌即惊，闻歌辄喜，为其貌似花而声似鸟也。噫，贵似贱真，与叶公之好龙何异？予则不然。每值花柳争妍之日，飞鸣斗巧之时，必致谢洪钧[1]，归功造物，无饮不奠，有食必陈，若善士信妪之佞佛者[2]。夜则后花而眠，朝则先鸟而起，惟恐一声一色之偶遗也。及至莺老花残，辄怏怏如有所失。是我之一生，可谓不负花鸟；而花鸟得予，亦所称“一人知己，死可无恨”者乎！

注释

[1]洪钧：上天。晋张华《答何劭》：“洪钧陶万类。”唐李善注：“洪钧，大钧，谓天也。”
[2]佞佛：迷信佛。

蓄养禽鱼

鸟之悦人以声者，画眉、鹦鹉二种。而鹦鹉之声价，高出画眉上，人多癖之，以其能作人言耳。予则大违是论，谓鹦鹉所长，止在羽毛，其声则一无可取。鸟声之可听者，以其异于人声也。鸟声异于人声之可听者，以出于人者为人籁，出于鸟者为天籁也。使我欲听人言，则盈耳皆是，何必假口笼中？况最善说话之鹦鹉，其舌本之强，犹甚于不善说话之人，而所言者，又不过口头数语。是鹦鹉之见重于人，与人之所以重鹦鹉者，皆不可诠解之事。至于画眉之巧，以一口而代众舌，每效一种，无不酷似，而复纤婉过之，诚鸟中慧物也。予好与此物作缘，而独怪其易死。既善病而复招尤，非殁于己，即伤于物，总无三年不坏者。殆亦多技多能所致欤？

鹤、鹿二种之当蓄，以其有仙风道骨也。然所耗不赀[1]，而所居必广，无其资与地者，皆不能蓄。且种鱼养鹤，二事不可兼行，利此则害彼也。

然鹤之善唳善舞，与鹿之难扰易驯，皆品之极高贵者。麟凤龟龙而外，不得不推二物居先矣。乃世人好此二物，又分轻重于其间，二者不可得兼，必将舍鹿而求鹤矣。显贵之家，匪特深藏苑囿，近置衙斋，即倩人写真绘像，必以此物相随。予尝推原其故，皆自一人始之，赵清献公是也[2]。琴之与鹤，声价倍增，讵非贤相提携之力欤？

家常所蓄之物，鸡犬而外，又复有猫。鸡司晨，犬守夜，猫捕鼠，皆有功于人而自食其力者也。乃猫为主人所亲昵，每食与俱，尚有听其搴帷入室，伴寝随眠者。鸡栖于埘[3]，犬宿于外，居处饮食皆不及焉。而从来叙禽兽之功，谈治平之象者，则止言鸡犬而并不及猫。亲之者是，则略之者非；亲之者非，则略之者是。不能不惑于二者之间矣。曰：有说焉。昵猫而贱鸡犬者，犹癖谐臣媚子[4]，以其不呼能来，闻叱不去。因其亲而亲之，非有可亲之道也。鸡犬二物，则以职业为心，一到司晨守夜之时，则各司其事，虽豢以美食，处以曲房，使不即彼而就此，二物亦守死弗至；人之处此，亦因其远而远之，非有可远之道也。即其司晨守夜之功，与捕鼠之功，亦有间焉。鸡之司晨，犬之守夜，忍饥寒而尽瘁，无所利而为之，纯公无私者也。猫之捕鼠，因去害而得食，有所利而为之，公私相半者也。清勤自处，不屑媚人者，远身之道；假公自为，密迩其君者，固宠之方。是三物之亲疏，皆自取之也。然以我司职业于人间，亦必效鸡犬之行，而以猫之举动为戒。噫，亲疏可言也，祸福不可言也。猫得自终其天年，而鸡犬之死，皆不免于刀锯鼎镬之罚。观于三者之得失，而悟居官守职之难。其不冠进贤[5]，而脱然于宦海浮沉之累者，幸也。

注释

[1]不赀：无法计算的资财。

[2]赵清献公：北宋名臣赵抃（1008—1084），衢州（今属浙江）人。累官侍御史，弹劾不避权贵，人称“铁面御史”。相传其匹马入蜀为官，仅以一琴一鹤相随。死后谥清献。

[3]埘（shí）：鸡窝。

[4]谐臣媚子：宫中俳优和以色媚人的女子。

[5]冠进贤：给文士冠以进贤冠。古代的进贤冠，为黑色，以梁数的多少分等级贵贱。

浇灌竹木

“筑成小圃近方塘，果易生成菜易长。抱瓮太痴机太巧[1]，从中酌取灌园方。”此予山居行乐之诗也。能以草木之生死为生死，始可与言灌园之乐；不则一灌再灌之后，无不畏途视之矣。殊不知草木欣欣向荣，非止耳目堪娱，亦可为艺草植木之家，助祥光而生瑞气。不见生财之地，万物皆荣；退运之家，群生不遂？气之旺与不旺，皆于动植验之。若是，则汲水浇花，与听信堪舆修门改向者无异也[2]。不视为苦，则乐在其中。督率家人灌溉，而以身任微勤，节其劳逸，亦颐养性情之一助也。

注释

[1]抱瓮：抱瓮灌园。指鄙弃机巧，抱璞归真。详见《庄子·天地》。在此指培植竹木。

[2]堪舆：风水。这里指风水先生。

止忧第二

忧可忘乎？不可忘乎？曰：可忘者非忧，忧实不可忘也。然则忧之未忘，其何能乐？曰：忧不可忘而可止，止即所以忘之也。如人忧贫而劝之使忘，彼非不欲忘也，啼饥号寒者迫于内，课赋索逋者攻于外[1]，忧能忘乎？欲使贫者忘忧，必先使饥者忘啼，寒者忘号，征且索者忘其逋赋而后可，此必不得之数也。若是，则“忘忧”二字，徒虚语耳。犹慰下第者以来科必发[2]，慰老而无嗣者以日后必生，迨其不发不生，亦止听之而已，能归咎慰我者而责之使偿乎？语云：“临渊羡鱼，不如退而结网。”[3]慰人忧贫者，必当授以生财之法；慰人下第者，必先予以必售之方[4]；慰人老而无嗣者，当令蓄姬买妾，止妒息争，以为多男从出之地[5]。若是，则为有裨之言，不负一番劝谕。止忧之法，亦若是也。忧之途径虽繁，总不出可备、难防之二种，姑为汗竹[6]，以代树萱[7]。

注释

[1]课赋索逋者：征收税赋和追索拖欠赋税的人。逋，拖欠。

[2]下第：科举考试落榜。　发：发榜。指科举考试上榜。

[3]“临渊羡鱼”二句：语出《汉书·董仲舒传》。比喻与其羡慕他人，不如自己努力。

[4]必售之方：定可以考取上榜之法。售，古代士人认为通过考试做官，是将其知识售与帝王的行为。

[5]多男从出：使姬妾多生儿子。

[6]汗竹：即汗青，汗简。即把青竹晾干以便书写。引申为著述。

[7]树萱：种植萱草。据传说，种萱草可使人忘忧。

止眼前可备之忧

拂意之境[1]，无人不有，但问其易处不易处，可防不可防。如易处而可防，则于未至之先，筹一计以待之。此计一得，即委其事于度外，不必再筹，再筹则惑我者至矣。贼攻于外而民扰于中，其可防乎？俟其既至，则以前画之策，取而予之，切勿自动声色。声色动于外，则气馁于中。此以静待动之法，易知亦易行也。

注释

[1]拂意：违背意愿。即不如意。

止身外不测之忧

不测之忧，其未发也，必先有兆。现乎蓍龟[1]，动乎四体者，犹未必果验。其必验之兆，不在凶信之频来，而反在吉祥之事之太过。乐极悲生，否伏于泰[2]，此一定不移之数也。命薄之人，有奇福，便有奇祸；即厚德载福之人，极祥之内，亦必酿出小灾。盖天道好还[3]，不敢尽私其人，微示公道于一线耳。达者处此，无不思患预防，谓此非善境，乃造化必忌之数，而鬼神必瞷之秋也[4]。萧墙之变[5]，其在是乎？止忧之法有五：一曰谦以省过，二曰勤以砺身，三曰俭以储费，四曰恕以息争，五曰宽以弭谤。率此而行，则忧之大者可小，小者可无；非循环之数，可以窃逃而幸免也。只因造物予夺之权，不肯为人所测识，料其如此，彼反未必如此，亦造物者颠倒英雄之惯技耳[6]。

注释

[1]蓍(shī)龟：蓍草与龟甲。古代占卜用具。

[2]否(pǐ)伏于泰：不顺之境隐伏在通泰之时。否、泰，《易》卦名。分别代表困境与顺境。

[3]天道好还：谓自然规律是有往复回还的。后引申为恶有恶报，善有善报。《老子》："以道佐人主者，不以兵强天下，其事好还。"

[4]瞷(jiàn)：窥视。

[5]萧墙之变：形容忧患起于内部。语出《论语·季氏》："子曰：'……吾恐季孙之忧，不在颛臾，而在萧墙之内也。'"萧墙，宫殿当门的小墙，或称"屏"。借指宫内。

[6]颠倒英雄：使英雄蒙难。

调饮啜第三

《食物本草》一书，养生家必需之物。然翻阅一过，即当置之。若留匕箸之旁，日备考核，宜食之物则食之，否则相戒勿用，吾恐所好非所食，所食非所好。曾皙睹羊枣而不得咽[1]，曹刿鄙肉食而偏与谋[2]，则饮食之事亦太苦矣。尝有性不宜食而口偏嗜之，因惑《本草》之言，遂以疑虑致疾者。弓蛇之为祟[3]，岂仅在形似之间哉！食色，性也[4]，欲借饮食养生，则以不离乎性者近是。

注释

[1]曾皙睹羊枣而不得咽：典出《孟子·尽心》："曾皙嗜羊枣，而曾子不忍食羊枣。"曾皙，曾子(名参)之父，春秋时鲁国人。羊枣，果名。熟后似羊屎，故名。

[2]曹刿鄙肉食而偏与谋：指曹刿鄙视食肉的官员却与他们谋事。事见《左传·庄公十二年》。

[3]弓蛇之为祟：《晋书·乐广传》载，有人见杯中有蛇，饮其中水而得疾；后知杯中蛇乃壁上所挂弓影，疾乃愈。后乃以"杯弓蛇影"喻多疑。

[4]食色，性也：语出《孟子·告子上》。注曰："人之甘食悦性者，人之性也。"

爱食者多食

生平爱食之物，即可养身，不必再查《本草》。春秋之时，并无《本草》，孔子性嗜姜，即不撤姜食，性嗜酱，即不得其酱不食，皆随性之所好，非有考据而然。孔子于姜、酱二物，每食不离，未闻以多致疾。可见性好之物，多食不为祟也。但亦有调剂君臣之法，不可不知。"肉虽多，不使胜食气。"[1] 此即调剂君臣之法。肉与食较，则食为君而肉为臣；姜、酱与肉较，则又肉为君而姜、酱为臣矣。虽有好不好之分，然君臣之位不可乱也。他物类是。

注释

[1]"肉虽多"二句：语出《论语·乡党》。朱熹注："食以谷为主，故不使胜食气。"

怕食者少食

凡食一物而凝滞胸膛，不能克化者，即是病根，急宜消导。世间只有瞑眩之药[1]，岂有瞑眩之食乎？喜食之物，必无是患，强半皆所恶也。故性恶之物，即当少食，不食更宜。

注释

[1]瞑眩之药：《孟子·滕文公上》："《书》曰：'若药不瞑眩，厥疾不瘳。'"赵岐注："瞑眩，药攻人疾，先使瞑眩愦乱，乃得瘳愈也。"

太饥勿饱

欲调饮食，先匀饥饱。大约饥至七分而得食，斯为酌中之度，先时则早，过时则迟。然七分之饥，亦当予以七分之饱，如田畴之水，务与禾苗相称，所需几何，则灌注几何，太多反能伤稼，此平时养生之火候也。有时迫于繁冗，饥过七分而不得食，遂至九分十分者，是谓太饥。其为食也，宁失之少，勿犯于多。多则饥饱相搏而脾气受伤，数月之调和，不敌一朝之紊乱矣。

太饱勿饥

饥饱之度，不得过于七分是已。然又岂无饕餮太甚[1]，其腹果然之时[2]？是则失之太饱。其调饥之法，亦复如前，宁丰勿啬。若谓逾时不久，积食难消，以养鹰之法处之，故使饥肠欲绝，则似大熟之后，忽遇奇荒。贫民之饥可耐也，富民之饥不可耐也，疾病之生，多由于此。从来善养生者，必不以身为戏。

注释

[1]饕餮(tāotiè)：传说为一种贪食的恶兽。后借指贪食。

[2]果然：吃得很饱的样子。

怒时哀时勿食

喜怒哀乐之始发，均非进食之时。然在喜乐犹可，在哀怒则必不可。怒时食物易下而难消，哀时食物难消亦难下，俱宜暂过一时，候其势之稍杀。饮食无论迟早，总以入肠消化之时为度。早食而不消，不若迟食而即消。不消即为患，消则可免一餐之忧矣。

倦时闷时勿食

倦时勿食，防瞌睡也。瞌睡则食停于中，而不得下。烦闷时勿食，避恶心也。恶心则非特不下，而呕逆随之。食一物，务得一物之用。得其用则受益，不得其用，岂止不受益而已哉！

节色欲第四

行乐之地，首教房中。而世人不善处之，往往启妒酿争，翻为祸人之具。即有善御者，又未免溺之过度，因以伤身，精耗血枯，命随之绝。是善处不善处，其为无益于人者一也。至于养生之家，又有近姹远色之二种，各持一见，水火其词。噫，天既生男，何复生女，使人远之不得，近之不得，功罪难予，竟作千古不决之疑案哉！予请为息争止谤，立一公评，则谓阴阳之不可相无，犹天地之不可使半也。天苟去地，非止无地，亦并无天。江河湖海之不存，则日月奚自而藏？雨露凭何而泄？人但知藏日月者地也，不知生日月者亦地也；人但知泄雨露者地也，不知生雨露者亦地也。地能藏天之精，泄天之液，而不为天之害，反为天之助者，其故何居？则以天能用地，而不为地所用耳。天使地晦，则地不敢不晦；迨欲其明，则又不敢不明。水藏于地，而不假天之风，则波涛无据而起；土附于地，而不逢天之候，则草木何自而生？是天也者，用地之物也，犹男为一家之主，司出纳吐茹之权者也。地也者，听天之物也，犹女备一人之用，执饮食寝处之劳者也。果若是，则房中之乐，何可一日无之？但顾其人之能用与否。我能用彼，则利莫大焉。参苓芪术皆死药也，以死药疗生人，犹以枯木接活树，求其气脉之贯，未易得也。黄婆姹女皆活药也，以活药治活人，犹以雌鸡抱雄卵，冀其血脉之通，不更易乎？凡借女色养身而反受其害者，皆是男为女用，反地为天者耳。倒持干戈，授人以柄，是被戮之人之过，与杀人者何尤？

人问：执子之见，则老氏"不见可欲，使心不乱"之说[1]，不几谬乎？予曰：正从此说参来，但为下一转语：不见可欲，使心不乱；常见可欲，亦能使心不乱。何也？人能摒绝嗜欲，使声色货利不至于前，则诱我者不至，我自不为人诱。苟非入山逃俗，能若是乎？使终日不见可欲而遇之一旦，其心之乱也，十倍于常见可欲之人。不如日在可欲之中，与若辈习处，则是"司空见惯浑闲事"矣[2]。心之不乱，不大异于不见可欲而忽见可欲之人哉？老子之学，避世无为之学也；笠翁之学，家居有事之学也。二说并存，则游于方之内外，无适不可。

注释

[1]"不见可欲"二句：见《老子》第三章："不见可欲，使民心不乱。"可欲，指可以引起欲望的各种诱惑。
[2]司空见惯浑闲事：形容习以为常，不以为怪。见唐代孟棨《本事诗·情感》。

节快乐过情之欲

乐中行乐，乐莫大焉。使男子至乐，而为妇人者尚有他事萦心，则其为乐也，可无过情之虑。使男妇并处极乐之境，其为地也，又无一人一物搅挫其欢，此危道也。决尽提防之患，当刻刻虑之。然而但能行乐之人，即非能虑患之人；但能虑患之人，即是可以不必行乐之人。此论徒虚设耳。必须此等忧虑历过一遭，亲尝其苦，然后能行此乐。噫，求为三折肱之良医[1]，则囊中妙药存者鲜矣，不若早留馀地之为善。

注释

[1]三折肱之良医：多次骨折，乃成良医。详见《词曲部·音律第三·拗句难好》注[11]。肱，手臂。

节忧患伤情之欲

忧愁困苦之际，无事娱情，即念房中之乐。此非自好，时势迫之使然也。然忧中行乐，较之平时，其耗精损神也加倍。何也？体虽交而心不交，精未泄而气已泄。试强愁人以欢笑，其欢笑之苦更甚于愁，则知忧中行乐之可已。虽然，我能言之，不能行之，但较平时稍节则可耳。

节饥饱方殷之欲

饥、寒、醉、饱四时，皆非取乐之候。然使情不能禁，必欲逐之，则寒可为也，饥不可为也；醉可为也，饱不可为也。以寒之为苦在外，饥之为苦在中。醉有酒力之可凭，饱无轻身之足据。总之，交媾者，战也，枵腹者不可使战[1]；并处者，眠也，果腹者不可与眠。饥不在肠而饱不在腹，是为行乐之时矣。

注释

[1]枵(xiāo)腹：空腹。枵，空虚。

节劳苦初停之欲

劳极思逸，人之情也，而非所论于耽酒嗜色之人。世有喘息未定，即赴温柔乡者，是欲使五官百骸、精神气血，以及骨中之髓、肾内之精，无一不劳而后已。此杀身之道也。疾发之迟缓，虽不可知，总无不胎病于内者。节之之法有缓急二种：能缓者，必过一夕二夕；不能缓者，则酣眠一觉以代一夕，酣眠二觉以代二夕。惟睡可以息劳，饮食居处，皆不若也。

节新婚乍御之欲

新婚燕尔，不必定在初娶，凡妇人未经御而乍御者，即是新婚。无论是妻是妾，是婢是妓，其为燕尔之情则一也。乐莫乐于新相知，但观此一夕之为欢，可抵寻常之数夕，即知此一夕之所耗，亦可抵寻常之数夕。能保此夕不受燕尔之伤，始可以道新婚之乐。不则开荒辟昧，既以身任奇劳，献媚要功[1]，又复躬承异瘁。终身不二色者，何难作背城一战[2]；后宫多嬖侍者，岂能为不败孤军？危哉！危哉！当筹所以善此矣。善此当用何法？曰：静之以心。虽曰燕尔新婚，只当行其故事。“说大人，则藐之”[3]，御新人，则旧之。仍以寻常女子相视，而不致大动其心。过此一夕二夕之后，反以新人视之，则可谓驾驭有方，而张弛合道者矣。

注释

[1]要功：即“邀功”。要，通“邀”。

[2]背城一战：决一死战。

[3]说(shuì)大人，则藐之：语出《孟子·尽心》。意为游说大人物，就要藐视他。

节隆冬盛暑之欲

最宜节欲者隆冬，而最难节欲者亦是隆冬；最忌行乐者盛暑，而最便行乐者又是盛暑。何也？冬夜非人不暖，贴身惟恐不密。倚翠偎红之际，欲念所由生也。三时苦于襛襶[1]，九夏独喜轻便[2]，袒裼裸裎之时，春心所由荡也。当此二时，劝人节欲，似乎不情，然反此即非保身之道。节之为言，明有度也；有度则寒暑不为灾，无度则温和亦致戾。节之为言，示能守也；能守则日与周旋而神旺，无守则略经点缀而魂摇。由有度而驯至能守，由能守而驯至自然，则无时不堪昵玉，有暇即可怜香。将鄙是集为可焚，而怪湖上笠翁之多事矣。

注释

[1]三时：指“三冬”，即冬季三月。　襛襶：见《颐养部·行乐第一·秋季行乐之法》注[4]。

[2]九夏：指夏季三月之九十日。

却病第五

病之起也有因，病之伏也有在。绝其因而破其在，只在一字之和。俗云：“家不和，被邻欺。”病有病魔，魔非善物，犹之穿窬之盗[1]，起讼构难之人也。我之家室有备，怨谤不生，则彼无所施其狡猾；一有可乘之隙，则环肆奸欺而祟我矣[2]。然物必先朽而后虫生之，苟能固其根本，荣其枝叶，虫虽多，其奈树何？人身所当和者，有气血、脏腑、脾胃、筋骨之种种，使必逐节调和，则头绪纷然，顾此失彼，穷终日之力，不能防一隙之疏。防病而病生，反为病魔窃笑耳。有务本之法，止在善和其心，心和则百体皆和。即有不和，心能居重驭轻，运筹帷幄[3]，而治之以法矣。否则内之不宁，外将奚视？然而和心之法，则难言之。哀不至伤，乐不至淫，怒不至于欲触[4]，忧不至于欲绝。“略带三分拙，兼存一线痴；微聋与暂哑，均是寿身资。”此和心诀也。三复斯言，病其可却。

注释

[1]穿窬(yú)之盗：穿壁越墙之盗。窬，从墙上爬过去。

[2]环肆：从四面肆意围攻。　祟：神鬼予人的灾祸。在此用作动词。指降祸于人。

[3]运筹帷幄：在军中帐幕里筹划谋略。出自《史记·高祖本纪》“夫运筹策帷幄之中，决胜于千里之外”。

在此指千方百计治病。

［4］触：在此指发怒时以头触物。

病未至而防之

病未至而防之者，病虽未作，而有可病之机与必病之势，先以药物投之，使其欲发不得，犹敌欲攻我，而我兵先之，预发制人者也。如偶以衣薄而致寒，略为食多而伤饱，寒起畏风之渐，饱生悔食之心，此即病之机与势也。急饮散风之物而使之汗，随投化积之剂而速之消。在病之自视如人事，机才动而势未成，原在可行可止之界，人或止之，则竟止矣。较之戈矛已发，而兵行在途者，其势不大相径庭哉？

病将至而止之

病将至而止之者，病形将见而未见，病态欲支而难支，与久疾乍愈之人同一意况。此时所患者，切忌猜疑。猜疑者，问其是病与否也。一作两歧之念，则治之不力，转盼而疾成矣[1]。即使非疾，我以是疾处之，寝食戒严，务作深沟高垒之计；刀圭毕备[2]，时为出奇制胜之谋。以全副精神，料理奸谋未遂之贼，使不得揭竿而起者，岂难行不得之数哉[3]？

注释

［1］转盼：转眼之间。盼，眼仁。代指眼。

［2］刀圭：古代取药的用具，后借指药物。

［3］数：谋略。不得之数，指不能得逞的谋略，此为形象语言，指病势不能蔓延加剧。

病已至而退之

病已至而退之，其法维何？曰：止在一字之静。敌已至矣，恐怖何益？“剪灭此而后朝食”[1]，谁不欲为？无如不可猝得。宽则或可渐除，急则疾上又生疾矣。此际主持之力，不在卢医扁鹊[2]，而全在病人。何也？召疾使来者，我也，非医也。我由寒得，则当使之并力去寒；我自欲来，则当使之一心治欲。

最不解者，病人延医，不肯自述病源，而只使医人按脉。药性易识，脉理难精，善用药者时有，能悉脉理而所言必中者，今世能有几人哉？徒使按脉定方，是以性命试医，而观其中用否也。所谓主持之力不在卢医扁鹊，而全在病人者，病人之心专一，则医人之心亦专一，病者二三其词，则医人什佰其径[3]。径愈宽则药愈杂，药愈杂则病愈繁矣。昔许胤宗谓人曰[4]："古之上医，病与脉值[5]，惟用一物攻之。今人不谙脉理，以情度病，多其药物以幸有功，譬之猎人，不知兔之所在，广络原野以冀其获，术亦昧矣。"此言多药无功，而未及其害。

以予论之，药味多者不能愈疾，而反能害之。如一方十药，治风者有之，治食者有之，治痨伤虚损者亦有之。此合则彼离，彼顺则此逆。合者顺者即使相投，而离者逆者又复于中为祟矣。利害相攻，利卒不能胜害，况其多离少合，有逆无顺者哉？故延医服药，危道也。不自为政，而听命于人，又危道中之危道也。慎而又慎，其庶几乎！

注释

[1]剪灭此而后朝食：据《左传·成公二年》载，齐顷公攻晋，一次作战前，齐军尚未吃早饭，齐顷公鼓励将士说："余姑剪灭此而朝食！"意谓我们姑且先行作战，打败敌人再吃早饭也不晚。在此指迅速治愈疾病。

[2]卢医扁鹊：古代名医。以其家住卢国，亦称卢医。

[3]"病者二三其词"二句：病人述病情模糊不清，则医生下药治就距病症更远。犹如"差之毫厘，谬之千里"。什佰：十倍百倍。径，途径，方法。

[4]许胤宗：唐初义兴(今江苏宜兴)人，精通医术。唐高祖武德年间官至散骑侍郎。

[5]病与脉值：病症与医生号脉诊断一致。

疗病第六

"病不服药，如得中医[1]。"此八字金丹，救出世间几许危命！进此说于初得病时，未有不怪其迂者；必俟刀圭药石无所不投，人力既穷，而沉疴如故，不得已而从事斯语，是可谓天人交迫，而使就"中医"者也。乃不攻不疗，反致霍然[2]，始信八字金丹，信乎非谬。

以予论之，天地之间，只有贪生怕死之人，并无起死回生之药。"药医不死病，佛度有缘人"。旨哉斯言！不得以谚语目之矣。然病之不能废医，犹旱之不能废祷。明知雨泽在天，匪求能致，然岂有晏然坐视，听禾苗稼穑之焦枯者乎？自尽其心而已矣。予善病一生[3]，老而勿药。百草尽经尝试，几作神农后身[4]，然于大黄解结之外[5]，未见有呼应极灵，若此物之随试随验者也。

生平著书立言，无一不由杜撰，其于疗病之法亦然。每患一症，辄自考其致此之由，得其所由，然后治之以方，疗之以药。所谓方者，非方书所载之方[6]，乃触景生情，就事论事之方也；所谓药者，非《本草》必载之药，乃随心所喜，信手拈来之药也。明知无本之言不可训世，然不妨姑妄言之，以备世人之妄听。凡阅是编者，理有可信则存之，事有可疑则阙之。不以文害辞，不以辞害志，是所望于读笠翁之书者。

药笼应有之物，备载方书；凡天地间一切所有，如草木金石，昆虫鱼鸟，以及人身之便溺，牛马之溲渤，无一或遗。是可谓两者至备之书，百代不刊之典。今试以《本草》一书高悬国门，谓有能增一疗病之物，及正一药性之讹者，予以千金[7]。吾知轩、岐复出[8]，卢扁再生[9]，亦惟有屏息而退，莫能觊觎者矣。然使不幸而遇笠翁，则千金必为所攫。何也？药不执方，医无定格。同一病也，同一药也，尽有治彼不效，治此忽效者；彼是则此非，彼非则此是，必居一于此矣。又有病是此病，药非此药，万无可用之理，或被庸医误投，或为臧获谬取[10]，食之不死，反以回生者。迹是而观，则《本草》所载诸药性，不几大谬不然乎？

更有奇于此者，常见有人病入膏肓，危在旦夕，药饵攻之不效，刀圭试之不灵，忽于无心中瞥遇一事，猛见一物，其物并非药饵，其事绝异刀圭，或为喜乐而病消，或为惊慌而疾退。“救得命活，即是良医；医得病痊，便称良药”。由是观之，则此一物与此事者，即为《本草》所遗，岂得谓之全备乎？虽然，彼所载者，物性之常；我所言者，事理之变。彼之所师者人，人言如是，彼言亦如是，求其不谬则幸矣；我之所师者心，心觉其然，口亦信其然，依傍于世何为乎？究竟予言似创，实非创也，原本于方书之一言：“医者，意也。”[11]以意为医，十验八九，但非其人不行。吾愿以拆字射覆者改卜为医[12]，庶几此法可行，而不为一定不移之方书所误耳。

注释

[1]中医：中等水平的医生。

[2]霍然：突然。在此指迅速病愈。

[3]善病：多病。

[4]神农：神农氏。传说为我国农业和中草药的发明者。传说他曾尝百草，为人治病。《神农本草》一书就是假托其名的医药名著。

[5]大黄：中药名，善泄，主治食滞。

[6]方书：载药方的医书。

[7]"今试"四句：此处借用战国时期秦相吕不韦将《吕氏春秋》高悬咸阳门，称有能增删一字者，予以千金。见《史记·吕不韦传》。国门，国都之门。

[8]轩、岐：指轩辕氏黄帝及其大臣岐伯。传说二人曾在一起讨论医术。今传《黄帝内经》即托称为二人论医之语。

[9]卢扁：卢医扁鹊。详见《颐养部·却病第五·病已至而退之》注[2]。

[10]臧获：奴婢的贱称。

[11]医者，意也：语出《后汉书·郭玉传》："医者，为言意也。"

[12]拆字射覆：古代占卜的两种方法。拆字即任举一字，加以分合增减，随机附会，解释吉凶。射覆即猜测覆盖之物。

本性酷好之药

一曰本性酷好之物，可以当药。凡人一生，必有偏嗜偏好之一物，如文王之嗜菖蒲菹[1]，曾皙之嗜羊枣[2]，刘伶之嗜酒[3]，卢仝之嗜茶[4]，权长孺之嗜爪[5]，皆癖嗜也。癖之所在，性命与通，剧病得此，皆称良药。医士不明此理，必按《本草》而稽查药性，稍与症左，即鸩毒视之，此异疾之不能遽瘳也。予尝以身试之，庚午之岁[6]，疫疠盛行，一门之内，无不呻吟，而惟予独甚。时当夏五，应荐杨梅，而予之嗜此，较前人之癖菖蒲、羊枣诸物，殆有甚焉，每食必过一斗。因讯妻孥曰："此果曾入市否？"妻孥知其既有而未敢遽进，使人密讯于医。医者曰："其性极热，适与症反。无论多食，即一二枚亦可丧命。"家人识其不可，而恐予固索，遂诡词以应，谓此时未得，越数日或可致之。讵料予宅邻街，卖花售果之声时时达于户内。忽有大声疾呼而过予门者，知其为杨家果也[7]。予始穷诘家人，彼以医士之言对。予曰："碌碌巫咸[8]，彼乌知此？急为购之！"及其既得，才一沁齿而满胸之郁结俱开。咽入腹中，则五脏皆和，四体尽适，不知前病为何物矣。家人睹此，知医言不验，亦听其食而不禁，病遂以此得痊。由是观之，无病不可自医，无物不可当药。但须以渐尝试，由少而多，视其可进而进之，始不以身为孤注。又有因嗜此物，食之过多因而成疾者，又当别论。不得尽执以酒解酲之说，逆其势而益之。然食之既厌而成疾者，一见此物，即避之如仇。不相忌而相能，即为对症之药可知已。

注释

[1]文王之嗜菖蒲菹(zū)：语出《说苑》："文王好食昌本葅(菹),《本草》即菖蒲。"文王，周文王。菹，即腌酸菜。

[2]曾皙之嗜羊枣：详见《颐养部·调饮啜第三》注[1]。

[3]刘伶之嗜酒：刘伶，西晋沛国(今安徽濉溪县西北)人。他纵酒过度，不知收敛，常常携酒出行，使下人荷锸相随，说："死便埋我。"

[4]卢仝之嗜茶：卢仝(约775—835)，唐代范阳(今北京市附近)人。号玉川子。嗜茶，曾作《走笔谢孟谏议寄新茶》，咏茶之妙用，成为著名的咏茶诗。

[5]权长孺之嗜爪：唐代穆宗长庆时人权长孺嗜食人爪，后代指怪僻嗜好。事见宋顾文荐《负暄杂录·性嗜》(《说郛》引)。

[6]庚午之岁：明崇祯三年(1630)。

[7]杨家果：即杨梅。《世说新语·言语》载，梁国杨氏子，九岁，甚聪明。孔君平上门拜访其父，不在，乃呼其子出，为他摆设果品。其中有杨梅，孔指此果对其子说："此是君家果。"

[8]巫咸：传说为唐尧时人。晋代郭璞《巫咸山赋》："盖巫咸者，实以鸿术，为帝尧医。"在此指医师。

其人急需之药

二曰其人急需之物，可以当药。人无贵贱穷通，皆有激切所需之物。如穷人所需者财，富人所需者官，贵人所需者升擢，老人所需者寿，皆卒急欲致之物也。惟其需之甚急，故一投辄喜，喜即病痊。如人病入膏肓，匪医可救，则当疗之以此。力能致者致之，力不能致，不妨绐之以术。家贫不能致财者，或向富人称贷，伪称亲友馈遗，安置床头，予以可喜，此救贫病之第一着也。未得官者，或急为纳粟，或谬称荐举；已得官者，或真谋铨补，或假报量移。至于老人欲得之遐年，则出在星相巫医之口，予千予百，何足吝哉！是皆"即以其人之道，反治其人之身"者也[1]。虽然，疗诸病易，疗贫病难。世人忧贫而致疾，疾而不可救药者，几与恒河沙比数[2]。焉能假太仓之粟[3]，贷郭况之金[4]，是人皆予以可喜，而使之霍然尽愈哉？

注释

[1]"即以"二句：语出宋代朱熹《四书集注》中对《中庸》"道不远人"注解。

[2]与恒河沙比数：形容数量多到无法计算。详见《饮馔部·肉食第三·鱼》注[5]。

[3]太仓：朝廷的粮仓。

[4]郭况：东汉藁城(今属河北)人，光武帝郭皇后之弟。因屡受赏赐，人称其家为"金穴"。

一心钟爱之药

三曰一心钟爱之人，可以当药。人心私爱，必有所钟。常有君不得之于臣，父不得之于子，而极疏极远极不足爱之人，反为精神所注，性命以之者，即是钟情之物也。或是娇妻美妾，或为狎客娈童，或系至亲密友，思之弗得，与得而弗亲，皆可以致疾。即使致疾之由，非关于此，一到疾痛无聊之际，势必念及私爱之人。忽使相亲，如鱼得水，未有不耳清目明，精神陡健，若病魔之辞去者。

此数类之中，惟色为甚，少年之疾，强半犯此。父母不知，谬听医士之言，以色为戒，不知色能害人，言其常也，情堪愈疾，处其变也。人为情死，而不以情药之，岂人为饥死，而仍戒令勿食，以成首阳之志乎[1]？凡有少年子女，情窦已开，未经婚嫁而至疾，疾而不能遽瘳者，惟此一物可以药之。即使病躯羸弱，难使相亲，但令往来其前，使知业为我有，亦可慰情思之大半。犹之得药弗食，但嗅其味，亦可内通腠理[2]，外壮筋骨，同一例也。至若闺门以外之人，致之不难，处之更易。使近卧榻，相昵相亲，非招人与共，乃赎药使尝也。仁人孝子之养亲，严父慈母之爱子，俱不可不预蓄是方，以防其疾。

注释

[1]首阳之志：相传商末孤竹君子伯夷、叔齐为让君位而奔于周，后周武王伐纣，二人逃至首阳山，立志不食周粟，竟至饿死。首阳山，在今山西永济市南。

[2]腠理：人体肌肤之间的空隙纹理，为气血津液灌通之处。

一生未见之药

四曰一生未见之物，可以当药。欲得未得之物，是人皆有，如文士之于异书，武人之于宝剑，醉翁之于名酒，佳人之于美饰，是皆一往情深，不辞困顿，而欲与相俱者也。多方觅得而使之一见，又复艰难其势而后出之，此驾驭病人之术也。然必既得而后留难之，许而不能卒与，是益其疾矣。所谓异书者，不必微言秘籍，搜藏破壁而后得之；凡属新编，未经目睹者，即是异书，如陈琳之檄[1]，枚乘之文[2]，皆前人已试之药也。须知奇文通神，鬼魅遇之，无有不辟者。而予所谓文人，亦不必定指才士，凡系识字之人，即可以书当药。传奇野史，最祛病魔，倩人读之，与诵咒辟邪无异也。他可类推，勿拘一辙。富人以珍宝为异物，贫家以罗绮为异物，猎山之民见海错而称奇，穴处之家入巢居而赞异。物无美恶，希觏为珍；妇少妍媸，乍亲必美。昔未睹而今始睹，一钱所购，足抵千金。如必俟希世之珍，是索此辈于枯鱼之肆矣[3]。

注释

[1]陈琳之檄：汉末文学家陈琳，先在袁绍幕中，曾草一檄，历数曹操罪行。曹操看了，正患头风病，忽然坐起曰："此愈我病？"

[2]枚乘之文：西汉辞赋家枚乘（？—前140），作《七发》大赋，铺叙楚太子生病，吴客以七事讽之使愈。

[3]索此辈于枯鱼之肆：《庄子·外物》载，处于车辙之中的鲋鱼说："我得斗升之水然活耳，君乃言此，曾不如早索我于枯鱼之肆！"肆，店铺。

平时契慕之药

五曰平时契慕之人，可以当药。凡人有生平向往，未经谋面者，如其惠然肯来，以此当药，其为效也更捷。昔人传韩非书至秦，秦王见之曰："寡人得见此人与之游，死不恨矣！"[1]汉武帝读相如《子虚赋》而善之，曰："朕独不得与此人同时哉！"[2]晋时宋纤有远操，沉静不与世交，隐居酒泉，不应辟命。太守杨宣慕之，画其像于阁上，出入视之[3]。是秦王之于韩非，武帝之于相如，杨宣之于宋纤，可谓心神毕射，寤寐相求者矣。使当秦王、汉帝、杨宣卧疾之日，忽致三人于榻前，则其霍然起舞，执手为欢，不知疾之所从去者，有不待事毕而知之矣。凡此皆言秉彝至好出自中心[4]，故能愉快若此，其因人赞美而随声附和者不与焉。

注释

[1]"昔人"四句：事见《史记·老子韩非列传》。

[2]"汉武帝"二句：事见《史记·司马相如列传》。

[3]"晋时"七句：宋纤，晋代人，字令艾，少有志节，隐居酒泉南山，慕而受业者达三千馀人。杨宣画其像事，见《晋书·隐逸传》。

[4]秉彝至好：语本《诗经·大雅·烝民》："民之秉彝，好是懿德。"秉，遵守。彝德，常德，常情。

素常乐为之药

六曰素常乐为之事，可以当药。病人忌劳，理之常也。然有“乐此不疲”一说作转语，则劳之适以逸之，亦非拘士所能知耳。予一生疗病，全用是方，无疾不试，无试不验。徙痈浣肠之奇[1]，不是过也。予生无他癖，惟好著书，忧藉以消，怒藉以释，牢骚不平之气藉以铲除。因思诸疾之萌蘖，无不始于七情，我有治情理性之药，彼乌能祟我哉！故于伏枕呻吟之初，即作开卷第一义；能起能坐，则落毫端，不则但存腹稿。迨沉疴将起之日，即新编告竣之时。一生剞劂[2]，孰使为之？强半出造化小儿之手。此我辈文人之药，“止堪自怡悦，不堪持赠君”者[3]。而天下之人，莫不有乐为之一事，或耽诗癖酒，或慕乐嗜棋，听其欲为，莫加禁止，亦是调理病人之一法。总之，御疾之道，贵在能忘；切切在心，则我为疾用，而死生听之矣。知其力乏，而故授以事，非扰之使困，乃迫之使忘也。

注释

[1]徙痈浣肠：移去痈疽，浣洗肠胃。徙痈，典出《南史·薛伯宗传》。

[2]剞劂：刊刻书籍。

[3]“止堪”二句：南朝梁陶弘景《诏问山中何所有赋诗以答》：“山中何所有？岭上多白云。止堪自怡悦，不堪持赠君。”

生平痛恶之药

七曰生平痛恶之物与切齿之人，忽而去之，亦可当药。人有偏好，即有偏恶。偏好者致之，既可已疾，也偏恶者辟之使去，逐之使远，独不可当沉疴之《七发》乎？无病之人，目中不能容屑，去一可憎之物，如拔眼内之钉。病中睹此，其为累也更甚。故凡遇病人在床，必先计其所仇者何人，憎而欲去者何物，人之来也屏之，物之存也去之。或诈言所仇之人灾伤病故，暂快一时之心，以缓须臾之死。须臾不死，或竟不死也，亦未可知。刲股救亲[1]，未必能活；割仇家之肉以食亲，痼疾未有不起者。仇家之肉，岂有异味可尝，而怪色奇形之可辨乎？暂欺以方[2]，亦未尝不可，此则充类至义之尽也。愈疾之法，岂必尽然，得其意而已矣。

以上诸药，创自笠翁，当呼为《笠翁本草》。其馀疗病之药及攻疾之方，效而可用者尽多。但医士能言，方书可考，载之将不胜载。悉留本等之事，以归分内之人，俎不越庖，非言其可废也。总之，此一书者，事所应有，不得不有；言所当无，不敢不无。“绝无仅有”之号，则不敢居；“虽有若无”之名，亦不任受，殆亦可存而不必尽废者也。

注释

[1]刲股救亲：割股肉以疗亲人之病。古代多有这样的事。二十四孝之中即有此事。

[2]欺以方：以别人方正而欺蒙之。

◎附　录

李渔年谱简编

李渔，字笠鸿，号笠翁。初名仙侣，字谪凡，号天徒。作品中使用的别号，有伊园主人、湖上笠翁、随庵主人、笠道人、觉道人、觉世稗官，或曰新亭客樵、回道人、情隐道人。《宗谱》尊称“佳九公”。文坛亦有称其为“李十郎”。

明万历三十九年辛亥(1611年)

一岁。八月初七日生。

万历四十四年丙辰(1616年)

六岁。在江苏如皋。

崇祯七年甲戌(1634年)

二十四岁。在如皋或兰溪。

崇祯八年乙亥(1635年)

二十五岁。在兰溪。

崇祯九年丙子(1636年)

二十六岁。在金华、兰溪。

崇祯十七年，清顺治元年甲申(1644年)

三十四岁。在金华。

顺治六年己丑(1649年)

三十九岁。在兰溪。

顺治七年庚寅(1650年)

四十岁。在杭州。居家杭州，“卖赋以糊其口”。

顺治八年辛卯(1651年)

四十一岁。在杭州。《怜香伴》传奇问世。

顺治九年壬辰(1652年)

四十二岁。在杭州。《风筝误》传奇问世。

顺治十年癸巳(1653年)

四十三岁。在杭州。《意中缘》传奇问世。

顺治十一年甲午(1654年)

四十四岁。在杭州。

顺治十二年乙未(1655年)

四十五岁。在杭州。作《玉搔头》传奇。

顺治十三年丙申(1656年)

四十六岁。在杭州。小说《无声戏》一集问世。

顺治十四年丁酉(1657年)

四十七岁。在江宁(今南京市)、杭州。《奈何天》传奇问世。《无声戏》第二集问世。

顺治十五年戊戌(1658年)

四十八岁。在江宁、杭州。《无声戏合集》问世。小说《十二楼》(一名《觉世名言》)问世,署名觉世稗官。

顺治十六年己亥(1659年)

四十九岁。在江宁、杭州。纂辑《古今史略》告成。《李氏五种》问世。《蜃中楼》传奇问世。

顺治十七年庚子(1660年)

五十岁。在杭州。纂辑《尺牍初徵》告成。

吴伟业(梅村)为《尺牍初徵》作序。

顺治十八年辛丑(1661年)

五十一岁。在杭州。《比目鱼》传奇问世。

康熙元年壬寅(1662年)

五十二岁。由杭州移家江宁。

康熙二年癸卯(1663年)

五十三岁。在江宁。纂辑《资治新书》初集告成。编辑《求生录》并作序。

康熙三年甲辰(1664年)

五十四岁。在江宁。《笠翁论古》问世。

康熙四年乙巳(1665年)

五十五岁。在江宁。《笠翁增订论古》四卷问世。《凰求凤》传奇脱稿。

康熙五年丙午(1666年)

五十六岁。在江宁。远游燕、秦。

初入都门(北京),有词《帝台春·本题》。

游秦,过正定(真定),过平定州,至平阳,过蒲州。冬,抵西安。

康熙六年丁未(1667年)

五十七岁。游秦。五月,往甘泉。至甘泉,作甘肃提督张勇座上客。过泾阳,游西岳华山。出潼关,过砥柱,入河南。

康熙七年戊申(1668年)

五十八岁。秦游结束,春来花发时节抵家。

游粤东西,过临江,作诗和施闰章(愚山)。越庾岭,入粤,过南雄。

抵广州。秋后,过苍梧。游桂林,迂道东安访潘愚溪。

《巧团圆》传奇问世。《尺牍二徵》在编纂中。

康熙八年己酉(1669年)

五十九岁。游粤归,在江宁。

初夏,芥子园落成。

康熙九年庚戌(1670年)

六十岁。在江宁。游闽,在福州度六十寿辰。回程,重过金华。

康熙十年辛亥(1671年)

六十一岁。在江宁。初夏,由江宁出发,游苏州。在苏州,与尤侗、余怀、宋澹仙诸友观摩戏剧。

立秋日,余怀为《闲情偶寄》作序。为尤侗校雠《钧天乐》。

《闲情偶寄》于冬季成书。

腊月,遣使赴京,分送《闲情偶寄》数十部。

康熙十一年壬子(1672年)

六十二岁。梅花盛开时节,乘舟游楚。二月,抵汉阳,夏,游黄鹤楼、晴川阁诸名胜。汉阳返棹,重过九江,游庐山,过彭泽、大小孤山。

康熙十二年癸丑(1673年)

六十三岁。夏初,挂帆北上,再作京师之游。

康熙十三年甲寅(1674年)

六十四岁。自燕归。在江宁。游芜湖。再游杭州。

康熙十四年乙卯(1675年)

六十五岁。在江宁。游浙江。

康熙十五年丙辰(1676年)

六十六岁。在江宁。曾至杭州。

康熙十六年丁巳(1677年)

六十七岁。在杭州。游湖州。

康熙十七年戊午(1678年)

六十八岁。在杭州。

康熙十八年己未(1679年)

六十九岁。在杭州。患病,不能出游。十一月四日,冬至,作《芥子园画传序》。

康熙十九年庚申(1680年)

七十岁。在杭州。正月十三日病逝，葬杭州方家峪外莲花峰、九曜山之阳。

《闲情偶寄》主要版本

《笠翁一家言全集》，清康熙九年至十七年刊本，其中有《闲情偶寄》十六卷。

《李渔全集》，[德]马汉茂辑。台北成文出版社有限公司1970年印行，其中有《闲情偶寄》六卷。

《闲情偶寄》，十六卷。康熙十年翼圣堂刻本。题曰"笠翁秘书"第一种。

《闲情偶寄》，中国文学珍本丛书之一，贝叶山房1936年发行。排印本。

《闲情偶寄》，台北淡江书局1956年重刊本。

《闲情偶寄》，台北广文书局1970年版。

《闲情偶寄》，十六卷，《校勘记》一卷，台湾鼎文书局《历代诗史长编》第二辑。

《闲情偶寄》，单锦珩校点本，浙江古籍出版社1985年版。

《李笠翁曲话》，收《闲情偶寄》"词曲"、"演习"二部，曹聚仁校订，1925年上海梁溪图书馆排印，收入《文艺丛书》。

《李笠翁曲话》，上海启智书局排印本。

《笠翁剧论》二卷，即《偶寄》"词曲"、"演习"二部。任讷辑入《新曲苑》，1940年上海中华书局出版。

《李笠翁曲话》，《戏剧研究》编辑部编，中国戏剧出版社1959年出版，1962年、1980年重印。

《李笠翁曲话》，陈多注释，湖南人民出版社1980年出版。

《李笠翁曲话注释》，徐寿凯注释，安徽人民出版社1981年出版。《李笠翁文钞》，沈启元编选。为《近代散文抄》之一种。北平人文书店1932年出版。文章采自《闲情偶寄·饮馔部》，叶定国注释，中国商业出版社1984年出版，收入《中国烹饪古籍丛刊》。

《一家言居室·器玩部》(北平中国营造学社辑)，北平中国营造学社铅印本，1931年版，北京图书馆收藏。

《一家言居室·器玩部》，上海科学技术出版社1984年出版。

《艳妆新语》，二卷，题"湖上笠翁"撰。实《闲情偶寄》之"声容部"。清末刊本。

《闲情偶寄》，《中国古典戏曲论著集成》收入其"词曲"、"演习"二部，中国戏剧出版社1959年出版。

《李渔全集》，浙江古籍出版社1990年出版。

《闲情偶寄》(影印)，江苏广陵古籍刻印社1991年出版。

《白话闲情偶寄》，天津古籍出版社1993年出版。

《闲情偶寄》，单锦珩点校，中国商业出版社1993年出版。

《闲情偶寄》，作家出版社1995年出版。

《闲情偶寄》，江巨荣、卢寿荣校注，上海古籍出版社2000年出版。

《闲情偶寄》主要论著及论文

《李渔评传》，沈新材著，南京师范大学出版社1998年版。

《李渔美学思想研究》，杜书瀛著，中国社会科学出版社1999年版。

《李渔的戏剧美学》，中国社会科学出版社1982年版。

《〈闲情偶寄〉评点》，《广西师院学报》（哲学社会科学版），1998年。

《析李渔的饮食营养卫生观》，《扬州大学烹饪学报》，2000年。

《〈闲情偶寄〉的女性审美观》，《思想战线》，1999年。

《从〈闲情偶寄〉看李渔的喜剧思想》，《广西大学学报》（哲学社会科学版），1999年。

《读〈闲情偶寄〉札记》，《淮阴师范学院学报》（哲学社会科学版），1999年。

《论李渔戏曲雅俗共赏审美特征的实现》，《戏文》，2002年。

《20世纪的李渔戏曲理论研究》，《江海学刊》，2001年。

《闲谈李渔与烹饪》，《吉林商业高等专科学校学报》，2001年。

《清代李渔的颐养之道》，《南京中医药大学学报》（社会科学版），2002年。

《李渔饮食文化略论》，《山东社会科学》，2002年。

《论李渔观众本位的戏曲接受观》，《广西教育学院学报》，2002年。

《论李渔的自适人生观》，《华南师范大学学报》（社会科学版），2002年。

《李渔〈闲情偶寄〉园林美学与戏曲理论的关系》，《衡阳师范学院学报》，2002年。

《李渔〈闲情偶寄〉中的生活美学对〈红楼梦〉的影响》，《吉林工程技术师范学院学报》，2003年。

《〈闲情偶寄〉与养生》，《中医古文知识》，2003年。

《谋有道之生的李渔》，《文史知识》，2003年第8期。

《李渔〈闲情偶寄〉中的居室设计思想》，《湖北美术学院学报》，2004年。

《〈闲情偶寄〉成书时间考辨》，《四川师范大学学报》（社会科学版），2003年。

《李渔〈闲情偶寄〉的科学普及价值》，《福建广播电视大学学报》，2003年。

《李渔的园林美学思想探析》，《学术界》，2004年。

《浅谈李渔园林美学思想中的"取景在借"观点》，《艺术百家》，2004年。

《〈闲情偶寄〉与日常生活审美化》《社会科学家》,2005年。
《李渔饮食观探析》,《无锡商业职业技术学院学报》,2005年。
《设计生活——论李渔的设计艺术宗旨》,《包装工程》,2005年。

《闲情偶寄》名言警句

△宁使想到而不用,勿使有用而忽之。(第009页)

△诗文之词采,贵典雅而贱粗俗,宜蕴藉而忌分明。词曲不然,话则本之街谈巷议,事则取其直说明言。(第015页)

△善咏物者,妙在即景生情。(第018页)

△作文之事,贵于专一。专则生巧,散乃入愚;专则易于奏工,散者难于责效。(第018页)

△能于浅处见才,方是文章高手。(第019页)

△言者,心之声也,欲代此一人立言,先宜代此一人立心。(第036页)

△术疏则巧者亦拙,业久则粗者亦精。(第066页)

△窗棂以明透为先,栏杆以玲珑为主。(第122页)

△宜简不宜繁,宜自然不宜雕斫。凡事物之理,简斯可继,繁则难久。顺其性者必坚,戕其体者易坏。(第122页)

△国之宜固者城池,城池固而国始固;家之宜坚者墙壁,墙壁坚而家始坚。其实为人即是为己,人能以治墙壁之一念治其身心,则无往而不利矣。(第129页)

△作法慎初,不可草草定制。(第167页)

△洗菜之法,入水宜久,久则干者浸透而易去;洗叶用刷,刷则高低曲折处皆可到,始能涤尽无遗。(第170页)

△浓则为时所争尚,甘受其秽而不辞;淡则为世所共遗,自荐其香而弗受。吾于饮食一道,悟善身处世之难。(第172页)

△多食一物,多受一物之损伤;少静一时,少安一时之淡泊。(第173页)

△养生之法,食贵能消;饭得羹而即消,其理易见。(第174页)

△宁可食无馔,不可饭无汤。(第175页)

△烂蒸老雄鸭,功效比参芪。(第180页)

△是根也者,万物短长之数也,欲丰其得,先固其根。(第186页)

△人能虑后计长,事事求为木本,则见雨露不喜,而睹霜雪不惊。(第186页)

△睹萱草则能忘忧,睹木槿则能知戒。(第195页)

△盛极必衰,乃盈虚一定之理,凡有富贵荣华一蹴而至者,皆玉兰之为春光,

丹桂之为秋色。(第196页)

△市井之念不可无,垄断之心不可有。觅应得之利,谋有道之生,即是人间大隐。(第199页)

△人之荣枯显晦,成败利钝,皆不足据,但询其根之无恙否耳。根在,则虽处厄运,犹如霜后之花,其复发也,可坐而待也;如其根之或亡,则虽处荣膴显耀之境,犹之奇葩烂目,总非自开之花,其复发也,恐不能坐而待矣。(第202页)

△世间万物,皆为人设,观感一理。备人观者,即备人感。(第202页)

△春以水仙、兰花为命,夏以莲为命,秋以秋海棠为命,冬以腊梅为命。(第205页)

△有五谷之实,而不有其名;兼百花之长,而各去其短。(第206页)

△有功者不能无过,天下事其尽然哉?(第214页)

△乐不在外而在心。心以为乐,则是境皆乐;心以为苦,则无境不苦。(第221页)

△孽由己作,则可知非痛改,视作前车;祸自天来,则可止怨释尤,以弭后患;至于忆苦追烦,引出无穷乐境,则又警心惕目之馀事矣。(第224页)

△习久而厌其亲者,天下皆然,而不能自明其故。(第226页)

△人能以孩提之乐境为乐境,则去圣人不远矣。(第226页)

△不受行路之苦,不知居家之乐。(第226页)

△人非铁石,奚堪磨杵作针?寿岂泥沙,不禁委尘入土。(第228页)

△能行百里者,至九十而思休;善登浮屠者,至六级而即下。(第229页)

△亲疏可言也,祸福不可言也。(第238页)

△其为食也,宁失之少,勿犯于多。多则饥饱相搏而脾气受伤,数月之调和,不敌一朝之紊乱矣。(第242页)

△从来善养生者,必不以身为戏。(第242页)

△病之起也有因,病之伏也有在。绝其因而破其在,只在一字之和。(第246页)

△物必先朽而后虫生之,苟能固其根本,荣其枝叶,虫虽多,其奈树何?(第246页)

△略带三分拙,兼存一线痴;微聋与暂哑,均是寿身资。(第246页)

△偶以衣薄而致寒,略为食多而伤饱,寒起畏风之渐,饱生悔食之心,此即病之机与势也。(第247页)

△延医服药,危道也。不自为政,而听命于人,又危道中之危道也。(第248页)

△天地之间,只有贪生怕死之人,并无起死回生之药。(第248页)

△药不执方,医无定格。(第249页)

△御疾之道,贵在能忘;切切在心,则我为疾用,而死生听之矣。(第254页)

图书在版编目（CIP）数据

闲情偶寄 /（清）李渔著；张明芳校注．—2版．—太原：三晋出版社，2008.4
（中国家庭基本藏书·笔记杂著卷）
ISBN 978－7－80598－952－5

Ⅰ.闲… Ⅱ.①李…②张… Ⅲ.①杂文—作品集—中国—清代②闲情偶寄—注释 Ⅳ.I264.9

中国版本图书馆CIP数据核字（2008）第056491号

闲情偶寄（足本）

著　者：[清]李　渔　　校注者：张明芳

责任编辑：任如花　　审订者：张继红
封面设计：敬人工作室　　版式设计：敬人工作室
责任校对：任如花　　责任印制：李佳音

出版发行：三晋出版社
地　址：太原市建设南路21号
电　话：（0351）4956036（咨询）　4922268（邮购）
传　真：（0351）4922102
网　址：www.sxskcb.com
邮　编：030012
E－mail：fxzx@sxskcb.com

印刷装订：晋中市万嘉兴印刷有限公司
（本书如有破损、缺页、装订错误，请与本社联系调换）

开　本：787mm×960mm　1/16
字　数：300千字
印　张：18.5
版　次：2008年4月第2版
印　次：2008年4月第1次印刷
书　号：ISBN 978－7－80598－952－5
定　价：25.00元